革命文献与民国时期文献
保护计划

成果

中国近代华侨教育史料丛编

华侨教育学府（暨南大学校史）卷 下

罗志欢 李炳球 刘 强／编

齊魯書社

本校于沪变前后之经过情形

杨裕芬

一 事变前之准备

二 事变中之经过

1. 迁避苏州之经过

2. 招待上海同学之经过

3. 同学到粤之情形

三 事变后之处置

1. 上海大学部筹备开学之情形

2. 广州大中学部筹备开学之情形

3. 苏州中学部筹备开学之情形

四 今后之整理

本校成立迄今,已念有六载,中间虽曾数罹灾劫,要以此次损失最为严重,全校精华,几全破坏;且校址沦入敌手历时三月,始行收复,实为吾校校史上最可痛心之一页也!

现在本校业已收回,并聘定人员,从事整理;今后全校设施,亦决乘时改迁,期臻至善。破坏为建设之母,故我校前途,实具有无穷发展希望焉。

兹以编印,《战后之暨南》,爰将此次沪变中本校所遭之经过,摘其概要,分述于后。俾证前此之艰辛,用策后来之奋勉,语曰:始简举巨,甚愿全校师生精诚团结,努力前驱,光耀暨南,实所欣企,则斯篝之纪为不朽矣。

一、事变前之准备

溯自九一八事变后，全国反日高潮，达于极点；尤以上海一区，抗日救国运动，成为全国中心。日本为欲巩固其在东北之统治，为欲镇压中国民众反日之革命高潮，为欲更进一步确保其在长江流域之市场，乃屡借细故，向我挑衅，北四川路之一再暴动，三友实业社之遭焚劫，《民国日报》之遭无理封闭，海军之出动，战队之示威，声势汹汹，形势严重。本校真茹校址，因相距上海仅十五里，前临京沪路，后接国□无线电台，且是时十九路军亦以真茹为总指挥部，审察形势，一旦有变，真茹实为战事上之重要区域。时校长尚在兼任行政院秘书长任内，所得报告甚多，故日本在沪之一切行动，均甚明了，在一月廿日，日□被□，知事件势将扩大，为谋留校学生安全起见，即于廿五日急函校中负责人员，嘱为准备一切，万一事变发生，有出路可行：一即由中山路避入租界，为避免日机目标，不宜成群结队行动；二沿京沪路往南川，然后再退昆山。同时并通知京沪路车务处郑处长实照，一旦有变，无论如何，须设法备车，开赴真茹，将全体留校学生运至安全地带。时日本上海总领事对市政府提出通牒，要求解散抗日救国会等四个条件，我国当局因不忍糜烂地方，乃忍痛承认其要求，故当时咸以为沪案可以和平了结，形势亦趋缓和，不料于一月廿八夜半，日本海军陆战队竟向闸北开始进攻矣。

二、事变中之处置

(甲)迁避苏州之经过

“一·二八”之夜，本校接到冲突之消息后，因事前已有相当之准备，当由秦秘书长及裕芬，发紧急集合令，嘱学生切勿惊惶，集中于致远堂，听候号令行动；一面至真茹车站交涉车辆。时留校之男女学生仅六百余人，因在寒假期内，近省学生多已回家，此外有一部学生则在形势紧张之际，暂避沪上亲友家中，故全校一千五百余人，留校者不过五分之三。当北站战事紧急时，车辆不能调动，且日飞机飞至真茹投照明弹,当令全校熄灯,情形至为恐怖,旋见有一列兵车,即由真茹开赴昆山运兵,乃由裕芬商请车务当局设法,至二十九日早十时许,始商得军用车一辆,由中学部王部主任,文书课鲍课长先行率领学生一部,开至昆山,随后则由秦秘书长、顾教授君谊及裕芬率领留校员生,除愿意随军服务者外,约五百七十余人,乘铁篷车十二辆,直达苏州。郑校长在廿九早接裕芬电告,一部学生已乘火车至昆山,郑校长以昆山不可久居,乃即电复令再迁苏州。郑校长为苏州树德中学校董,故当时即电该校徐校长,商借该校校舍,收容本校避难员生,当承允许,故本校员生到苏站下车后,即借寓城内虹桥树德中学。承该校徐校长极诚接待,又蒙慨借六百元,作为留苏员生之维持费。

下车时因人数众多,不易照顾,一部分员生,因初到苏州,言语及路径不熟,乃有二十余人,误走至三元坊苏州中学,亦蒙该校师生招待,当晚膳宿于该校,翌日再行搬入树德中学。

到苏州之夕,即发通告,令全体员生前来登记,以资统计,而便管理,计当时来登记之大中学生计共五百七十余人。

留苏员生之伙食,均由郑校长设法维持,后因树德中学行将开学,乃由张仲仁、李印泉两先生介绍,转借天赐庄东吴大学维格堂一座,收容本校师生,于二月十日迁入居住。自移居东吴大学后,即设本校临时驻苏办事处,由校长临时指派秦秘书长为办事处主任,王济仁为典籍组主任,鲍寿康为事务组主任,顾君谊为招待组主任,王维城、倪秀生、袁业芳、张训隐、龙自强、周如希、赵叔立等为干事。分组负责办理在苏一切校务。后因秦秘书长赴沪,一时未克回苏,所有驻苏办事处事务由校长电请王济仁先生兼代。

时郑校长以学生久居苏地,虚掷光阴,荒废学业,牺牲殊大,乃电请王部主任,即日在苏设法筹备补习功课。时前方战事方酣,又令本校员生,努力后方工作。此本校迁苏以来之经过情形也。

(乙)招待上海同学之经过情形

在九一八之后,沪上各校,因抗日救国运动,几全停课,迨寒假内,学生则多半回家,本校为华侨学府,华侨子弟远道归来,不能如内地同学，可以随时回家，故多数尚留校内，当上海形势紧迫之际，一部父老，则电催其子弟回南，或嘱回闽粤暂避，当时离校者亦有数十人，此外在沪有亲友之华侨学生，亦约有数十人，于事变前已居住租界中。当沪战爆发，除大部分避往苏州外，余则有一小部分冒险避入租界，时沪西一带尚平静，虽有外兵驻守，对于难民并无留难，仍可安然通过，查此时留在上海之学生约有二百余人，而此二百余人中，大部分住在亲友家中。其中仅有六七十人无地可居。时校长已由京返沪，乃与本校老同学丘汉平、傅文楷二君相商，盖彼等新办之华侨中学，亦未能即刻上课，当在该中学借得二大房间，作为本校临时招待处，并登报通知同学前往登记，当时前来请求寄宿者约有七八十人，后因该校筹备上课，乃再租法界劳尔东路顾德坊房屋一幢，以为无家可归之华侨同学之临时宿舍。

（丙）同学到粤之情形

在上海形势紧张之际，本校闽粤籍之同学，或奉命返家，或自动南下，及战事爆发，即留沪及留苏同学，亦陆续南归，为数竟达三百八十余人。校长见留粤同学，有如许之众，乃特电中大邹校长，□收容本校同学，作为借读。时同学中见同学来粤日众，亦成立暨大留粤被难同学会，办理招待同学及接洽入学等事。嗣中大因战区各校要求借读者竟达一千余人，中大无法收容，以致影响吾校同学借读事。后中大邹校长特为本校谋一办法，即允将该校校舍仪器借与本校，另聘教员来校授课，同时留粤同学会，亦来电请求解决学业问题，至是郑校长乃于三月廿五日，由沪赴粤，筹备在粤设校，补救同学学业。

三、事变后之处置

（甲）上海筹备开学之经过

战事爆发之第三日（二月一日），郑校长即由京回沪，当商得西摩路华侨中学校舍一部，以收容本校留沪无家可归之同学。同时在该校设临时招待处，以招待本校留沪同学，一面登报通告，登记所有留沪同学；此外并在明德里七号设事务处，作为本校临时办事及通讯机构，后以事务日繁,并由真茹搬出一部贵重之理化仪器及重要文件,须妥为保管,乃在法租界莫利爱路三十二号,租屋一幢,将西摩路招待处及明德里事务处裁并,扩大为本校临时办事处,以裕芬为主任,林志瀛为事务组总干事,许民一为招待组总干事,耿心粹为典籍组总干事。陈中孚、陈希文、周灿煌、吴榕藩、陈天愚、沈真保、蔡滋培、钟曼天、温文耀、然模等为干事。

二月廿日,临时办公处开始办公,登报通知,登记留沪员生之人数;印发表格,调查员生所受之损失;发出函电,以安海内外学生父老之心;派员入真,运出图书仪器;应急处置,劝告同事另谋生计;节省开支,遣散一部分工警;为谋苏州员生之安全,筹款接济;因欲本校消息之传布,恢复校刊;当时办事处之工作,至为紧张,郑校长且按日到场,指示一切。

三月三日,十九路军撤退,真茹本校为敌所占,作为司令部。郑校长于痛亡校之余,不忍青年长期失学,乃首先谋恢本校,决将大学部暂设于上海,并即□□□校舍,以期克日开学,并为救济战区失学学生起见,开收借读生;至中学部,即决设在苏州。遂于三月四日召集特别校务会议,是日到郑校长,理学院于院长,教育学院谢院长,商学院叶院长,孙寒冰先生,文学院陈院长未到,由樊守执先生代,及裕芬,当议决在沪恢复大学部,中学部则设在苏州。三月九日,召集第二次特别校务会议,议决在正式校务会议未能召集以前,暂设特别校务会议,以校长、五院院长、秘书长、临时办事处主任、中学部主任组织之,并决定租公共租界新闸路一七四八至一七五八号及赫德路五十六号为校舍,以赫德路校舍为第一院,文、法、教、商四学院及秘书处,则设于第一院,新闸路校舍为第二院,理学院、学生寄宿舍、图书馆、邮电、医务、庶务各办公处则在第二院,定三月十二至十六日为报名时期;三月十四至十六注册;三月二十一上课。新旧学生一律收学费二十元,杂费五元。以前免费工读生因经费困难一律暂行取消,并规定教职员之待遇,以战后教部按月仅发经费三成,且以前向行政院所借垫款,按月须扣五千元,故全体教职员仅支生活费,院长支原薪五成生活费,专任教授则四成，职员之生活费，则由校长按级核发。至于各院课程，因战后全校采取紧缩政策关系，故每院仅开两学系，但所开学程，均为必需而重要者，计有九十余个，实属简而不□矣。所聘教授皆为本校原有知名硕学之士，仍聘陈钟凡先生为文学院院长，于基泰先生为理学院院长，谢循初先生为教育学院院长，叶渊先生为商学院院长，并新聘孙寒冰先生为法学院院长；龙沐勋先生为文史哲学系主任，洪深先生为外国语文学系主任，汤彦颐先生为数理学系主任，温崇信先生为政治经济学系主任，刘世芳先生为法律学系主任，张耀翔先生为教育学系主任，樊守执先生为铁路管理系主任。

本校为华侨唯一之学府，于战前设有南洋美洲文化事业部及南洋商业调查部，专以研究华侨问题、发展海外事业为职志，战后乃将两机关暂行撤销，另组为南洋研究委员会，仍继续以前之工作，并聘陈钟凡、于基泰、孙寒冰、谢循初、叶渊、樊守执、刘士木、蔡正雅、褚凤仪、丘汉平、林有壬、陈希文、陈其英、魏振华诸先生及裕芬为委员。推委员刘士木、陈希文、魏振华兼常委，主持会务。

又本校为提倡学术，奖励研究，养成良好学风起见，乃成立学术研究委员会，由各学院院长组织之，并推孙寒冰先生为总编辑。此外并改组训育委员会，聘陈钟凡、于基泰、孙寒冰、谢循初、叶渊、杨幼炯、袁业裕等先生为训育委员会委员，推陈钟凡先生为该会主席。

当本校决定在沪恢复后，即积极筹备开学，因以校务日繁，乃撤销临时办事处，恢复秘书处，以裕芬为秘书长。秘书处下设三课，请林志瀛先生为总务课主任，杨裕芬兼教务课主任，郑宝宁先生为副主任，张凤先生为图书课主任，许克诚先生为副主任。

自三月十二日起即开始报名注册。时战区各校多被破坏，恢复无期，各校失学学生，见本校首先恢复，前来请求借读者，非常踊跃，至十六日止，竟达三百余人，本校因校舍有限，未能尽量收容，实为遗憾。至三月二十一日，在赫德路第一院校舍举行开学典礼，是日到教职员六十余人，新旧学生共五百余人，在非常变动之后，本校教职员及新旧学生竟能相聚一堂，情形极为悲壮，时校长在训话中："敌人只能毁灭吾辈之物质，决不能毁灭吾辈之精神；本日我校全体师生，在此新舍相聚，风雨一堂，务应团结一致，爱护学校，则将来真茹校舍如能迁回，即迁回原址，否则即在别处重新建设，余自信在三数年内，必能恢复真茹当日之规模，此则本人敢负责报告于诸君之前者，所望新旧同学，念国步之艰难，凛时光之易逝，精诚惕励，努力向前，余平昔尝言，读书不忘爱国，爱国不忘爱校，愿与诸君共勉之！”闻者无不感奋动容。

（乙）广州大中学部筹备开学之经过

在粤被难同学凡三百余人，初拟借读中大，卒以事阻，未克如愿，乃电请郑校长，请为设法救济。时上海大学部已将开学，在粤同学因见日军未退，且道途远阻，未能赶回上海上课，于是继续电请郑校长，速为解决同学学业，郑校长遂于上海开学后之次日（三月廿三日）即首途南下，二十五日抵港，二十六晨至粤，行装甫卸，即召留粤同学询问近情，畅谈甚久；继请中大教授黄中廑、孙越两先生为本校驻粤办事处秘书处正副主任，负责筹备在粤开学事宜。二十七日留粤同学三百余人，借西濠酒店欢迎郑校长莅粤，解决同学学业并致感忱。其后郑校长即请黄中廑、孙越二秘书开谈话会于新亚酒店，商定驻粤办公处组织大纲，以秘书处为行政最高机关，聘黄中廑先生为秘书主任，孙越先生为秘书副主任，秘书处下设总务、教务二课，总务主任由孙越先生兼任，教务主任由黄中廑先生兼任，并推请陈钟凡先生为特别校务会议主席，黎国昌、郭一岑、部重魁、黄中廑、孙越、余佑人等先生为特别校务会议委员。

三月廿八日租定文明路二十二号为驻粤部办公处，开始工作进行，二十九日公布本校学生及战区被难学生借读等登记办法，原定四月四日截止报名登记，继以期限过短，恐同学一时未及周知，乃略事延缓。大学部自四月二日起开始缴费，十一日截止，六日起开始注册，十三日截止；中学部则自四月四日起开始缴费，十三日截止，八日开始注册，十五日截止。

四月三日召集第一次特别校务会议，是日到郑校长、陈钟凡、黄中廑、孙越等先生，议决要案甚多（见会议记录栏），至是校务之进行，益见就绪。大学部自三月三十日起着手登记，至四月七日止，本校同学及借读生，共四百七十余人，中学部则有一百五十八人，几全为本校之华侨同学。四月七日假广东省教育会礼堂举行开学典礼，到教职员，三十余人，学生五百余人。乱离之后，重复相聚，无不悲喜交集。八日郑校长宴全校教职员于太平馆，到大中学部教职员八十余人。筵散后即于是处开第二次特别校务会议，通过预算决算诸案。八日大学部学程时间表编配就绪，得中大邹校长许借中大文学院教室开始上课。九日中学部学程编就，得市师李校长之援助，借得市立师范小学部教室开始上课。十日郑校长以粤校诸事布置已妥，乃回沪视察苏州中学部。

（丙）苏州中学部筹备开学之经过

本校留校学生迁移苏州借寓树德中学时，中学部学生前来登记者，不过二百九十余人，后以战事扩大，真茹校址适当要冲，恐一时不易开课，学生有由家属电□回籍者，或自动离校者。当时京沪路上行车仅通至南翔，行旅极感不便，且沿途军警密布，盘查甚严，虽经一再劝止免蹈危险，并布告尽力设法为学生谋安全，嘱其安心留苏，无如战事日益剧烈，学生不免恐慌，故各□由苏乘轮绕道回沪者，迨至二月十日全校移住东吴大学后，中学生只百余人，此百余中几全为华侨子弟，郑校长以平日爱侨胞父老付托之殷，至此益觉责任重大，除极力设法维持诸生生活及安全外，并筹备在苏补习功课，以免长期失学之苦，遂于三月九日与大学部同时办理，补习功课之登记，嗣以一时未能觅得相当课室，而郑校长又以大中学部人数众多，全体在苏，恐一时不易觅得相当校舍，遂决定大学部在沪另筹开学，中学部仍在苏州，并嘱王部主任及鲍课长，即日在苏寻觅相当地点，筹备开课。当访悉三元坊前工学院附属职业学校，校址广大，房屋极多，该校学生现只有六十余人，且一切应用校具均全备，王、鲍两先生当即走谒苏绅张仲仁先生，请介绍与该校邓校长着先先生商洽，幸承慨允暂借一部分宿舍及课室为临时校舍，王部主任于三月十二日赴沪，面谒郑校长报告中学部在苏筹备开学情形，及请示一切进行方针，回苏后，即布告学生缴费注册日期,当于三月二十三日搬入临时校舍,二十六日开学,二十八日正式上课,先后注册学生有一百二十余人,并酌收借读生五十人,故全校有一百七十余人,教员亦一一先到校授课,留苏同学,于是又得继续研读矣。

四、今后之整理

上海战事协定签字后,日军依约,陆续撤退,驻□真茹之日军,亦于五月廿三日撤退,本校当派战后整理委员樊守执、张凤、林志瀛、裕芬及教职十余人,随同接管委员前往接收,沦入敌手凡七十六日之学府,今始收回,然校舍被炸,校具被毁,全校器物,荡然无存,学府精华,为之摧毁殆尽矣。

本校自经此次战后,并依过去之经验,对于整个校务决乘时改进,故第九次特别校务会议议决,请张凤、于基泰、孙寒冰、谢循初、陈科美、叶渊、樊守执、郑宝宁、王济仁、黄中廑、奚玉书、林志瀛、洪深、许克诚等先生及裕芬为本校战后整理委员会委员,以便专责办理本校整理事宜。该会于五月十六日宣告成立,当分校务、校产、教务、总务四组,进行规画改进工作。今后对于全校全盘之改进计划,于第十一次特别校务会议,大体业经议定者:

(一)大学部设在真茹,驻粤大学部,下学期即行撤销,迁返真茹。

(二)中学部高初中设在广州。

(三)师范科决单独设在苏州。并附设实验学校,内分初中、小学及幼稚园。

至于全校各项设施,仍将采紧缩政策,以最经济之办法,最有效率之管理方法,措施一切,务使全校于国难之后,加紧工作,努力复兴,革新校务,故对于行政组织略有变动,目下正在研究之中,其已经日校议决定者,即秘书处下将设总务课,注册课及图书馆,全校设教务委员会,推各院院长、一年级主任、注册主任七人为委员;至训育委员会,则推各学院院长为当然委员外,另设常委二人,由教授中聘任之。并设学生学业成绩评判委员会,由各学院各推教授一人组织之,并为提倡学术起见，每月提出五百元为奖学金，以奖励学业优异之学生；而图书馆则自下学期起，按月决添购中外图书五千元，并多聘专门学者，多设特别讲座，以期养成讲学风气，树立学府学术化之基础。而对于教职员之待遇，亦交战后整理委员会，详细研究，拟具方案，以期改善教职员之生活，确立保障，使能专心致志于学术之研究，事业之发展。此外为节省靡费起见，决自办电灯厂及印刷所，现在各部事务，正分途进行，期于暑假前全部办理完竣，自下学期，即按照革新之计划，依一定之程序，努力进行，以巩固华侨学府之基础，发华侨教育之精神。

（《战后之暨南》，1932）

教育部训令第二二八七号

（令国立暨南大学）

案，查该校呈请拨还在京校舍一案，兹又奉行政院第一一二号训令开：

“案准国民政府文官处第八八五号公函开，案查前据贵院呈，据教育部呈，据国立暨南大学呈，请拨还在京校舍，请转呈国府，令饬参谋本部转行陆军大学查照，原案早日拨还等情转呈鉴核一案，当经奉交参谋本部，并由处函复贵院查照在案。现准参谋本部函复，称陆军大学南迁，暂借薛家巷暨南大学旧址为校舍，时一面奉谕饬在富贵山下及太平门一带勘定地段，建筑新舍，继以国库支绌，迄未营建。去岁侨务委员会先后函催腾让，及陆大杨校长呈请拨用劝业会场全部为校舍，时咨准军政部，一俟本年底炮兵新校落成，则现住劝业会场之炮校及薛家巷之陆大彼此即行迁让各有案。至原呈所称中央拨款为陆大建筑新舍落成在即一节，最近虽经本部建议，惟奉军委会指令，暂从缓议，未成事实。原呈所称恐系传闻之误，兹惟日仍照前咨准军政部，原案请俟本年底炮兵新校落成时，彼此腾出归还，即希查照转呈等由，除转陈外相应函达查照转知等由，准此合行，令仰该部即便转饬知照”等因，合行令仰知照。此令。

中华民国二十二年二月　日

部长　朱家骅

（《暨南校刊》1933年第57期）

教育部训令第一九四六号

（令国立暨南大学）

案，查该校呈请拨还在京校舍一案，前经据情呈奉行政院指令当即转知在卷。兹奉行政院第九〇八号训令开：

“案准国民政府文官处第七四七号公函开，奉主席交下贵院呈，据教育部呈，据国立暨南大学呈，请拨还在京校舍，请转呈国府，令饬参谋本部转行陆军大学查照，原案早日拨还等情，转呈鉴核饬拨一案，奉谕交参谋本部等因，除函交外相应函达查照等由，准此合行，令仰该部知照”等因，合行令仰知照。此令。

中华民国二十二年三月八日

部长　朱家骅

（《暨南校刊》1933年第57期）

教育部指令第一〇〇八二号

（令国立暨南大学）

呈一件——呈请转呈行政院转参谋本部。俟炮兵新校落成，归还本校南京校舍时，先期通知接收由。

呈悉。已据情转函参谋本部，转行陆军大学，于迁让有期前两个月通知该校接收，并勿许其他机关借用。仰即知照。此令。

部长 王世杰

中华民国二十二年九月廿九日

（《暨南校刊》1933 年第 78 期）

筚路蓝缕创设暨南

（三月二十三日创校二十七周年纪念日郑校长训话）

杨裕芬 陈希文 记录

诸位先生、同学：

今天是我校创校二十七周年纪念日。在民国十六年四月间做创校二十周年纪念时，姜校长伯韩请兄弟到校演讲，兄弟将创校经过讲得很详细。日前嘱秘书处将该讲稿重行印刷，分发诸位先生、同学。

但看今天所印发者,非创校二十周年之演辞,乃民国十六年兄弟重长本校第一次开学训话,所以应在此附带声明一下。

关于本校创校历史,自民国十六年讲后,并未讲过,老同学多已毕业离校,而新来之华侨与内地同学,多未知本校过去之历史,今天特地再详述一遍。

今天兄弟有一感想,即当本校二十七年前开学之日,头一日亦下雨,天气阴凉,和今日一样。

选送爪哇学生返国 在清末,废除科举,各省皆办新学,此时海外各处,亦有中华会馆与中华学堂之组织。在海外办学最早者为爪哇与新嘉坡两地,而当时成绩最好者为爪哇。中华学堂为当地父老组织董事会主持办理,然并不为国内人士所注意,即驻外领事,向亦不声不问。时有出使荷兰之钦差大臣,即今之公使钱念劬先生(浙江人),彼驻在荷京,然对于荷属殖民地之华侨异常注意,乃派董鸿祎先生,亦浙江人,到爪哇调查。董先生未赴爪之前,以为南荒蛮地,侨民事业必无可观,尤其是华侨教育。但一到巴城,见中华学校办得很有成绩,学生且能说国语,甚出意外。乃电告钱先生,钱先生当时一面上书政府,一面函董先生,嘱就地选拔优秀之侨生一二十人,带回中国受教育。董先生乃选拔二十一人,但此二十一人究送回何处去受教育为妥,当时颇费踌躇,因当时两广总督不注意海外华侨之教育,而广东巡抚德寿尤厌恶新学,至福建情形亦差不多。此时,适有苏州巡抚端方调任两江总督,彼虽为旗人,但对于教育事业非常注意,且在湖北等处曾创办学堂不少。钱先生乃与端先生电商,请为设法安置此二十一位侨生,结果端先生当即允准,并嘱即令回国。惟此事经过,当时知者甚鲜。

程度不齐设校教育 当时兄弟在南京两江学务处供职,清初改办学堂时,各省均设学务处主持其事,后乃改组为提学司。某日,正学务处办理结束之时,端方先生传兄弟于上午五时到总督衙门,事前并不知为何事。除兄弟外,尚有一温秉忠先生。温先生为最早一批与唐绍仪先生等赴美之留学生,系洋务局为总办。端方先生一见面,即以钱先生电报相示,并告始末。方知所以找兄弟与温先生之来意,乃因兄弟与温先生均为广东人,当时以在宁甚少广东人做官,彼以为华侨子弟多南方人,且兄弟适在学务处供职,故令兄弟出来照料。至于温先生,则因办洋务,对海外情形熟悉,所以派他共同办理。然当时尚无具体办法,拟待学生回国后,始行设法安置。兄弟与温先生乃先往上海招待。学生未到上海,此事已轰动宁沪,社会人士颇为注意。但在南京做官的人,当时尚不知爪哇二字,以为乃《聊斋志异》之“爪哇国”。可见当时一般人对于海外情形的隔膜。爪哇华侨学生回国时,有校董张硕龙先生一人偕归,其子名张益山亦在内。二十一名侨生到宁后,不仅社会人士颇为注意,即将军亦特派佐领二人来看。时侨生皆无辫子,故当地人士以为来了二十一个外国和尚。端先生非常重视此辈侨生,上奏政府,称有由海外归国侨生,当为教育之。并派兄弟与温先生照料学生,带领到各地游玩,至二三星期后,再设法送到各校上课。他们到宁数天后,南京适下大雪,天气甚冷,张校董又生病,学生二十一人以由南洋初回,个个怕冷,因冷而病者数人,临时由兄弟家中将小孩之毛棉衣服一齐拿出,不论红绿长短各学生全穿起来。煞是好看!当时住在南京三牌楼实业学堂,即格致书院楼上,宿舍中无床,全体睡在地板。因此有不少想要回家者。当时最年长者为李应征,十九岁,最幼为李全发,十二岁。现李应征同学为泗水之名医生,在当地颇有声誉。至李全发则久未通信,近况为何,不得而知。他们之程度,亦参差不齐,最高程度相当现时初中二年级,最低为初级小学。当时兄弟并无什么名义,只每天陪同他们玩玩,住有二三星期后,学生皆要回去,端方先生以为如学生万里归来一旦又回去,实为可惜,乃令稍再住惯,即分插就近各校读书。但当时南京只有钟英中学及两江师范附属中学,彼等程度不齐,且各校多无住宿,致无相当学校可进,而侨生又不愿分散,兄弟乃与端先生商量,决定暂时设法补习,俟一年半载后,分插各校,于是觅得薛家巷为临时补习处,薛家巷校址前为妙相庵,后改为陆军测量学堂,时测量学堂关闭,房屋甚多,所以遂主张借用。当时开办费仅五百元,临时找几位先生教课。及后英属方面,见荷属学生已回国读书,于是亦要求两江总督收容,端方先生乃决定另创一校,专以收容海外华侨子弟,并派兄弟为堂长,兄弟与提学司陈伯陶先生商取学堂名称,结果采《书经·禹贡》"朔南暨,声教讫于四海"之义,乃以"暨南"二字名学堂。是年七月(即光绪三十二年),第二批侨生三十余人到校。第二批学生中,尚有不少在国内服务者,如韩辉荣,在本校中学毕业后,即入保定军官学校,曾任旅长。至九月又新到一批同学四十余人,此时全校共约百余人,校务进展甚速。即北京方面亦颇注意,甚至有人在北廷说闲话。盖当时海外华侨分为两派,一为保皇党,一为革命党,有人以为暨南学生多无辫,恐系革命党,谓端方不应办此学堂。幸端方为旗人,而对同学亦甚了解,枝节虽多,并无何等影响。最初每月经费一千两,第二批学生到校后,增加八百两,至第三批学生到校,增至二千五百两。经济来源系由端方先生奏准,由广东、福建及江海关负担——广东较富,担任十分之四,福建担任十分二,江海关因系地主,故担任十分之四。至于当时之教师,多由两江师范之毕业生担任。

社会人士重视本校 当时社会一般人士,非常重视本校,爱护本校。每逢初一、十五祀孔,端方先生常亲自到校参加。如有典礼,则满城文武百官,社会人士,无不踊跃参与。当第一批学生回国时,有沪杭铁路总办汤寿潜先生,即今本校汤彦颐教授之祖父,特派人来沪招待,并每人赠送毛毯一条。可见当时一般人士对我校之注意与爱护。

辛亥革命本校停顿 当时兄弟采用严格训练,同学非常节俭,每月零用不过二元,且每人须备一札子,每天用度须一一记上,每周交兄弟检查一次。兄弟在校主持约二年余,但兄弟他调后不久,武昌即起义,学校因以停办。当时张勋驻扎浦口,非常注意本校,并派人来侦查我校,是时教员中已有多人加入同盟会。兄弟乃与同事叶之安商量,谓兄弟将到上海,请将学生全数领到上海。时上海牯岭路十七号设有革命党之秘密机关,即宋教仁、于右任、陈英士、柏文蔚诸先生所组织之光复军机关。及同学到达上海后,兄弟即令各人函家,欲回南者即回,其不回南者可加入革命军。当时一部同学住闸北某警局,一部则住光复军办事处。当时黄克强先生在汉口组织学生军,有同学二十余人参加，但一到汉口，汉阳即被清军夺回，致未能加入学生军，仍返上海，乃派往各机关服务。是时张勋盘踞江宁，徐绍桢先生被举为江浙联军总司令，统率军队，往攻金陵。当时有同学张益山参加攻夺天保城，隶朱瑞先生部下，张君于克服金陵后，因病回爪，卒以辛劳过度，竟致不起。张同学为我同学中参加实际革命工作最早之一人，他是一个无名英雄，此人非常忠实，球艺亦至佳。当此创校纪念之日，而国难日益严重之时，回想张同学之勇敢精神，兄弟异常哀痛！

民元解散迟迟未复 到民国元年，学校遂解散了，南京临时政府成立，兄弟与宋遁初先生到南京，宋先生任政务厅长，兄弟为秘书。但此机关并未成立。当时各部成立，刚才所提之汤寿潜先生为交通总长，次长为于右任先生。汤先生并未到任，由于先生代理。于先生乃叫兄弟到交通部帮忙，任为秘书。后南京临时政府迁至北京，孙总理辞职，兄弟亦随到北京。董鸿祎先生时亦在教育部当司长，兄弟乃与商恢复暨南事，彼当时甚为赞同，但经多次催促，终无动静，于是有数年之久。在民国四年，偶与董先生谈及，乃悉恢复暨南迟迟不能进行者，因袁项城拟称帝，不主张恢复，免蹈端午桥先生召革命党进来之辙。我想当时黄任之先生等主持江苏教育会，谅知此事，及袁死后，我校才于民国七年恢复。十二年迁至真茹。本校创校经过，大致如此。

创校校歌革命精神 当时创校，我校校歌颇引起清政府及荷政府所注意。此歌为兄弟所作，因兄弟以前年轻，作事均本一往无前之精神，故作此歌，此歌音节虽不佳，然充满革命精神，并包含民族与华侨教育之意义。此乃值得纪念者。

重长本校惨淡经营 我校当时创立，规模至小，实不料能完成今日之规模，前后毕业生达于千人，海内外各处无不有我同学发展之事业。但我校在民七恢复后，远不如昔之引起社会人士注意，当时社会人士几不知有暨南二字。及革命军底定江南，竟有主张暨南无设立之必要，而于中大附设暨南学院者。在此危急之时，同学乃找兄弟，劝请重长暨南。六年以来，惨淡经营，方见今日之规模。但我校自民十六至“一·二八”前，无日不在风雨飘摇、艰难困苦之中，以致基础仍未能十分巩固。且有人希望本校继劳大之后,关门大吉。社会人士对于我校,最初何以如此爱护,现在何以如此冷淡?此是有其原因在,即以前学风好,搬至上海之后,学风日坏,无可韪言。我校学风虽差,但在学术上,却不后人;且历年我校罗致多数有名学者,所以社会上及个人之间多颇知我校之内容,非如外间所传之甚。劳大关门,一般以为劳大糟极,但劳大学生程度并不劣,文字大好,可为各校之冠,何以不得社会谅解,乃因学风不好所致。学风不好,社会人士即不管一切,总以为什么都不好。总之,人之重我轻我,全由本身的好坏来决定的。我校自沪变后一年以来,乘时改进,颇有转机,到时局安定,必定能一天比一天进步。学术精神总可表现出来,对于社会必有一番贡献,希望诸位师生,努力前进!

廿七年来始简毕钜 我校于二十七年来努力之结果,由很小之规模,而成今日之局面,今后希望诸位师长,本学术之立场,屏除政治臭味,指导同学,使我们成为纯粹学术化之华侨学府。

努力学术为校增光 学校发展是有限度,而学问的进展是无止境的。希望诸同学要爱护学校,为学校增加荣誉,从学术上来发扬我校的精神。切不可夹杂污秽之政治意味,而放弃正常研究学术之机会,而从事政治之活动!要知学校与同学有密切之关系,学校名誉好,同学在外亦有光彩,此与个人在社会上地位甚有关系。学校名誉不好,社会人士即认为学生不好,此对于个人事业,有莫大之妨碍。凡学校名誉好的学生,派到各机关服务,多不成问题,如平日对于该校印象不好,则大家对于该校学生多不放心,以致影响同学之出路以及各种事业。时下青年,喜作政治活动,实际何尝是政治活动,不过摹拟纵横捭阖之技,结果不过造成卑鄙之政客而已!现在社会环境不良,凡我同学,尤应格外注意!

国难当前加倍努力 我们在国难严重之中,尚能讲学,并在此纪念创校,若与热河各校情形一比,则我们实是最为幸福。当此宝贵之光阴,应如何珍惜!不使虚掷!今日创校纪念,我们应本我校固有之精神,并念缔造之艰难,本爱校之热诚,努力谋我校之发展,使我校成为学术之重心,成为华侨教育之重心,我们应努力达到此目的。希望诸位先生、同学一致共同努力!

(《暨南校刊》1933 年第 58 期)

本校概况

大学部教务委员会出版课　编述

一、沿　革

华侨教育初无专校之设,逊清光绪三十二年江督端方自海外归,始察华侨子弟因环境之不同,亟宜授以适当之教育,乃创设暨南学堂于南京,委温秉忠为总理,今校长郑洪年为堂长。明年,改办中学。又明年郑堂长他调,由杨熙昌继任。辛亥革命,学堂中停。至民国六年,始以教育部令派黄炎培等规复暨南学校,设师范商业两科。八年,中学部正式成立,十年,商科迁上海,又与东南大学在沪合设商科大学,并规筑新校舍于真茹。同时本校设立董事会,先后聘请齐燮元为名誉校董,张季直、黄奕住、范源濂、韩希琦、史量才、李登辉、钱新之、郑洪年、黄炎培、袁观澜、范厚生、黄仲涵、简照南、丘燮亭、陈炳谦、林文庆、严孟繁、林熊微、柯箴心、叶杞崧为董事。无何,商大自行独立,复筹办女子部于南京。十二年,真茹校舍工竣,男子部先行迁入。翌年,江浙战起,商大三四年停办。战平,旋恢复。十四年秋,扩商大为五学系,学生亟增。十五年九月又续聘沈信卿、梁炳农为董事。

十六年夏,国府明令改组为国立暨南大学,今校长郑洪年复长斯校。计自六年复办以来,十年间赵正平、柯成懋、姜琦诸氏更迭任校长,均有所建树。自改组后,分设大、中、小学三部,南京女子部亦并入真茹本校,大学部商科改为商学院,就原普通商业、工商管理、国外贸易、会计、银行五学系外,加设交通管理学系。此外又增设中国语文、外国语文、教育心理、数理、法律、政治、生物、历史社会等八学系。十八年增设文学院、理学院、教育学院,合商学院计全校共设十五学系。十九年又增设法学院。中学部高中有普通、商、农、师范四科,初中三级九班,小学七班,全校学生增至一千六百余人。二十年春,中国国民党中央执行委员会第一二六次常会议决本校设置董事会,推定孙科、林森、陈立夫、孔祥熙、宋子文、马超俊、余井塘、吴铁城、郑洪年、陈耀垣、萧佛成十一人为董事,以为华侨教育最高学府。廿一年春,日军犯境,校址沦为战区,"一·二八"事发之翌晨,中学部学生安全抵苏州,大学部学生一部留沪,一部回粤,乃在苏暂设中学部,沪大学部分别在赫德路新闸路赁屋为校舍,兼收战区借读学生。粤大学部假国立中山大学、广州市师校舍一部授课,学程均加缩编,并酌开重要课程。三处学生共达一千七百余人。自沪战平息,真茹校地校舍仪器损失并巨,组战后整理委员会,规划复兴,经数月之筹划,始复旧观。廿一年九月沪粤苏大中各部始迁回真茹上课,同时奉教育部令裁并法、教两学院,法律系学生转送中央大学法学院,政治经济学系及教育学系并隶文学院。

二、校址校舍及设备概况

本校位置于真茹镇之东北,与京沪铁道真茹车站密迩,距上海市十五里余,其西北为交通部无线电总台、私立东南医学院。其西南为司法行政部法医研究所。铁道、公路均迩逼校门,为京沪间交通之孔道。校址占地三百余亩,其西北、西南有河萦带,两岸沿植桃柳,为员生游息之所。建筑物在大学部者,东南曰致远堂,为集会讲演所在,容千余人,堂之西南曰科学馆,理学院实验讲习仪器庋藏悉在于是。廿一年春,日军压境,馆之西隅毁于铁鸟,合仪器之毁损,数逾十万,战后复兴,深费筹措。馆之西为洪年图书馆,盖今校长郑洪年氏为董事时为馆舍建筑费筹募最力,用资纪念者也。馆之南为问节亭、莲韬馆,环境设备最优,遍植花木,举凡艺术诸科之教室及教职员俱乐部咸设于此。科学馆之西南,为大学部总办公厅。又西南,则学生宿舍之第一斋、第二斋、临时宿舍、女生宿舍、第六宿舍、运动场、调养室、食堂、浴堂在焉。办公厅之西为宿舍第三斋、第四斋,渡河为第五斋。校之西北端为印刷所、电机房、自流井、木工铁工厂。至中学部办公室、教室则位于大学第三四斋之西北,第五斋之西北为初中宿舍,又西北为高中宿舍,舍之侧为大学教员住宅。计全校楼房巨大建筑物达十余所,余平房亦称是。国家财富空竭,而六年来本校惨淡经营,巨大建筑物所成独多,造成斯学术之优异环境,胥今校长郑公苦心撙节,筹划募集所致之果也。

本校设备方面约分十三项:

科学仪器标本药品 可分为化学、物理、生物三部。经“一·二八”之战,损失逾三分之二。战后努力补充,添置新购,计已到未到之仪器药品约值三万二千元,就中以化学系之煤气发生机及化学物理两系之高等实验仪器多种,为不易购办之品。现在进行再加购新仪器约四万元,此外更有扩充计划,逐步实现,以求充实。现计科学馆内设有化学实验室三,可容六十人,天平室一,储藏室二;物理实验室一,暗室一,储藏室一;生物标本室二,储藏室一,均由理学院各系派助教管理之。

图书 本校藏书经“一·二八”之劫,略有损失,幸郑校长、张馆长历年扩充经营,馆务渐臻发达,加以战后补充,不遗余力,现藏中文书籍三三〇四五册,外文书籍八一五七册,总计四一二〇二册,价值约六万元。计洪年图书馆内,备有书库三,阅览室三,办公室一,外在第三宿舍附设阅报室,全馆职员共十三人。

体育 本校体育设备,计有足球场三,篮球场六,网球场六,排球场二,田径场一。以上各场,悉按照最新方法布置,位置设备,无不令运动员便利娱快,有此环境,故学生咸乐于从事体魄之锻炼。本校体育委员会前有建置体育馆、游泳池之计划,惟以体育馆建费需十万元,不易筹措,现正草备图案,进行募款。游泳池则水源问题不易解决,现亦在设计中。诸如排球场之加筑,及体育用具之充实,均在进行,务令体育环境益臻完善,以完成锻炼学生强健体魄之使命。至本校运动成绩,向为社会人士所称道,计历次参加江南八大、全国、远东诸运动会,夙著声誉,表演技术之佳,记录拥有之众,无待赘述。

卫生 本校卫生设备,向极注意,近年由医师唐斐礼、卢宝法两博士领导办理之下,成绩甚有可观。主要工作,不外预防、治疗二大端,预防为宣传防疫注射、检查体格等事项。治疗则门诊外有常川驻校之医师,以应付急症之处置。设备方面,因沪战后房屋药械均须从新修建添置,然限于财力,每感艰困。现应用仪器中,最重要者计有消毒器、蒸馏水制造器、眼科外科器械、检查器械等,尚足应用。至房屋则有内科室、外科室、眼科室、药剂室、待诊室、办公室各一,又病室二间,以供调养之用。门诊每日上午八时至十时,平均每日病人八九十人,盖员生以外,兼施真茹附近乡人之来诊者也。本校近感卫生责任之繁重,曾由卫生课拟就五年计划,添聘人才、加购用具、增筑医院诸大端,现均在筹措中。

饮料 本校僻处乡镇,饮料全须自给,故有自流井之设备,以供给全校用水,现有新旧井各一,新井深七十丈,领有上海公用局执照第三九三号,因原有电力马达被毁于日军,乃购置美国 Fielding 冷气八至十匹柴油引擎一架,每分钟能出水五十加伦。旧井水味带咸,只限于洗用,以大华铁工厂出品十二匹引擎打水,因机身太旧,不能时常开用,每分钟出水三十五加伦。其开支方面,前用电力马达,每月电费连人工约计二百五十元,现用柴油引擎,每月约计一百三十元,所省甚巨,目前打水间每天须开十四小时引擎,计每天出水约计四万二千加伦,至高中部用水尚不在内。

电力 本校电灯向由真茹电气公司接火,每月电费约计一千四百元。自“一·二八”战后,吾校各处电灯损坏不堪,以高中宿舍为尤甚。学校为撙节电费计,乃向上海慎昌洋行购置美国 Fielding 发电机一座,有马力五十二匹,六十五个开罗华脱 AC 电流,价约一万四千元(一切装置费均在内)。每月用油连人工开支约五百余元,与前向真茹电气公司接火之电费每月一千四百元相较,差数为九百元。现在全校电灯约计一千五百盏,一律用二十五支光灯泡,装有电力限制表六十只。兹以原有电机马力不敷应用,近又约上海慎昌洋行购置九十二匹马力发电机一座,系德国 Raelble 厂出品,有一六五开罗华脱 AC Or DC 电流,机已到校,正在装置中。

铁工　木工　本校设有铁工场一所,专司修理或制造普通用品,并修理机器及零件,现有工人三名,计铜匠一人,铁匠二人。但因工具设备不全,时感不便,拟于本年暑假期内购置车床一具,及设备翻沙等。另木工场一所,专制普通校具,现有工人四名(漆匠一名在内)。

印刷　本校为求印刷上之便利与节省起见,于沪战后即着手创办印刷所,经按步规划,迄今已粗具规模。所中计备有大小印刷所三架,装订、烫金及划线机各一座,各种铅字三十六万余,工人三十余人,各种大小刊物讲义等,均能自行刊印,此亦本校新建设之一端也。

银行　本校为谋教职员学生存款之方便,及商学院学生实习起见,创设暨大银行,资本总额定为国币五千元,由本校经费分四学期拨足,先收四分之一开始营业。营业种类约为:经收各种存款,活期或定期存款,商业确实票据之贴现或买卖,办理国内外汇兑,代理收解各种票据之款项,代理本校经费之收付等。并设有董事、监察、经理及行员,分别监督进行本行事务。以上各职均由本校教职员、商学院学生兼任之。开办以来,营业日见发达,现正力谋扩充,期臻完善。

实验学校　本校为谋教职员子女修学便利及教育学系学生实习起见,乃就原设义务小学扩充为实验学校,假暨南新村房屋两座为校舍。经费由本校经常费内支拨及学杂费供给,其组织则主任以下分设校务部、教导部、研究部、教学指导部,分别办理教务、事务、训育等事务。上列各部教职员,均由教育系主任择该系三四年级及高中师范科学生充任之,班级计设初中一班,小学三班,共四班,学生人数七十七人。

校园　本校在上述诸项设备之外,颇着力于校园之布置,以供学生艺术上之陶养与观赏。计莲韬馆中庭及各建筑物周围,历年杂栽诸种花木之外,战后复兴,花木栽植,亦就财力可能范围内,加以有计划之布置。计今年植树节所加栽行道树三百株,护河岸树三百余株,观赏树七百余株。又以草地所占面积甚广,新购有轧草机一部,从事剪轧,校内河道,加种荷花,以上种种设计,务使造成一美术化之学校环境。又本校对于菊花一项,历年加意培植,颇有可观。去年菊花展览,本校曾得有优等奖状,现更搜求海内外为名本,计保有菊花四百余种,繁植一万盆,以备下年展览。其余花圃中亦有杂花数十种,栽二百余盆,以供观赏。

教职员住宅 真茹僻处村镇,适当居所,恒苦不给。于是由本校联合上海各界,在校境之西北侧购地四百亩,组织暨南新村,另组委员会管理之,以本校校长为当然委员长。建造西式小房屋十余幢,以最低之赁值分租本校教职员,村中每月举行村际恳亲会一次,以联络感情。沪战时,房屋大半毁于炮火,于是联同住户合作修理,所费不赀。现委员会方面且拟就新村公园及娱乐运动场所计划,希望逐渐施行。

莲韬俱乐部 莲韬俱乐部为本校大中学部教职员所组织,以联络感情,设备并增进教职员高尚娱乐为宗旨。地点附设于莲韬馆,备有网球场、集会室、休息室、乒乓球室、食堂等。并购有书报、象棋等,以资业余阅读消遣。随时组织远足旅行,如邓尉探梅,圣湖巡礼,曾付吟什。现计有会员一百六十余人,会费由会员按月交付,每半年由会员选出理事二十一人,处理一切事务。

三、行政组织及院系编制概况

本校行政组织,大学部分为教务与事务两部。教务方面曰教务委员会,以教务会议为最高机关,委员会下分设注册课——办理编排课程,考核学生成绩,编定学生统计等事项;指导课——办理学生操行之审核,学生团体之指导事项;出版课——办理校内出版物之编纂及审核,讲义之付印统计,校刊之编定等事项;图书馆——办理图书之购置及庋藏事项;体育委员会——办理体育之设备,体育之指导等事项。

各课并执行教务会议议决案,办理本课事务。

事务行政方面,以秘书处为最高机关,下设文书课——办理一切来往文书事务;出纳课、会计课——办理全校付支会计现金出纳等事项(本校为求财政公开起见,自今校长复任以来,五年间上列事务向委王海帆、奚玉书两会计师代办);卫生课——办理病疫预防及员生疗养诊察等事项;印务课——办理全校刊物及教授讲义之刊印事务;庶务课——办理校具之购置及保管,工务之管理,校役校警之雇革,文件之收发事务。各课秉承校长秘书长之意旨,办理各该课事务。

上述两机关总理全校教务行政、事务行政各事务,教务委员会以教务会议为最高机关,教务会议以各院院长、各系系主任、注册、指导、出版三课长、图书馆馆长、体育委员会主席及由校长指定之教授二人为委员,各院院长、注册课课长、指导课课长为常务委员,秘书一人由注册课长兼任,教务会议决议教务重要事项,由常务委员各课课长分别执行其议决案,各课设课长一人,以事务之繁简设干事若干人,分组办理之;秘书处设秘书长一人,秘书二人,各课设课长一人,干事若干人,亦以事务之繁简分组办理之。

本校原设文、理、商、教、法五学院,已如上述。去年暑假期间奉教育部命令,裁并法、教两学院,所有转院、转系、转学手续,即尽于暑期间办理妥当。故搬回真茹原校后,本校之编制,分文、理、商三学院。甲,文学院:设中国语文学系、外国语文学系、历史社会学系、政治经济学系、教育学系五学系;又政治经济学系内分政治、经济两组;教育学系内分心理、教育行政两组;另设师资专科,以造就侨教人才;及附设实验学校,以资教学实习。乙,理学院:设物理学系、化学系、数学系三学系。丙,商学院:设会计学系、银行学系、国外贸易学系、铁道管理学系四学系。每学院设院长一人,每学系设系主任一人,各组各设主任一人,师资专科亦设主任一人,各院系、组主任,多属旧任人员,以收驾熟之效。

本校组织系统表

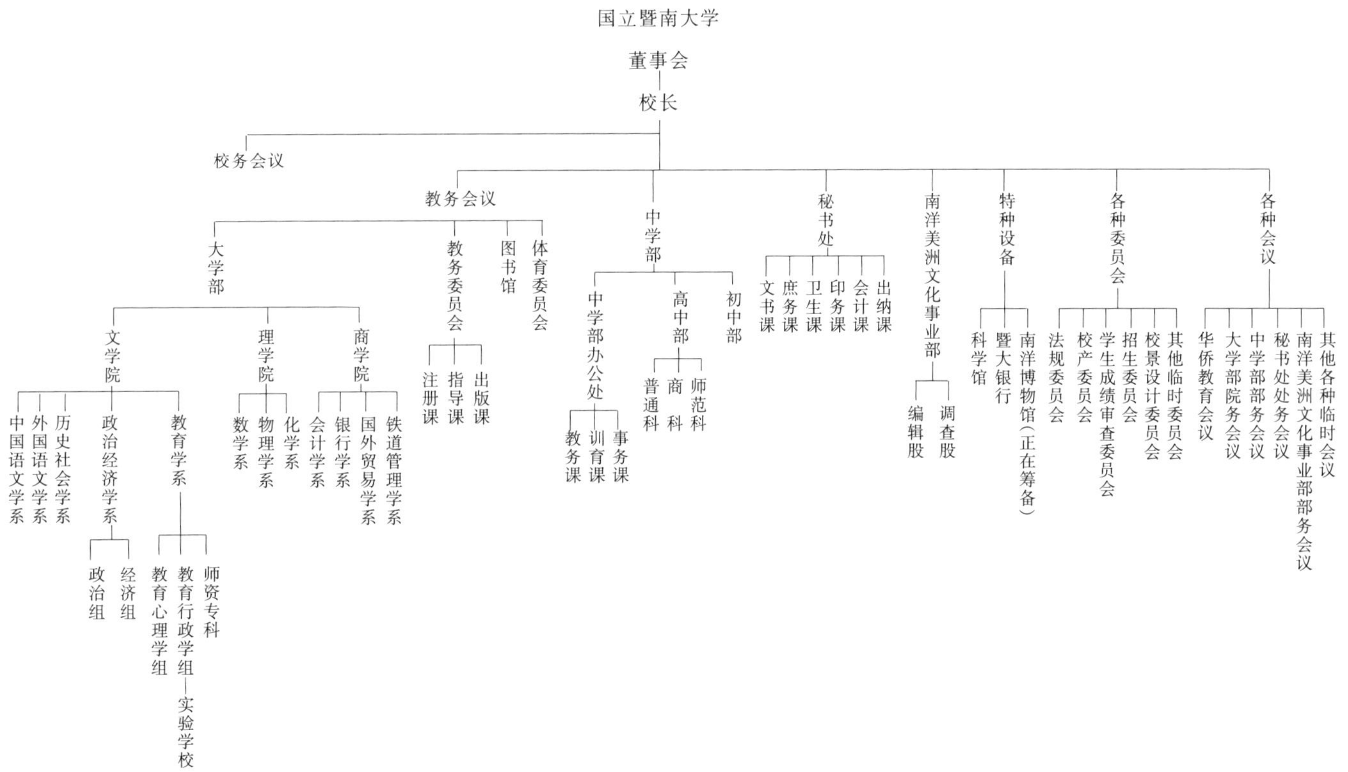
国立暨南大学
董事会
校长
校务会议
教务会议
大学部
文学院
中国语文学系
外国语文学系
历史社会学系
政治经济学系
政治组
经济组
教育学系
教育心理学组
教育行政学组
实验学校
师资专科
理学院
数学系
物理学系
化学系
商学院
会计学系
银行学系
国外贸易学系
铁道管理学系
教务委员会
注册课
指导课
出版课
图书馆
体育委员会
中学部
中学部办公处
教务课
训育课
事务课
高中部
普通科
商科
师范科
初中部
秘书处
文书课
庶务课
卫生课
印务课
会计课
出纳课
南洋美洲文化事业部
编辑股
调查股
特种设备
科学馆
暨大银行
南洋博物馆（正在筹备）
各种委员会
法规委员会
校产委员会
学生成绩审查委员会
招生委员会
校景设计委员会
其他临时委员会
各种会议
华侨教育会议
大学部院务会议
中学部部务会议
秘书处处务会议
南洋美洲文化事业部部务会议
其他各种临时会议

四、训育及学生活动概况

（一）训育之最近设施

本校对于学生训育一项，向极注意。最近确定训育方针为“训教合一”，循是方针，以实施训导。训育之原则，关于积极方面，如：1. 养成学生纪律化、集团化、理智化之精神；2. 陶冶学生之品性，实践自我批评之精神；3. 养成刻苦耐劳之精神；4. 养成学生积极创造之能力；5. 养成学生各种正当之社会的活动能力。关于消极方面，如：1. 激发学生向上之欲望；2. 培养学生协作之精神；3. 锻练学生健全之意志与健全之体魄；4. 养成学生劳动之习惯；5. 养成学生忠贞之人格。苟有长时间之训育与指导，必能获得美满之成果，不难成为善良之学风，转移其环境。

（二）工作计划述概

训育工作，大致可分为下列数项：

1. 关于指导事项：指导学生团体开会，办理学生团体登记，指导学术讲演，处理学生纠纷，与学生个别谈话，及其他临时发生之事项；2. 关于斋务方面，如整理学生宿舍、编排学生宿舍房间号数，及随时检查学生宿膳堂等事项；3. 关于事务方面，如文书之拟议，文件之收发，学生请假、休学、退学之记录及代理学生收发邮电各事务；4. 法规之起草：起草关系之各种法规，如学生学术团体组织规程，学生奖惩条例及奖惩细则，学生操行标准及考查方案，学生公告揭贴规则，学生宿舍规则及细则，学生请假规则，学生会客规则等，均在起草或陆续修改中。

（三）学生活动状况

本校同学在不违国家法令及学校规章范围内自由集结学术团体，经指导课审查承认者计有四十六（见另表），其中有刊物出版者十一种，均经指导课、出版课审核后，由本校代为付印刊行。其余由各团体主办之专家讲演会、展览会、远足旅行等，无时或间，亦由指导课会同各院系教授监督指导办理，务使学生活动式遵轨范，以养成优异之国民性，此为本校之所日进不懈者也。

（附学生团体一览表）

团体名称	团体名称
知行学会	政经学会
南星社	南风文社
进德协助社	科哲学社
暨大演说会	暨大口琴会
暨大西乐会	英文研究会
经济研究会	会计学会
史地学会	书刻研究会
教育学院同学会	华侨学生联合会
霹雳华侨学生会	台湾华侨学生会
暹罗华侨学生会	爪哇华侨学生会
菲律宾华侨学生会	邦加学生会
马六甲学生会	英属吧生华侨学生会
安南华侨同学会	苏门答腊同学会
学生自治会	国际问题研究会
微波社	明日社
读书会	湖光学社
中山文化研究会	实验剧社
中华化学社	政经系 1933 级级友会
政经系 1934 级级友会	政经系 1935 级级友会
理学院同学会	铁道管理系同学会
史社系同学会	商学院同学会
商学院银行系同学会	

五、学术研究出版物或推广事业概况

本校之学术研究出版物，向由出版委员会、教务委员会出版课、秘书处印务课负责办理。前者司审核发刊丛书之责，次者司审核全校杂志类、新闻纸类刊物之责，后者则为印行上两者所核准诸刊物者也。本校丛书出版已有多种，各学院复编有学术丛刊。由学生团体主办、各教授担任指导者十一种，其余南洋美洲文化事业部所发布之刊物尤多，另详下节，今不赘。于是可见本校学术研究空气浓厚之一斑也。

六、南洋美洲文化事业部概略

本校为华侨最高学府，对于华侨回国子弟及有志向外发展之青年，施以特殊教育，务使造就人才，适于海外侨地之活动，而求生存。故为充实内容及适应需要起见，除课程上、训导上注意于侨地之环境及侨生之习惯外，特于民国十六年改组为完全大学之始，即于是年十月有南洋美洲文化事业部之创设。其使命为：

（A）灌输祖国文化于海外华侨；

（B）调查南洋及美洲实际状况，以为研究及启发之标准；

（C）从事教育上增进华侨开拓之能力；

（D）促成国人向外发展之企图；

（E）鼓励华侨参加祖国之一切运动。

其组织系统，历年以来，略有变革，其现制如下：

校长—主任——秘书
　　　　　　——编辑股主任——干事
　　　　　　——调查股主任——干事

（一）工作概要

（A）编译方面

1. 定期刊物　本部定期刊物本有《南洋研究》及《定期通讯》二种，《南洋研究》为讨论南洋各种问题之专刊，每月发行一次，于十七年一月发刊，每卷六期，现已出至第四卷五期，内有专号五：一为移民问题专号，二为暹罗专号，三为荷属东印度专号上，四为荷属东印度专号下，五为越南专号。《定期通讯》自民国十七年四月十八日起，每周发稿二次，内分国外通讯与国内通讯二种，以国内之政治、经济、实业、文化、教育等重要消息宣扬于外者，是谓国外通讯；以海外之政治、经济、实业、法制、律令等之,关于侨务者,传达国内,是谓国内通讯。其势力达于国内之报馆,远及于国外之《华字日报》及公共团体。今为促进国人之注意南洋问题及使国人了解南洋之实况起见,又于民国二十一年十一月十五日发行《南洋情报》,每月发刊两次,每卷十期,现已出至第二卷第一期。

2. 不定期刊物　本部不定期刊为丛书之发行与表册之编制。

丛书已出版者有《华侨殖民伟人传》《马来半岛土人之生活》《南洋概况》《南洋华侨概况》《南洋华侨史》《华侨运动之意义及其计划》《中华民族之国外发展》《中国文化之基本问题》《南洋华侨教育会议报告》《南洋荷属东印度之教育制度》《荷属东印度之实业教育》《南洋各属学校注册条例》《南洋华侨学校之调查与统计》《南洋华侨教育论文集》《南洋荷属东印度之经济》《中华南部及南洋园艺视察谈》《日本海外侵略与华侨》《荷属东印度地理》《南洋丛谈》等四十种,其他在付印中及计划者,仍未列入其内。地图之绘制,已成者有暹罗全图二幅,已出版者有中西地名对照马来半岛全图等,拟制者有南洋全图、菲律宾略图、法属越南略图、英属马来亚略图、暹罗略图、荷属东印度略图、缅甸略图等。

表册之编制已成者有:南洋各属分区表、南洋人口比较表、南洋各属面积比较图、南洋群岛与中华民国比较图(两幅)、南洋华侨今昔之变迁图。拟制者有:南洋各属物产比较图、南洋各属输出与输入比较图、南洋各属主要农产之今昔比较图、南洋十大植物在经济上之地位图、南洋与中国交通图、本部收到南洋各报表(三幅)、本校侨生分布表、南洋各属侨生比较表、南洋各属人口比较表、南洋各属华侨比较表、本校各属侨生比较表、南洋华侨在各属地之投资额表、南洋华侨之经济基础表、南洋社会之形形色色表(四幅)、殖民伟人人名表、各国在南洋之投资表、华侨职业分类表、华侨惨案表、华侨课税负担表、各国对南洋贸易表、三年来各主要农产物价表(一九二八年—一九三〇年),等等。

惜去岁“一·二八”事发,真茹沦于日骑,该部数年来所积存之报纸资料、参考用书及绘成地图表册等，尽付日人之一炬。至足痛心耳。

（B）事务方面

1. 侨务调查　调查海外侨胞之团体生活、人口实数、当地之物产盈绌、工商事业、法制律令、文化教育等。零星资料，则发表于《南洋研究》。系统材料，则汇订专书行世，已印行者，有《南洋华侨学校之调查与统计》一书。

2. 资料搜集　搜集关于研究南洋问题之资料，数年以来有文献金石等之收藏与物产标本之搜集。前者本部藏有中、日、荷、英各种文字之参考书及杂志等千余册，国内外报章五十余种，数近万份，及分类剪裁之资料数十大册。后者则有鸟类标本、金石图表等数十种，多为各地华侨之热心捐助者，惜皆毁于去年"一·二八"之变。本部恢复后，多方努力，藉补万一，收集搜藏，虽略有可观，然视前日庋贮，相去尚远耳。

3. 指导咨询　答复国内人士关于侨务之询问与国外侨胞之回国经营之咨询等。

4. 职业介绍　职业介绍，目前情势多限于南洋师资之介绍或代聘。将来设备充实时，以次及于工商各业之介绍。

5. 接受委托　关于侨务调查之委托、师资人才之介绍，本部无不一一乐于接受。

6. 事务指导　事务指导，最重者为侨生回国升学之指导及指示回国侨胞之经营游历等。

（二）研究方面

研究侨务，为本部成立之发动力，举凡关于华侨与各国之关系、目前之进展与待遇之改良，等等，无不分别研究，以为华侨及国人之借鉴。民国二十一年九月，暨大迁回真茹后，本部又特设研究室，编译调查之外，另设专员以专司其事。

（三）工作计划

本部工作计划之最重要者，为南洋美洲博物馆之筹设，举凡关于南洋之文献史料、物产标本，与华侨之革命事迹及纪念物品等，俱在罗致之列，藉以引起国人向外进展之兴趣。去年教育部派员察视本校，于赞许本部工作之余，亦常兴言及此，独经费困绌，一时未易成为事实，然本部亦未尝以此稍挫其志也。其次尚拟建设者仍有多端，兹为读者醒目起见，一并列下：

(A)筹建南洋美洲博物馆，(B)建筑华侨招待所，(C)开办函授学校(其目的在使华侨子弟及侨商得补习国文之机会)，(D)开办侨务训练班，(E)征集侨校教材，(F)编辑侨校教科书等。

(《暨南校刊》1933 年第 67 期)

勇猛精进巩固校基

(大学完成六周年纪念日郑校长训话)

杨裕芬　陈希文　记录

诸位先生、同学：

今天是我校大学完成六周年纪念日。原来我校每年有两次纪念，在阴历三月底为创校纪念日。七年前今日，兄弟到校重长本校，同时宣布大学完成。民国十七年，校务会议决议，每年创校及大学完成两纪念日，归并于六月十四日举行。今天应唱创校校歌，但今天未唱，希望下次勿忘记。每年开纪念会时，报告校史，或报告校务进行状况，今年关于校务状况、校史及廿五周年纪念告同学书另行专刊，新旧同学可去取来看，本日不再报告。

去年破坏永远勿忘　一年一度之校庆，皆有热烈之庆祝，然去年今日，我校接收未久，全校破烂不堪，致每年一度之校庆未举行。此一点希望同学永远勿忘记。

我校基础业已稳固 我校虽经摧残,但不久即行恢复。可见敌人可毁我物质,而不能灭我精神。每年此日,兄弟告诫同学,我校基础不固,当全体一心一德,努力迈进。而今日兄弟可向诸君报告,我校基础,业已日臻稳固,担保不会消灭。今后我校即为充实内容问题,到明年校庆,使社会人士对于我校更有深切之认识。

感谢已往策励将来 全校教职员在校多年,对于学校很能努力,兄弟在此表示感谢。毕业同学对于母校能常常帮助,亦在此表示欣慰。在校同学大多数能用功读书,研究学术,服从校规,亦表示快慰。希望全体教职员从此格外力谋校务之改进,希望同学对于操行学术格外勇猛精进。当此国难严重时期,我校师生尤应一心一德,准备应非常之任务。我校为华侨最高学府,不仅负有沟通中南文化之使命,而负有创造新文化之任务,宣达于海外,责任至重且大。

最后,我校同学一举一动,无不引人注意,希望今后应格外表示士君子之精神,于会场上更要留意公共的秩序。

(《暨南校刊》1933 年第 68 期)

招生委员会第一次新生初试录取通告

本大学一年级新生各科试卷分数业已评定,分别去取,兹将合格各生姓名开列于后,仰各该生等于八月五日上午八时前来本大学,听候复试(军事、口试、体格检验),幸勿延误为要。

国立暨南大学招生委员会

八月四日

(一)文学院

徐至泰 孙澄宇 王时曾 朱 幡 曾文骑 朱 璧 胡变经
熊宗焘 张正涛 祝静言 叶约翰 李庆镡 龚祉匀 卢元骏
李炳埝 陈璞珊 谢邦彦 潘志洪 王唯五 韩福珍 唐锦心
张才玉 杨国俊 吴鸿厘 涂 璧 卿步衡 陈余年 刘运谋
陈吉铭 胡之骥 戴昭明 王良池 杨 胤 方子安 钱人益
童伯璋 王廷光 刘仲荣 欧阳淑 林鸿卿 杨寿榕 葛 择
王 康 王庆淮 李执锐 顾绳准 胡穗新 张炳源 冯锦云

(二)理学院

徐传璧 杨 雄 张兆清 张增祺 丁天杰 傅越寰 李登第
雷大晋 熊 怡 陈 琬 张遴善 刘 铮 翁耿亮 万文仙
吴仁丙 李 超 张伯龙 张守墨 褚维鳌 张印瑜 熊正瓒
熊 仪 苏鸿培 赵佩珩 徐道成 黄敷言 王鼎梅 谢炳南
马振美 倪仲光 杨龙兴 薛静渊 方君达 齐 颐 刘国柱
左树屏 詹幼衡

(三)商学院

杨世骥 黄文蔚 何绍宗 句陶然 盛 缇 朱冠坤 郭曾能
钟德煌 杨全生 张元基 周志刚 徐至縠 杨 讷 冯慰辰
宋溢涛 邓锡縠 谢 镗 杨兴荣 王 璇 顾钟琦 李宽度
刘邦栋 杨荣宝 刘仁泽 曹德中 袭 弼 沈以玮 陈鹤轩
马世铎 谢章浙 黄筱寅 梅自雄 张宝侯

附:二十二年度一年级新生入学试验试题

一年级新生各院系录取人数一览表(见附录栏)

一年级新生各省报号人数与录取人数比较表(略)

(《暨南校刊》1933年第71期)

国立暨南大学校务会议规则

（二十二年八月一日校务会议修正通过）

第一条 本会议依照本大学组织大纲第十六条之规定组织之。

第二条 本会议每月开会一次，于每月第一周之星期五日举行之，由校长召集，遇必要时得开临时会议。

第三条 本会议由校长主席。

第四条 本会议议事日程至迟须于会议前送达各出席及列席人员，本会议议事录至迟须于会议后五日内分送各出席及列席人员，并登校刊公布。

第五条 本会议须有过半数出席人员到会方得开议，须有到会出席人员多数赞成方得决议。

第六条 本会议有必要时得约与议案有关系各部分主管人员临时列席，说明提案内容。

第七条 本会议议决案送由各该主管部分分别执行之。

第八条 本规则如有未尽事宜，得由本会议议决修改之。

（《暨南校刊》1933 年第 71 期）

国立暨南大学组织规程

（二十二年八月一日校务会议修改通过）

第一章 总 则

第一条 本校依大学组织法组织之。

第二章 编 制

第二条 本校分下列各部：

（一）大学部；

（二）中学部。

第三条 大学部设下列各学院：

（一）文学院；

（二）理学院；

（三）商学院。

第四条 各学院分设若干学系，各学系之设立或裁并由校务会议决定之。

第五条 各学院得附设专科。

第六条 中学部分下列两级：

（一）高级中学。分以下各科：

普通科；

商科；

师范科。

（二）初级中学。

第七条　本校对于海外回国学生得设补习班。

第八条　本校得设实验学校、民众学校,以供文学院教育学系、师资专科、高中师范科学生之实验。

第三章　行　政

第九条　本校设校长一人,由国民政府任命之,总辖全校校务,聘任委派教职员。

第十条　大学部设教务委员会,处理大学部一切教务及学术设备事宜,其组织另定之。

第十一条　大学部各学院设院长一人,总理各该学院院务,由校长于各该学院教授中聘任之。

第十二条　大学部各学院得设助理一人,由校长于各该学院教授中聘任之,协助院长处理院务。

第十三条　大学部各学系得设主任一人,办理各该系教务,由院长商请校长于各该学系教授中聘任之。

第十四条　中学部设主任一人,由校长聘任之,商承校长主持中学部教务及事务。

第十五条　本校设秘书处,经理本校一切事务,其组织另定之。

第四章　会　议

第十六条　本校设下列各种会议:

一、校务会议　由校长、各学院院长、各学系系主任及全体教授所选出之代表三人组织之,校长为主席,审议下列事项:

(一)本校预算;

(二)本校院系科之设立及废止;

(三)大中学部课程;

(四)本校各种规则;

(五)关于学生试验事项;

(六)关于学生训育事项;

(七)关于本校一切兴革事项;

(八)校长交议事项。

校务会议开会时得由校长依大学组织法邀请专家列席。

二、大学部院务会议　由院长、系主任及主任教授组织之,除院长为主席,计划本院学术设备事项,审议本院一切进行事宜。

三、大学部系务会议　由系主任及本系教授、讲师组织之,系主任为主席,计划本系学术设备事项。

四、中学部部务会议　以部主任及各科主任组织之。

第十七条　各种会议规则另定之。

第五章　特种组织及设备

第十八条　本校设下列各特种组织:

(一)南洋美洲文化事业部;

(二)各种委员会。

第十九条　本校举办下列各项设备:

图书馆;

体育馆;

南洋博物馆;

各种研究室。

第六章　附　则

第二十条　本规程呈请教育部核准施行。

第二十一条　本规程如有未尽事宜,得由校务会议议决修正,呈明教育部备案。

(《暨南校刊》1933 年第 71 期)

二十二年度全校职员一览表

姓名	职务	兼任及兼职	备注
郑洪年	校长	兼中山文府主任	

一、秘书处

姓名	职务	兼任及兼职	备注
杨裕芬	秘书长	体育委员会常务委员 教务委员会委员	
黄祖培	秘书	教授兼	
陈中孚	同上	庶务课主任兼	

（甲）文书课

姓名	职务	兼任及兼职	备注
鲍寿康	主任	体育委员会委员	
周梅安	干事		
王维城	干事		
吴榕藩	干事		
陈俞农	干事兼书记		
陈俞军	书记		

（乙）庶务课

姓名	职务	兼任及兼职	备注
陈中孚	主任	兼秘书处秘书	
汪英硕	干事		
倪秀生	干事		
张训隐	干事		
吴兆鸿	干事		

（丙）卫生课

唐斐礼	主任	
卢宝法	医师	
王建一	驻校医师	
梁咏芳	驻校医师	
方明榴	助手	
唐振宇	助手	

（丁）印务课

陈其英	主任	兼南洋文化事业研究员
张干成	干事	
胡荣光	干事	
张文征	干事	
吴倬云	干事	
徐亚辉	西文打字员	

（戊）会计出纳课

奚玉书	代办会计课会计事务	
王海帆	代办出纳课出纳事务	
龚懋德	主任	
张振东	干事	
翁国臣	干事	
宋联棣	干事	
杨志维	干事	

二、教务委员会

于基泰	主席委员	教授兼
陈钟凡	常务委员	教授兼
黄荫普	常务委员	教授兼
费哲民	常务委员	指导课主任
郑宝宁	常务委员兼秘书	教授兼并兼注册课主任

张世禄	委员	教授兼
张　凤	委员	教授兼
陈麟瑞	委员	教授兼
张耀翔	委员	教授兼
陈科美	委员	教授兼
周谷城	委员	教授兼
汤彦颐	委员	教授兼
吕子方	委员	教授兼
梁我生	委员	教授兼
孙　越	委员	教授兼
汪　永	委员	教授兼
周德熙	委员	教授兼
王　选	委员	教授兼
张粟原	委员	教授兼
温崇信	委员	教授兼
朱通九	委员	教授兼
杨裕芬	委员	教授兼
樊守执	委员	体育委员会主席委员兼
胡肇椿	委员	教授兼出版课主任图书馆主任兼
耿心粹	干事	讲师兼并兼注册课干事
刘家瑾	干事	兼注册课干事
尹育民	干事	兼注册课干事

（甲）注册课

郑宝宁	主任	教授兼
耿心粹	干事	讲师兼教务委员会干事兼
刘家瑾	干事	教务委员会干事兼
尹育民	干事	教务委员会干事兼
沈真保	干事	

蔡滋培	干事	
刘国光	干事兼书记	
蔡言绪	书记	
赵叔立	书记	

(乙)出版课

胡肇椿	主任	教授兼并兼图书馆主任
江应梁	干事	
周新民	干事	
李　勖	干事	
朱敦立	干事	指导课指导员兼
周少雄	书记	

(丙)指导课

费哲民	主任	教务委员会常务委员
朱敦立	指导员	出版课干事
蔡春曦	指导员	
郭盛尊	指导员	商学院助教兼
叶绍纯	指导员	南洋美洲文化事业部研究员兼
符滋李	文牍干事	
钟曼天	邮电干事	
杨泽蘅	大学部女生宿舍管理主任	
高玉如	大学部女生宿舍管理员	
管学莲	大学部女生宿舍管理员	

(丁)图书馆

胡肇椿	主任	教授兼出版课主任兼
龙自强	馆员兼馆务助理	
鲍益清	馆员	
汪善录	馆员	
谌然模	馆员	
温文耀	馆员	

郝春德	馆员
黄兆霖	馆员
钟勇森	馆员
张婉若	馆员
陈婉慈	馆员

三、南洋美洲文化事业部

刘士木	主任	
陈希文	副主任	
魏振华	秘书	
陈刚父	研究员	
叶绍纯	研究员	指导课指导员
朱伟文	研究员兼干事	
王守元	驻京搜辑侨务材料通信员	
梁秉衡	干事	
徐寄尘	书记	
杨宇卿	书记	

四、体育委员会

樊守执	主席委员	特约讲师兼
杨裕芬	常务委员	教授兼秘书长兼
余衡之	委员兼秘书	体育指导
秦德瑜	名誉干事	
梅洪宝	名誉干事	
符和萱	名誉干事	

五、军事教官办公室

许宗望	文牍兼书记

六、中学部

邝嵩龄	部主任	教授兼
张道深	教务课主任	教授兼
关可贵	训育课主任	教授兼
戴崇礼	事务课主任	专任教员兼
张而耕	部主任室干事	专任教员兼
林文端	教务课干事	专任教员兼
戴学礼	教务课干事	专任教员兼
林钟杰	教务课干事	
周如希	教务课书记	
林钟素	教务课书记	
张伟诗	教务课书记	
曹　裕	训育课干事	讲师兼
胡最芳	训育课干事	专任教员兼
邓锦辉	训育课干事	童子军教练兼
赵邦鑅	训育课干事	童子军教练兼
关慈民	训育课干事	
郑毅远	训育课干事	
袁业芳	训育课干事	
张梅英	女生宿舍管理员	
张绮和	女生宿舍管理员	
李时旸	事务课干事	
胡秋甫	事务课干事	
曾毅夫	事务课干事	
齐国屏	图书室管理员	

(《暨南校刊》1933 年第 71 期)

二十二年度全校教员一览表

一、文学院

姓 名	职 别	兼 职
陈钟凡	教授兼文学院院长	校务会议委员、教务委员会常务委员
张世禄	教授兼助理文学院院务暨中国语文学系主任并兼各级国文主任教授	校务会议委员、教务委员会委员
陈麟瑞	教授兼外国语文学系主任	同上
张 凤	教授兼历史地理学系主任	校务会议委员、教务委员会委员、文史研究室主任
张耀翔	教授兼教育学系主任	校务会议委员、教务委员会委员、心理研究室研究员
余世鹏	教授兼各级英文主任教授	列席教务委员会
陈科美	教授兼师资专科主任教授	教务委员会委员、心理研究室研究员
张栗原	教授	实验学校主任
郭一岑	教授	心理研究室主任
杨裕芬	教授	秘书长、列席校务会议、教务委员会委员
曾克耑	教授	
郑宝宁	教授	列席校务会议、教务委员会常

		务委员兼秘书暨注册课主任
胡肇椿	教授	教务委员会委员及出版课主任暨图书馆主任
李石岑	教授	哲学讲座
龙沐勋	教授	美术文学导师
曾作忠	教授	心理研究室研究员
顾　名	教授	
曹聚仁	教授	
李冰若	教授	
盛叙功	教授	
张端珍	教授	
毛彦文	教授	
顾仲彝	教授	
曾世容	教授	
余楠秋	教授	
卫聚贤	教授	
王　修	教授	
陈高傭	教授	特约讲座
陈又惕	教授	
袁业裕	讲师	中山文府研究员
马宗荣	讲师	
华　林	讲师	
穆木天	讲师	
吴子敬	讲师	
叶乐群	讲师	
谢六逸	讲师	
方光焘	讲师	
但荫荪	讲师	
沈志远	讲师	

张君俊	讲师	
任睦宇	助教	
戴焕文	助教	
蓝文海	助教	
萧一□	助教	
王则平	助教	
黄　振	助教	
梁天真	助教	
胡郭志超	助教	
苏乾英	助教	
饶祝华	实验学校助教	
顾曾华	实验学校小学部教学指导兼训育员	
陈天愚	实验学校教员兼助理	中学部兼任教员

二、理学院

于基泰	教授兼理学院院长	校务会议委员、教务委员会主席委员
汤彦颐	教授兼助理理学院院务暨数学系主任	校务会议委员、教务委员会委员
吕子方	教授兼物理学系主任	校务会议委员、教务委员会委员、自然科学研究室主任
梁我生	教授兼化学系主任	校务会议委员、教务委员会委员
陆慎仪	教授	
戴恺生	教授	
恽季英	教授	
高扬芝	教授	
严　昉	教授	
崔九卿	教授	

李钜源	教授	
顾静徽	教授	
陈维稷	讲师	
张方洁	讲师	
关实之	讲师	
吕竹人	讲师	
卢允升	讲师	
费宗藩	讲师	
王蔚华	助教兼讲师	
刘云山	助教兼讲师	
李　劭	助教	
颜以和	助教	
姚钟楠	助教	
周元懿	助教	

三、商学院

黄荫普	教授兼代理商学院院长暨会计学系主任	校务会议委员、教务委员会常务委员
孙　越	教授兼助理商学院院务暨银行学系主任	校务会议委员、教务委员会委员
汪　永	教授兼国外贸易学系主任	校务会议委员、教务委员会委员
周德熙	教授兼工商管理学系主任	校务会议委员、教务委员会委员
吴绍棠	教授兼铁道管理学系主任	校务会议委员、教务委员会委员
钱祖龄	教授	
余绍武	教授	
黄祖培	教授	校务会议秘书、秘书处秘书

徐之圭	教授	中山文府研究员
安绍芸	讲师	
武堉幹	讲师	
武书常	讲师	
吴文蔚	讲师	
施伯珩	讲师	
汤心济	讲师	
马鹄志	讲师	
张景垣	讲师	
耿心粹	讲师	兼教务委员会暨注册课干事
王维骃	讲师	中山文府研究员
曹　裕	讲师	中学部专任教员兼训育干事
郭盛尊	助教	教务委员会指导课指导员

四、政治、经济、历史社会学系（隶属教务委员会）

温崇信	教授兼政治学系主任	校务会议委员、教务委员会委员
朱通九	教授兼经济学系主任	校务会议委员、教务委员会委员
周谷城	教授兼历史社会学系（四年级）主任教授	校务会议委员、列席教务委员会
张云伏	教授	
章　克	教授	
张素民	教授	特约讲座兼
孙彭卫	讲师	
姜景云	助教	
苏鸿宾	助教	
平祖仁	助教	

五、各研究室

张　凤	文史研究室主任	教授兼
郭一岑	心理研究室主任	教授兼
吕子方	自然科学研究室主任	教授兼
孙寒冰	社会科学研究室主任	
姚名达	文史研究室研究员	
张耀翔	心理研究室研究员	教授兼
陈科美	心理研究室研究员	教授兼
曾作忠	心理研究室研究员	教授兼
吴绍熙	心理研究室研究员兼干事	教授兼

六、教　官

孙如桂	军事教官
姚则崇	军事教官

七、导　师

龙沐勋	美术文学导师	教授兼
洪　深	英文专门文学导师	
谢公展	国画导师	
沈景乾	国画导师	
滕　圭	国画导师	
范新琼	西画导师	
俞振飞	歌曲练习导师	
来格斯宾	西乐导师	
余衡之	体育指导	
李　和	国术教师	

八、特约讲座

陈石遗		
章士钊	逻辑特约讲座	
李石岑	哲学讲座	教授兼
陈高傭		教授兼
张素民		教授兼
樊仲云		
梅龚彬		
易大厂		

九、特约讲师

马崇淦	
叶　渊	
樊守执	体育委员会主席委员
胡朴安	
唐庆增	
全增嘏	
郑通和	
陶百川	

十、中山文府

郑洪年	主任	校长兼
徐之圭	研究员	教授兼
袁业裕	研究员	讲师兼
王维骃	研究员	讲师兼
李邦栋	研究员	
林清池	研究员	

十一、中学部

邝嵩龄	专任教员兼部主任	兼列席校务会议兼教授
张道深	专任教员兼教务课主任	兼教授
关可贵	专任教员兼训育课主任	兼教授
戴崇礼	专任教员兼事务课主任	
唐桐侯	专任教员	
谢武衡	专任教员	
曹礼吾	专任教员	
张文馥	专任教员	
□上周	专任教员	
吕炳水	专任教员	
王隐秋	专任教员	
程俊英	专任教员	
黄振汉	专任教员	
郭　础	专任教员	
董德鉴	专任教员	
陈　辅	专任教员	
潘　式	专任教员	
周寿民	专任教员	
褚绍唐	专任教员	
张而耕	专任教员	部主任室干事
林文端	专任教员	教务课干事
戴学礼	专任教员	教务课干事
江善敬	专任教员	
曹　裕	专任教员	训育课干事
胡最芳	专任教员	训育课干事
赵邦鑅	专任教员	训育课干事
张梅英	专任教员	女生宿舍管理员

张绮和	专任教员	女生宿舍管理员
崔通约	训育导师	
邓锦辉	童子军教练	训育干事
郑宝宁	兼任教员	教授兼
恽季英	兼任教员	教授兼
袁业裕	兼任教员	讲师兼
陈天愚	兼任教员	实验学校教员兼助理兼

（《暨南校刊》1933 年第 71 期）

国立暨南大学二十二年度第二学期全校职教员录

董 事 会

常务董事	孙 科
	陈立夫
	郑洪年
董 事	林 森
	宋子文
	孔祥熙
	马超俊
	余井塘

吴铁城
陈耀垣
萧佛成

(甲)大学部职员

职别	姓名	别号	年龄	籍贯	学历	住址
(一)校长室						
校长	郑洪年	韶觉	五五	广东番禺	前清附贡生,菊坡精舍学海堂经学肄业期满	上海愚园路岐山村八号
代理校长	沈鹏飞	云程	四一	广东番禺	美国耶路大学农硕士	上海施高塔路吉祥路九十七号
干事	张而耕		三五	南京市	国立东南大学农科昆虫门选读	苏州朱家园四十号
(二)秘书处						
秘书长	陈荣鼎	君和	四四	广东新会	美国意利诺大学农硕士	北平干面胡同二十六号
秘书兼文书课主任	陈中孚		三四	浙江安吉	上海文治大学文科毕业	暨南新村九号
文书课干事	周梅安		五十	浙江嘉善	上海龙门师范毕业	嘉善北门本校第四宿舍七十号
	冯思醉	醉翁	二九	广东琼山	国立北平大学农学士	真茹交通路三八九一弄二九号
	王维城	树藩	三二	江苏武进	武进县立师范肄业	常州凤鸣镇大寿药号转本校教职员宿舍二十一号
	吴榕藩	英端	三六	福建闽侯	福建公立商业专门学校毕业	真茹车站路九六七号
书记	徐寄尘	耀章	二四	江苏如皋	江苏前第二代用师范毕业	真茹后江港一号如皋李堡徐镇昌号

（续表）

职　别	姓　名	别号	年龄	籍　贯	学　历	住　址
	吴倬云		二一	江苏东台	省立上海中学肄业	东台草堰镇唐家巷本校教职员宿舍二十五号
会计课主任	杨亦保		三六	广东新会	美国纽约大学经济学士	本校
干　事	许振南		三十	广东番禺	中央军校政治科毕业	上海辣斐德路源成里四十一号
	王迅川		二九	江西清江	日本政治大学毕业	上海新蒲石路庆福里五号
	欧度功		四三	广东顺德	广东高师二部暨公立监狱专门学校毕业	上海大西路耕读村丙四号
书　记	张　慈	叔仁	二六	江苏丹徒	省立扬州中学毕业	扬州福寿庭八号
	苏素英		十九	广东中山	天津南开中学毕业	上海北四川路公益坊一二三五号
庶务课主任	卢绍忠		三七	广东中山	美国纽约大学肄业	上海施高塔路东照里六十二号
干　事	黎子询		三十	广东南海	香港圣士提反学校毕业	上海海格路一五九弄五号
	倪秀生		二八	浙江吴兴	上海中华职业学校毕业	本校
	胡秋甫			福建惠安	本校商学士	真茹车站路耀记寄宿舍
	吴兆鸿		二七	广东平远	本校法学士	本校
	高寿崧	觉皆	三一	浙江吴兴	浙江省立第三师范毕业	浙江吴兴后狮子巷一号
印务组干事	徐翥可	式孺	四三	广东番禺	两广方言高等专门学堂毕业	广州邮局信箱第六十八号本校
	沈家松	松荪	二五	同　上	国立中山大学毕业	本校
	陈婉慈		二八	同　上	广州省立女子师范毕业	本校

（续表）

职　别	姓　名	别号	年龄	籍　贯	学　历	住　址
	冯学潮		二五	广东南海	香港大学肄业	上海海宁路粤秀坊五号
书　记	卓岳衡		三十	广东中山	安徽怀远含美中学毕业	本校
卫生课主任	梁俊青		三十	广东梅县	德国汉堡大学毕业	上海福煦路三八七号
医　师	卢宝法		三四	广东东莞	德国柏林大学医学博士	上海南京路四九号一楼
驻校医师兼中学部教员	王建一		三二	浙江温岭	亚东医科大学毕业，日本帝国大学修业	本校
驻校医师	梁咏芳		三五	广东高要	北平协和医科大学医学博士	上海北四川路永丰坊四十三号 广州市宝源路五一号
药剂师	洪浩然		二二	浙江瑞安	杭州医院药科毕业	瑞安范大桥亚元区
见习护士	梁二珍		二三	广东中山	上海粤民医院护士	上海东宝兴路五十弄二号
	唐振宇		二五	江苏崇明		崇明庙镇
（三）教务处						
教授兼教务长	杨公达		三四	四　川	法国巴黎政治大学毕业	跑马厅路四六九号南京傅厚岗五三二号
教务员	金　闿	铎甫	三五	安徽歙县	金陵大学文学士	南京相府营六号
	庄心在		二四	江苏奉贤	国立中央大学法学士	本校
注册课主任	张道深	达□	三九	广东高要	美国古鲁苏大学院哲学硕士及宾省大学通儒院教育硕士	上海北四川路永丰坊四十三号 广州宝源大街五一号
干　事	刘家瑾	玉怀	二六	江苏如皋	本校法学士	本校 如皋石庄南街

(续表)

职别	姓名	别号	年龄	籍贯	学历	住址
	尹育民	惠□	三四	河北永年	河北直隶高等师范毕业	本校
	林文端		二七	广东三水	本校教育学士	本校
	耿文田		三十	同上	国立中央大学法学士	上海北四川路底丰乐里三十三号
	马仲楷		二八	江苏盐城	本校文学士	上海辣斐德路辣斐坊四十八号
干事兼书记	刘国光	宾臣	二七	江西永新	永新私立禾川中学毕业	本校
书记	蔡言绪		三十	江苏川沙	南京暨南中学毕业	川沙王家桥永盛漂坊转
	赵叔立		二八	江苏镇江	本校	
	陈俞军	辟疆	二四	广东番禺	北平畿辅中学毕业	北平宣外丞相胡同内大井胡同九号
出版课主任兼编审委员会委员	关可贵		三二	广东开平	美国加州大学商科硕士	上海川公路祥经里四十四号
干事兼附中教员	江应梁		二六	云南昆明	本校文学士	昆明华国巷八号
干事	李勖	志遐	二八	浙江乐清	本校文学士	温州东清李宅坦
	周新民		二五	四川乐山	同上	乐山白马埂致中和
	刘寿祥					
书记	刘广伯		三九	江苏江都	安徽法政学校简易科毕业	真茹杨家桥甲二九号扬州流芳巷四十号
教授兼图书馆代理主任	杜钢百		三二	四川广安	国立清华大学研究院毕业	上海姚主教路大同坊二十九号
教授副主任兼总务股股长	孔德		三六	安徽怀宁	国立清华大学研究院毕业	上海霞飞路宝康里二十六号

(续表)

职　别	姓　名	别号	年龄	籍　贯	学　历	住　址
干事兼编目股股长	汪善禄	孝先	二八	江苏吴县	本校毕业	苏州东花桥巷五十号 本校
干事兼典藏股股长	温文耀		三十	广东惠阳	本校教育学士	本校
文书干事	张契灵		三十	江苏南通	同　上	本校
干事兼附中教员	郝春德		二八	广东番禺	本校教育心理学士	本校
	黄兆霖		二八	广东梅县	本校文学士	本校
干事兼附中体育指导	庄世鸿		二六	广东普宁	本校法学院毕业	本校
干　事	李　岳	野萍	三五	广东番禺	国立中山大学毕业	上海薛华立路一〇三弄十号 广州稻谷仓七十号
	李敬伯	允恭	二六	辽宁抚顺	本校法学士	本校
	黄蕙英	武英	二九	湖北监利	湘益阳中路女子高等师范师科毕业	本校
	石英亚		二七	广东番禺	本校经济系毕业	上海格罗希路九弄二十一号
	谢石农	谢光	二六	四川广安	上海中国公学毕业	姚主教路大同坊三十三号 广安北街二六号
(四)南洋美洲文化事业部(已改为海外文化事业部)						
教授兼主任	丘汉平	衡理	二九	福建海澄	美国国家大学法学博士	上海汉口路中国经济信用合作社
副主任	俞君适		三九	江西贵溪	国立北京师范大学毕业	上海江湾永义里十五号
秘　书	叶绍纯	梦秋	三二	广东梅县	南洲菲 Part Eligahl-eth College 毕业	真茹南阳宅三十二号
研究员兼编辑股主任	朱伟文	玄庵	三四	广东兴宁	本校政治系毕业	本校

（续表）

职　别	姓　名	别号	年龄	籍　贯	学　历	住　址
研究员兼调查股主任	谢怀清	沅江	二九	四川古宋	本校文学士	上海九江路大川通四川同乡会上海大陆商场三〇四号暨大同学会
研究员兼研究股主任兼讲师	邱致中		三十	四川巴中	本校政经系毕业	上海赫德路赫德坊四十号
研究员	蒯万球	建平	二七	湖南桃源		上海三马路绸业大楼五六六号
	周汇潇		二七	江苏阜宁	中国公学经济系毕业	本校
	王道丰		三三	安徽合肥	日本东京高等师范研究院毕业	上海巨籁达路大丰里十三号
翻　译	石楚耀		二二	福建晋江	东京日本大学预科肄业	上海汉口路中国经济信用合作社
干　事	吴俊林		二四	江苏宜兴	本校商学士	本校
	吴熙文	铁夫	二四	广东茂名	本校文学士	上海亚尔培路逸安里第六号杨公馆转
干事兼书记	陈俞农	井盦	二九	广东番禺	北平私立中国大学文科毕业	北平宣外丞相胡同内大井胡同九号
书　记	杨宇卿		四三	江苏淮安		真茹杨家桥十九号
（五）军事教官办公室						
军事教官	赵柱中	昌麟	二八	湖南益阳	中央陆军军官学校□科毕业	本校
	张桓	定一	二五	江西九江	中央陆军军官学校交通科毕业	九江小池口邮局转交
助　教	彭振寰		二七	安徽太湖	武昌协和高级师范毕业，安徽省国术馆高级教官班毕业	本校

(续表)

职　别	姓　名	别号	年龄	籍　贯	学　历	住　址
	吕云山		三二	山东日照	黄埔中央军官政治学校五期毕业	本校
书记兼文牍	许宗望	淦荪	二五	江苏吴县	省立苏州中学毕业	上海海宁路泰来里一五〇八号 苏州燕家巷十七号
(六)各种委员会						
训育委员会主任委员兼编审委员会委员	李恩沼	彤甫	三四	湖北汉阳	美国沃海沃省立大学社会学硕士	上海劳神父路五九四号
教授兼委员	孟寿椿			见教员录		
	李熙谋			见教员录		
	董修甲			见教员录		
委　员	童行白		三六	江　苏	上海法政学院政治学士	上海劳神父路五九八号
	王复旦	叔浩	三五	江苏无锡	国立南京高等师范毕业	上海赫德路江南体专
指导干事	樊振邦		三九	安徽涡阳	中国公学政治学士	镇江潮水沟
文书干事	陈位之		二五	江苏宝应	本校文学士	宝应瘟神庙街中巷三号
斋务干事	萧燕宾		二六	四川宜宾	国立上海商学院毕业	上海霞飞路建中里四二号
邮电干事	叶可铮		三六	福建闽侯	日本东京高商学校毕业	上海北四川路永乐坊三十六号 神州市稚亮里三号
	钟曼天		三十	广东梅县	本校女子部二部师范毕业	真茹车站路九六七号
纪律干事	沈传珍		三三	江西九江	上海群治大学毕业	上海方斜路长乐里六号
编审干事	蔡次薛		二五	同　上	本校政经系毕业	本校

（续表）

职　别	姓　名	别号	年龄	籍　贯	学　历	住　址
女生宿舍管理员	金光楣		二九	江苏淮安	上海法学院毕业	上海蒲柏路赓余里十七号
干　事	符滋李		二五	广东文昌	本校商学士	本校
	李竞仲		二四	广东兴宁	劳动大学毕业	上海尚文路鸿来坊二号
	于　璞		二七	江苏盐城	本校毕业	本校
书　记	谭士雄		二一	江西雩都	江西省立第三中学高中毕业	本校
	李　焯		二二	云南宁洱	云南省立第一师范毕业	本校
体育委员会体育主任兼常务委员	俞　杰	仲策	三十	浙江绍兴	东吴大学理学士及体育学士	上海江西路上海银行人事科罗志枚转
体育指导兼常务委员	余衡之		四十	广东台山	美国哥仑比亚大学商科硕士	上海新闸路一一五四号
常务委员兼讲师	樊守执	右善	三八	福建闽侯	日本明治大学法学士高等文官	本校
文书干事	吕家伟	加伟	三二	广东顺德	北京国立法专政经系毕业	上海福生路仁元里六号
总务干事	秦德瑜		二四	广西义宁	本校大学部肄业	本校
名誉干事兼附中教育	梅洪宝		二四	广东台山	本校毕业	本校
	符和萱	紫颜	二五	广东文昌	本校大学部肄业	本校
名誉干事	徐亚辉		二三	福建思明	厦门英华书院毕业	本校
商学院助教兼名誉干事	许荣水	时溜	二七	同　上	本校文学士	本校
教授兼编审委员会委员兼主席	杨公达			见　前		
委　员	孟寿椿			见　前		
	李熙谋			见教员录		

(续表)

职　别	姓　名	别号	年龄	籍　贯	学　历	住　址
	董修甲			同　上		
教授兼委员	杜钢百			见　前		
训委会主任兼委员	李恩沼			同　上		
出版课主任兼委员	关可贵			同　上		

(乙)大学部教员

(一)文学院						
教授兼文学院院长	孟寿椿		四十	四川涪陵	美国加利福尼亚大学史地硕士	上海极司非而路三义坊四十号
教授兼中国语文学系主任	张世禄		三三	浙江浦江	国立东南大学文学士	诸暨岩头陈礼张真茹新村十五号
教授兼外国语文学系主任	陈麟瑞		二九	浙江杭州	美国哈佛大学硕士	真茹南阳宅三二号
教授兼历史地理学系主任	顾颉刚			(未到校)		
教授兼教育学系主任	张耀翔		三十	湖北夏□	美国哥仑比亚大学硕士	上海金神父路金谷村二十九号
教授兼师资专科主任教授	陈科美		三五	湖南长沙	美国诗家谷大学教育硕士,哥仑比亚大学师范院研究	上海新闸路同德里B二号
教　授	龙沐勋	榆生	三二	江西万载		真茹新村四号
	李冰若		三四	湖南宝庆	广东大学毕业	本校
	罗鸿诏		三八	广东兴宁	日本帝国大学毕业	南京东牌楼行健中学
	庐　前	冀野	三十	南京市	国立东南大学毕业	南京小鹰府十四号

(续表)

职别	姓名	别号	年龄	籍贯	学历	住址
教授兼图书馆副主任兼总务股股长	孔德			见职员录		
教授兼图书馆代理主任	杜钢百			同上		
教授	章衣萍		三三	安徽绩溪	北京大学毕业	上海环龙路花园别墅二十五号
	刘大杰		三十	湖南岳阳	武昌师范大学毕业,日本早稻田大学研究生	上海极司非而路中振坊九号
	袁业裕		三二	安徽宣城	国立北京大学文学士	上海新闸路传福里十六号
	张端珍		四二	福建闽侯	美国威而斯利大学文科学士	上海三马路慕尔堂三二一号
	毛彦文		三二	浙江江山	美国米西根大学硕士	上海江湾复旦大学女生宿舍
	曾世容		二四	广东宝安	夏威夷大学文科学士	上海北四川路施高塔路大陆新村一弄四号
	余世鹏		二九	广东台山	英国牛津大学文学博士	南京珍珠桥六十五号第七家
	顾仲彝	原名德隆	三二	浙江余姚	国立东南大学文学士	真茹暨南村三号
	余楠秋		四十	湖南长沙	美国意利诺大学文学士	上海爱文义路八七二号
教授兼理学院教授	王修	梅堂	四八	福建南安	日本东京文理科大学毕业	上海甘世东路新兴里十四号
教授	但荫荪		三一	湖北蒲圻	法国里耳大学法学博士	上海新闸路福康里B六号
	张凤	天方	四八	浙江嘉善	法国巴黎大学文学博士	嘉善南门盐店埭真茹新木桥四号

(续表)

职　别	姓　名	别号	年龄	籍　贯	学　历	住　址
	盛叙功		三三	浙江金华	国立北平师范大学毕业,留日二年	金华童万森转驿头 上海北四川路横槟桥克明路天寿里六十号
	卫聚贤		三六	山西万泉	国立清华大学研究院毕业	本校
教授兼史社系教授	陈高傭		三二	山西平遥	北平师范大学毕业,日本帝国大学研究院研究哲学史学三年	上海薛华立路一五五弄十七号 南京丹凤街一百十号
教　授	陈又惕		三三	江苏盐城	法国巴黎大学文学博士	上海武定路一〇三号
	康选宜		三十	四川安岳	国立北京大学法学士,四川省政府驻美经济调查员	上海吕班路幸福坊九号
	郭一岑		三九	江西万载	德国 Tubingen 大学哲学博士	真茹暨南新村二四号
	李石岑		四三	湖南醴陵	日本东京高等师范毕业	苏州新学前街三七号
	曾作忠	恕存	三六	广西桂林	美国华盛顿大学哲学博士	上海吕班路大陆坊三八号
	张栗原	郎轩	三六	湖北汉川	武昌师范大学毕业,日本帝国大学研究院修业	上海神州国光社 真茹四才阁三德里
讲　师	胡耐安		三六	湖南常德	国立东南大学毕业	上海蒲石路中和村十号
	江逢僧	竹人	三八	安徽旌德	江苏法政学校毕业	上海贝勒路梅兰坊九号转 南京石鼓路十三号
	汤增扬			浙江吴兴	上海艺术大学文学士,复旦大学文学士	上海时事新报馆编辑部

（续表）

职　别	姓　名	别号	年龄	籍　贯	学　历	住　址
	马崇淦		三八	江苏吴县	约翰大学文学士	上海马浪路新民村三九号
	洪　深	浅哉	四一	江苏武进	美国哈佛大学研究院毕业	上海蒲石路蒲石里A二十九号
	吴子敬		五四	浙江杭州	前天津武备学堂铁路学堂外国文学系毕业	上海武定路八九三号
	叶乐群	乔林	三二	安徽桐城	日本庆应大学经济学部毕业	桐城陶冲驿 真茹四才阁三号
	袁文彰		三十	江苏松江	日本早稻田大学毕业	上海北四川路横浜桥永乐坊三十八号
文化事业部研究股主任兼讲师	邱致中			见职员录		
讲　师	胡伊默		三四	湖北黄冈	英国爱丁堡大学毕业	真茹四才阁十号
	吴绍熙		三一	湖南长沙	国立东南大学理学士	真茹四才阁三德里十二号
	胡叔异		二六	江苏昆山	国立东南大学教育学士	上海吕班路蒲柏坊一号
	鲁继曾	省三	四三	四川阆中	美国哥仑比亚大学硕士	上海静安寺路百禄十号
	郑通和	西谷		安　徽	美国哥仑比亚大学教育硕士	上海陆家浜省立上海中学
	马宗荣	继华	三五	贵州贵阳	日本帝国大学教育学科毕业文学士	上海愚园路桃园坊三七号
	邰爽秋		三八	江苏东台	美国哥仑比亚大学哲学博士	上海极司非而路信义村一号 上海大夏大学

(续表)

职别	姓名	别号	年龄	籍贯	学历	住址
附中教员兼代理教务课主任兼讲师	张季信			见附中职员录		
讲师	蒋息岑		四一	江苏武进	日本早稻田大学文学士	上海爱文义路一二七八号
	徐苏灵		二八	河北天津		上海爱麦虞限路中华学艺社
	余文伟			见附中教员录		
	叶法无		三四	广东	巴黎大学哲学硕士	上海吕班路二五六弄二号
	谢公展			江苏镇江	前江苏优级师范学校毕业	上海海宁路一七四九号
	范新琼		三四	湖南长沙	法国国立高等美术专门学校毕业	上海亚尔培路五六〇弄一号
	俞振飞		三三	江苏吴县		上海马浪路华东公寓二十六号
	滕圭	白也		江苏奉贤	美国哈佛大学美术硕士	上海辣斐德路三〇八号奉贤南高桥
	应尚能		三二	浙江奉化	美国米西根大学音乐学士	上海辣斐德路一二二五号南京鼓楼傅厚岗二九号应尚德转
附中教员兼讲师	王隐秋		三九	浙江仙居		上海菜市路美术学校转
讲师	李淑清		二八	河北束鹿	北平大学女子文理学院音乐系毕业	上海吕班路大陆坊十七号
	胡郭志超		三九	江苏浦江	美国 Oberlin 大学音乐院专修	上海吕班路万宜坊八二号
助教	戴焕文		二九	福建长汀	本校毕业	上海福州路华通书局

(续表)

职　别	姓　名	别号	年龄	籍　贯	学　历	住　址
助教兼附中教员	蓝文海		二七	广东大埔	本校毕业	本校
助　教	任睦宇		二六	江西铅山	本校毕业	南昌汤园二号
	周镜之		二四	四川广安	本校毕业	本校
	萧一它		二五	广东梅县	本校文学士	上海极司非而路三万坊十四号
	王则平		二五	江苏昆山	同上	上海极司非而路三义坊十四号
	苏乾英		二六	广东潮安	同上	本校
	黄玉如		二六	广东台山	同上	本校
	梁天真		二五	广东南海	同上	上海施高塔路恒丰里九二号
干　事	江　滨	汉涛	二七	安徽盱眙	大夏大学政治学士	本校
教育参考室干事	齐国屏	翱卿	二三	江西余干	本校毕业	江西余干黄埠齐聚堂转
(二)理学院						
教授兼代理院长	李熙谋	振吾	四十	浙江嘉善	美国哈佛大学硕士	
教授兼代理化学系主任	容启兆		三七	广东中山	美国佛吉尼亚省立大学化学硕士及哲学博士	上海北山西路五六□弄四号
教授兼数学系主任	陈荩民		三九	浙江天台	法国庇雄大学理学硕士	上海白利南路花园村六号
教授兼物理学系主任	丁绪宝			(未到校)		
教　授	崔九卿	襄阁	三二	辽宁辽中	美国康奈大学物理硕士	上海赫德路武定路口恒德里二四号
	吕竹人		三九	南京市	吴淞海军学校毕业	上海南车站大同大学转

(续表)

职　别	姓　名	别号	年龄	籍　贯	学　历	住　址
	靳宗岳		三六	贵州贵阳	美国芝加哥大学数学硕士,研究院预补哲学博士	上海爱麦虞限路中华学艺社三〇一号
	刘麟书		三五	江苏镇江	法国百科大学理学士,巴黎矿务大学工程师	上海亚尔培路五〇四号
	恽季英		四四	江苏武进	前清江南高等学堂举人	上海法租界东蒲石路九十六号徐宅转
教授兼文学院教授	王　修			见　前		
教　授	严　昉	观涛	四五	浙江吴兴	美国密歇根大学工学士	上海望志路八八号
	李钜源(已辞职)		三二	浙江鄞县	美国密雪根大学理硕士	上海辣斐德路恒德里七十号
	蔡宾牟		二五	同　上	美国哈佛大学艺术研究证书	南京路一四〇号转宁波蔡家弄四号
讲师兼附中教员	张方洁		二六	浙江嘉善	金陵大学理学士	本校
讲　师	郑太朴(已辞职)					
	阮一成		二五	浙江杭县	美国普渡大学数理学士	上海亚尔培路亚尔新村二号徐宅 杭州忠清巷一〇三号楼宅
	程瀛章					
	鲁　波	泽普	二九	河北献县	美国 Uni. of Michigan 化工硕士及博士候补	八仙桥青年会王鉴贤转天津建物街观里鲁宅 浒墅关中元制纸试验所
	李思廉	约仲	三四	湖南长沙	光华大学理学士	上海福履里路四八四号

(续表)

职别	姓名	别号	年龄	籍贯	学历	住址
	徐仁铣		三二	江苏宜兴	美国康乃尔大学哲学博士	上海极司非而路永乐村十七号
	胡昭望		三一		美国密歇根大学化学硕士	
	王蔚华		三二	江苏泰县	大同大学理学士	泰县西浦或本校
助教	颜以和	不落	二八	江苏盐城	本校理学士	本校
	黄　振	玉振	二九	福建龙溪	本校毕业	本校
	李　劭	筱遐	二五	浙江乐清	本校理学士	乐清李宅坦
	王季周		二五	安徽旌德	本校理学士	上海巨赖达路一七五弄二三号
	陈式樾	淑荫	二四	河北安新	国立北平大学女子文理学院化学系毕业	北平后门棉花胡同十二号
	吴　耀	光祖	二七	江苏泗阳	国立中央大学毕业	本校
	王以和		二五	福建闽侯	本校理学士	上海赫德路安庆坊一弄二号
	陈松茂	苍虬	二六	江苏江宁	同上	上海西门□板桥明月坊五号
	刘始赞		二五	广东大埔	国立浙江大学毕业	本校
	杨　杰	慕衡	二四		同上	
(三)商学院						
教授兼代理院长	董修甲	鼎三	四三	江苏六合	美国加州大学市政硕士	上海拉都路三四〇号
教授兼外国贸易学系主任	汪　永	仲长	三八	江苏武进	美国麻省理工大学理学士	上海赫德路恒德里七十一号
教授兼工商管理学系主任	周德熙	茂蕃	四十	南京市	美国伊利诺大学商科硕士	上海新闸路辛家花园一〇〇四号

(续表)

职别	姓名	别号	年龄	籍贯	学历	住址
教授兼铁道管理学系主任	吴召棠	赓夔	三二	广东四会	美国潘息佛亚大学运输科硕士	上海静安寺路五二六号盛耀祖转 南京三牌楼楼子巷九十八号
教授兼会计学系主任	余绍武		三一	浙江龙游	美国米西根大学商学硕士及经济硕士	上海辣斐德路桃源村五十九号
教授兼银行学系主任兼政经系教授	张素民		三九	湖南长沙	美国边士威尼大学经济科博士	上海巨赖达路七四一号二十四号
教授	刘望苏		二八	广东澄海	美国米西根大学经济博士	真茹新木桥一号甲油头新马路刘家祠
	徐之圭	知白	三六	浙江江山	日本明治大学高等专科政法学士	上海康脑路延平路二百弄太平坊七号
教授兼史社系教授	刘友琛		三二	甘肃天水	美国哥仑比亚大学经济硕士	上海海防路海防村五九号
教授	余湘林					
讲师	周振声	伯吕	三五	四川江津	美国哥仑比亚大学商科硕士	上海福熙路明德里二三号
	黄念远		三五	江西九江	美国印地安大学经济硕士	上海梅白克路十号
	赵君豪		三三	江苏兴化	南洋公学毕业	上海霞飞路一四一二弄六号
	林士謦		二八	广东	美国澳海澳州立大学硕士	上海八仙桥青年会
	马鹄志		三一	广东台山	日本法政大学法学士	上海爱麦虞限路中华学艺社四〇六号
体育委员会常务委员兼讲师	樊守执			见职员录		
讲师	汤心济	渭川	三二	江苏武进	美国雪理柯斯大学商学士	上海新闸路辛家花园十号
	施伯珩		四十	江苏东台	中国公学毕业	上海西门外安澜路瑞庆里

（续表）

职　别	姓　名	别号	年龄	籍　贯	学　历	住　址
	吴文蔚		三九	江苏宝山	美国本雪尼亚大学经济博士	上海愚园路公园别墅三十号
	沈立人		三八	浙江嵊县	会计师	上海戈登路二七五号
	施子玙		四六	江苏吴江	美国哥仑比亚大学机械科硕士	上海慕尔鸣路升平街润德里一九二号
	黄荫余		三三	广东台山	美国哥仑比亚大学经济硕士	上海新闸路一五八八号
附中教员兼讲师	杨炳勋		三八	浙江杭县	美国康撒斯大学硕士	上海海宁路高寿里二九号
讲　师	曹　裕		二九	江苏常熟	本校商学士	本校
助教兼讲师	耿心粹	子纯	二九	同　上	同上	常熟西港
助教	郭盛尊		二九	广东大埔	本校商学士	本校
	邵锦标		二二	福建长乐	本校商学士	本校
	刘自切	乐鱼	三一	湖南新化	上海法科大学毕业	本校
助教兼体育委员会名誉干事	许荣水			见职员录		
（四）政治经济学系（隶属教务处）						
政治学系主任	楼桐孙		三九	浙江永康	法国巴黎大学法科硕士	上海环龙路七十九号内七号 南京立法院
经济学系主任	叶元龙		三八	安徽歙县	美国威斯康辛大学经济硕士	上海拉都路四四六号
教　授	汪翰章	声香	三六	湖北鄂城	国立北京法政大学毕业	上海霞飞路和合坊五十六号 上海四马路大东书局
教授兼文化部主任	丘汉平			见职员录		

(续表)

职　别	姓　名	别号	年龄	籍　贯	学　历	住　址
教　授	张云伏		三六	四川新都	北京大学法学士,俄国莫斯科大学研究	上海辣斐德路龙德村一号
	朱通九	渔翁	三六	江苏常熟	美国华盛顿大学硕士	上海沙渡路武定路口桃溪坊四十九号
教授兼商学院教授兼银行学系主任	张素民			见　前		
讲　师	许性初	立德	二六	广东东莞	复旦大学法学士	上海赫德路如升里七号
	沈家治	燕谋	三七	浙江桐乡	上海震旦大学法学博士,法国巴黎政治大学毕业	上海北山西路五四二弄四号
	沈清尘		三二	江苏武进	法国里尔大学毕业	南京许家巷三九号
	乔万选					
	孙寒冰		三一	江苏南汇	美国华盛顿大学经济硕士	上海小沙渡路三三六号
	陈泽华		二八	浙江绍兴	日本法政大学法学士	上海巨赖达路五八八弄内七号
	邬志陶					
助　教	苏鸿宾		二七	江苏武进	本校外交领事系毕业	常州大北门外大兴桥
	姜景云		二七	河北天津	本校法学士	本校
	吴友三	益斋	二六	江苏泰县	国立清华大学毕业	泰县北门外东上河
(五)历史社会学系(隶属教务处)						
主任教授	周谷城		三六	湖南长沙	国立北平师范大学毕业	上海北河南路九号
教授兼文学院教授	陈高傭			见　前		
教授兼商学院教授	刘友琛			见　前		

(续表)

职　别	姓　名	别号	年龄	籍　贯	学　历	住　址
讲　师	胡朴安		五六	安徽泾县		上海新闻路福寿路福义里六十六号
	沈志远	震铎	三三	浙江萧山	英国伦敦大学文学士	本校
助　教	平祖仁	寿泉	二五	江西九江	本校法学士	本校
(六)教官导师						
军事教官	赵柱中			见职员录		
	张　桓			同　上		
附中军事教官	曾庆楫			见附中教员录		
西乐导师	来格斯宾			菲律宾		上海北四川路公益坊一〇二三号
国术导师兼附中教员	李　和	子仁	四十	河北昌平	陆军讲武堂毕业	本校
图画导师	黄宾虹			安徽歙县		上海萨坡赛路二〇七号

(丙)附属中学职员

(一)职　员						
专任教员兼代理主任	徐上周	梦吾	三六	江西上饶	国立北京工业大学毕业	本校
主任室干事	匡文炳	乃硕	二四	湖南湘乡	上海沪江大学毕业	邮政信箱第一七四六号大夏大学王世铮转
专任教员兼教务课代理主任兼大学部讲师	张季信	继行	三四	江苏泰兴	国立东南大学毕业	上海南京路大陆商场三〇四号
教务课干事兼教员	季国庆	子善	三五	江苏南通	同　上	南通东社镇
教务课干事	李楚琛		二九	江苏阜宁	南京东方公学毕业江南学院毕业	上海齐物路五五四弄六号

(续表)

职　别	姓　名	别号	年龄	籍　贯	学　历	住　址
教务课干事兼书记	蔡滋培		三四	江苏川沙	浦东中学毕业	川沙王家桥永盛漂坊转
书　记	张宗杰	柏英	二五	安徽东流	安徽省立第一农业毕业	上海吕班路大陆坊一号 东流县张家滩
	周如希		二三	浙江乐清	温州中学毕业	本校
教员兼训育课主任	徐实圃		三十	湖北黄梅	中央政治学校毕业	上海善钟路六十一号
训育课干事	马景曾		二三	广东台山	本校毕业	真茹居之安轻园楼上
	李蔚之		二六	安徽和县	东吴大学毕业	和县余家巷
	王守愚		二八	江西萍乡	湖南法专毕业	本校
教员兼女生指导员	胡　滔		二三	浙江上虞	上海两江体专毕业	上海公平路公安里十四号 汉口华商街一二九号
书　记	袁业芳		三十	安徽宣城	安徽省立第八中学毕业	上海新闸长傅福里十六号
事务课干事	李时旸	宾寅	四一	浙江嘉善	浙江省立第二师范毕业	嘉善枫泾南寺桥南
	李家麟		二七	湖南常德	本校法学士	上海新大沽路四三二号
	黄完清		三八	安徽巢县	安徽财政讲习所毕业	巢县北门
教员兼图书馆干事兼主任	谌然模	季范	三一	江西□□	本校文学士	奉新谦益利庄转南昌蓼洲街怡源祥庄
图书室干事	李庆文		三五	安徽和县	安徽省立第二女子师范毕业	真茹车站蔡家□□三号
书　记	陶孝英		三十	江苏吴县	东吴大学第二附属中学毕业	苏州城内护龙街八四二号

(续表)

职　别	姓　名	别号	年龄	籍　贯	学　历	住　址
仪器室管理员	张伟诗	伟南	二五	广东梅县	梅县县立师范肄业	本校 梅县协记号
(二)教　员						
专任教员兼代理主任	徐上周			见　前		
专任教员兼代理教务课主任兼大学部讲师	张季信			同　上		
专任教员兼训育课主任	徐实圃			同　上		
专任教员兼师范科主任	余文伟	卓庵	三二	江苏六合	国立北平大学文学士	上海西门林荫路林荫支弄十九号 江苏六合西门
高中首席教员	余佑人	坦先		广东大埔		上海赫德路安乐坊七号
初中首席教员	余葆贞	店桥	三九	广　东	日本明治大学商科毕业	本校
专任教员	曹礼吾		三三	湖南长沙		上海金神父路花园坊九六号
	谢式衡		四五	江苏吴县	上海中西书院毕业	上海萨坡赛路鸿泉里六号
	潘　式	伯鹰	三十	安徽怀宁	国立交通大学文学士	上海哈同路慈厚里
	吕炳水		三二	福建厦门	国立北京大学毕业	上海法大马路口祥安里瑞庆行
	程俊英	隽因	三一	福建闽侯	国立北京女子师范大学毕业	上海金神父路金谷村二十九号
专任教员兼文学院讲师	王隐秋			见大学部教员录		
专任教员	陈　辅	力平	三十	福建闽侯	本校教育学士	本校

（续表）

职　别	姓　名	别号	年龄	籍　贯	学　历	住　址
	褚绍唐		二三	江苏宜兴	本校毕业	无锡屺亭桥
兼任教员	庄成礼		二九	福建永春	本校毕业	真茹四才阁十号
	张弟明					
	郑毅远		三二	广东文昌	香港大学毕业	本校 广州大东路卅五号
	王佐相					
	叶鹿鸣			见大学部教员录		
大学部讲师兼教员	张方洁			见大学部职员录		
卫生课医师兼教员	王建一			见大学部职员录		
图书馆干事兼教员	黄兆霖			同　上		
体育委员会名誉干事兼教员	梅洪宝			同　上		
	符和萱			同　上		
文学院助教兼教员	蓝文海			见大学部教员录		
大学部讲师兼教员	杨炳勋			同　上		
兼任教员	王慎福	可明	二六	安徽芜湖	本校理学士	上海麦根路世德里二七号
国术导师兼教员	李　和			见大学部教员录		
图书馆干事兼体育指导	庄世鸿			见大学部职员录		

本校电话号码一览表

总机 四一一四一 四一一四二 号					
校长室	分机	一号	训育委员会	分机	九号
秘书长室	分机	二号	体育委员会	分机	十号
文书课	分机	三号	科学馆	分机	十一号
注册课	分机	四号	图书馆	分机	十二号
会计课	分机	五号	海外文化事业部	分机	十三号
庶务课	分机	六号	附中主任室	分机	十四号
印务组	分机	八号	中学部事务课	分机	十五号
			传达室	分机	十六号

(国立暨南大学印务组印,1934)

国立暨南大学一年级新生各院系录取人数一览表

(二十二年八月四日)

院系别		各系人数	各院人数
文学院	中文系	一七(内女生二)	四九
	外文系	一二(内女生二)	
	史地系	八	
	教育系	一二(内女生四)	

学院	学系	人数	合计
理学院	数学系	七	三七
	物理系	一八(内女生二)	
	化学系	一二(内女生一)	
商学院	会计系	一一(内女生二)	三三
	银行系	九(内女生一)	
	国贸系		
	工商系	二	
	铁道系	一一	

总计 一一九

(备注) 内女生十四名

(《暨南校刊》1933年第71期)

国立暨南大学一年级新生各省报考人数与录取人数比较表

(二十二年度夏)

省别	报考人数	录取人数
江苏	一一三	四八
江西	六〇	二九
广东	三八	五
浙江	三一	一四
安徽	一八	七

云　南	一二	
四　川	一二	五
广　西	一一	一
湖　北	一一	三
湖　南	九	三
福　建	七	一
河　南	五	一
陕　西	四	一
贵　州	三	
辽　宁	二	
山　东	二	一
河　北	一	
总　计	三三九	一一九

(《暨南校刊》1933 年第 71 期)

暨大过去概况及今后设施

（九月六日华安八楼郑校长招待教职员及新闻记者会上报告）

陈其英 陈希文 记录

本校每逢学期开始，兄弟照例招待全体教职员一次，代表学生家长，对诸先生表示敬礼。在开学后，亦招待新闻界一次，公开报告本校过去状况及将来应兴应革之处，使社会人士得明本校实际之种种情况，并望舆论界加以批评与指示。

以前分做两次招待本校教职员与新闻界，今年则作为一次招待，使社会人士与本校教职员联络一起，更易沟通声气，而得深切之了解。今天对于本校教职员与新闻界有几点重要报告：

（一）财政状况 廿一年度九月，本校迁回真茹上课，一年以来，政府对于本校经常费，按月发下五万零五百元，尚足开支，但本校自"一·二八"战后，全校损失甚大，所有补充图书、仪器、校具及修理房屋等费，共计约十三万元，除由战区救济善后委员会领到一万二千元外，其余悉在二十一年度经费项下撙节开支。现在全校房舍修复，校具亦经补充齐备，图书、仪器增补过半，已复战前景况。同时为节省靡费起见，自办电灯厂及印刷所，共计需款二万余元，廿一年度薪工，每月约三万八千元，与前时同样。本校历年政府积欠之经临费甚多，在"一·二八"后一年间，为本校最艰苦之时期，在廿年度下半期至廿一年度上半期，实际不过领到经费三十一万余元。当时，本校于上海、广州、苏州三处设校收容学生，按月经费，初领三成，后领五成，以此区区之数,维持三处开支,一年之间亦只有三十一万余元之经费,恐沪上有名之私立大学经费,亦将比本校为多。惟廿年度之经费虽如此困难,而三处学生之学业得以维持,不仅本校学生不致辍学,而战区各校学生,亦多来本校借读,得以继续学业。如上海大学部,大小课堂虽合计不足十间,而所开学程仍有一百廿个,并不简单敷衍。

至廿二年度之财政,政府按月实发四万九千五百余元,加学费收入,每月约有五万二千五百元之经费。本年度规定薪工每月三万六千元,内职薪七千元,照教部规定,并未超过标准。然其中还有一个特殊情形,即南洋美洲文化部之人员是属于研究性质,本不归入职员,现亦开入,故若除去文化部之十人,则较教部所定标准尤低。每月教薪二万九千元,亦合教部规定标准,即占百分之六十。

行政费每月规定九千元,计包括购置文具、电灯、自来水、印刷、理学院试验费八百元,及各研究室研究费共约一千五百元,大中学部一切修理费二千元,等等。所剩七千元,作为垫还以前亏空及银行借款。又以前学生保证金、图书费、种树费等约二万元,因年来经费困难为学校所移用,亦须筹还。前校长交下十六万余元之校债,六年来陆续还去七八万元,尚余七八万元未还。目下新旧校债约有十七八万元,如不遇"一·二八"之非常变故,财部不折发或拖欠,则此笔债务早已清楚。在廿年度下半期,财部只发三成或五成之经费,原有六十余万元之经费,而全年实际不过提到三十五万元。在二十年度欠薪三个月,本校特发校债,每月在经常费内扣下五千六百元,每三个月抽还一部分。照上述开支计算,实不敷用,以致本校财政左支右绌,不得不向银行透支通融。在战前即透支七八万元亦颇易,"一·二八"后,即一二万元,往往亦难通融,因此致教薪亦不得不稍为延迟一个月发出,但每年至九月,必将七八两月薪水发清,作一结束,从不拖欠。至开学后,则又将月薪顺延发给一个月以资周转。以上为本校之财务状况。

(二)教务状况　本校于战后,对于过去所定学程,多感不满之处,且为适应本校之特殊性质,尤非重定标准不可,乃于去年秋成立审订学程标准委员会,开会讨论二十余次,历时一年,结果定下一新学程标准(内容尚修改之处),不日可以印好,先行分送各界人士,请求指正。兄弟年来痛感全国之中学,其办得稍有成绩者甚鲜,而内地中学比都市的尤糟,至海外华侨所办之中学,为数本无几,而堪称完善者亦极少,华侨子弟多闽粤人,粤省中学亦不甚好。此次招生,第一次广东来考之学生四十二人,只取得五名,仅占十分之一而已,而所考功课,如国文、英文、数学,亦鲜有及格者。因此本校在审订大学学程之时,即已注意及此,特将大学第一二年级作为基本训练,专重国文、英文之修习,并着重应用科学,使学生每人有一技术及获得科学之门径,以补中学时之不及,并为将来研究高深学问时打一基础。近来之青年,只有空论,而无技术。介绍到各机关去服务,对于事务,以为机械,往往多不能干下去。其实对于事务不能发生兴趣,乃由于自身工具之不完备。在应付现实问题时,是最可以看出人的真才干来。能力不够、技术不精、基础不固的人,纵有机会,也不能把握住。本校有鉴及此,在大学第一二年级,特作为基本训练,并称为前期大学。如无力升学者,因基础上已有相当训练,工具已有相当准备,退可以应付个人之生活问题,进而还可继续研究学问。至大学第三年级,则作为专业训练,以精进其修习。第四年为实验时期,着重实习实验,以作应付社会环境之准备。近来国内大学,宛如大学研究院,盖欧美留学生多以其专门所习教授学生,而一般学生工具不够,不能理解其所学,有些口头似懂,而一遇实际则格格不入,在社会科学一门,尤多患此病。故今后之大学学程,非注重实验不可。此外,重复之学程亦一概删去,作成系统,便利学生之修读。

至中学部,除工具之修习外,亦注重理化,且采取严格训练。一年以来,学风大有进步。中学部之学程,除合乎教部所定之标准外,并依华侨学府之特殊情形,增设数门特殊之学程,如南洋研究、南洋史地等。

所谓华侨学府,是与一般普通大学大有区别。华侨学府之特点,不仅其学生系多来自海外者,而其学程、训练、设施,亦与一般大学迥异。盖本校受华侨父老之重托,培养华侨子弟,不仅使其能适应海外的环境,并使其能在祖国参加一切之活动。所以华侨学府之教育方针,一方面固须使华侨子弟认识祖国之一切,并习得应付环境之工具与能力,能同时对于各国殖民地之法令、经济、政治、社会、风俗等更当有深切之了解,俾将来尤能适应当地之环境。所以,华侨学府实负有救侨与救国之双重使命!

有人以为办华侨教育是向华侨要钱,或劝其回国兴办实业。此种侨务政策,根本是错误。兄弟不主张华侨都回国投资,因华侨在海外发展对中国之经济有伟大之贡献,中国一向为入超国,每年华侨汇回之现金最多者有一亿五千万至二亿元,此足以抵销吾国入超三分之一。故吾人当帮助华侨在海外之发展,不应提倡华侨放弃海外,而重回故国。现在华侨散居全球各地,不下一千余万人,颇占相当之经济地位,我国如欲发展海外市场,正宜利用此既成之地位,而张国势。故吾人对于海外侨民事情,当看得远。如研究海外侨民问题,急求功效,或以为无出路,此皆是错误。年来吾校孜孜不倦,即正向此路走。文化部年来因经费有限,未能尽量发展。而国内研究海外问题者亦甚少,故本校所开之特殊学程,有未能教者。现在既开之特殊学程,有南洋概况、南方诸国史、南洋商史、各国殖民地政治、南洋法规等。

本校虽为特殊之学府,但所开学程尽量采用本国固有之教材,使学生能根据本国之历史及社会之实况,以研讨学问。并为学生将来能切于中国社会之需要,适应中国之环境。至于重要之学程,如国际问题、中国土地问题、技术政治、逻辑等,则辟为讲座,公开讲授,以便学生之研读,并引起其研讨学术之兴趣。并于二十二年度起设立文史、心理、应用科学、社会学科等研究室,聘任教授兼任研究工作,以为将来设立研究所之准确。此外对于中山遗教,则作精进之研究,本学期起,特设中山文府,聘请专员,分别研究三民主义、建国方略、实业计划等,各认一门或一节以研究。本学期所聘教授,多为多年之同事,新聘数位亦均海内知名硕学之士。

至于教务,其属于各院者,由各院负责办理外,其关于全校者,设教务委员会主持一切,下设注册、指导、出版三课。教务委员会由各院长、各系主任及各课主任所组成。以各院长、注册课主任、指导课主任为常务委员,执行一切决议案。以上为教务状况。

(三)行政状况 本校近采紧缩政策,对于职员,则取能率主义。故秘书处组织甚简单,下设文书、庶务、印务、医务、会计、出纳等六课。而关于财务,本校于民国十九年度起,已托会计师代办。现由奚玉书会计师代办会计,王海帆会计师代办出纳。至于医务,则托唐斐礼、卢宝法两医师办理。而全校行政人员不足七十人,将来拟缩至五十人。现在文化部之研究员仍计算在内,实际本校之行政人员并不为多。且今后出缺,亦不补充。本校对于行政事务,多聘教授兼任。希望教授对于学术与事务均能多多负责,以达到教授治校之目的。

在设备方面,如补充理学院仪器,计共七万余元,在本学期十月内,有三万五千元新仪器到校,其余亦将陆续配到。中学部亦增添仪器八千余元,大部业已运到。图书费计共三万五千元,补充"一·二八"时之损失。本年度将增建体育馆一座,除已募得一万余元外,拟继续劝募,一有三万元之数,即着手兴工。此外并拟增筑阅览室一座,因本校图书馆之阅览室只能容二百人,现将建筑一能容四百余之大阅览室。

"一·二八"沪战发生,本校侨生多奉命回南,本年新旧各生,又纷纷回国,计本学期入大学部者有一百三十余人,入中学部者有二百余人。又本校近年因海外各地受经济恐慌之打击,侨胞父老多感经济困难,为救济及鼓励侨生回国升学起见,特定优待办法。其家境贫寒,经确切证明,斟酌情形,减收或免收其学费。现受此项待遇,得以继续维持学业者不下百余人。但旧生则拟不免。

(四)结论 兄弟对于办教育之态度,以为一个学府应站在学术之立场,对于学术尽可开放,惟不能利用教育来作政治之行动。此话兄弟常对本校同事同学说,新闻界恐未尽知,故特为提及。几年来对于聘用教授,与个人感情并无关系,此本校同人皆已尽知。其中有未被继续聘用者,除因有政治行动为同志所告知,或思想关系与本校方针不合,无法留任者外,则因学程变更,所担任之功课以重复或不适关系而连带未被聘者亦有之,但为数极少,本学期不过数人。兄弟在社会服务三十余年,平生皆为人帮忙,朋友以兄弟讲道义,故多表信任。兄弟对于暨大,则因有悠久之历史关系,故无论在任何艰苦环境之下,总愿把暨大办好,但仍希望诸位先生及社会各界人士多加赞助,才能使华侨学府健全起来。华侨学府能办理完善,不仅为个人之安慰,而对社会国家,也对得住了。

最后,希望舆论界时时到本校来查访,时时把本校真相介绍出来,时时加以批评及指导。

希望诸位教职员先生,努力指导青年求学,勿利用青年作政治行动。现在国家正在国难期中,而海外华侨亦正遭非常之打击,吾人当此时期,均须觉悟有非常之职责。对于培养青年,更感重大责任。现在华侨父老之事业,一般华侨青年能否继承,实属疑问,故吾人负有教育责任者,如不能养成能适应社会环境之健全人才,则不仅将一千万之侨胞陷于万劫不可复救,而对于中国民族前途,将发生如何严重之结果,诚不堪想象。

今天谨代表学生家长,重托诸位先生,希望对于青年如家人子弟,努力教导,为我国家及侨界培养元气!并望舆论界多多批评指教,并望能常到本校查访、研究,本校绝不怕麻烦的。今天薄备茶点,藉表敬意,并祝诸位先生康健!

(《暨南校刊》1933年第22期)

本校各学院各学系教授讲师及助教人数统计表

院	系	教授	讲师	助教	总计
文学院	中国语文学系	九	五	三	一七
	外国语文学系	九	二	二	一三
	历史地理学系	六		一	七
	教育学系	七	五	二	一四
	师资专科	一	七	一	九
理学院	数学系	三	二	二	七
	物理系	五	一	二	八
	化学系	五	五	二	一二
商学系		一〇	八	二	二〇
教务处	历史社会学系	一	二	一	四
	政治学系	二	五	二	九
	经济学系	四	二	一	七
各学院			九		九
总计		六二	五三	二一	一三六

(《暨南校刊》1933 年第 77 期)

国立暨南大学创立及沿革记

郑洪年 撰记 张 凤 审书

中华民国二十一年九月一日,鸠工葺科学馆既竟事,洪年巡视周察,抚然有间,盖馆自毁于"一·二八"战役,几费心力,始复旧观也。本校创始于清朝末叶,荜路蓝缕,洪年亲与其役,维时两江总督端方氏观风海外,惕于民族竞存优胜劣败之往迹,悟华侨教育之重要,荷使钱恂氏赞其议,遂设暨南学堂于南京。逮辛亥革命作,侨生星散,学堂遂中停。至民国六年,教育部派黄炎培等规复本校,七年春组织成立,以赵正平氏任校长,其后三年,赵氏筹建新校舍于真茹,民国十三年,讲舍布置粗定,而江浙之战作,大学商科又以暂停。民国十四年战事平息,商科恢复,以姜琦氏任校长,逮十五年冬,国民革命军北定武汉,江浙振动,孙传芳乃有勒本校学生离校之令。其明年,国民政府定都南京,洪年重长本校,扩充为完全大学。六年来,物质建设,期以周备,不谓强寇犯境,卒不免于浩劫。本校创立二十五载,而四罹兵燹,乱离之世,难乎其为文化事业矣。军兴之际,人心皇皇,洪年以文化事业不可一日中辍,开讲舍于上海赫德路,中学部则迁抵苏州,其避难留粤者,则设分校于广州,杂弦诵于鼙鼓,固亦费特脱危城讲学意也。迨停战协定签字,敌军撤退,洪年即规划复兴,聘任教职员十五人组织战后整理委员会,九月沪苏粤三部悉迁回真茹,策我群力,黾勉上征。夫民族存亡,一发千钧,精神建设,百务之首。吾人历"一·二八"之惨痛,当知所奋发云尔。

中华民国二十二年九月　　日立

(《暨南校刊》1933 年第 85 期)

修复科学馆记

杨裕芬　撰　曾克耑　书

吾校科学馆,建于十七年夏,方四阅年,而遽以修复闻,其颠末有足述焉。馆位于全校之中,广袤约千方丈,南距京沪铁道车站,地为最前,而层廛叠峙,轩窗敞起,为观瞻瞭望所先及,则势又最峻。其建筑坚固朴质,非以示崇侈也,将为全校师生奠学术之基,而蔚为之府,室于其内者,为生物标本,为化学药物,为物理器械,为实验讲演,敷设皆称是。吾校原有文、理、法、教、商五学院,校之执政者,于他院未建之先,特岁辇重金致欧美,购精械新器,以资学者,则必藏于是焉。同人裹糇粮,涉水崖山巅,采撷弋猎以归者,亦必庋于是焉。其心以为急,首以为务,视国计民生之所需,而预为之地者,诚知所先矣。二十一年一月,日本海军强纵其陆战队登岸,烽□所过,庐舍为墟,既与我十九路国军遇,相持于闸北江湾大场间者匝月,向彭浦真茹为之殿。此一日中,校中人虽多避兵他适,犹屡屡闻道归而审视,初无损焉。二月五日,科学馆西隅始以轰炸闻。初日机之密集环攻于校周者,无时或间,馆西通道不数武,轰一巨穴,路下陷车为之艮,私念兹馆之屋宇高耸突兀位于其间而不能免者,势为之也。又念兹馆之屋宇高耸突兀位于其间而不全毁者,亦有幸存也。吾校地积达二百余亩,新旧建筑累二十余处,大小房室五百余间,器物图籍之充牣其间者,历二十五年之经营擘画,铢而积,寸以进者,盖曾萃数十人之心思才力于此,中尤以今校长郑洪年先生近六年来淬厉奋发,憔悴黾勉,以至于是焉。战一月而真茹陷,陷二月而始撤退,时廿一年五月二十五日也。同人至则荡焉蔑焉,迷阳茂草,载道遮人,薪木之毁伤无伦矣。马闲军锉,积漏扬尘,门户之倾圮弥望也。前数日曾见其巍峨轮奂之美者,后数月而重来,不胜有欷歔凭吊之慨焉,而况教学其中,筹划其中之人之能不惄焉忧伤者乎。佥以科学馆为吾校建筑之首,亦将为此后兴复之基,亟为省视,入则堕甑败蓐,破瓶碎屑,委地藉道,在而是曦光屋漏,洞栋宇而达梯户者,不一而足,标本毁弃无余,器械梱载而尽,他若药品实验诸室,则破败不完,凌历不堪,吾人之积有年月而仅得此区区者,竟于二阅月中,销铄于机火马足间矣。然吾人于喀丧之后,气不少馁,业于先期十日,由特别校务会议议决,成立战后整理委员会,请张凤、于基泰、孙寒冰、谢循初、陈科美、叶渊、樊守执、洪深、王济仁、黄中廑、郑宝宁、奚玉书、林志瀛、许克诚及裕芬等十余人为委员,析校务、校产、教务、总务四组,从事整理,或执骚除,或承修缮,若者宜先,若者宜亟,洞者补之,圮者抉之,不全不洁而有事完葺者,则全洁而完葺之,以土木事委之钟山营造厂,费七千余元,程工克日,历二阅月而兹馆修复工竣,得有今日之壮观。后之来学其间者,陈书挟筴,于几窗明净之间,不知有炮火之频仍,机炸之威胁,与夫器械标本历年屡积之丧失,而孜孜矻矻,日以不倦,则其将来所得,将倍加于畴昔之所失,乃亦不幸中之幸也!是为记。

中华民国二十二年九月　　日

本校科学馆于沪战之役,曾遭蹂毁,嗣虽经郑校长擘事营葺,已复旧观,惟痛定思痛,安可无以纪念!郑校长与杨秘书长爰就其事之始末,撰成上项二文,将镌于封碑,嵌于该馆正门之廊壁上,以资纪念,而有所警惕云。兹转录之如上。

编者附启

(《暨南校刊》1933年第85期)

暨大战后一年来概况

陈其英

本校为海外侨民之最高学府,一方面须培养海外侨生参加本国一切运动之智能,一方面须训练国内青年发展海外各种事业之才识;其所负之使命,比任何大学为尤重大。自创校迄今,二十有七载,以现校长郑洪年先生重任校长之六七年来,努力从事建设与扩充,并即完成大学组织,发展最速,规模宏大,蔚然为国内有数之学府。然"一·二八"之役,校址沦为战区,且被敌人所占据,损失甚大,实最可痛心!盖自创校以来,虽曾经几度之大变动,如辛亥革命,因政体变革,乏人负责,停顿七年,至民国七年始恢复;民国十三年,齐卢之战,适当战区,迁沪上课;民国十六年春,国民革命军进抵淞沪,亦暂迁沪。除辛亥一次外,其间并未停顿,而所受损害,亦并非巨重。乃自"一·二八"之役,本校多年惨淡经营之精华,几全被摧毁,且昔日师生弦诵之地,竟变为兽蹄纵横之区。国土破碎,学府沦亡,实最堪浩痛!郑校长当时为免使侨民教育中途停顿及青年失学起见,特于沪、粤、苏三处设校上课,其后敌军既告撤退,即接收校舍,积极进行恢复工作。为期仅数月,得复旧观,于去年九月间全体师生搬回真茹,重聚一堂,且一年来教务事务均有突飞进展。此种复兴成效,不仅为校史中最可珍贵之一页,亦即侨民教育发展前途之最大关键。兹适逢本校完成大学六周年纪念之时机,特将战后一年来概况分述如下:

一、沪、粤、苏设校之经过

"一·二八"战事发生后,校务依然进行,并未一日中断,盖事前已有所准备,早托路局备车,作随时应急之用,故当战事发生,一部分同学即乘车赴昆山暂避,由郑校长向苏州树德中学商借校舍,再迁苏居住,计二十九日到苏同学,共五百七十余人。并托张仲仁、李印泉二先生妥为指导,另觅适当房屋,即行筹备补习功课。以后遂借三元坊工学院为中学部教室,正式在苏开课,以王济仁先生为主任。至在沪同学因在寒假期间,于二十八日以前离校者计有六百人,留校者实际仅八百余人。除五百七十余人赴苏外,留沪避难者仅有二百余人,此二百余人中,多寄住于其亲友,仅七八十人无处可居,由郑校长借西摩路华侨中学作临时招待处。后因该校筹备上课,乃再租劳尔东路颐德坊作临时宿舍,一面登报通告,登记所有留沪同学,此外并在明德里七号设事务处,作临时办事及通讯机关。后因事务日繁,且真茹搬出一部分重要仪器、图书等,须妥为保管,遂将事务处裁去,乃于莫爱利路三十二号租屋一幢,扩大为临时办事处,以杨裕芬先生主任其事,由郑校长每日到处指导一切。及三月三日十九路军撤退,真茹为敌军所占据,郑校长以校址既告沦亡,似非一时所能收复,为免使同学失学起见,特于三月四日召集特别校务会议,当议决在沪设大学部。遂租新闸路一七四八至一七五八号及赫德路五十六号为校舍,即以赫德路为第一院,设文、法、教、商四学院及秘书处,南洋美洲文化事业部;新闸路为第二院,设理学院、学生寄宿舍、图书馆、邮电、斋务、医务各办公处。于三月十二日即开始报名注册,为淞沪战区各学校之首先设校开课者。当时战区各校学生亦纷至要求借读,以校舍关系,虽极力收容,仅有三百余人。因战后经费困难,全校均采取紧缩政策,教职员薪俸按成核发,各学院仅开两学系,但所开学程均为必需而且极重要,实简而不漏。仍聘陈中凡先生为文学院院长,于基泰先生为理学院院长,谢循初先生为教育学院院长,叶渊先生为商学院院长,孙寒冰先生为法学院院长;聘杨裕芬先生为秘书长,主持事务行政。

本校同学因半属海外侨生,故多粤、闽籍,当上海形势紧张之际,多奉命返家与自动南下,及战事发生后,即留苏留沪同学亦陆续南下,计在广州者达三百八十余人。郑校长以留粤同学至如是之多,为免使其中途失学,特电中大邹海滨校长为之设法收容,作为借读,同时留粤同学亦成立暨大留粤被难同学会,办理招待同学及接洽入学事宜。后中大因上海战区各校之要求借读者竟有一千余名之多,无法收容,以致本校借读计划受其影响,不能实现,特由邹校长再为本校另谋一办法,即将该校一部分校舍、仪器等借与本校,另聘教员授课,留粤同学会亦来电请求解决学业问题,郑校长遂于三月二十三日由沪起程,于念六日抵粤,着手筹备设校开课。即于文明路二十二号设驻粤部办事处,聘黄中廑、孙越两先生为秘书正副主任,办理事务行政;大学部借中大文学院教室上课;中学部借市立师范小学部教室上课。于是散处沪、粤、苏三处同学及战区各校学生均赖郑校长之惨淡撑持,得于锋镝之余继续求学,诚云幸矣!

本校于沪、粤、苏三处设校开课,既属救济同学学业之临时不得已办法,所以特办至去年暑假后,即实行结束,而搬回真茹原校。

二、修复校舍整理经过

自上海中日战事协定签字后,敌军既依约陆续撤退,驻扎真茹之敌军亦宣告于五月廿三日撤退。本校事前已组织战后整理委员会,负责接收校舍及计划整理一切事宜,所以特由战后整理委员会委员樊守执、杨裕芬、张凤、林志瀛诸人会同军政当局前往接受校舍。此次战事发生,本校所有校舍器具,损失极巨大。当战事发生后,真茹时为敌军飞机掷弹轰炸,居民物质尚损失极大,况本校初由十九路驻扎,嗣被敌人占作司令部,当更蒙重大牺牲。所以科学馆被一再炸毁一部,而所有校具、书籍、仪器、标本等,除图书馆之一部分图书既经迁出外,其余凡较重要者,尽为敌军所携去,及为傀儡组织之维持会所攫夺。此外表册、书籍及员生衣物等尽被付之一炬;南洋美洲文化事业部办公地方被作厨房,历年苦心搜集之资料,为海内外学术界难得之珍品,尽被作柴薪,化为灰烬,此最堪痛惜者! 全校门户窗镜,尽被捣毁,玻璃碎片满地;科学馆之残余器具,满室狂乱狼藉;教员宿舍,被作马厩;浴室膳堂,被作厕所;本校历年惨淡经营之精华,被摧残殆尽,足见敌人摧残我国文化学术实具整个计划;同时亦足证从事整理、恢复旧观之极端繁难也。

郑校长以最大之决心,采最经济办法,以从事整理,于接收后即派战后整理委员会专负责任。所有校舍四周加围铁丝网;加派岗警,严为守卫;将内存残余各物,妥为保管;雇工数十人专事清除积垢,修筑道路;科学馆被炸一角,即限期包工修理;全部房屋,亦概行刷新;残余校具,概行修理;并添置各种仪器校具,共达五万余元。此外并自办电灯厂及印刷所。全部整理工作,于八月二十五告竣,整个学校,为之焕然一新,以适应二十一年度开学之需用。计此次战事,全校校具仪器等损失达十余万元之巨,能于最短期间,连修理购置共仅需款八万余元,而恢复旧观,实出乎一般之意外也。

三、院系编制及教务概况

本校原设文、理、商、教、法五学院,已如上述。去年暑假期间奉教育部命令,裁并法、教两学院,所有转院、转系、转学手续,即尽于暑期间办理妥当。故搬回真茹原校后,本校之编制,分文、理、商三学院。甲,文学院:设中国语文学系、外国语文学系、历史社会学系、政治经济学系、教育学系五学系。又政治经济学系内分政治、经济两组;教育学系内分心理、教育行政两组;另设师资专科,以造就侨教人材,及附设实验学校,以资教学实习。乙,理学院:设物理学系、化学系、数学系三学系。丙,商学院:设会计学系、银行学系、国外贸易学系、铁道管理学系四学系。每学院设院长一人,每学系设系主任一人,各组各设主任一人,师资专科亦设主任一人。仍聘陈中凡先生为文学院院长,于基泰先生为理学院院长,叶渊先生为商学院院长;各系、组主任,多属旧任人员,以收驾熟之效。

关于教务方面,由教务委员会负责办理,以教务会议为最高机关,每月开会一次,处理教务上重大之事项。教务会议以各院院长,各系系主任,注册、出版、指导三课课长,图书馆馆长,体育委员会主席及由校长指定之教授二人为委员,并以各院院长,注册、指导二课课长为常务委员,秘书一人由注册课课长兼任。教务会议所议决各案,由常务委员及各课分别执行。教务委员会下设注册、指导、出版三课,注册课办理编排课程、考核成绩、编定统计等事项;指导课办理审核学生操行,指导学生团体活动等(即办原有训育事项);出版课审核学术团体稿件,编行学校刊物等事项;图书馆办理图书购置及庋藏图书等事项;体育委员会办理体育设备及体育指导等事项。现任注册、指导、出版三课课长,为郑宝宁、费哲民、胡肇椿三先生;图书馆馆长仍为张凤先生;体育委员会主席仍为樊守执先生。各课、馆、会以负责人员之认真擘划,各职员之努力工作,办事效能之增进,为前此所未见。

四、事务行政设施概况

本校事务行政以秘书处为最高机关,前时设总务、注册两课。总务课设文书、庶务、印务、医务及会计、出纳各组,以办理所属事务;注册课专办理教务会议所决定之议案,即负教务上执行之责。最近注册课改隶教务委员会,总务课裁撤,将原有之文书、庶务、印务、医务(改称卫生)及会计、出纳各组扩大为课,使教务与事务权限划清,办事手续更为便利。唯本校经费,向极支绌,每月行政费仅有五千余元,连特别设备、实验等费在内,办事自感困难。但能在困难中,极力撙节,设法使事务能逐步进展,此实由负责人员之指导有方。现任秘书长仍为杨裕芬先生,秘书为曾克耑、鲍寿康两先生,文书、庶务、印务、卫生四课课长仍为陈中孚、鲍寿康(兼)、陈其英、唐斐礼四先生,会计、出纳两课仍由奚玉书、王海帆两会计师代办,兹将各课年来所办重要事项概述如下:

文书方面 办事人员虽不多,因取分工合作,而所办文件成绩颇为可观。关于全校规章,虽组织有法规委员会审订,但仍由文书课负责收集与草拟;二十一二年度一览之集编、档案之整理等事项,均有相当成绩。

庶务方面 庶务为学校行政中所最难办理之事务,本校庶务以经费困难,尤觉为难中之最难。唯以管理得法,尚具成效。就工作便利起见,分为几部分:

(一)工务。自"一·二八"战后,除重要修理工程由战后整理委员会办理外,其他概由工务办理。全校道路之修筑,花卉之栽培,厕所之改建,浴室之刷新,等等,均有极显著之成绩。至本校电灯,前由闸北电灯公司供给,每月需费千余元,殊不经济;特于去年暑假期间,努力撙节其他消耗,自办电灯厂,每月连油料、人工仅费四百余元。本校因僻处乡镇,饮料全须自给,故有自流井之设备。但沪战时所有机件、水管等均被敌人破坏,故特再购十匹马力柴油引擎一架,打出之水,经市卫生局试验,极合卫生。又本校以地方辽阔,各部分隔离颇远,有事接洽,极感不便;以前电话仅属对外通话,现全校各部分均装置分机,以节省往来接洽之时间,而增进办事之效能。

(二)勤务。全校工役之管理,均订有各种规程,切实施行;且全校工役均着制服,并佩带号证,不但在表面上整齐可观,而实际上亦容易查考;至对工役之待遇,经切实改良,每月工资均先行清发;复设立工役夜校,加以训练,以增进其智识及工作能力。

(三)购置。本校为厉行提倡国货,凡庶务所采购之物品,尽量采用国货。倘国货中确无可替代者,始不得已用外国货,仇货是绝对不用。至对各商号之往来账目,按月清还,决不拖欠。

此外若收支、收发、保管等部分均依照规定办法,办事手续既轻便,考核亦简易。

印务方面 印务课为办理印行全校刊物、文件及讲义等事务。因以前均托外间印刷所承印,不但取价昂贵,且往往不能依期交件,使办事上发生困难;而往来校对,亦殊感不便。因于去年暑假期间自办印刷所,开办费仅四千元,所有机件、材料、盘架等尽量购用国货,分设排字、机器、装订三部分。每月连人工、纸张、材料、杂费等一切在内,仅支一千元左右。除教务上所用之讲义(油印及打字亦在内)、表册、试卷,事务上所用之刊物、文件、表册、笺纸、装本等等而外,南洋文化事业之《南洋情报》《南洋研究》及收集资料用之册纸等,学生团体之刊物等等,均一一为之印制。关于用人方面,采用科学方法管理,以工作效能而计算工值,并极力采用国货为材料,以节省开销,而提倡国货。

卫生方面 本校对卫生之设备,向极注意。自战后搬回真茹以来,房屋、药械等均从新修建、添置,且改善之处甚多,故成绩颇有可观。日常之主要工作为预防、治疗二大端:预防为宣传防疫注射,检查体格等事项;治疗除规定时间之门诊外,且有常驻校医师,以应付临时急症之医治。计一年来所增添器械有:消毒器、蒸馏水制造器、眼科、外科器械、检查器械等,尚足资应用;房屋设备有:内科室、外科室、眼科室、药剂室、待诊室、办公室等。现拟于校款充裕时,再建筑学校医院,并对真茹附近乡民施诊,以体恤校邻贫民。

财务方面 本校财务之管理与收支,分会计、出纳两部分,向由会计师代办,且推定代表按月审查所有账目,每月收支均有报告,登载校刊,及分送各教职员,是本校财政为绝对公开。"一·二八"以后,自二月份起至三月份止,每月经费仅领到三成,计一万五千元,共三万元,内每月扣还行政院前时垫款五千元。四、五、六三个月经费领到五成,计二万五千元,共七万五千元。以此区区之数,而维持沪、粤、苏三处开支,实极尽撙节之能事。自去年七月后,每月虽领足五万零五百元,但每月又须扣去校债五千六百余元,而教职员、工警薪金、行政费、添置费、修置费及一切特殊开支均在内,苟非理财有方,校务自难有如是之发展。

以上所举,仅就荦荦大端而言,其他细节,因限于篇幅,概从略。

五、改订课程适应需要

郑校长常以过去办教育者之错误,为理论多而实行少,受高深教育之青年除两手执笔外,多一无所能。自受沪战之教训后,深觉教育方针应根本改造,今后青年不应只有空理论,须能尽所得学问,实行做事,人人须学会一种技能,运用两手,以谋生活,即于去年六月间提出校务会议，议决："为适应战后需要，以求适用，创设一年级共同必须修习技术学程。"此种技术学程为：应用化学、农业技术、家庭工业技术等。故自二十一年度起，凡一年级同学必须修习，二、三年级同学亦各选修一门。又第一年级不分院，第二年级不分系。并将大学之四学年中分为前后二期：第一年为工具训练，第二年为基本训练，此二年是前期大学，各同学中如因家境不好，不能修读至三四年，出校之后，学问已有基础，自己可以用功，以从事高深之研究；第三年为专业训练，第四年为实验训练，此二年是后期大学，使修满学年之同学得到切实学问，出校之后，即可就地应用。

全部课程之重订，费数月之慎重讨论，较臻完善。其最可注意者：

（一）凡必修之课程，分为共同必修与本系必修，本系以外之必修课程，可向别系修习，但此种课程必与本系有连带关系。

（二）注重国、英文技术之培养，从一年级至四年级皆有国、英文之课程，唯二、三年级除国、英文外，仍须修习另一种外国语，此为便于留学外国及研究高深学问起见而设。

（三）文学院所有课程以文学为基础，表现文学之精神，但求适应于实际应用之文学，即以文字为基础，对本国文法与外国文法先求精通，由本国文翻译外国文及由外国文翻译本国文均能通达。

（四）理学院之自然科学课程，是采取现时代之最新者，使对世界日新月异之发明能赶得上，不至落人后。

（五）商学院所采取课程，一方面是适合于现在实际应用，一方面又求能适合将来各种组织变更时之应用，即是对"体"与"用"两方面分清楚。

（六）师资科课程，除本身教学法等几门功课外，另开南洋地理、南洋生物、南洋法规、南洋商业及风俗等几门功课。除本身学分外，其余任选几个学程，即使对某一种学科有兴趣研究，可到任何学院选课。至各院同学同时欲进师资专科，亦可少选原来几门功课，将来毕业，除给原来学院文凭外，可另给师资专科之证明书。此为本校造就教育干部人材，以尽沟通中南文化之使命。

此外关于课程内容,亦因限于篇幅,概从略。

六、提倡学术奖励出版刊物

郑校长以近数年来一般青年不能脚踏实地,切实用功,日趋于轻浮浅薄,将来结果,于国家、社会及其自身均有害无利,因特对本校同学采取最严格训练,以培养适合实际应用之人材,同时即提倡研究学术,使从学术上努力,以造成阐扬学术之讲学风气。故无论学校经费如何困难,凡学生团体及个人,如欲出版刊物,其具有下列之一者,得由本校印刷所免费印刷:

(一)学术上有贡献之著作;

(二)名著之翻译;

(三)阐扬学术,及与侨教有关之定期或不定期什志。

因此,本校学术团体之组织,一年来至三十余个之多,本校出版刊物除秘书处所编之校刊(现改属教务委员会)、南洋文化事业部所编之《南洋情报》《南洋研究》等,教育学系所编之《教育与生活》,洪年图书馆所编之该馆二十年概况,前训育委员会所编之《暨大生活》,前印务组所编之《郑洪年国难中一年来之教育言论》,童子军团部所编之《暨南童子军》等而外,计学术团体所出版之刊物有《教育创造》《南风》《南星社刊》《淞涛周刊》《楚声》《江西学刊》《学术月刊》《新真茹》《微波》《明日》等十数种;及最近将出版之《文学丛刊》《科哲学刊》《学生自治会季刊》等数种,至一年来教授所编讲义,已告结束,可汇订成本者计有:《古今诗选》《财政学》《中国文学史》《民众教育》《世界经济地理》《东洋诸国史》《历代词选》《中国通史》《人口论》《古代社会史》《社会调查与测验》《社会事业泛论》《文字学》《国际关系》《英国政府》《资本主义研究》《实验心理学》《合作大纲》《发展心理学》《近代小说》《铁道运输》《南北曲作法》《簿记讲义》《健康》《中等教育问题》《欧洲大陆政府》《铁路财政》等数十种。

本校战后一年来,经郑校长之热心提倡学术,出版刊物之多,可信为其他各大学之冠。再假以相当时期,自必有极可观之成绩,为吾国学术上放一光彩。

上述所举六端,是本校战后一年来之灼灼易见者。此外关于南洋美洲文化事业部,对于南洋问题及世界各地侨民问题之研究与贡献,中学部采取严格管教之成效,等等,已有另文专论,兹篇不再赘。唯因作者冗务过多,忽促草拟,疏漏之处,在所难免,幸阅者加以原谅及指正!

(《南洋情报》第 2 卷第 3 期,1933)

暨大初期史略

杨裕芬　陈希文　编

我校成立至今,已有二十七年之历史,但中间曾停顿七年之久,所以我校实际之存在时期,仅有二十年耳。在此二十年中,若从发展之过程上看来,则可以分为四个时期。即:

创校时期　光绪卅三年至宣统三年(一九〇七——九一一)第一个五年。

恢复时期　民国七年至十一年(一九一八——九二二)第二个五年。

迁沪时期　民国十二年至十六年(一九二三——九二七)第三个五年。

大学时期　民国十六年至今(一九二七——九三三)第四个五年。

初期校史,除郑校长所讲述者外,从未见有详实之记载。故我校师生及海内外各界人士,能知我校始创时期之历史者甚少。在本校二十周年纪念时,郑校长曾将创校经过讲得非常详细,当时未将讲稿在校刊发表,以致不传,殊为可惜。今年廿七周纪念,郑校长将创校史再述一次,校中员生对于初期校史始明概要。现笔者即以此为根据,并益以所得之资料,试作一概括的叙述。遗漏与错误之处,当然甚多,统希我校初期之教职员同学能随时加以修正与补充,使我校之初期历史益加完备起来,实所厚望。

一、设校动机

清末(庚子之后),国势日蹙,有识之士倡言革新。在政治上而有戊戌之政变,在教育上即废除科举,创办新学。时康有为因政变失败,逃往南洋,其所至之处,必劝人组织孔教会,以孔子为中心,宣扬大汉文化,鼓吹维新。同时,创办中华学堂,劝侨胞子弟入学读书,以免外化。此外并组织保皇党,办报馆,及以其政治之地位,卖官鬻爵,使华侨社会突起剧变。因是各地之中华会馆与中华学堂,均次第设立。在南洋办学最早者,为爪哇与新嘉坡两地,而当时成绩最著者为爪哇。然中华学堂乃由当地热心教育之父老组织董事会主持办理,故不为国内人士所注意,即驻外领事,向亦不闻不问。盖当时政府对于侨民,犹以为“化外顽民”,颇为贱视,漠不关心。

其后,革命党因屡次起义失败,亦以南洋为避难所。如孙总理及汪兆铭、胡展堂、戴天仇等先生,均先后避往南洋。孙总理等所到之处,则组织同盟会,鼓吹革命,光复汉家,当时变相之党部,如书报社、学校、报馆,竞相设立。民智日开,风气大变。所谓漂流异域之弃民,亦渐为国人所注意矣。

在一九〇六年(光绪三十二年),有出使荷兰之钦差大臣(即今之公使)钱念劬先生(浙江人),彼驻在荷京,见有荷印侨生在彼邦留学,多不识祖国之语言文字,因以深引起其对于荷属东印度华侨之注意。乃遣派参赞董鸿祎先生(浙江人)以南洋总视学之名义赴爪哇调查侨况。在董参赞未赴爪哇之前,以为南荒蛮地,侨民事业必无可观,更无教育之可言。然一抵巴城,见中华学堂颇有成绩,学生且能说国语,甚出意外,乃急电告钱公使。钱公使即一面上奏清室,谓华侨子弟若不知祖国文化,必有灭种之忧,教育侨民,实不可缓。一面又令董参赞,嘱即就地选拔优秀之侨生一二十人,带回中国受教育。董参赞乃在爪哇各地华校,选拔学生二十一人。然此二十一人送至何处就学为宜,当时颇费踌躇。盖当时两广总督不注意海外华侨之教育,而广东巡抚德寿因受当时南方革命运动之影响,尤厌恶新学。至于福建当局,亦复类似。此时适有苏州巡抚端方调任两江总督,彼虽为旗人,然对于教育事业极为重视,当其由欧考察宪政归,即感教育为革新与强国之根本,其在湖北等处曾创办学堂不少。钱公使遂与端督电商,请为设法安置此二十一名侨生。端督接电,慨然允诺,并嘱即令回国。

清末改办学堂时,各省均设学务处主持其事,后乃改为提学司,今校长郑洪年先生时在南京学务处供职。至办外交,则设洋务局,当时总办即为温秉忠先生(广东人)。端督接钱公使电报后,以为华侨子弟多南方人,且来自海外,须有熟悉洋务与有办学经验之南方人为之照料。某日,乃特传温总办与郑洪年先生至总督衙门,出示钱公使之电报,告以始末,并令照料一切。当时对于侨生学业问题,尚无具体之办法,惟俟侨生归国后,始行设法安置。

一九〇七年(光绪三十三年)正月底,侨生二十一名由董参赞与巴城中华会馆董事张硕龙先生护送回国,温总办与郑洪年先生特往上海迎接。二月初抵南京。兹将第一期归国之侨生姓名列后:

李应征	粤	新宁	爪哇	玛珑
郑炳太	闽	海澄	同	上
温以春	同			上
郭陶成	闽	龙溪	爪哇	巴书鲁安
叶景宙	闽	南安	爪哇	丹绒
李全发	闽	南靖	爪哇	度漫
张益山	粤	东莞	爪哇	巴城
陈后生	闽	同安	同	上
邹辉宝	闽	龙溪	同	上

蒋金钟	同			上
吴元德	闽	漳州	同	上
黄景星	粤	嘉应	同	上
叶裕和	粤	惠州	同	上
彭庚生	粤	新宁	同	上
傅溪水	闽	南安	同	上
傅如雷	闽	龙溪	爪哇	芝拉马也
陈益祥	同	上	爪哇	八玛珑
陈以淑	同			上
郭笃俭	同			上
陈以健	同			上
陈以温	同			上

侨生抵国之后,沪宁一带之人士颇为注意,然多有尚不知爪哇在何许者。时侨生皆未蓄辫,尤引人注目,即江宁将军亦特派左领二人来看。端督见侨生甚为活泼可爱,益加重视,乃一面上奏清室,请为教养归国侨生,一面饬令江宁提学使陈伯陶先生、温总办与郑洪年先生照料一切。温总办与郑先生乃率领侨生往各地游玩,拟至二三星期后,始设法送入各校上课。然抵宁不数日,适下大雪,天气奇寒,侨生方由热带初回,无不怕冷,致病者竟有数人,即张校董亦因以患病。侨生衣服,一时置办不及,乃借用郑先生子女之冬服应急。时并借用南京三牌楼实业学堂一部分之房屋(即格致书院楼上),为学生寄宿自修之所。一切设备,异常简陋,宿舍中且无床铺,须睡在地板上,因起居之不便,学生多欲归去。时侨生中年最长者为李应征,十九岁,最幼者李全发,十二岁。而程度又参差不齐,最高者相当现时之初中二年,最低者为初级小学。当时南京只有钟英中学及两江师范附属中学,彼等程度既不一致,各校又无住宿,致无适当之学校可进,而侨生又不愿分散,温总办及郑先生乃与端督相商,遂决暂时设法补习,然后再行插入就近各校。嗣后因荷属各岛学生有陆续回国之消息,非特立一校无以收容,乃由温总办与郑先生禀准将南京城中之妙相庵房舍拓作校址,

专以收容海外华侨子弟。即于光绪三十三年三月二十三日迁入新校，设补习班，随时聘请教员数人教授，当时之开办为五百元，每月经费为一千两。此为暨南学堂成立之始。

二、创校经过

总督端方既决另创一校，专以收容海外华侨子弟，乃指定薛家巷妙相庵为校址，并派温秉忠先生为总理，郑洪年先生为堂长。郑堂长接任之后，乃与提学使陈伯陶先生商取学堂名称，结果采《书经·禹贡》"朔南暨，声教讫于四海"之义，以暨南二字名学堂。

同年七月二十日，爪哇岛之八马垄、谏义里二埠，复送学生十名来校就学，由郑堂长亲往厦门接领。合前有学生，共为三十一名，人数较多，故于是年下学期分补习班甲乙两班，并添招内地学生十名，以促进侨生国语之进步。此时教职员增至十余人。

同年冬，因见学生程度参差不齐，优者有中学第二年程度，其次与高等小学第二三年相当，如不斟酌程度，分别教授，则教授上殊感困难。且荷属各局来电，次年将有新生四十六名入校，故由端督奏请于次年（光绪三十四年）变通学制，改办中学，附设小学，将程度较优之学生编入中学第三学年。其余则归入附设之小学班，并议收买校后园地，添筑宿舍、讲堂、自修室，以备新生之用。

光绪三十四年（一九〇八）春，实行开设中学班，添聘教员，并购置理化仪器，博物标本。四月间，巴城、泗水二埠中华学堂董事梁颀、庄啸国等护送学生共四十六名来校（内有泗水学生十二名），合前二次学生共计七十七名。时共设中学一班，高等小学第二、三年级两班。中学班共十四名，高等小学甲班即第三年级，共三十七名，乙班即第二年级，共三十六名。中学定为五年毕业，高等小学则为四年毕业。

同年正月，校中以第一、二期学生三十一名首先回国，应予格外优待，以坚其向学之心，故自宿食书籍以至衣服零用等费，一律由堂供给，是谓官费生。其后续来者，则仅宿食书籍由堂供应，其余各费归学生自备。

当时社会人士对于暨南非常重视。每逢初一、十五祀孔,端督亲自来堂参加。如遇开学或其他典礼,则满城文武百官、社会人士,无不踊跃参与。在第一批学生回国时,有沪杭铁路总办汤寿潜先生,特派人来沪招待,并每人赠以毛毯一条。而暨南学生在宁城往来,巡警且致敬礼,商人亦礼让三分。总之,当时之一般社会人士,视暨南学生为上宾,爱护无微不至。

时郑堂长因侨生初次回国,人情风俗,概未周知,且以髫年,血气未定,习尚不同,如不严加约束,难免沾染恶习,故采用严格训练,作息有定,行仪有方。师生亲爱,有如家人。当时同学亦非常节俭,即如每月零用,每人不得过二元,且须各备手札一本,将用度一一详细记上,每星期交郑堂长检查一次。

郑堂长于创校时,为欲确立华侨教育之主旨及唤起民族观念,乃作一充满革命精神之校歌。其歌曰:

爪哇殖民本我先,溯自有明前。
胡为父老竟酣眠?让人着先鞭!
既与欧人辟土田,还受苛税捐。
哀我同胞坠九渊,何日睹青天?
丈夫绝不受人怜,内渡赋联翩。
优胜劣败原天演,好将科学研。
誓为祖国张海权,大任吾党肩。
唤起侨魂风云变,锦绣好山川。

此校歌当时颇为清室与荷兰政府之注意。

光绪三十四年起,复规定暨校为中学程度,以南洋各埠中华学堂所送程度齐一之高等小学毕业生充之,即不复设小学班,学生额数定为五百名,每年毕业一班,即招新生百名以补其缺。当时为恐学生起居不便,发动归思,故对于学生生活尤加注意,并予种种待遇。盖藉此既足以维系侨情,且可表国家怀远之意。

暨校学生,因来自海外,体育发达,动作活泼,且具有冒险性质及尚武精神。当时暨南学堂之足球队,在长江流域,竟无敌手。且多有志愿入海陆军学校肄业者,同年五月,郑堂长以非有适当之教材不足以鼓其勇气,遂禀请端督拨新式枪械,以资操练。当经札饬军械局拨到沪造七厘米三口径快利步枪并皮带刺刀七十副,预定于下学期实行操练。时各省普通中学校之兵式操,仅许用假枪,盖为严防革命之故。暨校之所以能领用真军械者,时当道视暨南学生无革命思想,故特许之。

温总理秉忠于光绪三十三年秋护送三江官费生赴美留学,所遗总理一席,经端督饬田吴炤先生接任。光绪三十四年六月,田总理经外务部奏调,端督特札委江宁提学使陈伯陶先生为暨校监督。

同年七月,学部移知新嘉坡领事,每年可选送学生四五十名内渡,来校肄业。盖端督奏设暨校之初,虽有招抚各处华侨子弟归国求学之明文,而其意则限于荷属各岛而已。故当时校中一切之设备,专应荷属侨生习尚之要求,此后英属侨生亦要求来校肄业,故有学部移知叻领之学。而校中一切设备,亦不类创校时之规模矣。八月,奏准暨校中学最优等毕业生,得按照官费生办法,送至欧美留学,故中学班之数理化各课均改用英文教授,请美国学士嘉化先生担任教授。

最初来校肄业者,仅限荷属侨生,故颇引起荷兰政府之注意。是年八月,驻沪荷兰领事某君特来校参观,周视校中设备,较南洋各华校完善,颇有喜色。询问各生之起居近况及毕业后之目的何在,语甚密切,诸生当以为祖国出力对。

同时,学生温以春患病甚剧,据医生诊断,谓应迁地疗养。郑堂长特禀请端督派叶兆崧先生送之回岛,一面令在该岛各埠招收新生数十名来校肄业。十一月,爪哇学务总会选送学生三十八名,合前期学生共一百十五名,并代贫寒学生六名请官费,均由特派员叶兆崧先生护领至宁。是时校中添设中学第一年级一班、补习科一班,将新旧学生,除已设之中学班外,按其程度,编插各班。

暨校当时采用家庭学校制,本无详细章程,所有设备均仿家庭之布置,管理学生之习惯,视其不良者,随时随地矫正之。至校中经费,又无定额,随新生之多寡及置办校具应用若干之临时费,一切呈请端督饬财政局垫发。最初每月定一千两,第二批学生到校后增加八百两,至第三批学生到校,则增至二千五百两。经费来源,系由端督奏准,由广东、福建及江海关分担,计广东与江海关各担任十分之四,福建担任十分之二。是年十二月,泗水商务总会来函,请暨校印刷章程,颁布南洋各岛,以为各岛再送学生肄业之预备。而暨校亦因来者日众,非有定章,不合学堂制度,且学生既多,个别管理甚感困难,又因旧生平日已养成良好之习惯,故遂以之为基础,而定详细之章程。

暨校创立于孙总理组织同盟会之翌年,时革命空气弥漫全国,党人起义前赴后继,清室引为大患。此时暨校进展甚速,北廷尤加注意,而人且以暨南学生多无辫发,疑为革命党,而校歌又充满革命精神,郑堂长之训导处处站在民族教育之立场,益为忌者所侧目。后议者竟列入弹章,责端督创办暨校之非计,徒以养成乱党而已。幸端督对于侨生甚为了解,枝节虽多,并无何等影响。

宣统元年正月,郑堂长经端督调充他职,所遗堂长职务暂由教员杨熙昌先生继任之。郑堂长在职仅二年,与学生感情极洽,俨如家人父子,濒行时,师生均依依不忍舍去。

同年三月,新嘉坡养正、应新、启发、道南各校,以及吉隆坡尊孔学校、槟榔屿中华学校、大吡叻乐育学校,共送学生五十四名,合前共一百六十九名。除乐育学校六名外,均由养正校长宋森与道南校长马征祥护送。时值严冬,校舍不敷居住,特将教职员宿舍让出,暂作寝室,俟来春所造房屋落成,再行迁移。是为英属侨生来宁之始。是时暨校已设中学甲乙两班(即第三与第一两级),高等小学甲乙两班(即第三与第二两级)与补习一班。所有新生五十四名,年龄、程度较前更为不齐,除按照程度相当者插入旧有各班外,特增设高等小学第一年级一班,以为收容。四月,爪哇日惹商会总理郭祯祥亲送学生六名来校肄业,此为第六期学生。

此后(宣统二年至武昌起义),南洋各地之学生纷纷回国,学生增至三百余人。中学与高等小学各班均已开设,且有人满之患。因进展过速,益为当局所注目,议者屡欲借故解散之。时暨校内革命空气实甚浓厚,即教员中已有多人加入同盟会,学生间之革命思想尤为蓬勃,无怪外间之注目。及武昌起义,暨校乃日处于风雨飘摇之中。时张勋之辫子军驻扎于浦口,非常注意暨校,目为革命党之根据地,派人严密侦查暨校员生之行动。当风声紧急、全校不安之时,前郑堂长乃奔至南京,密与教员叶之安先生等商议,决将全校学生领至上海。乃于十月底夜半,率全体学生三百余人,仓皇出城,搭乘三等铁篷车至上海。

时上海牯岭路十七号设有革命党之秘密机关,即宋教仁、于右任、陈英士、柏文蔚等先生所组织之光复军机关。及学生到达上海后,一部分住于闸北某警局,一部则住光复军办事处。郑堂长即令各人函家,欲回南者即设法回去,其不欲回南者,可以加入革命军。当时黄克强先生在汉口组织学生军,即有同学二十人前往参加,但一到汉口,汉口被清军夺回,学生军解散,致未能加入,仍返上海,后乃改派至各机关服务。是时张勋盘踞江宁,徐绍桢先生被举为江浙联军总司令,统率军队,往攻金陵。当时有同学张益山参加攻夺天保城,隶朱瑞先生部下。张君于克服金陵后,因病回爪,卒以辛苦过度,赍志以殁。张君为暨校同学最早参加实际革命工作之一人,亦为暨校同学为革命而牺牲之第一人!

到民国元年,学生纷纷归去,学校遂无形解散。至民国六年,教部乃派黄任之、赵正平等先生规复暨校。停顿凡七载之暨校,遂于民国七年春恢复矣。

本篇参考:

一　三月廿三日创校二十七周纪念日郑校长训话。

二　中国与南洋林思温先生之暨南学校沿革史。

三　本校二十五周年纪念论文集。

四　老同学潘奋南先生之口述。

附 各期回国侨生一览

第二期 十名 光绪卅三年(一九〇七)七月到校

姓 名	籍	贯	侨	居 地
施联禧	闽	龙溪	爪哇	谏义里
陈维翰	闽	海澄	同	上
许毓介	同			上
吴兆元	同			上
林思温	同上	龙溪	爪哇	八玛珑
林思忠	同			上
陈以彻	同			上
陈曦阳	同			上
林福立	同上	海澄	同	上
陈鸿礼	同上	泉州	爪哇	茂 物

第三期 四十六名 光绪卅四年(一九〇八)四月到校

姓 名	籍	贯	侨	居 地
苏抟云	闽	海澄	爪哇	文都禾梭
高茂灿	同			上
郭绍荣	同			上
杨诗祥	粤	嘉应	爪哇	八打威
黄俊元	同			上
卢兰芬	粤	嘉应	爪哇	八打威
余敦文	同			上
梁生卿	同			上
沈紫成	闽	漳州	同	上
沈紫贵	同			上
郭志仁	闽	龙溪	同	上

陈钦裕	闽	安溪	同	上
陈泽和	同	上	爪哇	万　隆
陈泽满	同			上
王隆让	同上	龙溪	同上	勿里达
杜吉安	同上	同安	同上	北加浪
陈源顺	同	上	同上	些□绢
陈恭绵	同上	龙溪	同	上
林凤山	同	上	同上	西　□
许汉妙	同上	同安	同上	思甲唠□
吴傅州	同			上
吴傅和	同			上
许汉阳	同			上
许汉智	同			上
梁耿文	粤	嘉应	爪哇	八打威
许怀顺	闽	龙溪	爪哇	喇毋安
苏秀楠	同	海澄	同上	峇　东
苏秀昌	同			上
苏秀聪	同			上
吴世业	同	上		苏门答腊
张春源	同上	同安		苏门答腊南□
黄存善	同上	漳浦		苏门答腊巴东
林则颜	同上	永春	同	上
洪英来	同上	南安	同	上
陈玉山	同上	龙溪	爪哇	泗　水
陈绵庆	同			上
蔡开德	同			上
陈恒穆	同			上
方延龄	同			上
韩清水	同			上

陈恒源	同			上
卢瑞禧	同			上
白国华	同			上
郑延安	同上	漳州	同	上
韩辉荣	同	上	同上	谏义里
黄慎利	闽	漳州	爪哇	泗水

第四期　三十八名　光绪三十四年(一九〇八)十月到校

姓　名	籍	贯	侨　居	地
蒋德卿	闽	晋江	爪哇	泗水
黄庆祥	同			上
白国荣	同上	安溪	同	上
刘贤潜	同上	晋江	同	上
林徽纶	同上	龙溪	同上	吗垄
郭绍鍒	同上	海澄	同上	文都鲁苏
薛贞安	同上	福清	同上	吗垄
林锦秀	同上	龙溪	同	上
潘光瀚	同			上
郭国典	同			上
林清田	同上	同安	同	上
郭国祚	同上	龙溪	同上	泗水
王朝东	同	上	同上	泗水
吴炳煌	同上	海澄	同上	唠森
钟捷云	粤	嘉应	同上	八打威
张益岗	粤	东莞	同	上
陈维美	闽	龙溪	同上	谏义里
陈拨山	闽	龙溪	爪哇	谏义里
陈元祥	同			上
陈昆良	同			上

陈欣选	同			上
陈光标	同			上
林良才	同	上	同上	勿里达
林恭虔	同			上
林荣春	同	上	同上	马吉丹
卢金禄	同	上	同上	谏义里
施振贵	同			上
杨源水	同			上
韩全智	同上	南靖	同上	勿里达
卢秉云	同上	平和	同上	谏义里
郑联禧	同上	海澄	同上	八打威
黄高进	同	上	同上	谏义里
王延兴	同上	龙溪	同上	闽　悦
郭春光	同上	福清	同	上
刘圣富	同			上
施联吉	闽	龙溪	爪哇	谏义里
邓瑞隆	闽	同安	爪哇	葛打山
林梦兰	闽	海澄	爪哇	文都鲁苏

第五期　五十四名　前清宣统元年（一九〇九）正月到校

姓　名	籍	贯	侨　居　地
谢觉民	粤	南海	新嘉坡
陆锦泉	同		上
罗金泉	同		上
方守熙	同	上	吉隆坡
谢兆迁	同		上
英以渠	同上	新会	新嘉坡
英以瀛	同		上
陆华湛	同		上

李五福	同	上	吉隆坡
王佐邦	同		上
张文标	同上	大埔	新嘉坡
杨运昌	同		上
何其清	同		上
张致祥	同		上
陈初营	同		上
饶世汉	同	上	槟榔屿
萧冠英	同	上	大吡叻
黄应郎	同		上
李耀发	粤	番禺	新嘉坡
罗宝灿	同		上
罗湝锵	同		上
蔡寿鼎	闽	同安	同　上
何葆仁	同		上
李彻壶	同		上
刘延祓	同		上
王景熹	同		上
吴宗陵	粤	新宁	同　上
仲继钊	粤	三水	同　上
陆敦濂	粤	鹤山	同　上
陈锦恒	同上	三水	同　上
马延珏	闽	韶安	同　上
李光前	同上	南安	同　上
李之唐	同上	永春	同　上
陈庆朝	同上	同安	同　上
康　霈	同上	闽县	同　上
吴世崇	同上	诏安	同　上
吴纪丰	同		上

林　博	同		上
林谟烈	闽	晋江	同　上
吴之通	同上	海澄	同　上
林邦彦	同上	永春	同　上
彭镇南	粤	鹤山	同　上
颜锡焜	闽	海澄	同　上
颜锡义	同		上
戴云廷	粤	归善	吉隆坡
钟鸿麟	同上	嘉应	新嘉坡
钟祥奎	同		上
吴德容	闽	建阳	槟榔屿
张邦超	同上	惠安	同　上
胡剑秋	同上	求定	大吡叻
胡嘉豪	同上		同　上
曾宪仁	粤	长乐	同　上
熊坤华	同上	嘉应	同　上
王汉赏	闽	同安	槟榔屿

第六期　六名　宣统元年(一九〇九)四月到校

姓　名	籍	贯	侨　居　地
郭博元	闽	厦门	日　惹
郭博亨	同		上
林永照	闽	龙溪	日　惹
曾润宗	闽	海澄	同　上
郭再盛	同上	龙溪	校　罗
郭再进	同		上

(《南洋情报》1933 年第 2 卷第 3 期)

暨大的回忆

曾毅夫

教育是社会事业的一种,他的动向亦无疑地向前推移。但动力的强弱常为进步与停顿的关键,故后来居上所以成为今日社会间极普通的现象。但事之成就当非偶然,而此非偶然的过去或为惨淡经营的事实,或为可歌可泣的史迹,便为最足使我们回忆的事。

暨大创于清光绪三十三年,中兴于民国七年,而发展与完成则在国民政府奠都南京委郑校长长校之后。回忆暨大的过去,自创办以来,好像一个大车轮无时无地不在旋转着,推动着。

(一)暨大的开端启发了华侨教育一条光明的路线。大家都知道现在南洋美洲各地创家立业的华侨,都是冒险以启荒漠的急先锋,他们本身富有的是劳动的能力,说到教育他们大都十分缺少享受的。因为他们本身是这样,相传下他们的子弟当然也又逃不了是那样,这又何怪辛亥革命之前,华侨子弟每认居留政府即为他们的祖国呢?清光绪三十三年暨校在南京成立,今校长郑洪年为第一任堂长,惨淡经营,校务逐渐发展,南洋侨生之负笈归来者亦纷至沓来,于是为华侨而创设之暨南大学,负着启迪侨民的使命,不断地向前发展矣。读郑校长校务特刊发刊词(民国十六年)有谓:"……回溯清季创办斯校时,筚路蓝缕,规抚盆具。尔时之校务,简而易举,亲而近密。譬若家人父子,意喻而色举,朝令而夕行,侨生之来学者如至家室,而吾亦以家人待之。居未安,授馆以安之,餐未适,治庖以适之。时或时气不节,土宜不调,延医以调之,选药以节之。偻指当日大小诸务,吾悉躬亲而手为之……”观此即可知当时学校的设备情形和校长对学生间的亲切与爱护之精神。记得当时校长曾创一校歌,慷慨激昂,充满革命情绪,读之使人懔然！从那歌里面便可知道办学者对我们华侨的希望是如何的重大了。现在我把它录在下面:

爪岛殖民本我先　溯自有明前
胡为父老竟酣眠　让人着先鞭
既与欧人辟土田　还受苛税捐
哀我同胞坠九渊　何日睹青天
丈夫绝不受人怜　内渡赋联翩
优胜劣败原天演　好将科学研
誓为祖国张海权　大任吾党肩
唤起侨魂风云变　锦绣好山川

(二)国府奠都南京委郑校长重长暨南后的发展。无疑的教育是适应环境底需要的一种产物,某一时代需要什么教育,便应施以什么教育去适应它。就教育本身说是如此,就社会现象的进展阶段说亦莫不如此。暨南自郑堂长履任后,翌年改办中学,又翌年郑堂长他调,由杨熙昌继任。辛亥革命学堂中停,至民七始规复。由民七至民十六,十年当中曾易校长五次,校舍由南京迁上海,学科方面亦由中学办至商科大学,全校学生增至七百人,然设备方面尚极简单,经费亦极支绌。迨革命军兴以后不数月间而大江南岸抵定,革命高潮弥漫全国。“华侨为革命之母”,华侨教育需要的亦当然是革命化的教育。暨南为华侨最高学府,以其所负使命的重大,自非有熟悉华侨情形与革命有深长历史的,不足以负其大任,故国府奠都南京之后即委现任郑校长重长其校政。

郑校长秉其努力华侨教育的精神,履校以后孜孜终日,以发展学校为己任,建科学馆、图书馆、大礼堂等,设文、理、商、教、法各院,充实中学部各科。数年之间,学校气象焕然一新。学生数量达千数百人,学成南旋服务的遍于南洋各埠。尤有进者,郑校长重长校政时揭櫫发展暨大的纲要,均达到预期以上的效果。现在把它写在下面:

第一条 本校分下列各部:

一 大学部;

二 中学部;

三 南洋美洲文化事业部。

第二条 大学部分以下各院:

甲 文学院,分以下各系:

本国语文学系;

外国文学系;

教育心理系;

历史社会系;

哲学系。

乙 法学院,分以下各系:

政治经济系;

法律系。

丙 理学院,分以下各系:

数理学系;

化学系;

生物学系;

地质学系。

丁 农学院,分以下各系:

农学系;

林学系。

戊 商学院,分以下各科:

银行科;

会计科;

工商管理科;

国际贸易科;

普通商业科;

铁道管理科。

第三条　中学部分下列两级：

甲　高级中学,下分五科；

乙　初级中学。

第四条　中学部为南洋回国学生各种科目之补习,特设补助班。

第五条　本校为教育心理学系学生及师范科学生实习起见,特设实验学校。

第六条　南洋美洲文化事业部分下列各股：

调查股；

编辑股。

上列各院系除农学院较次要尚未举办外,如教育学院的教育系、心理系及师资专科,和法学院的外交领事系等的设立,均达预期以上的效果的。这不能不说是华侨教育的一大成就。惜法、教两院于上年度奉教育部命令裁撤,将教育学院并为教育系,使正在欣欣向荣之华侨教育受一重大打击,诚为憾事!

(三)沪战的损失及其恢复后的灿然之气。震动全世界的"一·二八"沪战,是中外战争史上最光荣之一页。居今日而回溯当时情况,尤觉有余荣也。

当沪战前我校曾有相当准备,及战事爆发,同学除参加随军服务者外,一部同学暂避上海,一部则从容沿京沪路乘车暂避苏州,均由学校设法安置。当时情形杨秘书长于《本校沪变前后之经过情形》一文(见《战后之暨南》)叙述最为详细。其中有一段说:"'一·二八'之夜,本校接到冲突之消息后,因事前既有相当准备,当发紧急集合令嘱学生集中于致远堂,候号令行动。一面函真茹车站交涉车辆……当北站战事紧急时,车辆不能调动,且日飞机飞至真茹投照明弹,当令全校熄灯,情形至为恐怖。旋见有一列兵车,由真茹开赴昆山运兵,乃由裕芬(即杨秘书长——作者按)商请车务处设法,至二十九日早十时,始商得兵车一列……留校员生除愿意随军服务者外,约五百七十余人,乘铁篷车十二辆,直达苏州。郑校长在二十九早接裕芬电告,一部分学生既乘火车至昆山,郑校长以昆山不可久居,乃即电复再迁苏州……"

上边是战事爆发时实际情形的写照，亦足见那时学校当局对学生关顾的周到了。

我军以奋勇抵抗之故，使敌人以十数万之众阅一月不能越雷池一步。我校因在战区，故暂时不能在原址上课，乃暂在上海赫德路及新闸路共租洋房三所开学。全体学生连各未恢复之学校的借读生，共五百余人。中学部则在苏州租舍开课。

上海及苏州两地开课后，因被难回粤的同学三百余人借读中大被阻，乃电请郑校长设法。郑校长以同学之学业重要，乃亲临广州筹划一切手续，租校开课。惟以沪战财政困难，经费仅发三成。我校以每月仅一万余元支持沪、苏、粤三校的局面，非郑校长的长袖善舞，我们同学一时得不到适当的学校就读，也许会有失学向隅之叹。

沪战既停，我校舍因被日军的蹂躏，科学馆一角被炸，厨房被焚，全校器具书籍被毁，一片颓垣败瓦，狼藉不堪。实无怪郑校长来校接收时，见此而频频叹息！

经数月整理后的暨大，不但完全恢复旧观，而且灿然一新，一若春之神降临人间，扫荡了冬天的残景，换上迎人欲笑的春花。置身其中，不禁使人感到这次的破坏于后的建设，有重大的意义存乎其间。

据郑校长报告，此次学校恢复，全部费用仅用去十万余元。除修理被炸之科学馆及整理全部校舍、购置图书仪器外，复自办发电机、全部印刷机，不但用钱少而收效大，且充分的表现着进步的象征。

就学校课程方面，及同学的学行亦有重大的改进。里边情形于《郑洪年一年来国难中之教育言论》一书叙述最为明了。

我们再回溯暨大整个发展阶段的过程里面，可分为下列几个时期：

A 创办时期：清光绪三十三年，暨南学堂创设于南京，今校长郑洪年为第一任堂长。后两年郑校长他调，由杨熙昌继任。

B 渐进时期：

(一)中学完成期：辛亥革命，学堂中停。民国六年，教部派黄炎培等规复暨南学校。七年春，学校组织成立，委赵正平为校长。八年中学校正式成立。

(二)单科大学时期:九年夏,赵氏辞职,部委柯成懋继任。十年秋,柯成懋辞职,部委赵正平复任校长,与东南大学合设商科大学于上海,并规筑新校舍于真茹。十四年秋,赵正平辞职,姜琦接任。

C 发展时期:十六年夏,姜琦辞职,国民政府委令校长郑洪年继任,改组为国立暨南大学,分大中学两部及实验学校。南京女子部亦迁入真茹本校。大学部商科改为商学院,除原有商科六系外,并增设中国文学系、外国语文学系、教育心理系、数理学系、法律学系、政治学系、生物学系、历史社会学系,规模较前为宏大。

D 大学完成时期:十八年,除原有商学院外,增设文学院、理学院、教育学院等五院,共有九系。又有师资科及法学系,则为独立学系。

E 更进而充实时期:十九年夏,复增设法学院,除原有法学系仍设上海外,并增设外交领事科,并将政治经济系改隶该院。至此暨大完全成立的共有五院,中学部高中共分四科,初中有三级九班,全校学生一千六百余人。二十年春,中央执行委员会推孙科、林森、陈立夫、孔祥熙、宋子文、马超俊、余井塘、吴铁城、郑洪年、陈耀垣、萧佛成十一人为董事,设董事会。至此而暨南之基础乃益巩固。“一·二八”沪变,我校虽蒙极大损失,然经努力之结果,不数月而完全恢复。至本学期,学校内部设备较战前益见充实,故自民十九而至现在为更进一步的充实时期。

时代没有一时一刻在停留,地球没有一时一刻不在推动,愿暨南永永的与时代争光,负着发展华侨教育的使命,向前迈进。

(《南洋情报》第 2 卷第 3 期,1933)

暨大学生之生活素描

苏鸿宾

在二十年以前,真茹还是一个中古时代的农村社会。零落的村庄,住着朴实的农民。他们除了自耕自食而外,有时还把剩余下来的粮食和蔬菜,担进都市里去卖。因此,他们都羡慕都市里的高大洋房、广阔的马路、汽车、电灯……可是,他们决没有想到,十年之后,他们村庄上的左近,也会有高大的洋房,也会有宽阔的马路,也会有汽车,也会有电灯……出现,而且还会有一个华侨学府——暨南大学会建筑在真茹。暨南大学一天比一天的发展,而真茹也一天比一天变了他的形态。十年前的真茹,而今再也看不见了。现在的真茹,已成为沪西第一的文化村了!暨南大学在真茹建立起来的当时,真茹的村民很快乐的互相传告说:“这里办了大学,我们的子女也有学校可进了!也有公共汽车可坐了,也有电灯可用了……”不错,暨南大学确实繁荣了真茹!

因为真茹是华侨学府的所在,所以全世界的华侨,他如想在上海附近落业的,亦无不集中在真茹。在十年以前为真茹乡人所羡慕的精致小洋房,而今一座一座杂在中古式的村庄中,红的瓦,白的墙,修整的竹篱,珍奇的花木,把古朴的真茹村,改为一个美丽的华侨新村了。这些新村的主人,多是曾经艰险的侨胞,而今回到祖国,与华侨学府为邻,不仅不感到寂寞,而其子弟也有了一个最适当而又方便的教育机关了!

我到学府里来,已是第五年了。本地人的生活,我暂且不提。现在,我把学府里的学生们的生活,来作一个素描。

在晨光熹微之中,网球场上、篮球场上、田径场上、足球场上,都为一班精神饱满的健儿占领。打,掷,跳,跑,充满了力、健美、活跃!除操场上的紧张空气外,便要数到澡堂了。洗澡,是暨南学生一日中最主要的一件事。在南国已养成了习惯的侨生,早上起来若不洗澡,会一天做事也提不起神的。虽在严冬雪天,作冷水浴者,仍大有人在,此为内地生见而□舌不下者。在浴室中的风景,是充满了南国的情调,因为在这里,可以听到马来歌、安南歌、暹罗歌,以及其他各地的民歌。这些歌声,是全国任何学校中所不能听到的,这也是我们暨大的一个珍风景。

一日之计在于晨,有些不在运动场上发展的人们,便利其清醒的头脑,用功于读书。莲韬馆的尚节亭,新村的花园,那里是他们高声朗读英文、国文、诗与歌的环境。各式各样的音调,在早鸟齐鸣的声中,好像是彼此一唱一和,这是多么美妙的境地呀!

日里上课,他们抱着几本那样雄厚金边的洋装书,从这一个教室跑进那一个教室,依旧是那么紧张。遇到心所爱敬的先生,虽没有选他的课,但那一点钟如果有空,一定是要去旁听的。所以往往令人感到教室的容积太小了,后来者只好在门外去领教了。

图书馆里,终日是挤满了人,座位实在是不够分配。用功的人们,如不早一点来,休想占得一席。而书呢,也常常感到不足周转,好读书的人过剩了,书的供应便来不及了,整个世界闹着恐慌,而我们的图书馆终年却是那样好景气!图书馆里挤满黑漆漆一群的好学的人们,个个都好像在那里参禅,不,静默地在那里潜心研讨!

我校的宿舍,在全国学校中,要算最平民化了。即叫做东宫的女生宿舍,也没有特别的结构,但舍内布置的整洁,却又非他校所能及了。每一个房间虽是一样大小,但你可以看见各式各样的布置。每种布置都有其特征,都带了浓重的地方色彩。如爪哇回来的有爪哇风,菲律宾回来的有菲岛风……这是他们的安乐窝,万里归来的寄身所!不,这是他们唯一的家庭了!在非自修的时间,各个宿舍也可以听到清脆的歌声、抑扬的音乐、激昂的谈论、快心的狂笑。这也是青年在黄金时代的至美满的生涯呀!

我校的学生,半数是从海外归来的,其余半数是来自各省的。海外归来的人，穿长衫的却很少，他们穿了无领结的西装，或五光十色的运动衣，走起路来又快又直。因西装的流行，致穿长衫的内地同学，往往也被传染了，一学期后也西装革履起来了。即一个纯土风的内地生，只要在华侨学府住下一年半载，回到老乡恐要使家人也认不得了。因为不但他的服装改变了，而他的为人也显得"硬硼硼"了。有人说，华侨学生性格太硬了，江南学生性格则太软弱了。现在华侨学府，把这两种性格的人放在一处，实是一个最好的调剂。

上海人常说暨南的女生是蛮女。的确，暨南的女生，是很少林黛玉式的人，她们身体健美，行动活泼，举止大方，仪容庄端。她们好运动，对外立功，不让男子；她们喜读书，课业成绩，少落人后。

南国是音乐之都，在南国生长的人，不会舞蹈歌乐者是很少的。我校学生不仅擅长运动，而于音乐一道，亦有口皆碑。曼它灵、梵亚铃、吉打等的乐声，常常可以听到。至于粤乐、潮州乐、京剧、昆曲，亦是非常普遍。所以在开游艺会的时候，不要说四乡的村民扶老携幼都来了，即在都市中心的人们，也专程跑进来争座位，因为要想听到夏威夷、菲律宾、爪哇、马来、暹罗、安南、印度、非洲等的音乐与歌声，要想看到马来、暹罗、日本、爪哇等的舞蹈与戏剧，只有到暨南来。因此，暨南的致远堂实感到太小了！不能把所有爱好暨南艺术的人们都收容起来。

由农村出身的学生，他们自然对于乡村生活是很亲切的，但在都市住厌了的青年们，一住在暨南村里，有着那样清鲜的空气，有着那样丰富的阳光，有着那样美丽而广阔的平野，更觉得暨南村的可爱了！在暨南住惯了的人们，要想离开暨南，等于经过一个大难关。

有些爱好农村生活的，利用课余之暇，在新村的空地上，辟作小农场，耕作起来，畜牧起来。他们喜欢种玉蜀黍、马铃薯、落花生、包菜、西瓜……他们也喜欢养鸡、兔、鹅、鸭、鸽……他们并非为生利的作业，他们是为了兴之所至，并想体验农村的生活，当为一种有兴趣的作业。但玉蜀黍、马铃薯、鸡蛋、鸽子生产过剩了，自用不完了，有时也送到市场上去，取回一点利润，来扩充他的小农园。

在团体生活中，已由联络感情的同乡会转变为研究学术的集团了。现在最有声有色的，而成绩最著的，有教育学系读书会、中山文化研究会、艺术研究会、学术研究会、理学院中华化学社、暨南实验剧社、商学院会计学会、英文研究会、商学院经济研究会、政经学会、南风社、明日社、微波社、湖光学社等。而刊物的表现，有《学术月刊》《教育与生活》《教育创造》（以上半月刊），《现代经济》《南风》《明日》《微波》《会计杂志》《爪哇学生》《楚声》（以上季刊），《淞涛周刊》等。所出刊物，在学术上或文艺界都占有相当的地位。他们在学术上活动的，实际已突出了学校的范围，在各著名的刊物上，如《东方》《申报月刊》《新中华》等，常可以见到我校学生所发表的文章。

大学完成实际不过六年，"一·二八"战后，且曾为敌人占领，但恢复之后，元气回复，又向康庄大道迈进了。看我们同学，在学术上所表现出来的努力精神，在生活上所表现出来的活跃现象，可知我校前途的光明了！

（《南洋情报》第2卷第3期，1933）

国立暨南大学战时迁校桂林计划

查本校前以沪上抗战，校舍沦为战区。虽幸重要仪器图书等事先移至安全地带，而员生亦经迁入租界内暂赁房屋开学。第校长为求树立永久校基起见，前曾赴京奉钧长面谕，准将本校迁至南昌近郊，勘定地址，建筑校舍，在赣永久办理。遵即于上月八日偕同大学秘书杜佐周来赣筹划，并承赣省当局热忱赞助，指定距南昌市西南约六十里地方之西山万寿宫全部房屋为大学临时校舍，距市区九十里之赤田张氏大厦为附属中学临时校舍；另在市内借得省赈委会余屋一栋，组织南昌办事处，并派杜佐周为主任，负在赣筹划迁移及修缮上述两处临时校舍之责，一面电知沪校同人准备一切。所有经过业于上月十六日呈报，鉴核在案。

惟旋以国府迁移重庆，敌人复分途进犯苏皖，在此长期抗战中，万一将来赣省或为前线，而万寿宫等地毗连省会，与其勉强准备开学，将来仍不免一再播迁，何若更策久长益坚宏济艰难之志。揆之最近各报所载，敌占沪上后，所有在租界内吾国文化机关亦有被敌干涉之传说，则文化之保存有赖于规划措施者至深且巨。查中央政治学校及复旦、大夏第一联合大学本在牯岭办理，亦因近日时局影响，学生纷感不安，一则闻已准备迁湘，一则闻已决定归并贵阳第二联合大学；兼之淞沪自我方暂退之后，沪赣交通更极不便，学校图书仪器之转运与员工南来均属困难问题。凡此种种似均不能不预为之计。

月底钧长莅临南昌，曾由大学秘书杜佐周将详情面陈鉴核。伏思国府移驻重庆，及钧部令饬各大学向内迁移，重要旨意尽在将吾国政治文化等中心移至西南川、桂、滇、黔等地，藉免敌人破坏，保存一切以为长期抵抗之彻底规划，宏谋远虑，全国同钦。复查上述诸省以往高等教育均欠发达，现川省已有国立中央大学迁往，而桂省国立文化机关尚属阙如，且桂省与粤省及法属安南交通均称稳便。

本校为国立发展华侨高等文化机关，华侨又多为闽、粤、桂同胞。若能移桂办理，不惟可策永久，不致受敌人任何破坏，即华侨子弟升学亦可不因交通阻滞有违爱慕祖国文化之忱。同时校中图书仪器及员生由沪乘搭外轮，经粤转桂，交通亦便；亦闻桂林近郊原有全省师范专科学校，屋宇宽敞，可借为大学及附中校舍之用。如能改变初定计划，将本校迁往桂林办理，则各方既均可兼顾，校舍亦不生问题，实属一劳永逸之图。

据大学秘书杜佐周报告，此项意见，曾经面陈钧长，亦以为事属可行。现沪上员生及校中图书仪器均待迁移，惟以事关变通钧部定案，应再候明令训示施行。兹特派杜佐周前往请示，伏乞赐予裁决，并准函桂省政府查照。俾杜佐周代表持赴接洽,迅行迁移,以利事机,而策万全,实为公便。

原书备注:原文为暨南大学台湾校友据存档录出,刊于暨大八十周年校庆特刊,本集转载删去原编者前言及注释部分,而存其真。

(《何炳松纪念文集》,华东师范大学出版社,1990)

暨南大学

曹聚仁

"波罗左右望,群岛比虮虱;咸归西道主,尽拔汉赤帜;日夕兴亡泪,多于海水滴!"——黄公度《锡兰岛卧佛》

暨南大学在沪西真茹镇的北首,到上海约十二里。民国十四年,赵正平将她从南京移来真茹。一群异样情调的青年,异样的面相,异样的服装,异样的狂歌和跳舞,把乡村的农民怔住了。后来乡民渐渐知道这些怪人都是从南洋来的。

南洋群岛在国人的记忆上是怎样一个去处呢?三四百年前,大家都叫她为西洋,传说中还有三宝太监下西洋的异闻。近百年来国人渐渐知道"葡萄里出牙齿"真有那么一个国,英吉利、法兰西并不在中国的南边,乃从大西洋分别开来,称之为小西洋;三五十年来,才称她为南洋。南洋之打入国人记忆,和"发洋财"的名词有相当关系的。单身汉穷光而往,大腹便便而归,如传说上所说,是一个遍地黄金的去处。

大概有“革命家”“教育家”“烈士夫人”之类,要做他自己买卖的先声,替南洋华侨尽义务宣传,国人乃渐渐知道南洋群岛那边有几百万华侨,在某个需要看客布施的时候,国人必闪起“华侨”这一个影子。总之,那边是“发洋财”之地,而他们是“发洋财”之人就是了。

暨南创立于一九〇六年(光绪三十二年),驻荷兰公使钱念劬先生(疑古玄同的哥哥),他是在海外受了刺激,觉得非把华侨子弟送回国来读书不可;两江总督端方觉得这也可以开入新政的单子上,不妨吹打一下;清廷则正穷得可怜,想华侨布施一点,先在华侨子弟身上花点本钱;这样三种不同的心理,把暨南学堂捧了出来。这二十年来,政府只有这一点对得起华侨,自己挖腰包来办暨南,不曾向华侨募化过什么。

华侨子弟总是很富裕的,不仅真茹乡民这样想,知道暨南这个学校的大都这样想。这和事实几乎完全相反。真的富裕的华侨子弟,他们早进属地的学校念英文或荷兰文去了。他们的心理,做买办是唯一的大目标,而所谓祖国,又是这么倒霉。有一位姓黄的大富翁,他从不肯对人自认是中国人,他的女儿非嫁给碧眼儿不可。你想他的子女会回国来读书不?在暨南读书的侨生,大都是中产以下的子弟,很多是贫寒的子女,戚友彼此帮忙,勉强凑资回国的。十年前,南洋华侨还很景气,时代的刺激又很重,许多有志的青年都向祖国来了。

一群侨生聚在一起,就有五花八门的帽子。我曾经在一个星期六的真茹车站上看见八十多种的帽子,如展览会似的。那乌黑的脸,粗肥的腿,哄然的哗笑,以及古怪的马来语,使我们可以想见南国的风物。那磅礴淋漓的活跃气象和迂腐沉滞的公子少爷比在一起,更显得一个是衰老,一个是少壮。侨生就这样率真的可爱!

这几年,怪异的帽子渐渐减少下去了。橡皮,椰子,锡,加非,都在世界不景气的潮流中一落千丈了,“发洋财”云者,早成为历史上的名词了!中产的先后破产,失业的遍地皆是,有志的青年难得有机会回国来,富有的子弟更觉得做买办是最好的目标,不再记忆倒霉的祖国了!

大概不希望华侨布施什么了吧,已经有大教育家宣布而不必设什么教育华侨子弟的学校了！其实国人并没人了解华侨,知道暨南大学和侨生的情形最熟悉的,莫如 X 领事馆,一举一动,他们都有详细的记载;暨南的一应刊物,都译成他们的文字;侨生的往来,他们都有统计表。有些时候,他们是非常担心的;如辛亥革命、五卅运动、北伐军成功那几回,他们是索索地发抖过的,现在是快可以高枕无忧了！华侨也快被“革命家”“教育家”和“烈士夫人”所忘记了!

“大风西北来,摇天海波黑;茫茫世界尘,点点国土墨;虽曰中国海,无从问禹迹!”诵黄公度之诗,不觉涕泗之横流也!

(《涛声》第 2 卷第 24 期,1933)

暨南村建设记序

(中华民国十三年)

编者按:暨南大学,自事变以后,校舍荡然,然集二三百智识分子所成之新村,则以委员会之护持,依然存在。村中原已有道路、电灯、电话、自来水之设备,今亦颓废不少,然今后复兴之日,固上海市内唯一新村也。

人既有生,不能无养。欲有所养,不能无动。于是芸芸众生,一日二十四小时中,除游息时间外,或动其心脑,或动其手足,以役于职业。其动之范围,除农夫外,大多数则集中于都市。自科学昌明,交通便利,都市集中之人数,尤随以日增,而成大都市之生活。凡所以娱乐其身心、便利其给养之物质无不备,而其弊也,流于繁华,流于尘浊,流于喧嚣,与天然真朴清静之美趣相隔绝。人生其中,觉只有万动,不能得一静,于是人之大趣与性灵,日以烦扰,而觉都市生活之可厌,乡村生活之可贵。此非现代栖息于都市者之心声乎?

顾乡村生活,感有种种之不便焉。交通,一也。教育,二也。卫生,三也。一切生活上之设备,四也。因此数因,大多数想望乡村生活之人士,仍不得不苟安于都市之中。

我国立暨南大学,既立兴建新校舍之大计,此新校址,又决于真茹,固世界大都市上海之良好住宅区域也。顾向以交通、教育、卫生等一切设备之不完,遂无人重视。我校顾念学校职责,不独在教育校内之子弟,又当秉人类互助之本旨,使学校邻近之人与地,均因学校而开发新境界。且即以此新境界,翼辅学校,如叶之护花焉,为学校计,岂不大善。于是于兴建新校之初,同时以建设中国第一新村自任,建设新村之顺序,第一为关于建设之章制与计划,第二为地盘,第三为建设经费。溯自暨南校董会,议决建设新村,一年余来,上述各大端之根本要求,今幸毕具矣,今后循序观成,不独各村友所期望,亦学校所负之初愿也。因搜集关于建设新村之重要文件图案,编订成册,既以便村友之查考,亦以资当事者之自课焉尔,村由校创,故名暨南村。

(《仁斋文选》,1933)

教育部指令教字一三三九三号

(令国立暨南大学)

呈一件——呈复遵令整理学系,并附各该院意见书,请鉴核令遵由。

呈件均悉。该校银行、会计两系,仍应遵照前令合并为一系。数学、物理两系应否合并，仰将各该系设备与师资情形查明具复后，再行酌定。铁道管理系分年结束，应予照准。至国际贸易、外国语文、史地、教育各系所拟充实课程内容各节，尚无不合，应即办理。此令。

部长 王世杰

中华民国廿三年十一月三日

（《暨南校刊》1934 年第 114 期）

校长布告

（第五号）

为布告事：本校第一次录取新生、转学生复试及格者共计一百四十七名，兹将录取各生姓名公布于下：

熊岫云 刘烈人 陈耀堃 马菱先 何文鑫 钱 进 冯幼卿 苗游华 骆子仁 黄执中 骆应文 毕忠佺 张慧婷 张慧媖 江 萍 林和济 黄文锦 梁太素 余素馨 徐杏贞 朱季林 陈秀仕 梁耀华 孙雪英 熊汉云 胡思屯 徐玉英 许建华 蒋禄年 高兼伯 邝劲志 伍梓馨 邱宗智 黄如琦 吴永德 刘昌亚 黄逸龙 卓 猷 黎 銮 龚幼翰 李渭坤 蔡演雄 张女权 文乃斌 沈驾涛 常伸璧 树 海 陶世忠 周佐昇 许学良 晏伯韬 倪鸿翥 徐洪生 刘金林 陈世训 倪世豪 刘 权 杜矩兴 刘秉宇 宇宝佺 谢志安 李志奋 朱 南 熊梯云 陈冰心 罗会钺 黄有维 李白臻 李惠亭 吴国英 江宏俊 杨 标 秦振华 杨永向 巫赤凤 刘 郁 徐听林 张雨辰 汪 巩 张小亮 席茂

生 雍文涛 唐敬齐 余寿年 张学梧 唐元白 周顺庠 穆光照 蒋超钧 李学端 韩龄柏 纪伯琦 徐传璧 郑 维 章 谦 曹英梅 高 景 陈邦华 裴士汉 宋家驹 敖少喜 杨庆和 吴芳柳 王建升 王致中 陈妹恩 黄学文 刘捷煌 陈秀椽 卞庭超 陈国威 许昌良 余广德 张运生 丘振安 胡士杰 洪 钧 段福宁 徐良义 吴文彪 陈国华 陈光华 陈毓淦 张静鹏 顾祖雍 杨敏文 吴孝慕 王荣华 朱伯豪 卓文启 陈绍璋 黄瑞桢 吴淑富 朱启英 汤执中 刘蔚哉 张从善 容权焕 温其尧 程光明 王振衣 杨明标 徐祖光 张民治 朱剑华 张克敏 李克明

代理校长 沈鹏飞

民国廿三年八月十八日

(《暨南校刊》1934 年第 105 期)

国立暨南大学

校址:上海西乡真茹

沿革:该校初名暨南学堂,光绪三十二年江督端方所创办。翌年,改办中学。宣统辛亥停办。民国六年,前教育部派员筹备规复。七年春组织成立,改名暨南学校,设师范、商业两科。八年中学科正式成立,三年以上分设文、理两科及商业特科。十年商科迁沪,与东南大学合设商科大学于上海。十一年商科大学独立,女子部亦筹备成立。十二年真茹新校舍落成,男子部悉行迁入,女子部仍留南京。十三年江浙战起,商大暂停。十四年春,战事平息,商大恢复,是年秋,扩充商大为五学系。十六年夏,改组为国立暨南大学,分大、中、小三部,南京女子部亦并入真茹本校，大学部商科改为商学院。十七年改义务小学为实验小学。十八年增设文、理、教育三学院。十九年增法学院。二十年春，中常会议决设校董会。二十一年教育学院改为教育系，隶文学院，法学院裁撤。

校长姓名：沈鹏飞。重要职员姓名：（文学院院长）陈钟凡、（理学院院长）于基泰、（商学院院长）叶渊、（中学部主任）邝嵩龄、（秘书长）杨裕芬、（总务课长）鲍寿康、（注册课长）郑宝宁、（中国语文学系主任）龙沐勋、（外国语文学系主任）洪深、（历史社会系主任）张凤、（政治经济学系主任）孙寒冰、（教育学系主任）郭一岑、（化学系主任）于基泰兼、（数学系主任）汤彦颐、（物理学系主任）吕子方、（会计学系主任）钱祖龄、（银行学系主任）孙越、（国际贸易学系主任）郭永、（铁道管理学系主任）樊守执。

编制：（1）文学院分中国语文学系、外国语文学系、历史社会学系、政治经济学系、教育学系。（2）理学院分教育系、物理学系、化学系。（3）商学院分会计学系、银行学系、国外贸易学系、铁道管理学系。

各科毕业期限：各科毕业期限均为四学年。

各科学生人数：（1）文学院中国语文学系：四三人；外国语文学系：三一人；历史社会学系：五九人；政治经济学系：四九人；教育学系：九四人。（2）理学院数学系……（以下内容错乱，从略）

（《滇声》1934 年第 1 期）

上海暨南等六大学

一、国　立

暨南大学　该校沪战时，损失颇巨，战后努力整理，现已次第恢复原状。编制分文、理、商三学院,设十五学系,行政部分,职员一百十五人。组织既嫌庞大,职员亦嫌过多。经费岁入六十九万七千余元,与支出相抵,尚有盈余,惟历年积欠新旧债务,尚有二十万元余。教员一百四十三人,较之前次视察,专任教员,已略有增加,然仍嫌不足,学生八百六十二人,以文学院为较多。军事训练及体育比较认真,惟学生服饰,未见朴素,女生尤甚。图书五万余册,年来略有新添,科学实验,大都遵照部令改进,设备亦略有增加,新设印刷所,办理尚著成绩。其他运动、卫生设备,颇能敷用。……(以下包括私立之大同大学、沪江大学、复旦大学、光华大学、大夏大学,略)

综合言之,此次视察六校,文、理、商三学院,各校均有。设有法学院者,为大夏、复旦;设有教育学院者,沪江、大夏。余虽未设该项学院,大都设有该项学系,或与该项学院相类似之学系。以上海一隅,大学院系重叠如此,欲求整个发展,无论在经济方面或人才方面,均为不可能。与其编制庞大,徒事铺张,而一无所发展,不若分别裁并,缩小范围,以求特殊之发展,因此上海各大学之院系问题实有由政府或由各校自动联合加以系统的整理之必要。

据现查结果,办学精神极为贯注者,为大同、沪江二校,理学院办理较有成绩者,亦为沪江、大同二校,教育学院以大夏办理较善,商学院以复旦办理较善。余如光华迩来之整顿,暨南战后之整理,各有相当之努力,惟光华行政组织不甚健全,精神颇形涣散耳。

各校经费:各校经常收入,除暨南外,每年最多不过二十余万元,最少乃有仅十余万元者。以大学课程之专,设备之广,需费浩繁,支出方面,不得不以极经济之方法行之,往往公立学校之滥用职员、浪费公款之流弊,在私立学校较为罕见。各私校除沪江外,经费均极感困难,而学校当局精神并无少懈,甚至尚朝夕筹谋,以求校务之发展,其致力事业之精神与苦心,殊可佩也。

各校除沪江外,历年均有亏欠,自数万元以至二三十万元不等,此皆由于经费不充所致。因经费之不充足往往多招收学生,而取费且昂,少聘请专任教员,而报酬且低,查各该校对于亏欠虽年筹还,终属无济于事,长此以往,势将难以维持。甚望中央每年能拨给经费若干,择其成绩优良者,指定用途,酌予补助,以示奖励。且各该私立大学多数缺乏基金,即或有之,为数亦极微,并望各该校自行速谋补救。

各校教员,沪江全数为专任,其余均以兼任教员占多数,复旦兼任教员,竟达百分之八十。查各该校教员名册中,有兼课数校者,有兼任两校系主任者,甚至有在他埠兼任职务者,精神既不能专注,教学自无效率可言,即单就讲演以灌输智识犹嫌不足,遑论训练人才与研究学问乎?苟不加以改进,影响学生学业,实非浅鲜。

招生问题:各校大都不甚严格,本年各校投考与录取之百分比,沪江略低,余均甚高,甚至初中毕业后,假造一纸证书,即可考入大学。苟招生时,能严格审查资格,及认真举行入学考试,则此等学生自无从蒙混矣。

各校图书及科学实验设备,大都均感缺乏,图书多为旧籍,或零乱略无统系,逐年新增有限。实验设备,大同、沪江差可敷用,亦能充分利用,但亦未见完备;暨南因受沪战影响,尚在添购中;其余各校,仅有基本科目之简单设备,甚至必需实验之重要学程而缺乏实验设备,致学生毫无实际经验。

各校毕业论文,除沪江外,均嫌题目范围太广,甚有抄袭书本,敷衍塞责,学生实际上并未得到若何惠益。此系各校论文,宜注重实际研究,并作专门问题之探讨,俾可获得实际经验与自动研究之方法。

学生服饰:各校学生服饰,大同比较朴素,其余大多数习于奢侈繁华,衣履则竞尚新奇,体态则趋于柔靡,甚至出入娱乐场所,感受时下习气极深。此项事实,报章历有登载,至女生服装,尤多繁华新奇。苟不加以矫正,质朴刚强之风气决无由养成,而家庭与社会俱受其害也。

关于学生智识方面,曾于视察时,择一二校召集学生自治会代表谈话,询以学生在国难期间,应作何准备工作,继又询其对于国家高等教育政策之意见,并自治会领导同学之具体方案。学生竟均无辞以对,良久始表示其意见,但多空浮错谬,不切实际。各该校对于明耻教战及复兴民族之教育工作,允于特别注意,加倍努力,应不负大学教育之本旨也。

(《海外月刊》1934 年第 16 期)

校　史

清光绪三十二年,两江总督端方自欧洲考察宪政归,知华侨教育之不可缓,乃创设暨南学堂于南京。委温秉忠为总理,郑洪年为堂长。翌年,改办中学,又翌年,郑堂长他调,由杨熙昌继任。辛亥革命,学堂中停。民国六年,教育部派黄炎培等规复暨南学校。七年春,学校组织成立,委赵正平为校长,设师范、商业两科。八年,中学科正式成立,三年以上分设文、理两科,商科设商业特科。九年夏,赵氏辞职,部委柯成懋继任。十年秋,柯成懋辞职,赵正平再任校长。是年商科迁至上海,又与东南大学合设商科大学于上海,并规划建筑新校舍于真茹。十一年,商科大学自行独立,女子部亦筹备成立。十二年,真茹校舍完竣,男子部悉行迁来,女子部则仍留南京。十三年,江浙战争起,商大三、四年暂行停办。十四年春,战事平息,商大恢复。秋,赵正平辞职,姜琦接任,扩充商科大学为五学系,全校学生增至五六百余人。十六年夏,姜琦辞职,郑洪年继任,改组为国立暨南大学,分大学、中学、小学三部,南京女子部亦并入真茹本校。大学部商科改为商学院,除原有普通商业学系、工商管理学系、国外贸易学系、会计学系、银行学系五学系外,并添设交通管理学系。此外又增设中国语文学系、外国语文学系、教育心理学系、数理学系、法律学系、政治学系、生物学系、历史社会学系等八学系,规模较为宏大。十七年,改义务小学为实验小学,直属本校。十八年,除原有商学院外,增设文学院、理学院、教育学院等三学院。计文学院包有中国语文学系、外国语文学系、政治经济学系、历史社会学系等四学系。理学院包有数学系、物理系、生物系等三学系。教育学院包有教育学系、心理学系等二学系及师资科。法学系则成为独立学系,并为延聘便利计,分设于上海。至是,大学制度益臻完备。十九年,复增设法学院,除原有法学系仍设上海外,增设外交领事专科,并将政治经济系改隶该院。文学院将历史社会学系分为历史学系、社会学系两系。理学院增设化学系。中学部则高中有普通、商、农、师范四科,初中三级九班。实验小学七班。全校学生增至一千六百余人。二十年春,中国国民党中央执行委员会第一二六次常会议决本校设置董事会,推定孙科、林森、陈立夫、孔祥熙、宋子文、马超俊、余井塘、吴铁城、郑洪年、陈耀垣、萧佛成十一人为董事,以期发扬侨教,完成三民主义化之华侨最高学府。廿一年春 ,日军犯境,校址沦为战区,留校学生悉数迁往苏州。旋中学部假苏工专开学,大学部则暂赁上海赫德路及新闸路洋房校舍开学,避难留粤学生亦假中大与广州市师两校校舍授课,三处学生共计达一千七百余人。战后,真茹校址损坏不堪,组织战后整理委员会,规划复兴。是年九月,沪、粤、苏三处学生迁回真茹上课。同时法学院及教育学院奉部令裁撤,留文、理、商三院。各院设系,亦略变更。计文学院包含中国语文学系、外国语文学系、政治经济学系、历史社会学系及教育学系。理学院设数学系、物理学及化学系。商学院设会计学系、银行学系、国际贸易学系及铁道管理系。廿二年秋,商学院添设工商管理学系。文学院政治经济学系改隶教务处,办至现有学生毕业为止,不收新生。历史社会学系改为历史地理学系。廿三年一月,部派郑校长赴南洋考察,委沈鹏飞代理校长。九月,部令将铁道管理系分期结束。本年七月,沈校长辞职,部派今校长何炳松先生继任。正整理旧规,计划来兹,充实光辉,企图健进也。

(《国立暨南大学概览》,1935)

国立暨南大学组织大纲

第一章 总 则

第一条 本校依大学组织法及大学规程组织之。

第二章 编 制

第二条 本校设下列各学院系:

(一)文学院设中国语文学系、外国语文学系、历史地理学系及教育学系。

(二)理学院设数学系、物理学系及化学系。

(三)商学院设会计银行学系、国外贸易学系及工商管理学系。

第三条 本校设附属中学,其组织大纲另定之。

第四条 本校设实验学校、乡村教育实验区以供文学院教育学系及附属中学师范科学生之实验或实习。

第三章 行 政

第五条 本校设校长一人,由国民政府任命之,总辖全校校务。

第六条 本校设大学秘书一人,秉承校长襄理校务,又秘书二人,协助大学秘书办理秘书室事务。

第七条 本校教务处设教务长一人,处理本校教务及学术设备事宜,教务处之组织另定之。

第八条 本校总务处设总务长一人,处理本校一切事务,总务处之组织另定之。

第九条　本校各学院各设院长一人，处理各该学院教务，由校长于各该院教授中选聘之。

第十条　本校各学系各设主任一人，办理各该系教务，由各学院院长商承校长于各该学系教授中选聘之。

第四章　会　议

第十一条　本校设下列各种会议：

（一）校务会议　由校长、大学秘书、教务长、总务长、各学院院长、各学系系主任、附属中学主任、实验学校主任及全体教授所选出之代表若干人组织之，校长为主席，审议下列事项：

（1）本校预算；

（2）本校院系之设立或废止；

（3）各学院系课程；

（4）本校各种学则；

（5）关于学生试验事项；

（6）关于学生训育事项；

（7）校长交议事项。

校务会议开会时得由校长依大学组织法邀请专家列席。

（二）行政会议　由校长、大学秘书、教务长、总务长及各院院长组织之，校长为主席，讨论计划本校一切行政事宜。

（三）处务会议　由教务长或总务长及各课馆室主任组织之，讨论计划各该处主管事宜。

（四）院务会议　各学院院务会议由各学院院长、系主任及专任教授组织之，院长为主席，讨论计划各该学院学术设备事项。

（五）系务会议　各学系系务会议（由）各学系主任及各该学系专任教授、讲师组织之，系主任为主席，计划各该学系学术设备事项。

第十二条　各种会议规则另定之。

第五章　特种组织

第十三条　本校设下列各特种组织:

(一)海外文化事业部;

(二)训育委员会;

(三)体育委员会;

(四)图书委员会;

(五)编辑委员会。

第六章　附　则

第十四条　本规则呈请教育部核准施行。

第十五条　本规程如有未尽事宜,得由校务会议议决修正,呈报教育部备案。

(《暨南校刊》1935 年第 143 期)

组织系统图

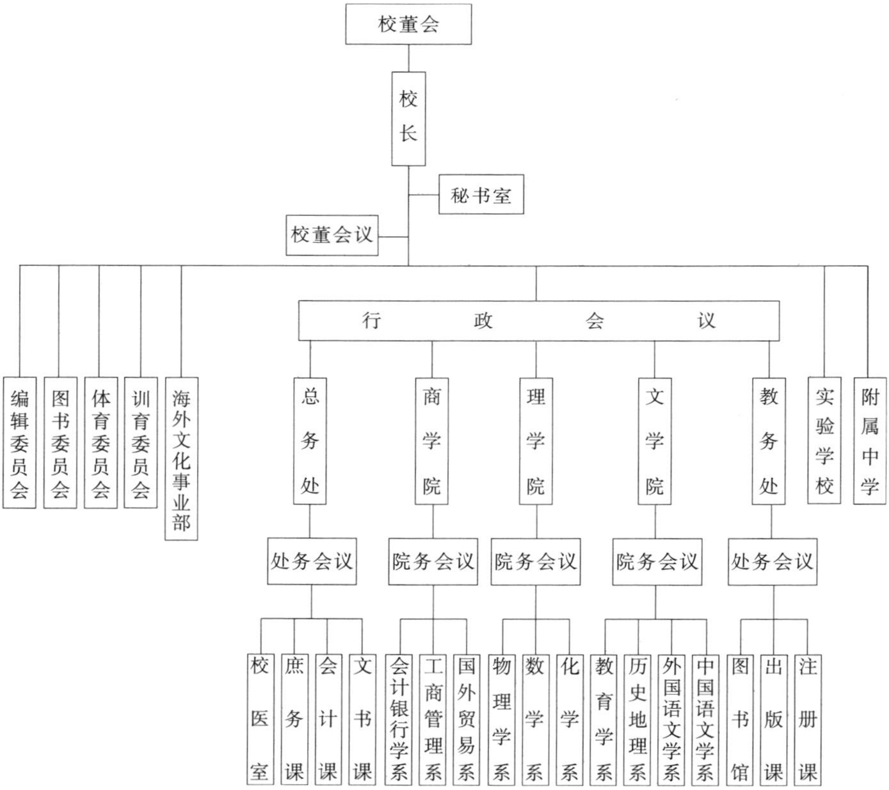

(《国立暨南大学概览》,1935)

国立暨南大学职员名单

（二十四年度第一学期）

大学秘书	杜佐周
秘书	翁率平
秘书	陈中孚
教务长	张耀翔
注册课主任	陈科美
出版课主任	罗鸿诏
图书馆主任	查　修
总务长	杜佐周
文书课主任	翁率平
庶务课主任	褚保华
会计课主任	曹增美
卫生课主任	梁俊青
训育委员会主任委员	吴　修
海外文化事业部主任	吴泽霖

（《暨南校刊》1935 年第 142 期）

国立暨南大学院长、系主任暨专任教授名单

（二十四年度第一学期）

文学院　院长	郑振铎
中国语文学系主任	郑振铎
专任教授	郑振铎
专任教授	龙沐勋
专任教授	张世禄
专任教授	李健吾
专任教授	卢　前
专任教授	吴文祺
专任教授	李冰若
外国语文学系主任	戚叔含
专任教授	戚叔含
专任教授	陈麟瑞
专任教授	谢文炳
专任教授	吴　康
专任教授	方光焘
专任教授	刘延陵
专任教授	袁文彰
历史地理学系主任	周予同

专任教授	周予同
专任教授	周谷城
专任教授	张　凤
专任教授	陈高傭
专任教授	王勤堉
教育学系主任	张耀翔
专任教授	张耀翔
专任教授	陈科美
专任教授	曾作忠
专任教授	郭一岑
专任教授	杜佐周
专任教授	黄敬思
专任教授	董任坚
理学院　院长	程瀛章
化学系主任	程瀛章
专任教授	程瀛章
专任教授	陶　桐
专任教授	梅观涛
专任教授	程延庆
专任教授	王子瑜
专任教授	薛　愚
数学系主任	束星北
专任教授	束星北
专任教授	宗　岳
专任教授	张镇谦
专任教授	蒋绍基
物理学系主任	崔九卿
专任教授	崔九卿

专任教授	曹凤山
专任教授	严　昉
专任教授	李熙谋
商学院　院长	程瑞霖
国际贸易学系主任	程瑞霖
银行会计学系主任	张素民
工商管理学系主任	周宪文
专任教授	程瑞霖
专任教授	张素民
专任教授	周宪文
专任教授	黄念远
专任教授	沈立人
专任教授	周茂蕃
专任教授	刘絜敖
专任教授	曾乐平
专任教授	汤心济
附属中学主任	黄敬思
实验学校主任	董任坚

（《暨南校刊》1935 年第 142 期）

国立暨南大学廿四年度第一学期各院系注册侨生与内地生人数比较表

院别	系别	侨生		合计	内地生		合计	各院侨生	各院内地生	备注
		男	女		男	女				
文学院	中国语文学系	9		9	30	6	36	57	284	
	外国语文学系	13	1	14	31	12	43			
	历史地理学系	7		7	54	6	60			
	教育学系	25	2	27	102	43	145			
	政治学系				1	2	3		4	
	经济学系				1		1			
理学院	数学系				18	1	19	7	135	
	物理系	3		3	35	5	40			
	化学系	4		4	72	4	76			
商学院	会计银行学系	16		16	83	13	96	35	172	
	工商管理学系	12		12	27		27			
	国外贸易学系	5		5	9		9			
	铁道管理学系	2		2	36	4	40			
	补习班		1	1				1		
合计		96	4	100	499	96	595	695		
百分比		13.81	0.57	14.38	71.79	13.81	85.61	100		

（《暨南校刊》1935 年第 145 期）

国立暨南大学

校　址　上海真茹

一　编　制

(一)文学院,分:(a)中国语文学系,(b)外国文学系,(c)教育学系,(d)历史地理学系。

(二)理学院,分:(a)数学系,(b)物理学系,(c)化学系。

(三)商学院,分:(a)银行科,(b)会计科,(c)国外贸易科,(d)工商管理科,(e)铁路营业科。

四年毕业。

二　投考须知

(甲)资格:须高级中学毕业或大学预科毕业,及有相当学历者。

(乙)试验科目:(1)党义,(2)国文,(3)英文,(4)数学,(5)中外历史,(6)中外地理,(7)物理,(8)化学,(9)生物学,(10)军训,(11)口试,(12)体格检查。

(丙)手续:(1)报名者须按照本校所定之报名单填写清楚。(2)报名时随缴最近四寸本身相片二张及试验费二元,无论录取与否,概不退还。(3)报名时须呈缴证书及成绩单,审查合格后,由招生委员会发给考试证。(4)凡由他校转入本校做插班生者,除上列手续外,并须缴原学校转学证。

三　入学手续

(1)新生考取后,须于本校开学前一星期内,来教务处办理入学手续。迟到者,须先期向教务处请假,无故迟到者,须缴罚款以一日一元,至七日为限,逾期不到者,即由备取生递补。

(2)新生入学时,须填写入学志愿书、履历书及保证书。

(3)新生入学者,应按照本校章程缴纳各项费用。

四 缴 费

(1)学费:每学期十二元。

(2)膳费:自理。

(3)保证金:第一学期十元,于毕业时发还。

(4)杂费:每学期二元。寄宿费,每学期六元。图书费,每学期五元。体育费,每学期二元五角。讲义费,每学期二元。制服费,十五元。建筑体育馆费,第一学期十元。

(5)每人每年必需费用约百余元。

[《全国各大学暨高级中学报考指南》(第一编 学校概况)1935 年第 13 期]

国立暨南大学二十四年度第一学期各院系教授人数统计表

院别	文学院					理学院				商学院							各院合计
系别	中国语文学系	外国语文学系	历史地理学系	教育学系	合计	数学系	物理学系	化学系	合计	会计银行系	工商管理系	国外贸易系	铁道管理系	合计	补习班	各院共同	
专任教授	六	六	五	八	二五	四	四	六	一四	三	四	一	一	九			四八

(续表)

院别	文学院					理学院				商学院							各院合计
系别	中国语文学系	外国语文学系	历史地理学系	教育学系	合计	数学系	物理学系	化学系	合计	会计银行系	工商管理系	国外贸易系	铁道管理系	合计	补习班	各院共同	
兼任教授	一	八	四	七	二〇		一	二	三	四	四	三	二	一三	一	二	三九
专任讲师	一				一		一		一						一		三
兼任讲师	四	二	二	一	九	一			一	二			二	四	一	一	一六
导师																三	三
教师																一	一
教官																二	二
共计	一二	一六	一一	一六	五五	五	六	八	一九	九	八	四	五	二六	三	九	一一二
备注	女导师一人 女兼任讲师(会计银行系)一人 共二人																

(《暨南校刊》1936年第160期)

校务概况

(一)校 史

清光绪三十二年,两江总督端方自欧洲考察宪政归,知华侨教育之不可缓,乃创设暨南学堂于南京。委温秉忠为总理,郑洪年为堂长。翌年,改办中学,又翌年,郑堂长他调,由杨熙昌继任。辛亥革命,学堂中停。民国六年,教育部派黄炎培等规复暨南学校。七年春,学校组织成立,委赵正平为校长,设师范、商业两科。八年,中学科正式成立,三年以上分设文、理两科,商科设商业特科。九年夏,赵氏辞职,部委柯成懋继任。十年秋,柯成懋辞职,赵正平再任校长。是年商科迁至上海,又与东南大学合设商科大学于上海,并规画建筑新校舍于真如。十一年,商科大学自行独立,女子部亦筹备成立。十二年,真如校舍完竣,男子部悉行迁来,女子部则仍留南京。十三年,江浙战争起,商大三、四年暂行停办。十四年春,战争平息,商大恢复。秋,赵正平辞职,姜琦接任,扩充商科大学为五学系,全校学生增至五六百余人。十六年夏,姜琦辞职,郑洪年继任,改名为国立暨南大学,分大学、中学、小学三部,南京女子部亦并入真如本校。大学部商科改为商学院,除原有普通商业学系、工商管理学系、国外贸易学系、会计学系、银行学系五学系外,并添设交通管理学系。此外又增设中国语文学系、外国语文学系、教育心理学系、数理学系、法律学系、政治学系、生物学系、历史社会学系等八学系,规模较为宏大。十七年,改义务小学为实验小学,直属本校。十八年,除原有商学院外,增设文学院、理学院、教育学院等三学院。计文学院包有中国语文学系、外国语文学系、政治经济学系、历史社会学系等四学系。理学院包有数学系、物理系、生物系等三学系。教育学院包有教育学系、心理学系等二学系及师资科。法学系则成为独立学系，并为延聘便利计，分设于上海。至是，大学制度益臻完备。十九年，复增设法学院，除原有法学系仍设上海外，增设外交领事专科，并将政治经济系改隶该院。文学院将历史社会学系分为历史学系、社会学系两系。理学院增设化学系。中学部则高中有普通、商、农、师范四科。初中三级九班，实验小学七班，全校学生增至一千六百余人。二十年春，中国国民党中央执行委员会第一二六次常会议决本校设置董事会，推定孙科、林森、陈立夫、孔祥熙、宋子文、马超俊、余井塘、吴铁城、郑洪年、陈耀垣、萧佛成十一人为董事，以期发扬侨教，完成三民主义化之华侨最高学府。二十一年春，日军犯境，校址沦为战区，留校学生悉数迁往苏州。旋中学部假苏工专开学，大学部则暂赁上海赫德路及新闸路洋房校舍开学，避难留粤学生亦假中大与广州市师两校校舍授课，三处学生共计达一千七百余人。战后，真如校址损坏不堪，组织战后整理委员会，规划复兴。是年九月，沪、粤、苏三处学生迁回真如上课。同时法学院及教育学院奉部令裁撤，留文、理、商三院。各院设系，亦略变更。计文学院包含中国语文学系、外国语文学系、政治经济学系、历史社会学系及教育学系。理学院设数学系、物理学系及化学系。商学院设会计学系、银行学系、国际贸易学系及铁道管理系。廿二年秋，商学院添设工商管理学系。文学院政治经济学系改隶教务处，办至现有学生毕业为止，不收新生。历史社会学系改为历史地理学系。廿三年一月，部派郑校长赴南洋考察，委沈鹏飞代理校长。九月，部令将铁道管理系分期结束。二十四年七月，沈校长辞职，部派今校长何炳松先生继任。一年以来经营擘划，焕然一新。学风已濒趋正轨，设备亦日见充实。如附中图书馆之落成，校门之改建，校景之布置，其尤著者也。现大学部计有三院十系。此外另有海外文化事业部、附属中学、实验学校三个附设机关。规模略具，正待扩充也。

（二）组织及人员

（a）大学部

本校依大学组织法及大学规程组织而成,董事会有常务董事三人,董事八人。校长一人总辖全校校务。秘书室设大学秘书长一人,秘书二人。

总务处设总务长一人(大学秘书长兼),下设文书、会计、庶务、医务四课。文书课设主任一人,事务员五人,书记一人。会计课设主任一人,事务员三人,书记一人。庶务课设主任一人,事务员八人,书记二人。医务课设主任一人,校医三人,药剂师一人,护士三人。

教务处设教务长一人,教务员二人,下设注册、出版、图书馆三课馆。注册课设主任一人,事务员六人,书记一人;出版课设主任一人,事务员二人,书记一人;图书馆设主任一人,事务员九人,书记一人,临时办事员一人。

文学院设院长一人,下设中国语文学、外国语文学、历史地理学、教育学等四系。中国语文学系,设主任一人,专任教授六人,兼任教授五人,兼任讲师一人,助教二人;外国语文学系,设主任一人,专任教授八人,兼任教授十人,助教二人;历史地理学系,设主任一人,专任教授六人,兼任教授五人,兼任讲师一人,助教二人;教育学系,设主任一人,专任教授八人,兼任教授六人,兼任讲师二人,助教二人。院办公处设书记一人。

理学院设院长一人,下设物理学、化学、数学三系。物理学系设主任一人,教授五人,讲师一人,助教五人;数学系设主任一人,教授四人,讲师四人,助教三人;化学系设主任一人,教授六人,兼任教授三人,助教五人。院办公处设书记一人。

商学院设院长一人,下设会计银行学、国外贸易学、工商管理学、铁道管理学四系。会计银行学系,设主任一人,专任教授四人,兼任教授四人,兼任讲师三人,助教三人;国外贸易学系,设主任一人,专任教授三人,兼任教授一人,兼任讲师四人,助教二人;工商管理学系,设主任一人,专任教授三人,兼任教授四人,兼任讲师一人,助教一人;铁道管理学系,设主任一人,兼任教授四人,兼任讲师四人,助教一人。院办公处设书记一人。

此外有各院公共选修课兼任教授二人,兼任讲师二人,导师三人。

本校设有特种组织,除图书委员会及编译委员会委员由各教授兼任外,尚有海外文化事业部、训育委员会、体育委员会。

海外文化事业部,设主任一人,编辑股主任一人,研究股主任一人,调查股主任一人,研究员九人,文书二人。

训育委员会,设主任委员一人,委员七人(教授兼),训育员七人,女生宿舍管理员一人,书记一人。

体育委员会,设主任委员一人,委员六人(内四人系教授兼),导师一人,指导一人,干事三人。

(b)附属中学

本大学附属中学,设主任一人,下设教务、训育、事务三课及图书室。主任室设助理二人;教务课设主任一人,教务员四人,书记一人;高中部设普通科主任一人,师范科主任一人;初中部设主任一人。训育课设主任一人,训育员三人,女生指导一人。事务课设主任一人,事务员四人,图书室设主任一人,事务员二人,书记二人。

高初中部,计有专任教员二十四人,兼任教员九人。童子军团长一人,教练二人,女生体育指导一人。

(c)实验学校

本大学与上海市教育局合设实验学校,设主任一人,副主任一人,研究主任一人,教务员二人,事务员一人,文书一人,导师二十二人,兼任导师四人。

(三)设　备

(a)图书方面

本大学有巨型图书馆一座,附中有新落成之暨中书屋一座。此外文学院有教育研究室、史地研究室、外文系研究室、中文系研究室;商学院有商学院研究室;理学院有理学院研究室,皆系小型研究场所,兹将各处概况,分述如下:

大学部图书馆,隶属于教务处,馆务分文书、编目及典藏三股,现有主任一人,事务员十人,馆舍形如凸字,计二层占地四、九六□平方尺,楼上有阅览室二,书库一,楼下有阅览室一,杂志书库一,阅报室一,办公室二,又接应室、盥洗室各一。现有中文书籍四二〇六八册,外文图书一〇三一五册,中文杂志合订本二五三七册,外文杂志合订本一〇八九册,总计图书杂志五六〇〇九册。现有继续订购之中文杂志一二五种,外文杂志一六六种。

教育系研究室,共有图书一四三四册,内英文一三一册,日文一六〇册,德文三〇册,辞典二四册。藏有杂志装订本四八种,共三二五三册。现有继续订购之中英文杂志三十余种。

史地系研究室,订有中文杂志二十余种,英文杂志三种,中文书籍四百余册。外文系研究室有中外文书籍三七八册,外文报纸三种,中文杂志十四种,英文杂志十一种,日本杂志三种。中文系研究室,有图书三千五百余册,新旧杂志合订本七十余册。商学院研究室设有主任干事一人,助理干事十一人,办理文书、编辑、调查、统计诸事宜。订有英文二十二种,中文杂志三十九种,书籍计属于工商贸易者四八五册,会计者三六四册,铁道交通者三八四册。现已出版之刊物有《国立暨南大学商学院期刊》第一期,尚有付印中之第二、三期合刊一巨册。

理学院研究室,现有中文书籍一千余册,外文书二千五百余册,中文杂志一百七十余种,最近新订西文杂志十余种。

附中图书室,为一新建筑之馆舍,名"暨中书屋"。现有藏书九一五四册,计史地类八八二册,文学类二二〇九册,语言学三八二册,应用科学七七〇册,自然科学八五四册,学术科学二三九册,社会科学一四五〇册,教育科学九四三册,哲理科学四〇一册,其他一〇二四册。

(b)仪器方面

理学院物理系有实验室六间,□工实习场一间,全系现有仪器八百九十余种,计普通设备一百二十件,热学仪器九十四件,力学仪器一百二十一件,□学仪器十九件,电磁学仪器一百六十件,光学仪器八十三件,无线电仪器一百二十五件,实习工场巨型机械十七件。

化学系现有实验室八间,煤气机室一间,天秤室一间,化学仪器六百余种,药品四百余种,标本模型五十余种。

数学系有计算机一架,几何立体型及曲面型百余种,几何图表四十余幅。

心理实验室,计有心理实验仪器,关于基本工具类六十种,共九十八件;知觉感觉类三十种,六十八件;运动类十一种,二十一件;情绪类八种,八件;学习类二十二种,六百四十五件,共计全部仪器一百三十一种,八百三十四件。

附属中学,仪器设备,计物理方面二百七十五种,博物方面一千二百一十种,化学方面四百五十九种,内计仪器一三九种,药品三百二十种。

(四)各院系学程

(a)文学院

中国语文学系设必修学程八,选修学程三十七,每周共计授课一百三十一小时。外国语文学系设必修学程九,选修学程十三,每周共计授课六十五小时。历史地理学系,设必修学程十五,选修学程二十九,每周共计授课一百一十七小时。教育学系,设必修学程十四,选修学程二十七,每周共授课一百二十一小时。总计全院共设必修学程四十六,选修学程一百零六,每周授课四百三十四小时。

(b)理学院

数学系设必修学程十,选修学程六,每周共计授课四十九小时。物理系设必修学程十四,选修学程九,每周共计授课七十二小时。化学系设必修学程二十二,选修学程四,每周共计授课一百四十小时。总计全院共设必修学程四十六,选修学程六十五,每周授课三百六十一小时。

(c)商学院

商学院各系设共同必修学程十,选修学程二十一,每周共授课八十三小时。会计银行系设必修学程二十,选修学程十,每周共计授课八十五小时。国际贸易系,设必修学程十五,选修学程四,每周共授课五十一小时。工商管理系,设必修学程六,选修学程二,每周共授课二十二小时。铁道管理系,设必修学程十一,选修学程二,每周共授课三十四小时。

(d)共同必修

一年级共同必修五,中文系一年级共同必修三,外文系一年级共同必修一,教育系一年级共同必修三,理学院各系一年级共同必修九,商学院各系一年级共同必修七。每周总计授课一百三十二小时。

各学院二年级共同必修二,共同选修十七,每周共计授课九十一小时。

补习班必修学程五,每周授课十六小时。

合计本校各院系,共设必修学程一百九十四,选修学程一百八十一,每周授课一千二百九十一小时。

(五)学生人数

(a)大学部

本校大学部文学院中文系各年级共有学生四十七人,内女生四人。外国语文学系有学生五十三人,内女生十一人。史地系有学生六十九人,内女生七人。教育系有学生一百五十六人,内女生四十四人。

理学院物理系共有学生三十八人,内女生四人。化学系共有学生七十九人,内女生四人。数学系共有学生十六名,内女生一人。

商学院会计银行系共有学生一百一十四人,内女生十五人。工商管理系,共有学生三十七人。国际贸易系共有学生十二人。铁道管理系共有学生四十三人。

合计大学部,共有男生五百七十人,女生九十四人,男女生总数六百六十四人。

(b)附属中学

本大学附属中学,初中部一年级男女生共十九人,二年级三十人,三年级十九人。高中部普通科一年级男女生三十一人,二年级四十二人,三年级三十六人。高中师范科一年级男女生三十三人,二年级二十七人,三年级十七人。补习班十三人。

上列各级学生侨居地分布情况,计南洋荷属群岛、爪哇、东婆罗洲、望加锡等处一百一十四人,占全数百分之四十二。英属马来联邦、海峡殖民地、北婆罗洲、缅甸等处六十二人,占全数百分之二十三。其他安南十一人,菲律宾五人,暹罗二十一人,美洲二十一人,朝鲜及日本等八人。

(c)实验学校

实验学校编制分第一、第二、第三阶段,计第一阶段一班二十一人,第二阶段六班一百八十五人,第三阶段三班八十一人,全校共有学生二百八十七人。

(六)海外文化事业部

本大学海外文化事业部之设立,其使命为研究及调查海外华侨及与有关系之各种事业,俾增进华侨向外发展之路线,并灌输祖国文化于海外,及唤起国内人士注意华侨问题,以加强华侨与祖国之联系。兹将现有工作情况,分述如后:

(a)出版

本部现出版有月刊《南洋研究》一种,内容除介绍南洋美洲及其他各地之种种消息及讨论关于华侨之一切问题外,并注重国内与侨胞有关之各种事业,作精密翔实之调查与研究,俾海外侨胞明了国内情势,同时并引起国人注意华侨与海外之问题。此外上海《时事新报》出版有《海外侨讯》,及厦门《江声日报》出版有《中南周报》,每周发表一次,均由本部编辑,内容系偏于消息方面。现《南洋研究》已出版至六卷一期,《海外侨讯》已出版至二十二期,《中南周报》已出版九期。至于刊行海外文化丛书,过去曾出版多种(详见载本大学出版物一览),最近出版者,则有《南洋各国史》《日本委任统治岛的社会组织》《越南、荷印地名字典》等,尚在印刷中者,有《南洋输入生产品史考》《太平洋的人口问题》。

(b)研究

本部原定凡任研究员者,每人每年均须编纂丛书一种以上,其平时则由每人选定题目,从事撰述,唯欲研究有优良成绩,必须先有充实之研究资料。本部于过去曾购置多种书籍,最近复大批添购,总计关于此类研究参考书籍,中文者计三百五十五种,外国文者计一百七十三种,海外华侨报纸计二十三种。最近复将历年裁贴之各项资料,细加分类存储,今后对研究资料上,当日益充实也。

(c)调查与征集

关于调查方面,本部迭经实行通信调查。如关于南洋方面及其他各地之华侨学校,吾人均应了解其翔实情形,本部有鉴及此,曾多次寄发表格,或直接投递各华侨学校,或寄与领事馆及中华商会分发,惜填就寄还者不甚完全,就不免稍嫌不足。月前已派本部编辑股主任俞君适先生往南洋英属、荷属各地实地调查华侨经济及教育,访问学生家长,接洽侨民教育师资训练班招生事宜,征集南洋陈列室陈列品。

南洋陈列室现正计划中,拟分英属、荷属、安南、暹罗、菲律宾数部。拟陈列之材料,有各地挂图、物产、华侨人口分布统计,各地华文报纸华侨学校图表,历史古物风景照片,南洋交通图表及本国输出南洋物品等。

(d)侨师训练班

侨民教育师资训练班,决于暑假开始招生,暂定学额四十名,受训期限为一年,凡在高级中学毕业,服务侨民学校一年以上,或在旧制中学及简易师范科或初级中学毕业,服务侨民学校三年以上,具有服务证明者,得由当地高级党部领事馆或商会保送经本校核准均得入校。本班分文、理二组,课程已有规定,学生在校学、膳、宿费等均得免缴。

(七)附属中学

自何校长聘陈继烈先生主持附中以来,百事更新,附中各项规程章则亦间有变更之处,现已详密规划拟定,行将出版。而图书、仪器等各项设备,更尽量增加,以期造成学生好学之风气。现将附中情状,累述如后:

(a)行政组织——附中主任下设教务、训育、事务三课及图书室。高中军事训练,由军事训练总监部委派教官专司其事。初中童子军训练,由童军团长及教练专司其事。

(b)学制——本附中设初中三级,概不分科。高中分普通师范两科,各三级。又设补习班一级,为升入高中之预备。初中、高中普通师范各科,均设主任一人,负各科学生指导之专责。兹将本年度本学期各级学生人数列表于后:

二十四年度下学期各科级学生人数表

初中	
一年级	一九人
二年级	三〇人
三年级	一九人
高中普通科	
一年级	三一人
二年级	四二人
三年级	三六人
高中师范科	
一年级	三三人
二年级	二七人
三年级	一七人
补习班	一三人
总计	二六七人

(c)学则规程——本附中过去学则规程与现在组织微有不合之处,业经附中校务会议迭次开会讨论,以期周密,现经附中第二十二次校务会议通过并已呈送校长核准。所有附中法规当详载于行将出版之附中一览中。

(d)各种设备——学校办理之完善与否,与设备之优良或简陋极有关系。现何校长暨陈主任对于图书、仪器之种种设备极为注意如下:

1. 图书方面——本附中已新建图书馆一座,名"暨中书屋",并定十一人组织图书设计委员会,专事图书设置之审查设计事宜。新购图书及本校教职员以为新屋落成纪念所捐赠之图书均甚多。

2. 仪器方面——最近决购置大批仪器及理化用品,以供学生实验之用,并筹建科学馆一座,以为学生充分发展其所学之助。

3. 工艺方面——本附中所有工艺方面应用器械原已够用,兹为增进学生兴趣起见,拟筹设简易工厂一座,俾臻完善。

(八)实验学校

民国二十二年夏,上海市教育局划定真如为生产的劳作教育实验区,将暨南大学原有的实验学校加以扩充,改名为"国立暨南大学上海市教育局合办真如实验学校",实验生产的劳作教育。

当二十四年度开始,主事者鉴于实验教育必先具备基本条件,如环境,如经费,如人事,如设备,等等,至少须足够支配而后始得措置裕如;否则,不特实验的结果未能收获,即欲求一种普通学校的成绩而不可得,此亦数见不鲜者。于是另起炉灶,重订原则,将全校分为三大阶段,第一阶段与普通的幼稚园、婴儿园、托儿所、儿童行为指导所、一部分的父母教育相当,可称为慈幼教育阶段,目标在使儿童身心健全;第二阶段与普通的小儿相当,目标在使儿童习得基本的知能;第三阶段与普通的中儿相当,目标在使儿童能担荷生活的工作。

本校教学,悉本"人化"。凡管理教学之足以阻碍人化者,均设法逐渐减少,故音乐、"工艺",采用个别选习制;社会、自然、算术、国语、英语等采用能力分学制、按科升降制与辅导自学制。在第三阶段更设"人与社会""人与自然甲""人与自然乙"各课,用以替代一般的史地、公民、社会、政治、经济与理化、生物,而特别着重在人与人、人与物的关系,使儿童得有合理的宇宙观与正当的人生观,对人们经济有整个的了解而能绰然应付其生活。且教训不分,指导学生由全校教职分团负责;而师生寄宿一处,体育共同运动,每周更有周会,由主任或导师领班,讨论一周间儿童发生的问题,与以行为的指导,与关于人生的系统讲演，以图实践一般的所谓公民训练。

本校编制分第一、第二、第三三阶段，计第一阶段一班二十一人，第二阶段六班一百八十五人，第三阶段三班八十一人，全校共计学生二百八十七人，现有导师十余人，职员数人。

至于本校的环境与设备，均远在普通学校的水平线之下，不足叙述，姑从略。二十四年度上学期本校所以"工艺"的教学，即根据担荷生活工作的目标，先从事"如何布置我们的学校"，其步骤是从供给本校而后扩充到本大学本地方者，或许亦是生产教育的一种实验欤。

（九）教育系附设真如乡村教育实验区

（a）历史

本区自廿三年夏创立以来，在张耀翔、邰爽秋两先生指导之下，埋头苦干，迄今已将两载。当创办之初，仅由教育系一部分同学利用课余闲暇从事实验，工作范围极为狭小。廿三年度开学，经前代校长沈鹏飞先生聘马星五君为总干事，加增经费，本区事业得以粗具规模。廿四年春，马君他去，由郑挺华君继任，郑君对乡村教育颇富兴趣，故对区中工作进行极为努力，区务赖以发展。去年夏，郑君调职本校教务处，由杨叔荪君继任，适何炳松先生来长此校，鉴于乡村教育之重要，对本区工作大加奖励，增拨经费，扩充范围，添聘人员，推进组织，于是一切事业得有迅速进展，社会人士亦予本区以深切之注意，此本区同人及全区民众之所深自庆幸者也。

（b）社会状况

1. 地域　本区包括秦家角新宅、姚家角、赵宅、刘家宅、杨家桥、侯家宅、李子园等村，南临真如镇，北临东南医学院，东去一里为真如车站，西有著名之秦公浦。真北真南两汽车路横亘全境，水陆运输，俱称便利。

2. 土地　本区耕田计二千余亩，地势平坦，土质肥沃，棉麦蔬菜，均宜种植。

3. 人口　本区共有住户二百四十余家，人口计一千五百人。

4. 职业 本区民众,男子以业农占大多数,间有经营小生意者,为数极少,女子年少力强者,多在曹家渡小沙渡一带工厂作工。

5. 教育 本区在旧日虽有私塾一所,而未入学者尚居多数,故全区文盲仍在百分之七十以上。

(c)组织系统

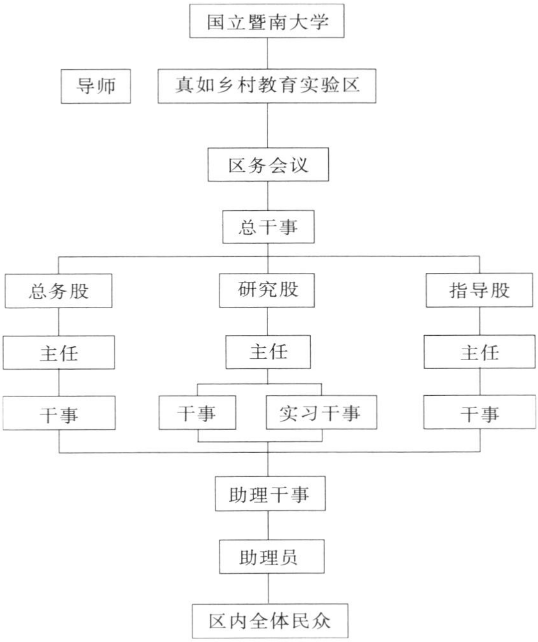

(d)事业大概

本区事业概分研究、指导两部,兹分述如下:

甲、研究方面

本期研究工作为班级教学与巡回教学比较实验,兹述其目的、原则等项于下:

1. 实验目的

比较班级教学与巡回教学孰最适合于"每生所占岁费少而学业进度快"之条件。

2. 实验原则

（1）班级组之一切设施及教学，概与普通小学无异。

（2）巡回组利用普及教育车及教育箱巡回教学，打破学校形式与规律。

3. 实验对象

（1）班级组——秦家阁附近初小一、二年级程度之儿童。

（2）巡回组——杨家桥、侯家宅、李子园等地相当于此程度之儿童。

4. 实验环境

（1）班级组——秦家角班级教学教室。

（2）巡回组——就杨家桥、侯家宅、李子园等村各择定一适中地点为集合场所，又每村择定树荫下空地一方及寺庙祠堂或民屋一间，以备晴天或雨天教学。

5. 实验方法

（1）条件之控制

（甲）两组教师力求学识与教学能力之相等。

（乙）两组学生之智力与学力用调验方法使其平均。

（丙）两组科目相同，教材划一。

（2）课表之编制

（甲）班级组依部定标准，每周共授课一二六〇分。

（乙）巡回组特置课表如下：

时间 科目 星期	9:00 ~ 9:45	10:00 ~ 10:45	11:00 ~ 11:45	1:30 ~ 2:15	2:30 ~ 3:15	3:30 ~ 4:15
一	算术丙	同上乙	同上甲	音乐乙	同上甲	同上丙
二	国语丙	同上乙	同上甲	国画乙	同上甲	同上丙
三	算术丙	同上乙	同上甲	常识乙	同上甲	同上丙
四	国语丙	同上乙	同上甲	游戏乙 体操乙	同上甲	同上丙
五	算术丙	同上乙	同上甲	国语乙	同上甲	同上丙
六	国语丙	同上乙	同上甲	集合训练		

附注:甲代表杨家桥团

乙代表侯家宅团

丙代表李子园团

(3)活动之方式

(甲)班级组按照通常学校规则实施教务与训育上之管理。

(乙)巡回组

A. 在规定时间内,教师将普及教育车或教育箱携至某村所选定之地点,召集儿童露天教学。

B. 尽量招收儿童,就其居住状况,每村暂编成一团,以三十人为限。

C. 每团设团长一人,副团长一人,由教师指定程度较高之学生担任,辅助教师推进教务。

D. 学生遇有事故请假时,所缺功课由团长、副团长随时赴其家中,为其补习。

E. 除固定功课外,教师斟量情形,指定每日自修工作,由团长、副团长督促之。

F. 学生在家庭所作各项练习,须逐日送交教员订正。

G. 教学时,教师宜充分利用普及教育车及教育箱之流动性,多与环境实物相接触,以增进儿童之了解。

H. 每星期六下午将各团召集,作集中训练一次,着重公民方面之训练。

I. 切实指导儿童自己管理自己。

J. 与家长密切合作,共同负训育责任。

K. 其他活动。

6. 实验时间

定一学年。

乙、辅导方面

辅导方面之工作,以实施民生本位的教育为主要目标,兹略述实施原则及事业概况如下:

1. 实施原则

(1)对象 以实际参加或力能参加民生经济活动的男女老幼民众为教育之对象。

(2)组织 提倡"经济分团制",就发展民生的经济活动,将民众分为若干经济合作的团体,凡是经济活动相同的民众,不分男女老幼,只要程度相同,便可在一团内某组中一同受教,不拘于儿童教育、成人教育、青年教育、妇女教育的种种界限。

(3)活动 寓一切教育于民生建设之中。以发展民生的经济活动为经,以文字、公民、卫生、休闲、自卫救国种种的教育为纬,制为大单元的设计,取消传统的科目制度和通常把各种教育和生计教育并列、不分轻重、先后拆开训练的办法。

(4)场所 不用传统式的学校来和社会争夺民众,充分利用经济活动场所内施教,因此打破了学校、社会、家庭三种教育分立的制度。

(5)时间 不仅在工余农闲时施教,工忙农忙的时候,教育同样的重要,所有开学、放假、学期、学年、毕业等等的制度一概取消。

(6)教学

(甲)取消断开了民生经济的关系而施教的办法,要充分利用机会,在经济活动上教,在经济活动上学。

(乙)指导民众互教互学,不管年纪大小,先知觉后知,先觉觉后觉,无所谓先生,亦无所谓学生。

(7)设备 设备求适合一般国民经济的状况,力避免无谓铺张。

(8)设施 设施务以有裨民族民生者为先,不提高民众消费的欲望,不直接或间接推销外国货,不把民众造成新士大夫。

(9)人才 随时就地培植人才,担负本地方之改进事业。

2. 工作概况

1	中心模范农场(正筹设中)	一
2	农民试验场	一
3	协作示范场	二

(续表)

4	特约农田	十三
5	农事训练班	一
6	农艺耕种竞进团	一
7	农事询问处	一
8	念二社	三
9	信用合作社(正筹设中)	
10	利用合作社	一
11	提倡副业(养鸡、鱼、羊、种麦、缝纫、刺绣等)	
12	民生茶园	一
13	乡村改进会	一
14	壁报	三
15	乡民代笔图□处	二
16	模范家庭	
17	书报室	一
18	婚嫁改进团	一
19	民众体育场	
20	民众娱乐室	
21	简易医药部	一
22	补习夜班	
23	各种展览会	
24	各种比赛会	

(e)经费

本区经费,每月由大学津贴法币二百元,因为数不多,故计划中之各项事业,尚未能一一举办也。

(f)人员

姓　名	籍贯	现任职务
何炳松	浙江	大学校长
杜佐周	浙江	大学秘书长
张耀翔	湖北	大学教务长
郑振铎	福建	文学院院长

郃爽秋	江苏	导师
杨叔荪	江西	本区总干事兼研究股主任
凌志英	江苏	干事兼指导股主任
张寿康	江苏	干事兼总务股主任
刘植三	江苏	助理干事
徐金祥	江苏	助理员

（《暨南校刊》1936年第176期）

理想中的本大学

何炳松

本大学的前身为暨南学堂，虽创设于三十年前，但是本大学的正式成立却在国民革命成功国民政府成立之后，迄今不过九年。就时间论，确是很短。而且在此短期中间，校长更迭达三次之多。外加"一·二八"的国难，本大学因地处沪西，成为当时敌军主要的目标，屡遭飞机的轰炸。因之不但校舍和设备损失很大，就是人事上亦多所纷更，不能安定。所以平心而论，本大学之未能尽显其功能，确以环境关系为最大。

我自去年七月奉命长校以来，一方秉承中央整顿侨教的至意，一方又承社会人士的指导，会同全校师生努力于本大学的改进。为时未达一年，因全校师生的一心一德，共同奋斗，不特全校校务渐入正轨，就是学术空气亦已日趋浓厚。因之凡是爱护本大学的人无不奖勉有加，甚至把本大学来和清华、武汉、中山等大学相提并论。我们全校师生惭愧之余,自当格外努力,期于最短期间,把本大学造成一个名实相符的高等学术研究的机关,希望能为国家造就若干健全的青年,毕生从事于学术救国的工作。

我和全校同仁常常感觉到大学的任务不仅在培养专门的人才,要并能造就一种心身俱健的青年。试用譬喻,我们要造成一种金字塔式的人物,才算完成大学教育的使命。我们的愚见,以为一个健全的青年,一定要和金字塔一样,先有一个广大巩固的基础,这就是高尚的人格和健康的体魄。在这基础之上,一层一层的筑起一座很伟大的方尖塔,这就是广博的常识。同时在这方尖塔式的常识中,并包含一种专门的学问,终于登峰造极成为金字塔的顶点。这样的人才可以做社会的中坚,亦可以做各种事业的领袖,同时又可以做专门的学者。这是我和全校同仁口头常常提到,心中常常想到的一个理想,而且认为不难实现的一个理想。

我们要实现上面所说的那一个理想,当然条件很多,方法不一。现在试列举愚见所及的几个条件:

(一)相当优良的物质环境:例如优美而不必过事铺张的校舍,清洁而不必过事奢华的宿舍,够用而不必过于广大的校址,敷用而不至流于浪费的经费是。就本校实际情形论,似乎在最短期间非添造实验学校校舍、体育馆、较大的图书馆以及较好的学生宿舍,实不足以应付国立大学基本的必要的需要。这是我们应该设法求其早日实现的。

(二)相当完备的研究设备:例如必要的图书仪器,应有尽有,专科的教室和参考室,尽先的设备,尽量的扩充是。

(三)热心负责的职教人才:例如专家的聘用,并使之久于其任,奉公守法风气的养成是。

(四)严肃的校纪:无论同事或同学均能破除情面,遵守校规,校方永远以客观态度,信赏必罚。

至于愚见所及的方法,略举如下:

(一)绝对严格无弊的入学试验,以期网罗材堪造就的青年,淘汰品学低下的分子。

（二）绝对专心负责的生活和学业指导，凡全校职教同人各就其本职范围之内，用全副精力和时间来指导学生的生活和学业，以期用人格感化的力量，造就学行俱优的学生。

（三）尽量增厚学术研究的空气，全校教师以专任为原则，而专任两字必须做到名实相符。除担任若干小时课室讲席外，必须以其余的时间作为师生合作研究学术之用。同时凡师生对于校中所有设备如图书、仪器等，应尽量加以利用，或指定作为必要的参考。

（四）竭力提倡一心一德、国而忘家的精神。古人说“公则一，私则万殊”，我国各种团体和各种事业之常起纠纷或多归失败，就吃亏在一个私字。因为私的缘故，所以人各一心，纠纷迭起。甚至同一学校的同事或同学亦往往不能切实合作。倘使人人为公，那就意见一致，众志成城了。这种精神在我国的今日最为需要，而从学校方面着手提倡亦最为有效。

以上所举的条件和方法不过是比较重要的一部分，一时愚见所及，特提出来供我们全校师生的参考。不过条件无论如何完备，方法无论如何巧妙，倘使师生不能合作，不能共同努力于同一目标，还是无用。所以我们还得要有一个先决的基本的条件，就是师生合作。至于怎样去具备这几个条件和怎样去实施这几个方法，我相信全校同事和同学都早已想到，而且有一部分并已在实行。而且我亦相信，倘使我们全体师生能够始终和过去这一年的精神一样，一心一德的继续共同奋斗下去，那末在不久的将来，不但本大学自身的地位可以提高许多，而且本大学和本大学所造就出来的人才，对于我们的国家和社会，亦一定可以有一种相当的贡献，来共同解除国家的困难，增进民族的幸福。

（《暨南校刊》1936 年第 176 期）

改建校门记

卢 前

始余任教是校,在民国之十八九年。明年,去上海,而四川,而河南。既倦游归,遂为禹锡之重来,如萎韭之再入。时节迁流,岁且三易。怨李恩牛,抗杨拒墨;掀舞鱼龙,不殊云狗。余独抱书讲舍,屏息衡文,同堂诸子,鱼鱼雅雅,亦不相闻问。道路之人,虽有溯舟探津如武陵渔父者,故未知此遁世之桃源正在惊涛骇浪间也。二十五年六月十四日,实我暨南建校之三十周年,主者以校之旧门且圮,乃兴工改建,师生咸喜而走相告曰:从此当更新其象矣。盖一岁以来,风气已变,充于内而形诸外,用新其门,宜也。从游之士,有将别去者,留者半之,并愿终不忘兹改建之艰难,而益各坚其操守也。于是,校刊编纪念号,索余言,孙子大珂谓改建校门,最可以记,因书之为报云。

(《暨南校刊》1936 年第 176 期)

本校整理南京校产之经过

本校南京薛家巷旧校址,占地甚广,且地临中山路,年来地价高涨,价值不赀。原建有校舍多座,虽系破旧,倘加以修葺,亦尚可用。唯自民国二十年四月起,本校旧校址除一小部分房地由本校同学会使用外,该处大部分房地悉由陆军大学借用,久假不归。本校前曾迭经交涉,毫无结果。自去年何校长接任以后,鉴于校产关系重大,经于去年秋间,请杜佐周、吴泽霖、陈中孚、翁率平诸先生负责,从事积极清查京沪两地校产工作,并决定将南京旧校址收回自用。当于本年一月三十日、三月二十六日先后具文呈请教育部主持索还(见本案文件汇刊第一至第五号)。不意本年六月间,陆军大学竟向南京市地政局请求将该处土地为产权登记。当经本校函京市地政局,详述该处地产为陆军大学借用及索还经过,请该局对于陆大登记之声请予以驳回,接受本校之声请,迅予登记(见本案文件汇刊第六号),并将经过情形陈明教育部,请求迅向陆军大学交涉索还(见本案文件汇刊第七至第十号)。而陆军大学因登记未成,又转请军政部呈由军事委员会咨请行政院,令饬教育部将本校旧校址拨作陆大校址之用。行政院准军委会咨复即经令饬教育部酌核具复(见文件汇刊第十一号抄件)。嗣经教育部呈复行政院陈明改拨困难情形,请转函免议改拨,并令饬陆大早日迁让(见文件汇刊第十一号附抄件)。旋行政院又将此案交军政部与教育部及南京市政府会同审查,并函请军事委员会派员参加讨论,审查结果,以"暨南大学薛家巷旧校址拟拨交陆大应用,由军政部于本年度内另于适当地方征收相当土地,交还暨南大学,并将旧屋酌给补偿金,所有征收及补偿金事宜,由教育、军政两部及南京市政府会商办理",向行政院报告即经令准照办(见文件汇刊第十二号)。此项审查报告通过后,当由教育部雷司长于本年八月初旬,电约何校长到京面告。何校长以此项审查报告已经教部派员参加讨论,据理力争,方得有此结果,尚属差强人意,望速觅定地点,再向军政部交涉。何校长当亲赴京,向各关系部分面致谢意,并召集留京同学,报告交涉经过。旋奉教育部训令,饬本校迅即觅定地点,呈候会同军政部暨南京市政府依法办理征收(见文件汇刊第十三号)。本校奉令后即请杜佐周、程瑞霖、翁率平诸先生先后到京觅地。近已觅得广州路高坡基地一处,约八十余亩,堪为本校附中校址之用,即经具呈教育部,请求酌办。惟查本校南京旧校址基地价值极巨,而审查报告所谓"相当土地",自系指土地价值而言。此次本校所觅广州路之地八十余亩(每亩约值二千元),与原基地价值相去悬殊,不能相当,其相差之数,仍请军政部酌予补偿。其旧屋补偿金拟定为四万元,亦请军政部一次给付,以便进行建筑附中校舍之用。以上各情,均经于呈教部文中,详细陈明(见本案文件汇刊第十四号)。闻本校此项呈文业由教育部将原呈各节转咨军政部,请其核办矣。本校同时致函南京市地政局,请其对于陆军大学之登记声请从缓办理(见本案文件汇刊第十五号),并另函该局,请其对于本校南京薛家巷旧校址基地,除陆军大学声请登记之重复部分外,其余基地代为查明亩数,先行公告,俾得确定产权(见本案文件汇刊第十六号)。此为本校对于南京校产办理之经过情形,将来实际结果如何,尚不可知,容再续载。又此案之交涉颇得服务市府之同学谢卓杰、林卓钧二人之协助,何校长上次赴京时,曾面表嘉慰之意云。

(《暨南校刊》1936年第181期副刊)

关于本校整理南京校产之文件汇刊

第一号

本校呈教育部文第四二一号

案,查本校南京薛家巷校舍,于民国二十年四月间,奉海陆空军总司令部令,暂交陆军大学短期借用,一俟该校校舍落成,即行归还。嗣以本校校舍不敷，曾经屡次具呈钧长转呈院府转饬该校，将本校校舍拨还，以作本校附中迁京之用，并经迭奉钧训指令，据情转呈转饬查照各在案。惟该校迄未拨还，借用迄今已五年有余。兹为整理校产，确定所有权起见，除已向南京市土地局依法重行声请登记外，拟请钧长转咨参谋本部转饬该校，设法迁移，如该校一时不能将校舍拨还，应请该校与本校订定正式短期租借契约，缴纳相当租费，以便补偿。本校因校舍不敷，而租用民房之损失，事关本校校产产权问题，现合备文呈请钧长转咨参谋本部，转饬陆军大学设法将本校南京校舍拨还，或订约租，以清手续。是否有当，仍候指令祗遵。

谨呈

教育部部长王

国立暨南大学校长　何炳松

民国二十五年一月三十日

第二号

教育部指令 二十五年发国肆四第〇一五〇五号

令国立暨南大学

二十五年一月三十日呈一件——呈请转咨参谋本部转饬陆军大学拨还本校南京校舍由。

呈悉。已据情转函参谋本部矣。此令。

民国二十五年二月八日

部长　王世杰

第三号

教育部训令 廿五年发国肆四第三〇八四号

令国立暨南大学

前据该校呈请转咨参谋本部转饬陆军大学拨还本校南京校舍。

当经据情转函并指令在案。兹准参谋本部函复:

"经转令陆军大学去后,兹据该校呈复节称:'查本校校址,系奉令接自江宁区要塞司令部,并经陆续修建房屋甚多,在新校址未完成建筑以前,实无法交还,至订立短期租借契约一节,既属公宇,又同为国家教育机关,似无另订租借契约之必要。'等情。据此相应函复,即请查照转知"等由。合行令仰该校知照。此令。

民国廿五年三月十日

部长 王世杰

第四号

本校呈教育部文第五五五号

案奉钧部训令廿五年发国肆四第三〇八四号内开(见第三号)等因。奉此,查陆军大学南迁,暂借本校南京薛家巷校舍,原定于该校新校舍完成后,即行迁移交还在案。自二十年四月,借用至今,已将五年,迄未承履行原议,兹因本校大、中两部急须分离办理,南京原有校舍,本极适合中学部迁居之用,今既无由实行,不得已拟请与该校订立租借契约,酌收租费,俾可另行租屋为中学校舍之用。而该校复称既属公宇,又同为国家教育机关,无另订租房契约云云。查本校南京校舍,虽属公宇,而产权既经确定,似不应久假不归,所有本校校舍究应如何设法早日收回,以资应用,或与陆军大学订立租约,收取租费,俾另行租赁中学校舍之处,理合备文呈请钧长鉴核,迅赐与参谋本部会商办法,示令祇遵,以维校产,实为公便。

谨呈

教育部部长王

国立暨南大学校长 何炳松

民国廿五年三月二十六日

第五号

教育部指令 廿五年发国肆四第四三八二号
令国立暨南大学

二十五年三月二十六日第五五五号呈一件——呈为陆大借用本校南京校舍应如何设法收回或与订立租约由。

呈悉。查陆大所借房舍,暂时既不能拨还,该校拟请订立租约一节,已据情函请参谋本部酌予采纳,转行陆大径与该校商酌办理。仰即知照。此令。

民国廿五年四月四日
部长　王世杰

第六号

本校致南京市土地局公函

案准贵局科二字第七二三七号公函内开:

"查贵校声请登记汉口路地产,与陆军大学嘱托登记之地完全重复。兹奉市政府交下军政部丰丁字第九二八号公函内开:'案据陆军大学校呈称"窃查国立暨南大学,于本年本月十一日,在中央日报登有遗失南京薛家巷校产契据声明作废启事一则,似属指射本校现有校址。揆其用意,无非下列两点:第一,确定产权;第二,收归自用。惟查本校舍原系妙香庵旧址,自革命军奠定南京后,先后改作伤兵医院,国军编遣委员会及钧部办公场所,皆属军事机关。即民二十年冬,本校南迁时,亦系奉令接收江宁区要塞司令部房屋,可知该校址已属公产。故五年来先后修葺暨建筑新讲堂不下十万余元。且本校一时亦无经费从事新建筑,兹该校复声明前情,与本校关系甚大,不敢缄默,理合备文呈报钧部,伏乞鉴核,准予转函南京市政府,据情办理,实为公便"

等情。据此,查本部前因清理营产,曾于十八年八月间呈奉行政院第二五九九号令转立法院决定,现在军用者均属营产。该项房地,既据称自奠都以后均属军用,应属营产范围,其产权应属于军政部管有,该暨南大学如向贵市府申请登记,应予不准,除指令外,相应函达,即希查照办理见复'等由,准经派员调查在案。究竟贵校声请登记之地产,现系陆军大学使用,其间经过情形何若,即希详明见复,以凭办理为荷"等由。准此。查本校声请登记南京汉口路之地产,原为本校未迁上海时之校舍。其后于十七年九月间,侨务委员会商借为会所,同年十月间,蔡孑民先生商请拨借一部分房屋为北大同学会办事处,同年十一月间,农矿部承租一部分房屋为办公处,十八年二月间,由国军编遣委员会继续借用,二十年四月间,本校呈奉陆海空军总司令部指令呈一件,"为呈请饬令要塞司令部,迁让薛家巷暨南大学校舍,以便接收修理由"。内开"呈悉。仰候令行宁镇澄淞四路要塞司令杨杰查明转饬迁让可也,此令"等因。旋于同年五月二日,复奉陆海空军总司令部训令,文字迁第四五号内开"为令遵事前,据该校校长呈请饬让薛家巷前暨南学校校舍等情到部,即经令行宁镇澄淞四路要塞司令,转饬迁让在案。兹查陆军大学行将迁移首都,在未建筑校舍以前,着将薛家巷校舍暂交陆军大学短期借用,一俟校舍筑成,仍行归还该校接收可也。除令知宁镇澄淞四路要塞司令外,仰即遵照此令"等因。同时函准宁镇澄淞四路要塞司令部公函,转字第九七号内开"径覆者,准贵校第九一六号公函,呈奉陆海空军总司令部指令文字第四五号内开'呈悉。所有薛家巷前暨南大学校校舍,著暂交陆军大学短期借用(俟该校迁移新址,再行交还暨南大学可也)。仰即转饬遵照此令,等因。奉此。除饬江宁要塞司令部遵令移交陆军大学外,相应函请查照'等因。二十二年二月间,本校呈请教育部转呈中央拨还本校南京校舍,以备中学部迁京办理。旋于同年二月十一日,奉教育部指令,令知已据呈转呈行政院转国民政府核行"。复于同年二月二十七日,奉教育部训令令知"本校呈请拨还在京校舍一案,已呈奉行政院转呈国民政府转饬查案拨还"。同年三月十日,复奉教育部训令令知"本校呈请拨还在京校舍一案,业经行政院呈奉国府论交参谋本部”。同年三月二十日,复奉教育部训令第二二八七号令知“奉行政院令准国府文官处函,关于教育部呈据暨南大学呈请拨还在京校舍一案,已准参谋本部函称,俟本年底炮兵新校舍落成时腾还由”。内开:

案查该校呈请拨还在京校舍一案,兹又奉行政院第一一一一号训令内开:

“案准国民政府文官处第八八五号公函开:案查前据贵院呈据教育部呈据国立暨南大学呈请拨还在京校舍,请转呈国府令饬参谋本部转行陆军大学查照原案,早日拨还等情转呈鉴核一案,当经奉交参谋本部,并由处函覆贵院查照在案。现准参谋本部函复称:查陆军大学南迁,暂借薛家巷暨南大学旧址为校舍,时一面奉谕饬在富贵山下及太平门一带勘定地段建筑新舍,继以国库支绌,迄未营建。去岁侨务委员会先后函催腾让及陆大杨校长呈请拨用劝业会场全部为校舍时咨准军政部,一俟本年底炮兵新校落成,则现住劝业会场之炮校及薛家巷之陆大,彼此即行迁让各有案。至原呈所称中央拨款为陆大建筑新舍落成在即一节,最近虽经本部建议,惟奉军委会指令,暂从缓议未成事实,原呈所称恐系传闻之误,兹惟有仍照前咨准军政部原案,请俟本年底炮兵新校落成时,彼此腾出归还,即希查照转呈等由,除转陈外,相应函达查照转知等由。准此合行令仰该部,即便转饬知照”等因。合行令仰知照。此令。等因。同年九月七日本校呈请教育部转呈行政院,转参谋本部,俟炮兵新校舍落成,归还本校南京校舍,先期通知接收,以备中学部迁京之用。旋于同年十月三日,奉教育部指令令知“关于陆军大学归还该校在京校舍各节,已转函参谋本部转知”。同年十一月十三日复奉教育部第一一六三〇号训令令知,准参谋本部咨开:“查本案前据陆大呈为归还校址,暂难腾出,是属实情。惟炮兵新校,虽经指定,至今建筑无期,若以年底归还,势难办到。现值该校十二期学员入校在迩,又奉委员长电令筹备特别班,所有房屋,不能容纳,本部正在筹划之中,一俟校址有着,再行转饬该校,先期通知暨大商订接收,以符原案,相应咨请查照。”等由。令仰知照。二十四年一月，本校呈奉教育部训令令知"准参谋本部咨复陆大房屋，现正在计划修造中，工竣尚需时日"。同年五月二十七日，本校复呈奉教育部训令令知，准参谋本部咨复陆大校舍尚未开工，本年三月十日，本校呈奉教育部训令令知"准参谋本部函复：'经转令陆军大学校去后，兹据该校呈复节称："查本校校址，系奉令接自江宁区要塞司令部，并经陆续修建房屋甚多，在新校址未完成建筑以前，实在无法交还，至订立短期租借契约一节，既属公宇，又同为国家教育机关，似无另订租借契约之必要"，等情。据此，相应函复，即请查照转知'"。等由。本月二十七日，复奉教育部训令令知，准参谋本部函复"见第七号"等由。各在案。此本校校舍由陆军大学暂行借用，与前后交涉之经过情形也。该处地产产权确定属于本校，毫无疑义，此次军政部致南京市政府公函，所述各节，以及陆军大学向贵局嘱托登记等情事，未免误会。又查上届五中全会，对于本校南京校产，应迅速归还本校，以重华侨教育，并经决议在案。准函前由，除呈请教育部，转呈中央迅饬该陆军大学交还本校校舍外，相应函请贵局依法接受本校南京汉口路地产登记之声请，并将陆军大学之声请，依法驳回，实纫公谊。

此致

南京市土地局

民国二十五年四月三十日

校长　何炳松

第七号

本校呈教育部文

案奉钧部廿五年发国肆四第五六〇七号训令内开：

"案，查该校关于南京校舍租借问题一案，前经本部据情转函参谋本部，并指令知照在卷。兹准参谋本部函复：'查陆大借用暨大京市薛家巷之房屋，其暂时无法归还，与未便签订借约各情形，曾经本部于本年三月四日，由总勇字第二四五七九号公函，据情转请贵部查照转知在案。兹复准函前由，对酌取租金一节，本应依照办理，无如该校经费自减折以来，困难已达极点，是本部所深悉，扼于事实，无力照办，相应函复，即希查照转知。'等由。合行令仰知照。此令。"

等因。奉此，查关于本校南京校产一案，除由本校历次具呈钧部拟请与陆军大学订立租约酌收租金，先后迭奉训令在案外，关于此项校产之产权，本校已向南京土地局依法为声请登记之请求。乃于上月二十三日，接准南京市土地局公函，略以本校声请登记汉口路地产，与陆军大学嘱托登记之地完全重复。嘱将本校校产由陆军大学使用之经过情形，详明函复，以凭核办。原函并叙述该局所奉市政府发交军政部公函内开："案据陆军大学校呈称：'窃查国立暨南大学，于本年本月十一日，在中央日报登有遗失南京薛家巷校产契据声明作废启事一则，似属指射本校现有校址。揆其用意，无非下列两点：第一，确定产权；第二，收归自用。惟查本校舍原系妙香庵旧址，自革命军奠定南京后，先后改作伤兵医院、国军编遣委员会及钧部办公场所，皆属军事机关。即民二十年冬，本校南迁时，亦系奉令接收江宁区要塞司令部房屋。可知该校址已属公产，故五年来，先后修葺暨建筑新讲堂不下十万余元，且本校一时亦无经费从事新建筑。兹该校复声明前情，与本校关系甚大，不敢缄默，理合备文呈报钧部，伏乞鉴核，准予转函南京市政府，据情办理，实为公便。'等情。据此，查本部前因清理营产，曾于十八年八月间，呈奉行政院第二五九九号令转立法院决定，现在军用者均属营产。该项房地，既据称自奠都以后均属军用，应属营产范围。其产权应属于军政部管有，该暨南大学如向贵市府申请登记，应予不准，除指令外，相应函达，即希查照，办理见复。"等由。是陆军大学对于本校南京校产，既不遵照前陆海空军总司令部"暂交短期借用"原案，始则借口公产，拒订租约，近复呈请军政部，并向南京市土地局声请登记。且据该大学呈军政部文中，谓五年来修葺建筑不下十万余元，倘属事实，亦显系越出借用之范围。凡此情形，似陆军大学对于本校南京校产，未免有侵占之嫌，本校业已历叙南京校产由陆军大学借用经过情形,函复南京市土地局,请求依法接受本校登记之声请,并依法将该陆军大学之声请驳回在案。奉令前因,理合陈明前情,仰祈钧部迅赐分函军政部暨参谋本部,特饬该陆军大学撤回南京市土地局南京汉口路本校校产之登记声请,并限期与本校洽商订立租约,给付租金,以重产权,而利侨教,实为公便。

谨呈

教育部部长王

国立暨南大学校长　何炳松

民国二十五年五月六日

第八号

教育部指令 廿五年发国肆四第六七〇五号
令国立暨南大学

二十五年五月六日第五六六号呈一件——呈为陈明本校与陆军大学关于南京校产登记纠纷,请求迅赐分函军政部暨参谋本部转饬该陆军大学撤回南京市土地局本校南京汉口路地产之登记声请,并限期与本校洽商订立租约,给付租金由。

呈件均悉。已转函参谋本部及军政部查核办理。仰即知照。此令。

民国二十五年五月十四日

部长　王世杰

第九号

教育部训令 廿五年发国肆四第七三〇二号
令国立暨南大学

案,查该校与陆军大学关于南京校产登记纠纷一案,本部前以“查陆大现址,系借用暨大南京校舍,在事实上均有案可稽,暨大呈部原文及所致南京市土地局公函,叙述綦详,拟请贵部予以采纳。除分函外相应抄录原呈及原附函稿,函请查核转行陆军大学即将前向南京市土地局之登记声请撤回,并与暨南大学商订租约”等由,分函参谋本部及军政部。兹准军政部函复:“查此案前据陆军大学呈请前来,当经函请京市政府查照办理去后,前准京市土地局函称派员调查经过情形,嘱为地上权之登记,似此办理,则土地权与地上权分别管理,殊有未便。现在暨大已迁居上海,对于该地当无主要用途,应请顾念陆大同属国家教育机关,准予通融,将该项地亩拨作该校校址。”等由,已由部以:“查暨大附属中学因种种关系,久经决定迁京,该项校舍,实为必需,陆大暂时借用,暨大已感困难,自未便拨作陆大校址,仍希查照前函办理。”等由函复。合行令仰知照。此令。

民国二十五年五月廿八日

第十号

本校呈教育部文第八三一号

案,查本校与陆军大学关于南京校产登记纠纷一案,前经呈奉钧部指令令知已转函参谋本部及军政部,查核办理在案。前据本校首都毕业同学会报告,略称:“近日风闻南京市地政局,对于本校校产在京登记事宜。除暨南公墓业已照章公告外,其余亦经确定产权,为本校所有,经函陆军大学,将案撤销,并函请军政部转饬陆军大学将登记收据缴局注销完案。惟闻该局旋准军政部军需署营造司复函略称,查此案前经贵局转准暨南大学函称经过情形,当经由本部呈请军事委员会,转咨行政院,令饬教育部,将该项地亩拨作陆军大学校址在案,俟奉复后,再行函达等语。并闻军事委员会曾派员前往该局调查,此项地产系暨大以款购置,抑系占用公产,经该局将实情说明”云云。查本校为实现大中两部隔离办理,以便训教管理起见,决将中学部迁移京市,原有校址,早有成议。故对于陆军大学借用之京市校产,必须从速收回,本校首都毕业同学会报告各情,如果确有其事,是陆军大学对于本校京市校产不免有久假不归之意。对于本校发展前途,影响甚巨,用敢据情呈报,仍恳钧长鼎力主持,不胜感戴之至。

谨呈

教育部部长王

国立暨南大学校长　何炳松

民国二十五年七月一日

第十一号

教育部指令 廿五年国肆四第一〇〇五二号
令国立暨南大学

二十五年七月一日第八三一号呈一件——呈为陈明本校与陆军大学关于京市本校校产登记纠纷及本校对于此项校舍需用至为迫切各情形,请求转呈行政院转行军事委员会转饬陆军大学限期迁让由。

呈悉。查此案本部近奉行政院训令,经即呈复,兹将原令暨附件及本部呈文抄发,仰知照。此令。

计发抄件三件。

民国廿五年七月十五日

部长　王世杰

抄原令

行政院训令 字第三九五七号
令教育部

案,准军事委员会廿五年六月十八日高二字第一九三九号函开:

“案,据军政部部长何应钦呈,为陆军大学房屋一案准土地局转准暨南大学函称经过情形,拟请转函令行教育部将该项地亩拨作陆大校址,请鉴核等情到会,查此案,经派员查明暨南大学现有校址在沪,对于该地并不十分需要,而陆大除现在校址外,更无相当房舍,且自移住以来,先后修筑所费甚巨,暨南、陆大同是国立,该项地亩又系公产,公产公用,当无不可,自应准照该部所呈意见办理,相应检同原呈,函请贵院转令教育部将该项地亩拨作陆大校址,以利军用,请烦查照办理"等由。准此合行抄发原件,令仰该部酌核办理具报。此令。

计抄发军政部原呈一件。

中华民国廿五年六月廿九日

附抄军政部原呈

窃查陆军大学房产一案,前据该校呈请前来,当经本部函知京市政府以该项房地应属营产,请查照去后,兹准京市土地局函称:

"案,奉市政府交下贵部丰丁字第九二八号公函一件,内开:案,据陆军大学校呈称,窃查国立暨南大学于本年本月十一日在中央日报登记有遗失南京薛家巷校产契据声明作废启事一项,似属指射本校现有校址,揆其用意,无非下列两点:第一,确定产权;第二,收归自用。惟查本校舍原系妙香庵旧址,自革命军奠定南京后,先后改作伤兵医院、国军编遣委员会及钧部办公场所,皆属军事机关。即民二十年冬,本校南迁时,亦系奉令接收江宁区要塞司令部房屋,可知该校址已属公产,故五年来先后修葺暨建筑新讲堂不下十万余元,且本校一时亦无经费从事新建筑兹。该校复声明前情,与本校关系甚大,不敢缄默,理合备文,呈报钧部,伏乞鉴核准予转函南京市政府据情办理,实为公便等情。据此查本部前因清理营产曾于十八年八月间呈奉行政院第二五九九号令转立法院决定,现在军用者均属营产。该项房地既据称自奠都以后均属军用,应属营产范围,其产权应属于军政部管有。该暨南大学如向贵市府申请登记,应予不准。除指令外,相应函达,即希查照办理见复等由。当经转函暨南大学,询明该产使用经过情形去后,兹准复函,内开:本校声请登记南京汉口路之地产,原为本校未迁上海时之校舍,其后于十七年九月间侨务委员会商借为会所。同年十月间,蔡孑民先生商请拨借一部分房屋为北大同学会办事处。同年十一月,间农矿部承租一部分房屋为办公处。十八年二月间,由国军编遣委员会继续借用。二十年四月间,本校呈奉陆海空军总司令部指令,呈一件为呈请饬令要塞司令部迁让薛家巷暨南大学校舍以便接收修理由,内开:呈悉,仰候令行。宁镇澄淞四路要塞司令杨杰查明,转饬迁让可也。此令等因。旋于同年五月二日复奉陆海空军总司令部训文字迁第四五号,内开:为令遵事,前据该校校长呈请饬让薛家巷前暨南学校校舍等情到部,即令行宁镇澄淞四路要塞司令转饬迁让在案。兹查陆军大学行将迁移首都,在未建筑校舍以前,着将薛家巷校舍暂交陆军大学短期借用,一俟校舍筑成,仍行归还该校接收可也。除令知宁镇澄淞四路要塞司令外,仰即遵照,此令等因。同时函准宁镇澄淞四路要塞司令部公函务字第九七号,内开:径复者,准贵校第九一六号公函呈奉陆海空军总司令部指令文字迁第四五号呈悉,所有薛家巷前暨南大学校舍,着暂交陆军大学短期借用,一俟该校迁移新址,再行交还暨南大学可也。仰即转饬遵照。此令等因。奉此,除饬江宁要塞司令部遵令移交陆军大学外,相应函请查照等由。二十二年二月间,本校呈请教育部转呈中央拨还本校南京校舍,以备中学部迁京办理,旋于同年二月十一日奉教育部指令令知已据呈转呈行政院转国民政府核行。复于同年二月二十七日奉教育部训令令知本校呈转拨还在京校舍一案已呈奉行政院,转呈国民政府转饬查案拨还。同年三月十日,复奉教育部训令令知本校呈请拨还在京校舍一案,经行政院呈奉国府谕交参谋本部。同年三月二十日复奉教育部训令第二八八七号令知奉行政院令准国府文官处函关于教育部呈据暨南大学呈请拨还在京校舍一案,已准参谋本部函称,俟本年底炮兵新校舍落成时腾还由,内开:案查该校呈请拨还在京校舍一案,兹又奉行政院第一一一一号训令开,案,准国民政府文官处第八八五号公函开,案,查前据贵院呈据教育部呈据国立暨南大学呈请拨还在京校舍请转呈国府令饬参谋本部转行陆军大学查照原案早日拨还等情转呈鉴核一案,当经奉交参谋本部并由处函复贵院查照在案。现据参谋本部函复称,查陆军大学南迁,暂借薛家巷暨南大学旧址为校舍,时一面奉谕饬在富贵山下及太平门一带勘定地段,建筑新校舍,继以国库支绌,迄未营建。去岁侨务委员会先后函催腾让，及陆大杨校长呈请拨用劝业会场全部为校舍时，咨准军政部，一俟本年底炮兵新校落成，则现住劝业会场之炮校及薛家巷之陆大彼此即行迁让，各有案。至原呈所称中央拨款为陆大建筑新舍落成在即一节，最近虽经本部建议，惟奉军委会指令，暂从缓议，未成事实，原呈所称恐系传闻之误。兹惟有仍照前咨准军政部原案，请俟本年底炮兵新校落成时，彼此腾出归还，即希查照转呈等由。除转呈外，相应函达查照转知等由，准此合行令仰该部即便转饬知照等因合行令仰知照此令等因。同年九月七日，本校呈请教育部转呈行政院转参谋本部，俟炮兵新校舍落成，归还本校南京校舍时，先期通知接收，以备中学部迁京之用。旋于同年十月三日，奉教育部指令令知关于陆大归还该校在京校舍各节，已转函参谋本部知照。同年十一月十三日，复奉教育部第一一六三〇号训令令知准参谋本部咨开：查本案前据陆大呈为归还校址暂难腾出是属实情，惟炮兵新校虽经指定，至今建筑无期，若以年底归还，势难办到。现值该校十二期学员入校在迩，又奉委员长电令，筹备特别班，所有房屋不能容纳。本部正在筹划之中，一俟校址有着，再行转饬该校先期通知暨大商订接收，以符原案，相应咨请查照等由令仰知照。廿四年一月，本校呈奉教育部训令令知准参谋本部咨复陆军大学房屋现正在计划修造中，工竣尚须时日。同年五月廿七日，本校复呈奉教育部训令令知准参谋本部咨复陆大校舍尚未开工。本年三月十日，本校呈奉教育部训令令知准参谋本部函复经转令陆军大学去后，兹据该校呈复节称，查本校校址系奉令接收自江宁区要塞司令部，并经陆续修建房屋甚多，在新校址未完成建筑以前，实在无法交还。至订立短期租借契约一节，既属公宇，又同为国家教育机关，似无另订租借契约之必要等情，据此相应函复，即请查照转知等由合行令仰该校知照等由。本月廿七日复奉教育部训令令知准参谋本部函复，查陆大借用暨大京市薛家巷之房屋，其暂时无法归还与未便签订租约各情形，曾经本部于本年三月四日由总勇字第二四五七九号公函据情转请贵部查照，转知在案。兹复准函前由对酌取租金一节，本应依照办理，无如该校经费自折减以来困难已达极点，是本部所深悉，扼于事实，无力照办，相应函复，即希查照转知等由合行令仰知照，此令等因，各在案。

此本校校舍由陆军大学暂行借用与前后交涉之经过情形也。

该处地产之权确定属于本校毫无疑义，此次军政部致南京市政府公函所述各节，以及陆军大学向贵局嘱托登记等情事，未免误会。又查上届五中全会对于本校南京校舍应迅速归还本校以重华侨教育，并经决议在案，准函前由，除呈请教育部转呈中央迅饬该陆军大学交还本校校舍外，相应函请贵局依法接受本校南京汉口路地产登记之声请，并将陆军大学之声请依法驳回，实纫公谊等由，准此查暨南大学叙录迭次呈奉令文情形，其产权系属于该校所有，似无疑义，并经派员调查，据复亦以产权属实。前土地局于民国二十年又曾核准该校建筑有案，至陆军大学历年在该地上从事建筑所费甚巨，亦系实情，应即为地上权之登记以符定章，奉交前由相应函达，即请查照，转令陆军大学照办，并将前次登记之一八二八号收据缴销，俾便办理，实纫公谊等情，准此查陆军大学现在校址原属公产，前由暨南大学使用，自奠都以后均为军用，兹准该局转准该校函称经过情形，虽管有该产不无有相当根据，但陆军大学入驻该处亦已五年，于兹先后修葺建筑所费约计十余万元，业经该局派员调查属实，嘱为地上权之登记是认该项土地管有权属于暨大，如照该局所拟办理，则土地权与地上权分别管有，终有未便。惟暨大早经迁居上海，对于该地似无主要用途，陆大现在驻该地，系属公地公用，拟请转行行政院令饬教育部将该项地亩拨作为陆军大学校址以利军用。是否有当，理合备文呈请鉴核施行。

谨呈

军事委员会

军政部部长　何应钦

抄本部呈文

案，奉钧院廿五年六月廿九日第三九五七号训令，以准军事委员会函请转令将南京薛家巷暨南大学旧址地亩拨作陆大校址一案令行酌核办理具报等因，查该项校址暨南大学因附中学亟待迁京需用迫切，迭经本部据情转函参谋本部转行陆军大学早日腾还在案。最近又据暨南大学呈称"案，查本校与陆军大学关于南京校产登记纠纷一案，前经呈奉钧部指令令知，已转函参谋本部及军政部查核办理在案。兹据本校首都毕业同学会报告略称：'近日风闻南京市地政局对于本校校产在京登记事宜，除暨南公墓业已照章公告外，其余亦经确定产权为本校所有，经函陆军大学将案撤销，并函请军政部转饬陆军大学将登记收据缴局注销完案。惟闻该局旋准军政部军需署营造司复函略称：查此案前准贵局转准暨南大学函称经过情形，当经由本部呈请军事委员会转咨行政院令饬教育部将该项地亩拨作陆军大学校址在案，俟奉复后，再行函达等语。并闻军事委员会曾派员前往该局调查此项地产系暨大以款购置，抑系占用公产，经该局将实情说明'云云。查本校为实现大中两部隔离办理，以便训教管理起见，决将中学部迁移京市原有校址，早有成议，故对于陆军大学借用之京市校产必须从速收回。本校首都毕业同学会报告各情，如果确有其事，陆军大学对于本校京市校产，不免有久假不归之意，对于本校发展前途影响甚巨，用敢据情呈报，仍恳钧长鼎力主持。"等情。现在产权之争执甫定，若又议将该项校址拨归陆大，则暨大附中迁京之计划无法实行，事关侨教，倍感困难，拟请钧院垂察此案经过情形，转函军事委员会转行军政部仍照原案办理，免议改拨，并令饬陆大早日迁让，实为公便。

谨呈

行政院院长蒋

第十二号

教育部训令 廿五年发国肆三第一一七五一号
令国立暨南大学

案查关于改拨该校南京校舍一案，兹奉行政院第四五八五号训令开："案，查前准军事委员会函，请转令教育部将南京薛家巷暨南大学旧址地亩拨作陆大校址一案到院,经令饬该部酌核办理具复,嗣据该部呈复改拨困难情形,请转函免议改拨,并令饬陆大早日迁让等情。经交该部与军政部及南京市政府会同审查并函请军事委员会派员参加讨论在案。兹据报告审查结果'暨南大学薛家巷旧校址拟拨交陆大应用,由军政部于本年度内,另于适当地方征收相当土地,交还暨南大学,并将旧屋约给补偿金,所有征收及补偿金事宜,由教育、军政两部及南京市政府会商办理,请鉴核'等情前来,应准照办。除函达军事委员会查照并分令外,合行令仰该部遵照。"等由。合行令仰该校知照。此令。

民国二十五年八月十一日

部长　王世杰

第十三号

教育部训令 廿五年发国肆四第一二一七〇号

令国立暨南大学

案,准军政部丰(丁)字第二七〇七号函开:"案,奉行政院二十五年七月卅日第四五八五号训令内开:'案,查前准军事委员会函,请转令教育部将南京薛家巷暨南大学旧址地亩拨作陆大校址一案到院,经令饬教育部酌核办理具复,嗣据教育部呈复改拨困难情形,请转函免议改拨,并令饬陆大早日迁让等情。经交该部与教育部及南京市政府会同审查,并函请军事委员会派员参加讨论在案。兹据报告审查结果:"暨南大学薛家巷旧校址,拟拨交陆大应用,由军政部于本年度内,另于适当地方征收相当土地,交还暨南大学,并将旧屋酌给补偿金,所有征收及补偿金事宜由教育、军政两部及南京市政府会商办理,请鉴核"等情前来,应准照办。除函达军事委员会查照并分令外,合行令仰该部遵照。此令。'等因。奉此,查关于征收土地,亟应着手办理,应请贵部先行派员觅得适当地点通知本部,再行派员会同勘测,并办理一切征收手续,藉免逾期,相应函请查照办理见复为荷。"等由。准此,合行令仰该大学迅即觅定地点,呈候会同军政部暨南京市政府依法办理。此令。

民国二十五年八月十七日

部长 王世杰

第十四号

本校呈教育部文

案,奉钧部廿五年发国肆四第一二一七〇号训令内开(见第十三号)等因,奉此,窃查本校大学中学两部亟待隔离办理,历经陈明钧部,而所有南京薛家巷本校旧址充作附属中学迁京之用,亦早有成议,乃该处校址被陆军大学借用日久,亦屡经陈请钧部索还各在案,不意此案迭起变化,业由钧部与军政部及京市府奉行政院发交会同审查,拟具报告呈奉行政院,令准照办,具征钧部维持侨教苦心,至深感戴。惟查此项审查报告规定于本年度内另于适当地方征收相当土地交还本校一节,本极平允,所谓"适当地方"系指校址区域而言,"所谓相当土地"系指地亩价值而言,盖无疑义。查目下高等教育机关应在郊外办理,故中央大学等校多在城外择地,而中小学之设置则仍以在城市为宜,如薛家巷本校原址充作附属中学之用,原极适当,故本校对于附属中学校址区域之选择决定以南京城内为"适当地方"。至目下京市地价均有规定,本校薛家巷旧校址,陆军大学借用部分,计地二十七亩余,按该区规定最低地价每方一百八十元计算,共值二十九万余元,"相当土地"似宜以此为标准。本校奉令以来,业已屡经派员根据令文所指示之"适当地方"及"相当土地"二原则,到京寻觅附属中学校址,并已勘得适合办理中学之高坡基地一处,坐落沿广州路上海路西(界碑 BLNOA 土地局 179)袁随园墓旁(金陵女子大学之南),约计八十余亩,依该区地价估计,约值十六万余元,与本校薛家巷原校址价值比较,相差尚达十三万余元之巨,仍相去悬殊,不能相当。只以京市地亩多经划为政治区域或军事区域,必求一地价值完全与本校薛家巷旧校址之价值相等,颇非易事,拟请钧部与军政部及市政府会商,除迅予征收上开广州路之土地外,对于二地价值之差数准予转咨军政部酌予补偿,以照公允。至薛家巷旧校址中,原有校舍建筑所费甚巨,现经陆军大学拆去,并奉令准由军政部酌给补偿金一节,亦拟请钧部转咨军政部一次补偿国币四万元,稍资补助本校附中另建新舍之用,奉令前因,理合将遵办情形具文呈报,仰祈钧长鉴核施行,实为公便。

谨呈

教育部部长王

国立暨南大学校长　何炳松

民国二十五年九月四日

第十五号

本校致南京市地政局公函

案,查本校南京薛家巷校址产权登记一案,以该校址被陆军大学借用已久,延不交还,幸承贵局主持公道,不予登记,至纫公谊。并经本校呈请教育部转咨军政部令饬该大学迁让各在案,顷奉教育部训令第一二一七〇号,内开"照录原令"等因。奉此,除由本校派员赴京勘定适当地亩,办理一切交换及征收手续外,在本案未办理完竣以前,所有陆军大学将薛家巷校址声请登记一案,仍祈贵局始终维持,缓予登记。相应函达,至祈查照办理为荷。

此致

南京市政府地政局

国立暨南大学校长　何炳松

民国二十五年九月五日

第十六号

本校致南京市地政局公函

查本校南京薛家巷旧校址基地前经函请贵局为所有权之登记，旋以陆军大学对于借用本校校址之一部分基地同样为土地所有权之登记声请，致生纠纷。兹此案一时尚难解决，业经函请贵局对于陆军大学之登记声请从缓办理在案。惟查本校薛家巷旧校址除陆军大学借用部分因该大学对于该部分基地声请登记致发生重复登记情事应俟教育部主持解决外，其余基地（因本校对于陆军大学重复登记之土地面积数目不详，故无从确定其余基地之面积）拟请贵局根据本校前送之地图及照片等证件，代为查明其亩数，先行公告俾得确定产权，至纫公谊。

此致

南京市地政局局长周

国立暨南大学校长　何炳松

民国二十五年九月十日

（《暨南校刊》1936 年第 181 期副刊）

国立暨南大学二十五年度第一学期注册学生人数统计表

院别	系别	性别	年级 一	二	三	四	各院系人数 共计	总计	各院人数百分比	侨生与内地生之分配 侨生	内地生	备注
文学院	中国语文学系	男	10	7	12	11	40	45	49%	80 人	205 人	全校内地生共四百三十五人　占百分之七十五 全校侨生共一百四十九人　占百分之二十五
		女	3		1	1	5					
	外国语文学系	男	13	8	6	12	39	53				
		女	3	5	2	4	14					
	历史地理学系	男	23	6	14	12	55	66				
		女	3	4	2	2	11					
	教育学系	男	12	20	31	21	84	121		14%	35%	
		女	10	4	12	11	37					
	共计	男	58	41	63	56	218	285				
		女	19	13	17	18	67					
		合	77	54	80	74	285					
理学院	数学系	男	2	2	3	2	9	10	22%	19 人	109 人	
		女	1				1					
	物理学系	男	10	13	7	9	39	42				
		女			1	2	3					
	化学系	男	12	8	26	21	67	76		3%	19%	
		女	5	2		2	9					
	共计	男	24	23	36	32	115	128				
		女	6	2	1	4	13					
		合	30	25	37	36	128					
商学院	会计银行学系	男	12	17	29	30	88	100	29%	50 人	121 人	
		女	2	2	6	2	12					
	工商管理学系	男	7	7	15	4	33	34				
		女	1				1					
	国外贸易学系	男	3	3	5	8	19	19				
		女										
	铁道学系	男				15	15	18		9%	20%	
		女				3	3					
	共计	男	22	27	49	57	155	171				
		女	3	2	6	5	16					
		合	25	29	55	62	171					
总计		男	104	91	148	140	488	584	100%	100%		
		女	28	17	24	27	96					
		合	132	108	172	167	584					

注册课制

（《暨南校刊》1936 年第 182 期）

本校整理句容县校产消息

本校为整理校产起见，特派吴泽霖、褚保华二先生调查民国十八年华侨垦牧公司赠送本校句容县山地一千亩事。吴、褚两先生业于十二月十四日由南京乘车赴句容，抵该地后先访华侨垦牧公司经理戴宏见先生，旋由戴经理陪往参观该处校产。闻该地交通便利，面积颇广，现由吴、褚二先生将调查情形及今后整理计划陈报学校云。

（《暨南校刊》1936 年第 194 期）

水调歌头　留别暨南诸同学

龙榆生

孤客向南去，抗首发高歌。无端别泪轻堕，斯意竟如何！七载亲栽桃李，风雨鸡鸣不已，长冀挽颓波。壮志困污渎，短翼避虞罗。

径行矣，情转侧，岁蹉跎。平生所学何事？莫放等闲过。胞与须常在抱，饱露经霜更好，松桧挺寒柯。肝胆早相示，后夜渺山河。

（《词学季刊》第 3 卷第 1 期，1936）

校 史

清光绪三十二年,两江总督端方自欧洲考察宪政归,知华侨教育之不可缓,乃创设暨南学堂于南京。委温秉忠为总理,郑洪年为堂长,翌年,改办中学,又翌年,郑堂长他调,由杨熙昌继任。辛亥革命,学堂中停。民国六年教育部派黄炎培等规复暨南学校。七年春,学校组织成立,委赵正平为校长,设师范、商业两科。八年,中学科正式成立,三年以上分设文理两科,商科设商业特科。九年夏,赵氏辞职,部委柯成懋继任。十年秋,柯成懋辞职,赵正平再任校长。是年商科迁至上海,又与东南大学合设商科大学于上海,并规划建筑新校舍于真如。十一年,商科大学自行独立,女子部亦筹备成立。十二年,真如校舍完竣,男子部悉行迁来,女子部则仍留南京。十三年,江浙战争起,商大三、四年暂行停办。十四年春,战事平息,商大恢复。秋,赵正平辞职,姜琦接任,扩充商科大学为五学系,全校学生增至六百余人。十六年夏,姜琦辞职,郑洪年继任,改组为国立暨南大学,分大学、中学、小学三部,南京女子部亦迁入真如本校。大学部商科改为商学院,除原有普通商业学系、工商管理学系、国外贸易学系、会计学系、银行学系五学系,并添设交通管理学系。此外又增设中国语文学系、外国语文学系、教育心理学系、数理学系、法律学系、政治学系、生物学系、历史社会学系等八学系,规模较为宏大。十七年,改义务小学为实验小学,直属本校。十八年,除原有商学院外,增设文学院、理学院、教育学院等三学院。计文学院包有中国语文学系、外国语文学系、政治经济学系、历史社会学系等四学系。理学院包有数学系、物理学系、生物学系等三学系。教育学院包有教育学系、心理学系等二学系及师资科。法学系则成为独立学系,并为延聘便利计,分设于上海。至是,大学制度益臻完备。十九年,复增设法学院,除原有法学系仍设上海外,增设外交领事专科,并将政治经济学系改隶该院。文学院将历史社会学系分为历史学系、社会学系两系。理学院增设化学系。中学部则高中有普通、商、农、师范四科,初中三级九班。实验小学七班。全校学生增至一千六百余人。二十年春,中国国民党中央执行委员会第一二六次常会议决本校设置董事会,推定孙科、林森、陈立夫、孔祥熙、宋子文、马超俊、余井塘、吴铁城、郑洪年、陈耀垣、萧佛成十一人为董事,以期发扬侨教,完成三民主义化之华侨最高学府。廿一年春,日军犯境,校址沦为战区,留校学生悉数迁往苏州,旋中学部假苏工专开学,大学部则暂赁上海赫德路及新闸路洋房校舍开学,避难留粤学生亦假中大与广州市师两校校舍授课,三处学生共计达一千七百余人。战后,真如校址损坏不堪,组织战后整理委员会,规划复兴。是年九月,沪、粤、苏三处学生迁回真如上课。同时法学院及教育学院奉部令裁撤,留文、理、商三院,各院设系亦略变更。计文学院包含中国语文学系、外国语文学系、政治经济学系、历史社会学系及教育学系。理学院设数学系、物理学系及化学系。商学院设会计学系、银行学系、国外贸易学系及铁道管理学系。廿二年秋,商学院添设工商管理学系。文学院政治经济学系改隶教务处,办至现有学生毕业为止,不收新生。历史社会学系改为历史地理学系。廿三年一月,部派郑校长赴南洋考察,委沈鹏飞代理校长。九月,部令将铁道管理学系分期结束。二十四年七月,沈代理校长辞职,部派今校长何炳松先生继任。是年秋,商学院会计、银行两学系遵教部令归并为会计银行学系。二十五年二月起,增设中国现代问题讲座。三月,建筑附中图书馆。五月,改建校门,派员赴南洋各埠考察侨教状况,并访问侨生家属。六月十四日,举行本校创校三十周年纪念会。八月,建筑教务处及各学院院长联合办公室,建筑实验学校校舍。秋季始业,奉部令兼办侨民教育师资训练班,设置大中学部免费暨公费学额。二十六年六月,举行体育馆奠基礼,全部工程定于暑期内完成。两年以来,图书仪器渐次充实,学术空气日益浓厚,正辟划经营，努力迈进也。

（《国立暨南大学创校三十一周年完成大学十周年纪念刊》）

国立暨南大学二十五年度第一学期全校学生人数统计表

院别	系别	性别	年级 一	二	三	四	各院系人数 共计	总计	各院人数百分比	侨生与内地生之分配 侨生	内地生	备注
文学院	中国语文学系	男	10	7	11	11	39	45	49%	80人 14%	207人 35%	全校内地生共四百三十八人　占百分之七十五 全校侨生共一百四十九人　占百分之二十五
		女	3		2	1	6					
	外国语文学系	男	13	7	6	12	38	52				
		女	3	5	2	4	14					
	历史地理学系	男	23	7	14	13	57	68				
		女	3	4	2	2	11					
	教育学系	男	12	20	30	22	84	122				
		女	10	4	13	11	38					
	共计	男	58	41	61	58	218	287				
		女	19	13	19	18	69					
		合	77	54	80	76	287					
理学院	数学系	男	2	2	3	2	9	10	22%	19人 3%	109人 19%	
		女	1				1					
	物理学系	男	10	13	7	9	39	42				
		女			1	2	3					
	化学系	男	12	8	26	21	67	76				
		女	5	2		2	9					
	共计	男	24	23	36	32	115	128				
		女	6	2	1	4	13					
		合	30	25	37	36	128					
商学院	会计银行学系	男	12	17	29	30	88	101	29%	50人 9%	122人 20%	
		女	2	3	6	2	13					
	工商管理学系	男	7	6	15	4	32	33				
		女	1				1					
	国外贸易学系	男	3	4	5	8	20	20				
		女										
	铁道管理学系	男				15	15	18				
		女				3	3					
	共计	男	22	27	49	57	155	172				
		女	3	3	6	5	17					
		合	25	30	55	62	172					
总计		男	104	91	146	147	488	587	100%	100%		
		女	28	18	26	27	99					
		合	132	109	172	174	587					

教务处注册课制（统计表之一）

（《暨南校刊》1937年第195期）

国立暨南大学廿五年度第一学期全校学生籍贯统计表

院别	系别＼人数＼性别＼省别	江苏		广东		江西		安徽		浙江		福建		四川		广西		湖北		湖南		河南		云南		陕西		甘肃		山东		贵州		辽宁		河北	
		男	女	男	女	男	女	男	女	男	女	男	女	男	女	男	女	男	女	男	女	男	女	男	女	男	女	男	女	男	女	男	女	男	女	男	女
文学院	中国语文学系	8	1	13	2	7		2		3	2			1		3				1												1					1
文学院	外国语文学系	6	3	17	1	4		3	1		3	5	1	1			1	1	1		1				1							1			1		
文学院	历史地理学系	14	2	22	4	5		3	1	6	1	2		1	1		1	1	1			2						1									
文学院	教育学系	28	10	27	7	5	5	6	1	7	4	6		1	8					2	2	1	1	1													
理学院	数学系	2	1	2		3				1		1																									
理学院	物理学系	9	1	8		6	2	2		5		2		3		1						1		1										1			
理学院	化学系	17	4	10	1	15		8	1	8	1	1		7	2	2			1	1																	
商学院	会计银行系	35	3	25	2	3	1	3	1	4		6	1	4	2			4		2	2																
商学院	工商管理系	5		16		1				4		4					1	1				1															
商学院	国外贸易系	2		12				3				2						1																			
商学院	铁道管理系	1	2	9					1			2		1												1				1							
合计		127	27	161	17	49	8	30	6	38	11	31	2	19	13	6	3	8	3	6	5	5	1	2	1	1		1		1		2		1	1		1
统计		154		178		57		36		49		33		32		9		11		11		6		3		1		1		1		2		2		1	
备注		共计男生488人、女生99人 合计587人																																			

教务处注册课制 （统计表之二）

（《暨南校刊》1937年第195期）

国立暨南大学廿五年度第一学期全校学生年龄统计表

年龄	合计	十七岁	十八岁	十九岁	廿岁	廿一岁	廿二岁	廿三岁	廿四岁	廿五岁	廿六岁	廿七岁	廿八岁	廿九岁	卅岁	卅岁以上
全校	587	1	6	26	52	102	101	111	82	64	21	13	4	1	2	1
男生	488	1	3	11	45	78	88	93	77	56	17	12	3	1	2	1
女生	99		3	15	7	24	13	18	5	8	4	1	1			

教务处注册课制(统计表之三)

(《暨南校刊》1937年第195期)

国立暨南大学二十五年度第一学期各院系教员人数统计表

院别	文学院					理学院				商学院					各院共同	各院合计
系别	中国语文学系	外国语文学系	历史地理学系	教育学系	合计	数学系	物理学系	化学系	合计	会计银行系	工商管理系	国外贸易系	铁道管理系	合计		
专任教授	6	6	5	9	26	3	3	4	10	4	3	2	1	10	2	48

(续表)

院别	文学院					理学院				商学院					各院共同	各院合计
系别	中国语文学系	外国语文学系	历史地理学系	教育学系	合计	数学系	物理学系	化学系	合计	会计银行系	工商管理系	国外贸易系	铁道管理系	合计		
副教授								1	1							1
兼任教授	3	5	2	1	11			3	3	3	2	2	2	9		23
专任讲师				1	1	2			2	1				1	4	8
兼任讲师		2	1		3		1		1		1		3	4		8
导师															1	1
教官															3	3
共计	9	13	8	11	41	5	4	8	17	8	6	4	6	24	10	92
备注																

教务处注册课制(统计表之五)

(《暨南校刊》1937年第196期)

本学期各院系教授担任课程一览

一、文学院

郑振铎先生　中国文学史纲要

戚叔含先生　二三年英作文,悲剧研究,俄国小说

周予同先生　中国通史,先秦文,中国学术史

张耀翔先生　教育心理,教育测验,测验与统计(师资班)

吴文祺先生　基本国文甲,汉魏六朝文,二年国文,现代文学

李冰若先生 基本国文乙,唐宋文,唐宋词,元明诗词
许 杰先生 基本国文丙,散文习作
张世禄先生 基本国文丁,甲骨金石文,中国文字学纲要,中国音韵学
孙大雨先生 基本英文甲,英诗入门,沙士比亚,美国短文选
陈麟瑞先生 基本英文乙,十九世纪英国文学,欧洲文学史纲,希腊神话
周煦良先生 基本英文丙,重修英文
陈铭恩先生 二年英文
傅东华先生 基本英文丁,翻译指导,中学国文教授法,中国文学批评史
卢 前先生 宋诗,元明杂剧,清诗词,六朝诗赋
朱心佛先生 应用文习作,应用文习作(师资班)
谢六逸先生 亚洲东部各国史,报章文学习作
王勤堉先生 欧洲地理,气象学,地质学,本国地理
李长傅先生 地图学及图表,南洋史
陈高傭先生 史学通论,中西交通史,中国经济史,中国宗教史
周谷城先生 西洋史学史,中国中古史下,中国现代史,社会科学概论
陈仝夔先生 法国革命史,西洋海外拓殖史,西洋现代史,史学史
葛受元先生 西洋近代史,市政学
楚 曾先生 美洲地理,地理教学法
张栗原先生 教生物学,教育社会学,论理学,文化人类学
吴泽霖先生 社会学及社会问题
陈科美先生 教育通论,教育研究法,西洋教育史,现代教育思潮(师资班)
郭一岑先生 普通心理,变态心理,实验心理
罗鸿诏先生 西洋哲学史,哲学概论
曾作忠先生 教育统计,比较教育

张季信先生　职业教育,学校卫生,教育行政,乡村教育
余文伟先生　学科心理,青年心理,民众教育,各科教学法
章颐年先生　心理卫生
董任坚先生　教学实习,教育心理(师资班)
杜佐周先生　学校行政
鲁继曾先生　课程论
张隽青夫人　基本英文戊,一年英文作文
方光焘先生　一——二年日文甲,一年日文丙,语言学
袁文彰先生　一——二年日文乙,一年日文丁,二年日文丙
李健吾先生　一——二年法文,十九世纪法国小说,文学批评
胡其炳先生　一——二年德文
孙寒冰先生　现代政治,价值论
袁业裕先生　党义甲,党义乙,党义丙
彭胜天先生　南洋概况甲,南洋概况乙
俞君适先生　南洋概况甲,南洋概况乙
林仲达先生　南洋概况甲,南洋概况乙
潘公侠先生　军训术射,军训学科
陈一萍先生　军训术射,军训学科

二、理学院

程瀛章先生　甲物理学实验子,乙物理学实验
孙　荣先生　微积分,理论力学,天文学
李熙谋先生　电磁学,热电子管原理,热电管实验
王子瑜先生　定量分析实验子,定量分析子,有机化学丑,有机化学实验丑
崔九卿先生　热及热力学,物理,电磁学实验,声学及光学实验
蒋铭新先生　物理实验乙,物理实验甲
严观涛先生　普通力学,机械工学,机械画甲、乙,金工实习
孙玄衔先生　普通化学,无机化学丑,定性分析子,定性分析实验

甲乙

蒋绍其先生　高等微积分,高等代数,观察分析,观察实验

彭先荫先生　方程式论,投影几何,解析几何,高等几何

靳宗岳先生　微分几何,复变数函数论,数学选论,实变数函数论

陶　桐先生　有机分析,有机分析实验,物理化学子,无机化学子

蔡宾牟先生　近代物理,光学,物性论,声学

段茂瀚先生　工业化学,化学工程,有机化学子,有机化学实验子

李家光先生　冶金化学,定量分析丑,定量分析实验丑

邵家鳞先生　应用电学选论,应用电学选论实验,有机化学寅,有机化学实验寅

三、商学院

程瑞霖先生　经济学甲

张素民先生　货币银行,高等经济,英文商学名著选

周宪文先生　合作论,工业法规,商业循环

钱素君先生　簿记学,审计学,销售术,所得税会计

张伯箴先生　商业地理,南洋商史及法规,南洋殖民政策

曾乐平先生　公用事业,中国物价指数,经济学,财政学

沈立人先生　会计学,成本会计,高等会计,会计报告分析

周茂蕃先生　商业理财,运输学,保险学,堆栈学

张隽青先生　票据法,海商法

刘絜敖先生　各国经济思想史,现代经济思潮,方情及价格预测,工厂管理

吴　骐先生　国外贸易理财

赵　澍先生　西洋经济史,土地经济

蔡正雅先生　应用统计学

汪　永先生　统计学,商用数学

吴德培先生　交易所论,银行会计,银行实践,中国金融市场

崔晓岑先生　银行制度

李　安先生　人事管理
武堉干先生　国外贸易实践,中国国外贸易
沈达时先生　中国海关
黄宗瑜先生　铁道行车
周绍溱先生　国际投资
沈灏建先生　电报实施
樊守执先生　铁道联运

(《暨南校刊》1937 年第 197 期)

本年度在校教授人数比较

据注册课日来统计,各院系廿五年度第一学期及本学期教授人数比较,第一学期文学院专任教授二八人,兼任教授一一人,专任讲师六人,指导二人,导师一人;理学院专任教授十人,副教授一人,兼任教授三人,专任讲师二人,兼任讲师一人;商学院专任教授二人,兼任教授九人,兼任讲师四人。共计文学院四八人,理学院一七人,商学院二五人。

本学期文学院专任教授二七人,兼任一一人,专任讲师三人,兼任讲师二人,指导三人,导师一人;理学院专任一一人,兼任三人,副教授一人,专任讲师二人,兼任一人;商学院专任教授九人,兼任一二人,兼任讲师五人。共计文学院四六人,理学院一八人,商学院二六人。全校共有教授九〇人。

(《暨南校刊》1937 年第 201 期)

国立暨南大学二十五年度第二学期全校学生人数统计表

院别	系别	性别	年级 一	二	三	四	各院系人数 共计	总计	各院人数百分比	侨生与非侨生之比配 侨生	非侨生	侨生共计	非侨生共计
文学院	中国语文学系	男	9	7	10	12	38	44	48%	73 人 13%	200 人 35%	135 人占 25%	426 人占 75%
		女	3		2	1	6						
	外国语文学系	男	13	7	4	10	34	47					
		女	3	5	2	3	13						
	历史地理学系	男	22	8	13	13	56	66					
		女	3	4	2	1	10						
	教育学系	男	12	20	31	22	85	116					
		女	3	4	16	8	31						
	共计	男	56	42	58	57	213	273					
		女	12	13	22	13	60						
		合	68	55	75	70	273						
理学院	数学系	男	2	2	3	2	9	10	22%	14 人 3%	108 人 19%		
		女	1				1						
	物理学系	男	11	10	7	9	37	40					
		女			1	2	3						
	化学系	男	11	6	26	19	62	72					
		女	6	2		2	10						
	共计	男	24	18	36	30	108	122					
		女	7	2	1	4	14						
		合	31	20	37	34	122						
商学院	会计银行学系	男	11	16	29	29	85	99	30%	48 人 9%	118 人 21%		
		女	2	3	6	3	14						
	工商管理学系	男	6	6	14	3	29	30					
		女	1				1						
	国外贸易学系	男	3	4	6	7	20	20					
		女											
	铁道管理学系	男				14	14	17					
		女				3	3						
	共计	男	20	26	49	53	148	166					
		女	3	3	6	6	18						
		合	23	29	55	59	166						
总计		男	100	86	143	140	469	561	100%	100%		561	
		女	22	18	29	23	92						
		合	122	104	172	163	561						

教务处注册课制（统计表之一）

（《暨南校刊》1937 年第 201 期）

国立暨南大学廿五年度第二学期各院系学程数统计表

院别	各院		各院四年级女生	文学院						理学院				商学院					
系别	各系一年级	共计		中国语文学系	外国语文学系	历史地理学系	教育学系	各系共同	共计	数学系	物理系	化学系	共计	会计银行系	国外贸易系	工商管理系	铁道管理系	各系共同	共计
必修学程数	5	5	1	8	16	15	13		53	12	10	10	32	11	5	8	5	10	39
选修学程数				15	3	10	14	1	43	3	7	5	15				1	13	14
学程合计	5	5	1	23	19	25	27	1	96	15	17	15	47	11	5	8	6	23	53
学分数	6	6		66	42	73	76	3	260	41	45	45	131	26	11	20	14	61	132
时数	42	42	2	69	67	73	76	3	290	54	60	91	205	27	12	20	14	64	137

总计		
总计	必修学程	130
	选修学程	72
	合计	202
	学分总数	529
	时数总数	676
备注		

教务处制 二十六年三月

（《暨南校刊》1937 年第 202 期）

国立暨南大学二十五年度第二学期各院系教员人数统计表

院别	文学院					理学院				商学院					各院共同	各院合计
系别	中国语文学系	外国语文学系	历史地理学系	教育学系	合计	数学系	物理学系	化学系	合计	会计银行学系	工商管理学系	国外贸易学系	铁道管理学系	合计		
专任教授	6	6	6	9	27	3	4	4	11	4	3	2		9	2	49
副教授								1	1							1
兼任教授	2	4	2	2	10		1	2	3	5	1	2	3	11		24
专任讲师				1	1	2			2						2	5
兼任讲师			2		2		1		1		1		4	5		8
导师															1	1
教官															3	3
体育指导															3	3
共计	8	10	10	12	40	5	6	7	18	9	5	4	7	25	11	94
备注																

教务处制　二十六年三月

（《暨南校刊》1937年第202期）

国立暨南大学廿五年度第二学期全校学生籍贯统计表

院别	系别 \ 性别 \ 省别	江苏		广东		江西		安徽		浙江		福建		四川		广西		湖北		湖南		河南		云南		陕西		甘肃		山东		贵州		辽宁		河北	
		男	女	男	女	男	女	男	女	男	女	男	女	男	女	男	女	男	女	男	女	男	女	男	女	男	女	男	女	男	女	男	女	男	女	男	女
文学院	中国语文学系	9	1	12	2	6		2		3	2			1		3				1												1					1
	外国语文学系	5	2	14	1	4		3	1		3	5	1	1			1	1	1		1				1							1			1		
	历史地理学系	14	2	22	3	5		2	1	6	1	2		1	1		1	1	1			2						1									
	教育学系	29	8	27	6	5	4	6	1	7	3	6		1	7					2	2	1		1													
理学院	数学系	2	1	2		3				1		1												1													
	物理学系	8	1	8		6	2	2		5		2		2		1						1												1			
	化学系	15	4	10	1	15		6	1	7	1	1		5	2	2			1	1																	
商学院	会计银行系	35	4	23	2	3	1	4	1	4		6	1	4	3			4		2	2																
	工商管理系	4		16		1				4		3					1					1															
	国外贸易系	2		12				3				2						1																			
	铁道管理系	1	2	8					1			2		1												1				1							
合计		124	25	154	15	48	7	28	6	37	10	30	2	16	13	6	3	7	3	6	5	5		2	1	1		1		1		2		1	1		1
统计		149		169		55		34		47		32		29		9		10		11		5		3		1		1		1		2		2		1	
备注		共计男生469人 女生92人 合计561人																																			

注册课制 廿六年三月

(《暨南校刊》1937年第203期)

国立暨南大学廿五年度第二学期全校学生年龄统计表

年龄／性别	十八岁	十九岁	廿岁	廿一岁	廿二岁	廿三岁	廿四岁	廿五岁	廿六岁	廿七岁	廿八岁	廿九岁	卅岁	卅岁以上	总计
男	1	6	24	55	79	90	85	70	32	13	8	1	2	3	469
女	2	10	8	18	14	14	13	6	5	1		1			92
合计	3	16	32	73	93	104	98	76	37	14	8	2	2	3	561
备考															

注册课制　二十六年三月

（《暨南校刊》1937 年第 203 期）

告国人认识暨大

滕　霖

我们并不觉得困难和悲观，更不灰心和丧气，我们觉得暨大前途是有无限希望。

我们并不怕你们批评和指摘、谩骂与责备,我们觉得要这样暨大才有价值。

因为我们相信,只有自己不努力的人,才有困难和悲观,有名无实的工作,才怕人批评和指摘。所以我们今天特地来感谢你们,你们给她的批评和指摘是挂念着我们,你们的谩骂与责备是对我们关心。不过我们也得应该忠诚的敬告你们,嗣后应当进一步去观察和认识她——暨大。

(一)她,现在是不比从前了,长得很美丽很强壮,做事也入了正轨,并不如以前那么"拆烂污"。自然,假如你们还是闭着眼说话的时候,我们也没办法把她可爱的地方直接放到你们的眼里去,使你们的眼看见了,真正的说她是可爱。

(二)她现在正在蓬勃伸张,如体育馆、图书馆、学生宿舍、教职员宿舍、科学馆,正在逐步建筑,农工学院也在筹谋添设。

(三)她现在的前途,希望甚大,因为暨大的学生与其他的国内大学的学生,来历有所不同。他们有些来自南洋群岛,有些来自北美洲和加拿大,毕业后多半是向外发展,所以他们的前途真是无限量。

(四)她是一个培养华侨发展的先锋队和侨胞的领导者的最高学府。在目前国家的身上生满了疮痍,在溃烂、腐臭,民族在沉沦悲喊的今日,我们觉得她所负责任何等重大,我们应当共同努力与爱护。

(五)她负有沟通国内外文化的职责,据民二十三年侨委会的调查,海外各国华侨学校共有二三二所,内中新用教职员多半属于暨南学生,所以我们应当鼓励她,使她昂头前进。

(六)她是海外侨胞联络与交换消息的总机关,海外侨胞对国内情形极为膈膜,公共团体尚不至感觉若何困难,其在私人方面,要知祖国某项情形诚非易事。暨大设有海外文化部,专负这种与海外侨胞联络与交换消息的责任,使侨胞明了祖国情形,而对祖国关心。我们应当去保养她,不应该摧残她。

(七)她的同学,不只是万人中的一个,而是万人以外中的一个,何以见得?因为他们不只是代表国内四万万同胞的优秀者而已(据教部调查,现在的大学生是在万人中只有一个),此外还要代表数千万侨胞中的最优秀者,所以他们的责任是比国内任何大学的学生来得重,我们应当好好的教养她,充实他们的能力,不应该整天对她谩骂。

以上的七点,假如你们都明白了之后,在她今日刚满十岁的小孩子,无论如何总应该去爱护她和保卫她,使她蓬勃发展,匪特我们同学之幸,亦为国家之福。

最后我们大家应当来感谢她的保姆,她的先生,她的好友,在这种恶劣环境中,历尽几许波折,冲过不少险阻浪涛,才能把她保持到今天。

我们更应该祝福她永恒地光荣灿烂,与英国的爱丁保大学(Edinburgh University)、法国的巴黎学院(The College De France)同寿,并且有与欧姆大学(Amsterdam University)发出五百年纪念徽章的日子。

(《暨南校刊》1937 年第 213 期)

暨南的纪念

云昌熙

以清秋恬静的心绪,来观察自然的万象和一切人间的变幻,这应该是每个人所优为的职能。尤其是我们在兴会淋漓的时候,或者逢到得意的当儿,细心的把过去所经历的种种,使在忆像上再现一下,这倒很有味的。

暨大巍然的侧立在繁华的沪滨,度过了它十年的岁月,它看见了十年来新中国的疾流,它听过了世界上一切风和雨的声响。它一向是勤苦奋斗着,虽然有时遭受了不测的惨劫。

说起暨大过去的经历是很长的。清朝末年两江总督端方先生,赴欧洲考察宪政,他看到无数的华侨,在海外冒着艰险,努力辟造世界的精神之伟大,同时又感到侨胞风教的凌替,回国来便提起倡导华侨教育的奏议。果然于光绪三十二年就有暨南学堂设立于南京,这可说是暨大受了孕的时期。但是,不久辛亥革命起来,忽然中停了,民国七年重组成立,民国十二年迁来上海,第二年逢江浙战争,不幸又中途停办。民国十四年才东山再起,恢复旧规,这一时期可说是暨大的胎儿期。到民国十六年便大振经纬,正式改组为国立大学,到了这时暨大才呱呱地出世。谁知道,好事多磨,民廿一"一·二八"事变,暨大落在火线上,历来所蕴蓄的精华,通通给残酷的敌军摧毁灭尽了。事后难得复活过来,可是创巨痛深,元气大受损伤,这是暨南永远不能遗忘的一页痛心史。看它的历史过程,真是所谓世路坎坷,历尽风霜的了。

往者不计,来者可追,我们只要探索来兹吧。

现在暨南怎样了呢?我不能为它详加叙述,我只尽可试作一些轻描淡写。它擘开了烦嚣的市廛,而悄悄地特立在清幽雅静的真如。这里也许会被都市的气氛传播,但是它到底是乡村的本质。那些深远的林野,那些广阔的田园庄舍,都是给人们畅怀的使者,住惯了都市的人们,一临此地,好像在深谷中会了仙女。

近来暨南的景色,尤点染得清新可爱,使这里的岁月显得多么活泼。这并不是比作沙漠中的绿洲,乃是自然与人的交乳,使秩序的暨南,因此更加修整,更近代化而有生气。在另一方面的意义上,是加多了暨南的合理、美丽与自由。

当你在洪年图书馆中工作疲倦的时候,凭窗探眺,那些暨南河边的轻摇慢舞的柳丝,拂着一河春水,似乎笑容可掬的美女,给你一个大的安慰。宿雨初晴,或夕阳西下的时分,你的心更会因那富有内容的春风撩扰,而怦怦地跳个不住,因为院前馆后的那些笑靥迎人的碧桃,那些像有胭脂要滴上枝来的朱梅,那些火似的,像有一种要扑到你身上来的热情的不知名的美葩,那些耸立于路旁的青柏,那些……那些迷人的东西,真要把人的心勾走了。整齐的道路,配上翠桐凉阴,花园中的花香,林外的啼鸟,不时随着淘人的清风奔扑到宿舍里来;课暇出去散步或邀伴作私谈密语于此间,你自然会觉得难以遏制的欣快和欲望。

但是那古雅肃静的莲韬馆,又是别具一种景致了。葱茏的藤丛,阴压压地罩着清邃的石道,似有无限的深藏奥妙性。跑了进去,那些清幽森肃的景象,会使你一切的尘俗顿然冰消。浮跨在暨南河上的尚节亭,正与莲韬馆毗邻,亭光柳影和青年人的心地,都一齐的投映水中。夏夜与春晨,此地是多方面的宜于艺术之虔心的修养。

暨南优美的环境和丰富的内容,使在这里的暨南人,没有一个不欣感到生活的甜蜜和生命的兴奋。我敢说它的一切,至少不致使一般的天才在这里怀恨或毁坏。

但是暨南需要一个更开展的心灵,来配合它哲学的环境,它必须领导青年的心,去发现一个庄严,奠定一个信念,以完成它的使命。它更须使每个心灵,都成为一切时代智识的主宰,而不是仅仅主宰于智识。我想教育的成功,决不在智识的传授,而在于心力的开拓,这样才能使得科学人生绝对的自由而美化。

暨南,暨南!你有你本来的历史,你负你重大的使命,你勤苦的磨练力,你灵敏的感受性,你活泼的创造心,与沉静的潜默的思考,这些都表示着你的有为,缔造着你的光辉。我们这刻应再添一个更深沉的心,追逐这不宽假的时光,而迎头赶上去,努力创造出一番新的世界来,把一个伟大的暨南纪念悬植在我们将来的企图中。

(《暨南校刊》1937年第213期)

暨南大学记

朱 皤

沪之西,郊野数十里,有广厦楼台,矗立于是者,暨南大学也。皤负笈来此,今且四年矣。主者凡三易,云诡波谲,盖难言喻,皤独屏居读书,日从吾师饮虹、榆生、匑庵诸先生游,几忘其所处之境,第所造于学者殊未敢自信耳。二十四年秋,柏丞何先生奉命长校,风气乃渐变,皤始信曾文正公所谓风俗之厚薄自乎一二人之心之所向,为不虚也。后此之日臻完善,抑可断言!矧吾校宅境深幽,实宜乎读,海上之人故不知繁荣之外有此桃源。入其门,清溪萦带,碧梧夹道,遥见层楼嵯峨于东,松柏翼其侧者曰理学院,更东数十步,巍然立者则致远堂,即大学礼堂也。其右体育场广十余亩,北则女生宿舍在焉,而第一、二两宿舍与之并,介乎宿舍理学院间有宫殿式楼台而碧瓦朱垣者为文商学院,吾师饮虹先生讲学衡文其间。余以问学故,往来最勤,独念年前龙榆生、黄匑庵两先生施教时,迪诲之情亦弥笃,曾几何时,而相去万里,未尝不叹人生聚散之无常也。文学院左有办公室,第三宿舍在其旁,舍后有中文系研究室,与外文系、史地系、教育系诸研究室邻,西南是图书馆,面隙地数亩,植以梅,循西进,闻水声潺湲,有亭翼然溪上者,尚节亭也。南小丘而北莲韬馆,总办公所也。其西接小桥,为职员宿舍,西北至第四宿舍与附属中学近。皤初入校时,吾父尝命作记,辗转至今,将竟所业,始记之以进,且供皤他日重来之验云。

(《暨南校刊》1937 年第 213 期)

国立暨南大学历届毕业生人数统计图

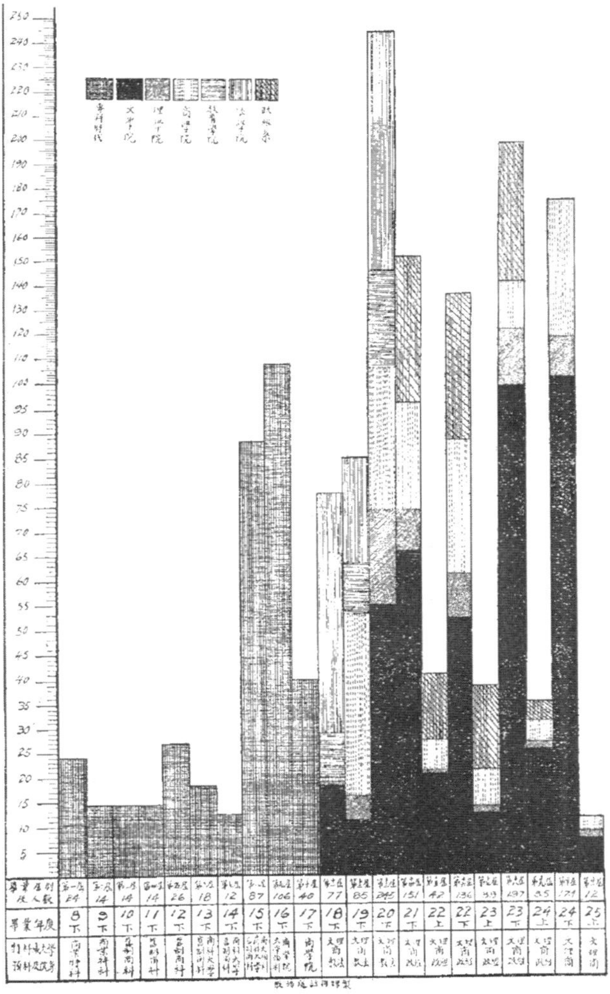

(《暨南校刊》1937 年第 213 期)

暨南大学沿革

国立暨南大学,于民国十六年改组完成,迄今已十周年。溯其创设于清光绪三十二年,已有三十一年之历史。始名暨南学堂,设于南京。辛亥之后停顿多年,民国六年重行规复,学制及学科亦迭有更改。民国十年,商科迁设上海,开始规划筹筑校舍于真如。十二年,真如校舍完成,遂迁入,中经江浙战争,略有顿挫。逮民国十六年,改组为国立暨南大学,分大学、中学、小学三部。大学部原有商科改为商学院,此外又增设八学系,规模渐具。十八年,除原有商学院外,增设文学院、理学院、教育学院等三学院,法学系则成为独立学系,至是大学制度益臻完备。十九年复增设法学院,中学部则有高中、普通、师范、农商四科,初中三级九班,实验小学七班,全校学生增至一千六百余人,为该校之极盛时代。二十年春,中国国民党中央执行委员会第一二六次常会议决,该校设置董事会,推定孙科、林森、陈立夫、孔祥熙、宋子文、马超俊、余井塘、吴铁城、郑洪年、陈耀垣、萧佛成等十一人为董事,以期发扬侨教,完成三民主义文化之华侨最高学府。二十一年春,日军犯境,校址沦为战区,所受损害极大。战后规划复兴,对于各院系重加厘定,裁撤法学院及教育学院,留文、理、商三学院。其间各院学系,随时有所增设变更或废止。

(《申报》1937年6月15日第12版)

弹雨中的国立暨南大学

(上海通讯)

王眉凤

沪战发生后,国立暨南大学已经迁到公共租界小沙渡路上课去了。现在我们所要报告的,不过是弹雨中的暨南大学的校址而已。

暨南大学在真如,其大门临着真北路,前不数步是真如车站,后面一里许乃为无线电台。从江湾闸北到暨大,火车汽车二十分就可达到,实在快迅极了!"一·二八"时候,暨大的学生下午还听得中日交涉有和平解决之希望,不料晚上炮火连天,日本兵便到真如了。那时校长为郑洪年氏,尝以私人与铁道部的关系,匆遽之间,备了一列车,早把学生载到苏州,避了这个浩劫,然校内损失,则已不赀了!真如当京沪路之要冲,大场之侧,闸北江湾皆无险可守,真如尚是惟一的留步之地,暨大的几栋建筑,挺立于真如的原野,无疑地乃是这里现成的好工事,也是惟一的攻守争夺之焦点了!

暨大的学生,有过"一·二八"的经验,胆怯点的,一闻战事,殆如惊弓之鸟。每当沪局紧张,谣诼繁猬之际,校前风景有殊平日,真是"车如流水马如龙",纷纷向租界上避去;那有为点的,则加强了他们的救国工作,组织防卫队、看护队、纠察队、义勇队等,一方面要应付将来实际的需要,一方面还须与校内无聊的阻力相周旋,这群热烈的青年,实在可佩可敬极了。某文士说:"先生们要学生在学校埋头读书,即是救国,环境能允许吗?"今日的环境,可谓应了那句话了。

谁也知道,暨大历年来因为校长之不得人,乃至士气嚣张,风潮迭起,国家每年数十万元经费,没有造就出什么人材,少数学生为上海政客所挑弄,养成了喜走捷径的不良习惯。自何炳松氏长校以来,力矫从前的弊病,何氏为国内有数的历史学者,为人精严明正,所聘法学院长程瑞霖氏,文学院长郑振铎氏,都能在学术方面做健全的功夫,故于学生救国运动之或真或假,要皆判然于胸,不过为实际环境所限,当时亦不便倡导或指摘而已。此次战事发生,学校能安然迁移,仪器书籍皆无损失,而于沪战亦能尽一单位的职责,其功实是不可埋没的。

暨大自八月十五日沪战开始以来,其先尚不为敌机所照顾,不过它后面的那国际无线电台,是敌机最大的目标,因此它就借光领略着好几个炸弹了。暨大的致远堂,"一·二八"时曾被毁过一次,后来重新修葺好了。致远堂中有一副胡汉民氏撰的对联,其辞云:

辅世长民,政治本根原在学;

任重致远,华侨子弟易成才。

"一·二八"被毁,随后又经胡氏重书,胡氏跋语中,颇有一些感慨沧桑的话。此次沪战,暨大首先被难的仍是致远堂,这对联又化作劫灰了,然而胡氏也不及看见了。

暨大职员、学生以及一切器物完全迁入租界后,腾下搬不动的校舍,便改作了我们的军营。暨大的门前,横亘着平行的两条修途,一为京沪铁路,一为沪嘉公路,平日柳叶低垂,豆花如锦,是学生们最快乐的游息之所,现在则沿途皆是哨兵,偶有通过的人,不是军伍,则为慰劳队。门左有庙,曰小场庙,从前原驻有保安队,沪战开始则改作了马房,因为军队都驻扎在广阔的校舍里去了。

自大场吃紧以来,从苏州太仓一带开到暨大的军队络绎不绝,暨大校舍已有人满之患,凡各宿舍的甬道、厨房,乃至校外的小场庙等处,都住满着黑压压的我们的将士,而在暨大脚尚未停就奉命调赴无线电台及彭浦一带的队伍,更不知几何。那情况就像暨大平日放假和开学的时候,学生们出出进进,闹轰轰的,有过之无不及。同时我军赶筑工事,暨大后门静荫园一带(在暨南新村地带),皆沟壕纵横,沙袋踵列。静荫园是个极美丽小巧的园子,古木参天,石笋峨立,平日园门深闭,供着几个大亨们的欣赏,这番却利用它来做国家的屏障！木石有灵,自然要庆幸这次自己之用适其当了。

廿五日晚,敌军坦克车队突破了大场,更猛扑无线电台,一时炮声隆隆,暨大的房屋亦为之震撼得颤抖,惟我军心焕发,全校内的军队,在某高级司令官的指挥下,按班向敌人进攻方向开去抵抗,卒因大场以东,皆离离之麦田,无可为守,致我忠勇壮士之鲜血,洒遍在那一片金黄的麦田里。廿六日晚,无线电台的我军复被敌军包围,敌累次猛扑,均为击退,乃以飞机投弹,每廿分钟更换一批,每批约十余架不等,并在四围纵火,秋深草枯,遍野皆赤,我军仍屹然未动。廿七日晨,敌复由东北两方夹攻,又起激战,我凭小滨射击,毙敌无算,我亦有相当伤亡。此时敌更有大股增援,我军于廿八日晨八时,乃不得不退守暨南新村一带了。所谓暨南新村,乃是暨大教授们的住宅,寥寥数面屋,并不成其为“村”。从前几位有名的学者,如李石岑、周予同、张世禄诸氏都住在这里,此一战,他们那几所小公馆,都变成粉屑了。

此次上海退守新阵线,是一步一步的退,一步一步的守,那一步之间的土地,不知浇灌了多少英雄们的鲜血。待到廿八日晚,暨大的校舍成为我军最后的凭藉了,便发生更剧烈的争夺战,直至二十九日,我军终于挥泪退出暨南大学。

暨南大学自大场失陷后,终日在弹雨中生活着。迄目前为止,又蹲立在我军反攻的弹雨中,它的身上现在实好像一个蜂窠了,你看它那么呆板地,秋风吹着它颈项上插着的太阳旗,它是怎样的忧郁呀！

[《抗战(汉口)》第1卷第9期,1937]

国立暨南大学概况

一、沿　革

国立暨南大学，于民国十六年改组完成，迄今已十周年。溯其创设于清光绪三十二年，已有三十一年之历史，始名暨南学堂，设于南京。辛亥之后，停顿多年。民国六年，重行规复，学制及学科，亦迭有更改。民国十年，商科迁设上海，开始规划建筑校舍于真如，十二年，真如校舍完成，遂迁入。中经江浙战事，略有顿挫，逮民国十六年，改组为国立暨南大学，分大学、中学、小学三部。大学部原有商科改为商学科，此外又增设八学系，规模渐具。十八年，除原有商学院外，增设文学院、理学院、教育学院等三学院，法学系则成为独立学系。至是大学制度益臻完备。十九年，复增设法学院。中学部则有高中、普通、师范、农商四科，初中三级九班，实验小学七班，全校学生增至一千六百余人，为该校之极盛时代。二十年春，中国国民党中央执行委员会第一二六次常会议决，该校设置董事会，推定孙科、林森、陈立夫、孔祥熙、宋子文、马超俊、余井塘、吴铁城、郑洪年、陈耀垣、萧佛成等十一人为董事，以期发扬侨教，完成三民主义文化之华侨最高学府。念一年春，日军犯境，校址沦为战区，所受损害极大，战后规划复兴，对于各院系，重加厘定，裁撤法学院及教育学院，留文、理、商三学院，其间各院学系，随时有所增设、变更或废止。

二、行政组织

该校依大学组织法及大学规程组织之，设校长一人，综揽全校校务；设校务会议，审议重要校务；设大学秘书一人，秉承校长襄理校务。学务处设教务长一人，总务处设总务长一人，训育委员会设主任委员一人，各学院各设院长一人，各学系各设主任一人，军训处设主任一人，教务处分设注册课、出版课、图书馆、体育部，总务处设文书、会计、卫生、庶务四课，各课馆部各设主任一人，职员若干人。

三、院系编制

该校（甲）大学本科，本校现设文、理、商三学院。文学院设中国语文学系、外国语文学系、历史地理学系、教育学系等四学系。理学院设数学系、物理学系、化学系等三学系。商学院设银行会计学系、国外贸易学系、工商管理学系等三学系。原有铁道管理学系，自念三年秋起停止招生，现已结束。（乙）附设专修课。二十五年秋，中央政治委员会决议，由本校办理侨民教育师资训练班，现改称海外师资进修班，已办一期。（丙）中小学。本校附属中学分高中部普通师范两科及初中部，专收侨学生，又附设实验小学一所。

四、附属研究机关

该校为华侨高等学府，负有特殊使命，对于华侨所在地之宣传研究，特设有海外文化事业部，从事研究海外一般状况。该部设主任一人，分设调查、研究、编辑三股，每股各设主任一人，研究员若干人。该部出版物计有《南洋研究》《海外侨讯》《中南周报》及《海外丛书》等若干种，现计划编印《南洋年鉴》，已拟订目录，分别选择。关于调查方面，除通信调查外，已添请驻外通信员，并每年派员实地考察。

五、教授学生现况

文学院现有专任教授二七人，讲师一人，兼任教授及讲师十一人，助教八人，学生二百七十三人。理学院现有专任教授十一人，副教授一人，兼任教授三人，专任讲师二人，兼任讲师一人，助教十二人，学生一百二十二人。商学院现有专任教授九人，兼任教授十一人，讲师五人,助教六人,学生一百六十六人。

六、设　备

(甲)图书。图书馆所藏图书计中日文四四一二七册,西文一一〇〇九册,合计五五一三六册。杂志中日文三六八〇册,西文一七〇六册,合计五三九六册,共计六〇五百三十二册。(乙)仪器。理学院方面现有物理仪器八百八十余种,化学仪器六百余种,药品六百余种,标本模型五十余种。文学院方面,现有心理与教育实验仪器三百六十余种,生理标本模型挂图若干种。商学院现有计算机一架,电报收得机一架及练习打字机十七架。

七、出版物

该校重要出版物计有《暨南学报》,每学期一册;《商学季刊》,每三个月一册;《暨南校刊》,每周出版一次;《南洋研究》,每月一册;《海外小丛书》,已出九种;《图书馆馆报》等。

八、学生活动

该校学生之学术团体计有经济学会(专以研究经济科学、砥砺学术、训练办事能力与养成服务精神为目的,于民二十六年六月成立);世界语学会(专为研究世界语及发展世界语,亦于二十四年度成立)。其余尚有教育研究会、经济研究会、中文系文学研究会、催晓学术研究会、理科研究会、英文学会、工商管理学会、民族文学研究会,均有小型刊物。尚有中华口琴会暨大分会、暨南剧社等学术团体,学生研究空气甚为浓厚也。

(《上海法租界纳税华人会会报》第2卷第13期,1937)

暨南前页

曹聚仁

从一九二五年到一九三三年,我先后在暨南大学教了九年书,其间多可喜亦可悲,该说的也真太多了。那年,一位暨大旧同学汪竹一从台湾到香港来,同学会聚餐了一次,汪君席上说到了"暨南精神",我听了老半天,也不知道他究竟说了什么。他是在暨大毕业的,但他在暨南所读的书,一定不会有多少。到了二年级,就以学生会代表的地位参加了汪精卫改组派的政治活动;其后,他总是在南京的日子为多,大学的功课只能算是遥领了。当时的校长郑洪年,也颇看中这样从事政治活动的学生,所以要在大学取得毕业文凭是不成问题的。若干方面,他和潘公展、张道藩一流人物最相似,典型的国民党小官僚,却最缺乏"暨南精神"。所以,他讲了一半天"暨南精神",用的都是外交辞令,好似说了一大篇道理,实在一点也没有说的。我在这儿说汪君的近事,一点也不带讽刺他的意味;其实他只是从官场中混出来的好手法,却不是"暨南精神"。

中国的官僚,从来不肯明明白白说"是"或"非"、"黑"或"白"的,有的是模棱两可。所谓"今天天气哈哈哈",便是孔子所说的"乡愿"。"暨南精神"恰正相反。他们天真、热情,不计利害得失,一股劲往前冲。黑是黑,白是白,他们会当面和你争论,争得面红耳赤,又不会记在心上,过后依然和你十分亲热的。这种精神,在郑洪年校长时期,已经慢慢地消失,到了何炳松校长时期,暨南大学已经和上海一般大学差不多,并没有特殊的风格,而华侨青年,也不一定进暨南了。有一时期，复旦大学的侨生就比暨南多一点。暨南学生也不一定对海外殖民生活发生兴趣的。直到李寿雍校长时期，侨生的比例，更低得出乎意外的了。一九四九年春天，我重到暨大教学，上我的课的那三十多个学生中，侨生不过三个人呢！

谈暨南掌故的人，大都不知道"暨南"的来由的。暨南校史上说，"暨南"乃是端方所倡议的，也是不合事实的。（国人心目中以为暨南大学和厦门大学一样，都是华侨所创办的，也是说错了的。"暨南"乃是为华侨子弟设立的大学，而不是华侨所设立的大学。）倡议的人乃是清末一位出使到过荷兰的外交家钱恂（钱玄同的长兄，南京暨南学堂礼堂中曾挂着他的照片，我曾在郑校长办公室中见过）。他在阿姆斯特丹碰到了印尼的侨生，才知道海外青年侨生十分向往祖国的。那时，端方要算是满洲贵族中最开明的一位，听了钱氏的建议，就决计创办这个带有殖民政策味道的暨南学堂了。

说来，暨南大学应该分作南京时期、真如时期和建阳、上海时期这么三个不同的阶段。南京时期的暨南学生，我只碰到过李光前先生，那时期的学生生活，只能从传说中得之。我只知道暨南的南京校址，便是后来的陆军大学校园，后来的郑洪年校长，便是第一任的暨南监督，他的一生和暨南的关系也最深。真如的洪年图书馆，就是他捐资建造起来。那时侨生，不独免学膳宿费，每月还有零用钱可领取的。

今日的暨大学生，大多是真如时期的学生；我自己便是真如时期的教师。真如时期，也可分为姜琦时期、郑洪年时期、何炳松时期三个阶段。暨南从南京移到了真如，那是赵正平氏所建议的。（赵氏便是真如人，他是江苏省教育会的要角之一；他把暨南移近上海，便替中华职教派建立一个暨南新村，圈购了一片地皮，都是他们那一群朋友所有的。）但他只做了一年校长，就由姜琦（伯韩）师来继任了。依暨南的成例，除了侨生是不许投考该校的（事实上，半是闽广籍的学生，其他一半才是海外归来的侨生）；其间，只有极少的例外，即是宝山县可以保送三名，因为真如乃是宝山县属。还有岑春煊家，可以保送三名学生，因为岑氏曾捐过一片地皮；其他，只有教职员子弟可以依例入学了。因此,闽粤侨生(闽粤青年)总占了百分九十五以上的大多数。每逢假日,真如车站上,一眼看去,都是戴着形形色色的帽子,近于"小黑炭"型的小伙子。(小黑炭陈镇和短小精悍,足球名将之一。)在上海近郊,来了这么一批小伙子,在那时,也可说是一种奇景。

到了郑洪年重任暨大校长(那是一九二七年国民政府建都南京以后的事),暨南扩充为完全大学,也附设了中学部,这才开始招收国内青年学生。侨生的比例,便逐渐减低到四与六之比。不过,郑氏比较注重侨务,校中设立了华侨研究室,出版了刊物和丛书(刘士木先生主其事)。对侨生的吸收,他是注意的。到了郑氏去职,经过了沈鹏飞那一年的混沌时期,由何炳松氏继任校长,那正是国民党法西斯化的高潮中,他战战兢兢在 C. C. 系的控制之下,对侨生十分不放心,大量招考国内青年学生,侨生比例低至十分之二的低率。抗战时期暨大便和一般性的大学完全相同。到了胜利复员,移至上海闸北开学,侨生比例,一直那么低。一般学生,更不知道"暨南"所担负华侨教育的特殊任务了。

在暨南的校史上,我所知道的校长,只有姜琦师是一本正经办学的教育家。他的作风最民主,一切决定都由校务会议来主持,他自己只是一个学校的代表人。校内的一切,又由各院、科主任来执行,他只是一个"虚君"。他以前那位校长赵正平,我当时并不相识,后来深知其为人,他乃是一个野心很大的人,却不是教育家。郑洪年原是老官僚,他是交通系的人,做过铁道部长、财政部长,也不是适于办学的,但他把暨南大学当作自己老年期的名山事业来做,他又好大喜功,所以做得很认真,开拓了大规模。何炳松虽说是一位学者,也做了许多年校长,但做暨大校长就平庸得很,既没有郑洪年那样的富有魄力,又不肯如姜琦那样垂拱而治,所以一切都很糟。李寿雍也是政治兴趣很浓,他主校政时,又是政治环境最复杂的时期,也一切没弄好。因此,真正有点暨南精神的日子,系是姜、郑二位校长时期。也正是侨生最多,富有青春力、朝气蓬勃的时期。说起来,我也几和张天放师一样,成为"暨大"的元老呢!

我在暨南任教的第二学期，其势非搬到真如去住家不可了。真如，离开上海只有十多里路，那时并没有公路可通，而沪宁车老是脱班，在车站上呆等三五小时也是常事；要天天走教，真是不方便的。有时也走路回沪西，或跟同事合乘羊角车，就得挨上一小时才行。那时，我每星期要上五天课，只好以真如为家，跟着暨南走了。那时的真如，可说是十足的农村生活，环绕暨南四周围的村落，都是平房，和我自己家乡的农村差不多；因为海风大，绝少有楼房。散散落落，有几处园子，连带有几座楼房，那都是上海大户人物的郊外别墅，假日消闲之地，并不出租的。后来，我和张天放师总算找到了一所靠近杨家桥的楼房一同住下；当我们厌倦于上海尘杂生活的时候，这是很好的新环境。但，我们都是久居城市的人，突然回到没有电灯没有自来水的生活中去，也是十分不惯的。（暨南自己设小型电厂，不向校外供电的。）本来宅旁有私家井水，秋冬天干，井也涸了，那就糟得很。有时还得向暨南去讨水吃。那时，所谓暨南新村还只是一片旷野。真如车站附近，偶尔也有一两处卖点心的，却没有什么店铺。日常生活所需，都得上真如镇去买。从车站到市镇，也有三里多路，风雨晨昏，实在不便当。真如农民的生活，可说相当富裕，他们虽说住在茅屋平房中，家境着实过得去。农家妇女都下田耕种，种花种菜，供城市之用，收入当然好得很。因此，要在乡间找一个帮工的女佣，实在难得很；而要从上海市中找一个隐士式的女工，那就更不容易了。我还记得王兄替我从上海南市带了一位女工来乡间，当她在北站上车时，还以为被人拐带了去呢！而那女工的亲友们一直弄不清楚，“暨南”大学为什么不在上海而在上海的乡间呢？他们一直不懂得“暨南”二字是怎么讲的。我曾经对他们讲了好几回，可是，又是《尚书》，又是《尧典》，又是“朔南暨”，太不容易搅了。这都是那位开明的满洲贵族，又是考古学家的两江总督端方的玩意儿，我有时，真想打他几十下手心呢！（“暨南”，即《尧典》的“朔南暨”之意。）然而我们非住下去不可，因为我们已经属于“暨南”的了。

住在洋楼里，欣赏农村景物，当然是高雅的；隔篱桃花盛开，一阵风过，送来了菜花香，岂不是羲皇上人？这样的诗意生活，我是领会得的。可是，四边的乡村农民，就把我们看作是另外圈子中人，不会和我们亲密相处的。他们把暨南学生都看作是从海外回来的王子。他们从传说中知道华侨都是麦克麦克，王子们谁都“腰缠十万贯，骑鹤来上海”的。我们这些太子太傅，当然更是油水有着大把钱的。因此，他们的鸡也特别值钱，鸡蛋也比上海的贵得多；我们的生活费用，让他们替我们抬高来了。我是从农村来，也懂得种菜灌园的方法，养鸡养猪，并不外行，我曾养了一只羊，到处散放，养得很肥。（我本来是牧羊儿，事事都懂得的。）乡人们就开始掉我们的枪花了。他们故意叫一个小孩割断那只羊的绳子，让它逃开去，再找一个小孩子来通知我，说是那只羊不见了。直到我出了点钱，那孩子才把我的羊送回来。这样地反复勒索，直到我让校警去找回那只羊，这出喜剧，才算演完。

暨南中页

这么一来，住在洋楼里的太子和太子太傅，一直和乡人合不上来了。一有风吹草动，我们就变成他们的肥羊了。那些年头，风吹草动的乱子也真多；一闹乱子，我们就可以体会得他们那种趁火打劫的情怀，有时使人哭笑不得。那五年之中，我曾几次搬回上海去住过，终因自己是属于暨南的，依旧非搬回真如不可。只有一回，那年是郑洪年先生初任暨大校长，我是从杭州搬回真如，无枝可栖，就住在姓杨的农家中，弃洋楼而住在同样的茅屋，和他们一同过活，成为他们的一部分；这才打开彼此的隔膜，相处得很好。他们才知道暨南学生并非王子，而我们也并非太子太傅；他们自己的生活经济，的确比我们好得多。在那样的空气中，我们才可以守望相助，彼此合作。有什么紧要的事，他们也会帮我们一手的。老实说，大城市近郊的农民生活，才是理想的农村生活；我宁愿放弃我的太子太傅地位去做他家的女婿，帮他们灌园种菜的。他们的女儿，都是在田园中耕作，着实健康美呢！——真如来了那么多的王子，毕竟不曾有人在真如做农家的驸马，可见两个世界之间，是不容易打开篱笆的！

此刻，我在这儿谈暨南，不免以我自己为中心，用自己的看法来谈自己所知道的人。我不禁拦笔一笑，假使别人来写暨南的故事，又不知把我写成怎么一种人，也许根本不会提到我这样一个人，也未可知。好在，我只是闲谈，什么都不必太认真的。我姑且从一个极不相干的人物，南新书店的夏老板说起。南新书店，只是暨南大学大门左近的一家出售书籍文具的小铺子。书店的老板，姓夏，胖胖的一个十足老板腔的老板。他供应全校的教科用书、课外补助读物以及其他报刊，也带卖一点日常用品。店中也有三五个伙计，整天很忙似的。（这位夏老板，并不只办了这么一家依存于暨大的书店；在江湾，有复新书店，专做复旦大学的生意；在沪西中山路有夏新书店，专做大夏大学的生意，也可说是小型的托辣斯。）看起来，夏老板总是整天笑嘻嘻一脸和气的，但，我不禁想起了《儒林外史》那位汤六爷的话：他这脸是帘子做的，要卷上去就卷上去，要放下来就放下来。在我的眼前，他的脸是卷上去的，其实他的脸是放下来的多。那时，我时常在大门外等候东行火车，在他的店中看看书刊。他那对伙友们的神情，我是看见的。他一笑起来，双眼就没缝了。他一放下脸来，眼角是倒挂着的。我不曾读过相书，不知他这种脸谱属于哪一型的。他把校中的校长、院长、教授、教员、职员的等级分得很清的。他对我显得特别亲热，一则我是他的最大主顾，二则，我也总在教授以外还兼了带有实权的职务，我在他那儿挂的书账最多，几乎把我以往在商务印书馆赊欠的账都移过来了。学生的底细，他摸得很清楚。所以有的学生，也会获得他的青眼的。我曾经用《南新书店老板》作为特写的文题，同学们拍手称善，也有人写得很突出的。从他的手法，我们可以懂得官僚主义是什么。后来，夏老板去世了，他们这一串依存于各大学的书业，也就衰落了。

郑洪年先生,这一位暨大校长,说穿来,也是十足的官僚。(郑先生最看重我,对我也最客气,但他之为典型的官僚,也不足为讳的。)我觉得南新书店夏老板和这位校长是最相配的一对。郑校长和姜校长有一最不相同之点,即是姜氏做了三年校长,几乎什么都是率由旧章,没有什么变动过;郑校长则是三月一小变,半年一大动,绝不让你有好好的安排。我在他做校长那五年中,从秘书、初中主任、普通出版科副主任、科主任到教授,转来转去,不知变了多少回呢!我的一位老师张凤先生,他所周历的职位更多。张师在暨大二十五周年纪念会上说:"我在暨大,除了校长和校工,我都做过了。"这是实话。我研究郑氏的心理,他是要显出他的权力,所以把我们搬来搬去的。我在姜校长时期,也曾帮着他处理校务,例如:学生家长从南洋汇来一笔款子,由训育处收下了,转交了,当即写了一封复信,存了卷便是了。这是一二十分钟的事。一到了郑校长手中,由收发处签收,送呈秘书处,由秘书长检核收了,由秘书拟稿作复,经秘书长阅过,再交文书室誊写,再交收发处寄送。这么一来,一二十分钟中可以办了的事,就得经过五六番手续,通常得挨迟四五天才办好的。有了这样的曲折,校长办公室以及秘书处,就得有那么多的人手来办理了,他是从国民政府铁道部长的位置上转过来的,好似非有这么大的排场不可了。郑校长有意要把暨大办好来是真的,但大学毕竟不是铁道部,要教授和学生像部属那样听话是不可能的,所以他一直为着暨南的事而头痛的了。郑校长也爱玩若"苦迭打"的手法耍来耍去,结果还是自搬石头压脚背,自己垮了台才了事。(姜校长主持暨南校务,他只能算是大媳妇,上面有黄任之、沈信卿那些婆婆管着的;商学院院长杨汝梅、高中普通科主任雷宾南,都是她的妯娌,大媳妇是不容易做的;到了郑校长,他就自己在做婆婆了。)

我这位秘书,很少去找这位校长的,凡事都由我们那时期的大媳妇叶纯泉兄去出头。(后来,樊右善、曾克耑诸兄都做过大媳妇,他们都是郑校长的老部属,颇懂得郑老的脾气的。)反正校中有什么重要文件要写,郑一定会来找我的,他只能对我客气一点。我也颇懂得大人物的脾气，“近之则不逊，远之则怨”，就是那么不即不离地相处。郑老的样儿，也颇像个老婆婆，大概史太君就是这么一种神情。他有时显得很威严，他说他连蒋介石也不怕。我想他一定怕蒋介石的。在郑氏的校长办公室，即莲韬馆，门前挂着“风雅一手提学子，江天小阁坐人豪”的联语（张天放师集句），桃树浦的江天，既小得那么可怜，我们这位人豪也就难得施展开去了。他是很想提倡风雅的，因此，若干诗酒之会，都有我的份儿。

有一回，我曾替郑校长写过一首《看云楼题句》，末两句云：“登楼且袖经纶手，看取青山送句来。”颇合上了他的心意。郑老，他自己会做诗、古文，字也写得颇不错。他的字，颇像叶誉虎先生，好坏我不敢说，因为我欣赏的能力不够水准。他是属于旧时代的士大夫，什么都懂得一点，自不必学有专长的。其实，暨大同事之中，动得笔的很多，即如潘伯鹰兄，书记翩翩，自是长才。他却喜欢我这样不新不旧不古不今饮冰室式文字；这也是维新时期人物的头脑。

郑校长把暨大扩充为完全的大学，便延揽了一大批负有时望的学人；这批学人，真是齐足而并驾，各以所长相轻所短的。其中就有许多怪人，上演了许多怪事。一位便是黄侃（季刚），他是章太炎师的大弟子，他是目空一切，谁都不在他的眼里的。（他在南京，有一天，碰到了戴季陶，季陶问他有什么著作，他说：“我正在编次《漆黑文选》，你那篇大作，已经编进去了！”他用《漆黑文选》来对《昭明文选》，幽了季陶一默。季陶听了十分尴尬，不知所答。）暨大教务长黄建中，原是季刚的弟子，在暨大担任哲学教课。有一回，恰巧季刚下了课，在教室门口碰到了建中，建中当然向老师问候，老师转问他：“你教什么课？”建中说是“哲学”，季刚大声道：“我问你，你自己懂不懂？不要胡吹乱说。”建中为之愕然久之。这便是第一等怪人的言行。其实，暨大是用不着这样的学人的，因此，他在暨大只教了半年，一点影响也不曾留下来，同学也不知道他是怎么一个人。（他长于音韵学，也精于《文心雕龙》研究，曾任北京大学教授。）

那时的暨大，也可说是新旧兼容、百家争鸣的，所以陈钟凡、龙榆生和章铁民、汪静之,一同在那儿教课。龙榆生兄以治词著名,我十分外行,就看不出他有什么特殊的精义。陈钟凡先生被胡博士看作是低能,也可说是很老实;他当时任文学院长,却为了《伯兮》诗的训解,和章铁民、汪静之吵了一大场。那时,章铁民在高中教国文,兼做出版课主任,主编《暨南周刊》。不独他们的"理"够充分,发表的机会也好些,《周刊》成为他们的园地,陈院长便吃瘪了。(《伯兮》本是思妇怀人诗是不待言的,陈院长一定要主《毛传》,当然有些可笑的。)陈氏乃以文学院院长向郑校长提出了要求,毕竟压倒了章、汪二兄,迫着他们解了职,离开了暨南,这就不够气度了。郑老要我继任出版课主任,继编《暨南周刊》,《伯兮》之争不再在《周刊》继续下去。后来《伯兮》的论争,闹到《永安月刊》上去,那就没有陈氏答辩的余地了。

暨南同事之中,湖南朋友特别多,有一时期,谢秘书长特地从长沙请一位著名教育家夏开权到暨大来做中学部主任。夏兄确是教育家,也是一筹莫展。郑氏并不赏识他,也不信任他。一位姓陈的秘书长最得郑老的信任,但也做不出什么来。我说:郑校长毕竟是官僚。

暨南后页

我曾经说过,我所写的乃是真如时期的"暨南"。在我们的记忆中,"真如"真是不祥之地。自从赵正平校长把"暨南"从南京移到了真如,一直没过安定太平的日子。一九二四年,真如新校舍刚落成,还没装好电灯,恰碰上了齐(燮元)卢(永祥)之战。黄渡战后,卢军大败,齐燮元就把总司令部推进到真如,住在暨大新校舍,新舍便受了一回大劫难。那时,商学院设在沪西徐家汇,总算没受多大影响。到了一九二六年,暨南中学部侨生增至五百余人,也可说是全盛时期。真如地价也涨到每亩千元，通往上海的公路也修筑完成，有了校车可搭了。一九二六年冬天，国民革命军北伐，声势浩荡，江浙震动。那时，上海的青年学生十分激进，暨大学生隐然代替上海大学在做社会革命运动的盟主。孙传芳突然下令上海各大学提早放假，即日停课。暨大侨生纷纷回南洋去。大部分学生，只好躲到租界去等待天明，后来还在租界借地开了课。本来孙传芳是要在暨大住兵的，还靠江苏省教育会的巨头们暗中奔走，幸免于难。北伐军打垮了孙传芳、张宗昌两军阀，一九二七年春天，革命军便到了上海。江苏省教育会也随着倒下去了。暨大改由大学院管辖，又在真如开学，还扩充为完全大学，由郑洪年任校长。从一九二七年秋天，到一九三一年之间，暨大学生增加到一千人以上。车站附近，也有了小小市场；最多的还是小饭馆，整天都是很热闹的。郑老还在校南建造了别墅，有着"营我菟裘以谋终老"之意。那时，真如的地价，又从每亩七八百元涨到每亩一千元以上了。暨大一些同事，也有在那儿买地皮造房子的。我的一位小同乡，以研究语文学著名的张世禄兄，他就买了一块地皮，造了许多间房子，每月房租的收入，和他的教授薪金差不多。眼见真如一天一天繁荣起来，我们的语文学家，也将变成真如人了。校北暨南新村，也先后建造了许多座小洋房，作为教职员住宅。我和曹礼吾兄住在东北角上那一座，每人两间房子，还有厨房和工人房，一共三小间，也算有这么一个小住宅了。我还记得南首是洪逵兄的住所，西边紧邻是谢家，他是秘书长。再向西，便是张天放师的白屋，他进屋时，还写了移家诗，印了一本小册子来纪念。西南角是王济仁兄的住宅，他是中学部主任，担任物理教课。我的印象中，他的房子最好。靠东一点则是顾仲彝的房子，他是戏剧家，那时教英文。一村之中，鸡鸣犬吠相闻，也算安居了那么几年。直到一九三一年"一·二八"淞沪战事发生，我们的安乐窝又给战火打碎了。大难来时，各自飞了。

我在暨南新村住了一年多，又从校北移到校南新木桥头的杨姓别墅中去。那是一所二层的广式洋楼，房间很宽敞，客厅很大，院落更大，恰好是新木桥的西堍，小桥流水人家，得乡居之胜。院中种种现代化设备,比新村舒适得多。谁知"一·二八"战火一起,新木桥的房子立即遭了灾劫,我在上海十年,积聚起来的一点书籍、衣服,荡然无余了。本来,抗日战争的谣传,从"九一八"以后,就时起时伏,到了第二年一月初旬,更是沸沸扬扬。但在一月二十七日下午,上海市政府已经完全接受了日方所提出的几个条件,国民党机关报《民国日报》也已封闭了,显然不作抵抗的打算了。那时,洪逵兄兼任吴市长的秘书,他的家正住在新木桥头的东边,该属于消息灵通方面,连他们都不搬家,我们更不必惊惶了。那位住在梁家花园的徐名鸿兄,他是十九路军的秘书长,他听到了全面屈服的消息,气得上床睡觉去了。我呢,虽说从在沪西同文书院方面读书的幼弟带来了警讯,仍是相信名鸿兄的话,什么都不做准备。(那夜,闸北十九军已准备全面移防,南京方面派了两团宪兵来接替防务。)一月二十八日黎明,战事突然发生了;十九路军蔡廷锴将军,就在梁家花园设立总指挥部。天明以后,我们就在门前桃树浦乘了船到沪西梵王渡,经静安寺进入租界。徐名鸿兄就把司令部移到我的寓中来,他一直就住在我的书房中。他叫卫士们要爱惜我书籍,他对他们说:"这都是曹先生的心血呢!"直到十九路军向后退却,他们离开了我的寓所;徐兄到了苏州告诉我,除了有人借看几部小说,其余都完完整整摆在那儿的。接在十九路军之后,日军的一个联队,也在我的寓中做司令部。后来,我们才知道小桥流水正是军事上最好的据点。我呢,正碰到这么一个不幸的机会!当十九路军驻在那儿时,为避免敌侦察,用车辆去搬运是不能的;日军住在那儿,他们就把我的书乱七八糟堆到后面柴炭间中去。曾绕道去看了一回,勉强搬了些出来。后来《淞沪协定》成立了,日军也退去了,柴炭间那一房间的书,也都不见了,我相信那都是真如人拿了去的。那一年,为了逃避战祸,曾到家乡住了一些日子,我的孩子患了流行性的脑膜炎,死在家乡了,这也是我一生最大的惨痛。人生真如一梦,凡是我在真如得的,到了一九三一年,烟一般散失在真如了!

为了逃避战火,一九三一年春夏间,暨大就分别在广州和苏州复校——大学部设在广州,中学部设在苏州。当时,我是初中部主任,王济仁兄任高中主任,绕道松江转到苏州去,在那儿住了半年多。暨中借了苏州三元坊的工专开学,我和王兄住在阔街头的网狮园,便是后来张善子、张大千兄弟养虎之地。那场战火到了新阳江边,便停止了,我们也就在苏州过安闲的生活。

我们带到苏州去的暨南学生,大多是海外归来的侨生(闽粤学生,有家可归的,大半都回去了),苏州这一城市,可以说是最富有东方气氛的城市;那些暗灰色的墙头,象征着闲静与迟暮之感。那儿的人,要打架的话,也是要先放下了棍子才动手的。因此,苏州的警察,也是那么文绉绉的,他们的胆子,比老鼠还小,倒把那儿的流氓变成了猫,吓得一点也不敢响,不敢动的。暨南学生在苏州人眼中,简直是鳄鱼,不独把那些警察吓昏了,连苏州的流氓也望风而遁,不敢出声了。其中一条大鳄鱼,乃是真不二价的大力士,他能手弯铁条,绕成种种花样,也能在他的肚皮上放上五块长石板,给铁锤打成了两截;也曾平卧在南京路上,让大卡车在他的身上碾过去,并没受什么伤害。要是他不听话的话,我们的骨头是经不起他来动手的。幸而闹事的乃是其他那些鳄鱼,郑校长总是要我们拜访张仲仁老人之门。这位做过北洋政府秘书长的大佬,他对于鳄鱼们又有什么办法呢?那年暑天,若干烦恼的结子,还靠陈希文同学来给解开来的。我在那时期,才十分体会到"暨南精神"是怎么一同事。大概,郑校长体谅我们实在太辛苦了,从那年秋天起,就让王兄和我都一心一意做教授去了。

"一·二八"的战祸,使我们体会到乡居之不易;一九三二年,我便移一家到上海去,住在法租界的金神父路花园坊。一面做暨大教授,同时也兼了复旦大学、大夏大学的教课。那一年起,我才开始写作,主编了以乌鸦为商标的《涛声》周刊和后来《芒种》半月刊。也开始替《申报·自由谈》《申报周刊》和《立报·言林》长期作稿,看起来,我已成为左倾的作家了——我们反抗当时对文化采取高压态度的当局,我们在国家民族的立场,主张对日本作战,我后来也参加了奔走救亡运动的抗日救国会。在这儿,我为什么要提起这件事呢?因为这是郑洪年被迫辞职以及我们这些教授被排出了暨南的主因。原来华侨青年的爱国情绪最高昂时,思想也最激进;上海的学生运动,自从上海大学被解散了,领导中心便移到真如来,那是事实。郑氏本人,自有他的政治手段,但他庇护了左倾教授和学生,这就成为被攻击的理由了。一九三二年,蒋介石重新回京主政;墨索里尼和希特勒的光辉,使他向往不已,在中国也就有了蓝衣社的活动,他的部下,暗杀了杨杏佛、史量才,逮捕了丁玲、赵平复等左翼文人,那是政治气压最低的日子。C. C.的决策,要控制全国的大学,我们都在黑名单之列;一九三三年春天,郑洪年辞去了校长职位,我们也就离开暨南了。

(曹聚仁著《我与我的世界》,人民文学出版社,1983)

暨南大学搬出了真茹

洪　谟

我在暨南大学的时间比较长,念了本科,当了几年助教,最早还在中学部读过一年,共有十年之久。我经历过三位校长:郑洪年、沈鹏飞和何炳松,我参加过校长们召集的大会,也在学校中看见他们在途中来往,但是我不曾找过前后任何一位校长谈话,或直接办过事,对于三位校长来说我只是学生或教师花名册上的人员之一,除了我的性格上有点怕见领导人物这一点点因素外,我认为倒是颇正常的。一所正规的大学,各院系在教学和行政等工作上都有一套纲领式的规范,在一般情形下,院、系各层可以运行得很好,基层人员用不着找校长去说什么。我想,学术空气、校风等学府气氛正是在这样,各自埋头工作,同时又有着传统的默契和协作。

何炳松校长1935年来到暨南大学任职，那正是民族危机深重的年代，国内的统一抗日的局面还远未形成，内战还未结束，国民党当局中各派政治势力相互倾轧。在这样的时局和环境中负责一个大学，并保持相对的稳定，可想而知是艰难的，极不容易的，何校长却稳步地走了过去。

1937年从芦沟桥的烽火扩及上海，成为全面的抗日战争。抗日救亡的爱国情绪在每个人心头高涨着，抗日的行动从前线的英勇战斗到后方每一个环节都一下子动了起来，有的是当局所能及时部署的，有的，依我想绝大部分是自己在行动，不免有点乱。但既是一条心，也很容易自己互相调整到大致能符合抗日战争的要求，就在这种情况下，每个人在自作安排。我自己一时离开学校，一头扎进抗日救亡演剧队中（暨南有好几位同学和我在一起），我无从想象留在真茹的暨南大学那么一个大摊子该怎么办，炮火所及，损失不可免，是不是整个没有了呢？但没有多久，有人告诉我学校搬进了租界，在战火硝烟中，在密密层层的居住房屋中继续开课，在成为孤岛的上海租界中恢复暨南大学的正常运转。我真惭愧，竟不知道在真茹的学校是怎样搬的，只听说都搬来了，仪器、图书、文件都来了，在小沙渡路……

没有多久王以和学长（两年前他故去了，他和我是同学，也是肩并肩的同事）正式来通知我，我们各自负责的实验室都搬好了，我和王以和学长去了，实验室的老工人丁宏典迎着我们笑说都在这里了，挤了一点。可不，这都在！只不过扔掉了几个空大橱。

如今已不大记得丁宏典说过，他和许多人怎样参加了由学校组织的搬运，各有专责完成每个系、每个部门的搬运，我不知道校长、院长、系主任、各部门怎样计划和组织的，又怎样领导在炮火横飞中的搬运工作，多少箱子，多少车辆，多少努力以及如何调度，等等。总之暨南大学搬来了，留在上海的师生一呼即至，不久我们就先后在小沙渡路、陶尔斐斯路、康脑脱路、海防路这些不怎么舒适但又完全能应付的各式房屋中上课了。

从1935年到1941年学校撤退到后方时为止，我每学期开始都收到有着校长何炳松签章的聘书,但我却从不曾和何校长交谈过。

(《何炳松纪念文集》,华东师范大学出版社,1990)

忆真茹时期的暨大

汪 巩

我于1934年—1938年在暨南大学理学院化学系学习,离校已半世纪有余了。流光易逝,但往事如昨,回忆何炳松先生于1935年6月出任国立暨南大学校长时的情景,犹历历在目。何先生是当时十大名教授之一,曾获美国普林斯顿大学硕士,历任北大、北高师教授,商务印书馆编译所所长。来校伊始,广罗知名学者、专家、教授执教,组织阵营面貌一新,记得当时负责行政与教学工作的主要成员如下:

秘书长:杜佐周教授,兼总务长暨文学院教授(美国爱俄华州立大学哲学博士)。

教务长:张耀翔教授(美国哥伦比亚大学硕士)。

理学院院长:李熙谋教授(美国哈佛大学硕士),1935年秋由程瀛章*(寰西)教授(美国芝加哥大学哲学博士)接任。李先生后于1937年接任教务长。

文学院院长:郑振铎教授(商务印书馆编辑,进步人士)。

商学院院长:程瑞霖教授(英国伦敦大学经济学院研究生)。

注册课主任:陈科美教授(美国诗家谷大学教育硕士)。

出版课主任:罗鸿诏教授(日本帝国大学毕业)。

图书馆主任:查修教授(美国意利诺大学博士)。

医务课主任:梁俊青医师(德国汉堡大学医学博士)。

体育委员会主任:余衡之教授(美国哥伦比亚大学硕士)。

海外文化事业部主任:吴泽霖教授(美国俄亥俄州大学博士),后于1936年接任教务长。

理学院当时设有三个系:数学系(系主任束星北教授,美国麻省理工大学硕士。1937年由孙荣教授接任),物理系(系主任崔九卿教授,美国康奈尔大学硕士),化学系(系主任容启兆教授,1935年秋由程瀛章院长兼任,1936年由王子瑜*教授接任,其得英国爱尔兰大学化学硕士学位)。

其他在暨南各院系任教的知名学者教授,理学院有:靳宗岳、蒋绍基*、张镇谦、徐仁铣、严昉*、曹凤山*、程延庆*、薛愚*、陶桐*、梅观涛*、李家光、鲁波*、陆升传*等。文学院有:郭一岑、董任坚、郃爽秋、李冰若*、吴文祺、李健吾、卢前、许杰、蒋维乔、方光焘、孙大雨、谢文炳*、袁文彰、陈麟瑞、吴子敬*、周煦良*、林和民、孙寒冰、顾仲彝、周予同、周谷城、张凤、张资平、钱亦石、黄鸿年、郑通和、章益等。商学院有:沈立人、汪永、张素民*、吴德培*、崔晓岑、周茂蕃、刘絜敖*、张隽青*、周宪文、钱素君*、汤心济等。公共选修课有黄宾虹、袁业裕等。由此可见人才济济,极盛一时。其中打有星号者,都是教授过我的老师。他们教学认真负责,诲人不倦,使我得益非浅。

在课程设置方面,分为全校学生公共必修课程(如南洋概论、一年语文、一年外语等)、各系必修课程和选修课程。规定公共课程不计学分,必修课程和选修课程在四年内必须修满136学分,并须在最后一学期写出毕业论文,经系主任审阅认可之后,方得毕业,并呈报教育部授予学士学位。此外,学校为了增强同学毕业后择业的需要和扩大学科的知识面,还规定每个学生除以就读的系作为"主系"外,还可跨院选择另一个系作为"辅系"。从二年级开始即可修读辅系所规定的课程学分。我当时选择了工商管理系作为辅系,这对我后来担任造纸厂厂长、经理工作,帮助很大。当时理学院课程所用的教科书,基本上都与美国当时著名大学所用者相同,均采用原著,英语讲授,教学水平之提高，可以窥见一斑。

记得1935年何校长在任职后举行的第一次开学典礼上曾指出：国难严重，我们应发愤图强，努力奋斗，以拯救国家，以复兴民族。毕业同学必须能向海外发展，能在外界立足。情意殷切，对同学激励鼓舞很大。那时在学术研究方面，何校长十分重视，增添了图书、仪器，邀请专家名流来校演讲，开展各种学术讲座和研究，设置论文奖金和奖学金，举行国语英语演说比赛、教育辩论会，出席国际篮球赛以及参观考察（记得当时我们化学系由程院长亲自率领参观中央造币厂、天厨味精厂），做到理论结合实践。对学生上课，则严格要求不缺席、不迟到，并由注册课派员点名统计（记得由周光忠先生负责），学术空气日趋浓厚，学风校风蒸蒸日上，颇博得当时社会舆论的赞许。在暨大建校卅周年和1937年完成大学建制十周年纪念时，曾举行盛大庆祝会，海外文化事业部和各院系展出了各种出版刊物和学术论文。理学院展出的论文（由各系出题，经参赛评选获奖的论文）计有：

数学系：杨　雄（九点圆之研究）
李材葆（同轴圆之研究）

化学系：倪仲光、高　景（表面附着之研究）
汪　巩、滕　霖（中国造纸之沿革）

物理系：王庆英（马克斯威尔小传）
黄福生、彭达豪（地球磁场测定法之研究）

此外还有参观、演出等活动，颇受海内外来宾的赞赏。

在爱国民主运动方面，暨大同学继北京“一二·九”运动后，率先发动各大学举行游行示威。同学们由暨南出发到正风文学院、大夏大学、光华大学、交通大学、复旦大学等校号召同学向政府请愿，要求出兵抗日。“七七”事变后，“八一三”日军大举进攻上海，暨大地处战区，无法开学，先后迁至旧美租界小沙渡路（现海防路）侨光中学、旧法租界陶尔斐斯路（现南昌路）四合里和旧公共租界康脑脱路（现康定路）教堂等处继续上课。在这样的困难时期，同学仍能弦歌不辍，上“最后一课”，实与何校长的苦心筹划与爱国之心分不开的。

使我最难忘的，是我在大三时，曾为《徽州日报》主编《科学丛谈》副刊，何校长为我亲笔书写刊头，以资鼓励支持。毕业后又由程瀛章先生请何校长书函介见浙江省民所长阮毅成先生，推荐去浙江省工业改进所工作，栽培提携，至深铭感。我现年古稀，先后执教已四十余年，虽桃李满天下，然今日之所以能兢兢业业俯首甘为孺子牛者，实与何先生暨诸位老师之春风化雨、谆谆教导和培养是分不开的。抚今追昔，聊述往事一二，以纪念何校长柏丞先生诞辰一百周年。

一九八九年八月十二日写于
上海华东化工学院

（《何炳松纪念文集》，华东师范大学出版社，1990）

暨大教书一学期

沈沛霖（清尘）口述　沈建中整理

我自镇江回到南京，于中华门许家巷赁屋而居。未几，留法同学楼桐孙来寓访见，谈及奉贤种种，不胜感慨，偕为吏治之腐败，忧心忡忡。楼兄时任国立暨南大学政治经济学系主任，言毕，即邀我至暨大任教，谓政治经济学系开设“县政制度”课程，缺乏得力师资，兄主持县政三载，当有深切之体会，定可胜任。我推辞不得，只有允诺。楼兄旋请准代校长沈鹏飞同意（时校长郑洪年赴南洋考察华侨教育，由沈氏代理校务),将聘书发下,时为一九三四年一月。

暨南大学为国家创办的侨校,以招收海外华侨子弟为主。其前身,为清末两江总督端方创办于南京的暨南学堂。民国建立后,迁至上海真如新址办学,各界名流张謇、史量才、黄炎培、范源濂、孙科、陈立夫等皆为校董。除大学部外,还设有中学部及实验小学,以体现其一体化办学方针。

二月,我赴真如,主持"县政制度与地方自治"课程。教材由我自编,并由暨大印行,以孙中山先生之《建国大纲》精神为纲,将县政制度与地方自治之关联,逐一加以分析说明,引起诸多学生的兴趣。许多同学自南洋来,还是初次听说地方自治与县组织法的名词,觉得很新鲜,在课中提出了不少实际的问题,希望我给予解答。我有鉴于此,经征得校部同意,乃率诸生就近赴江苏省江宁地方自治实验县参观,是为理论与实际之结合,深得学生的欢迎。在江宁自治县,学生实际操作自治实务,分任县、区、乡长一日,办理各项自治事宜。如此一来,对课堂所学内容,更加深了印象。时实验县长为梅思平,对我们到来,甚表欢迎,指示属下,予以协助。梅为浙江人,曾为中央政治学校教授,后从政,梅与留法同学楼桐孙、杨公达、阮毅成诸兄甚熟,我与梅为初识,交谈亦甚欢。梅知我曾在南京军校任教,即问我陶希圣熟悉否?我答认识但不熟。他即语我,陶与其为北大法律系同学,又告我许多其在北大期间的趣闻。惜梅氏其人,其后政治欲望膨胀,不安于小小县长之位,竟于抗战之初,追随汪精卫,下海做了汉奸,一失足成千古恨,终遭枪决,亦可悲矣。

在暨大教书期间,我与不少朋友交流对时政的看法。我认为,从东北沦陷,华北危机,到全国性的工商业衰败,农村经济破产,农民赤贫,再到军阀割据,吏治腐败,方方面面,由国民党领导的"国民革命"是失败了。如何面对失败,我主张必须彻底改造党,真正实行孙中山先生的治国原则,而不是徒有其名。蒋介石提出"攘外必先安内",我主张"安内必先救党"。蒋氏在这年发起"新生活运动",以儒家的"礼义廉耻"来规范人们日常的行为准则,但他光做表面文章,却忽视了各级官吏,特别是简任以上高官的廉政问题,上梁不正下梁歪,倘各级高官不能以身作则,为民前锋,则所谓“新生活运动”,便是一句空话。我的这些想法,后来写成文章,刊登在当年出版的《时代公论》周刊上。

我在暨大,仅任教一学期,即辞去教职。原因有三:一为南京真如两地忙碌奔波,颇为劳累;二为暨大薪水偏低,不敷家用;三为南京军校政训处长刘咏尧,请我回军校任教。有此三点,故我离开暨大,惟对暨大印象尚佳,同仁之间,相处亦好。

(《江苏文史资料》第 112 辑,1998)

暨南大学创办初期点滴回忆

翟俊千

一

国共合作北伐胜利后,国民革命政府奠都南京,于 1927 年春,成立了以蔡元培为院长的大学院,开始规划全国高等教育事宜。关于华侨教育方面,决定在原有暨南学堂的基础上扩建成一所综合性的华侨最高学府——国立暨南大学。当即由教育部任命郑洪年为校长,嗣后又任命我为副校长,其时我已在校担任政治经济系主任兼教授。那个时期在久经军阀混战之后,民生凋敝,国库空虚,当时政府虽设有所谓“中央财政委员会”,千方百计,到处张罗,无奈百废待兴,顾此失彼,教育事业又向不为当局所重视;本校扩建计划规模颇大,经费预算较小,郑校长面对这种现实情况,仍抱十分乐观态度。我还记得他当时就曾对我说过:“学校经费问题我可负全责,教育方面工作望多费心。”这就显示出郑校长对侨教事业很有决心和气魄,他当时又是"中央财委",更可增加他几分信心。后此岁月,学校经费问题果然不是一帆风顺,国库所发时有不继,青黄不接时他就随时垫支,渡过难关。又本校有一座颇为宽敞的颜曰"洪年图书馆"的建筑物,就是由他个人捐献的。

这里,我想先把暨大的前身暨南学堂追述一下。20 世纪初期,南洋地区多半还是西方列强的附属国和殖民地,其居民除土著人口外,大都是各国移来的侨民,其中华侨人数为最多,而且是世代居留的,他们在海外向来所受教育都是西方殖民主义性质的,经常有回归祖国接受教育之心。这里附带说明一下,侨胞常用"南洋"一词,是指"中南半岛"和"马来群岛"一带地区,其中有一大岛"爪哇"(今印度尼西亚国境),在那里华侨历史最早,侨胞人口亦最集中,向往祖国之情特别殷切。清代光绪三十二年,即公历 1906 年,曾有 20 多名少年侨生不远千里毅然归国,抵达当时两江总督所在地南京,恳求清政府设立学校安排他们入学。那时总督端方适从欧洲考察归来,途经南洋时一度接触到当地华侨教育情况,同时有一名出使过荷兰的外交家钱恂,平时亦接触过一些爪哇华侨学生,知道海外青年十分向往祖国,曾建议设立侨校,专收侨生。于是端方乃决定在南京兴办一所专为侨生而设的学校,并撷取《尚书·禹贡》"东渐于海,西被于流沙,朔南暨,声教讫于四海"这一段话的词义,将校名定为暨南学堂,以昭示中华民族的声威和文教影响深广,从北到南,无远弗及。最初派了温秉忠主办建校工作,另委督署记室郑洪年为暨南学堂首任堂长。先开设小学班,次年(1907 年)增设中学班,以适应陆续归来的侨生入学。又次年(1908 年)郑洪年他调,由杨熙昌继任。到了 1911 年,辛亥革命爆发,时局动荡,教育经费不继,暨南学堂便告中途停办。六年之后于 1917 年教育部才派黄炎培等规划恢复暨南学堂。1918 年春,委赵正平为校长,增设师范、商业两专科。1920 年夏赵正平辞职,柯成懋继任。1921 年秋柯辞职,赵正平复任,是年商业专科开始由南京迁至上海,扩大规模,购地 700 亩,建筑新校舍于真如。1923 年真如校舍落成。1924 年江浙地区齐卢两军阀交战,卢永祥败退,齐燮元军进驻真如,侵占暨南校舍作司令部,学校便又停办一年。到了1925年秋赵正平辞职,由姜琦继任。直至南京政府成立后,乃开始将暨南学堂扩建成国立暨南大学。从清朝暨南学堂创办,到南京政府初期国立暨南大学的扩建,其中不过20多年,曾因战乱频仍,经费支绌,两次中途停办,共虚度了7个春秋,致使远道归来的侨生中途辍学,流离失所,其余10多年即使在上学期间,亦有6次更换校长。

暨南大学最初考虑院系设置问题时,是从实际需要出发,把财力、师资和侨情三者结合起来考虑的。20世纪初期,南洋地区的华侨在农业方面已开始采用新法耕种,商业上亦已占有一定重要地位,但仍多沿守旧规,缺乏新的组织和管理,不利于商战,竞争往往处于劣势。同时由于南洋侨校历来所用教材是厚外薄中的,不利于了解祖国优秀文化,这一点南洋侨胞自己体会得最为深切,而且侨胞久客异邦,无不有落叶归根思想,平素很重视如何把子女教育与祖国联系在一起,常盼望自己的子弟能多学习祖国文化,总认为海外青年回国学习可与内地同胞朝夕相处,在耳濡目染中互相观摩、齐头并进。本校针对这些实际情况,于是文科课程特别着重有关祖国文、哲、史、地方面的知识,商科课程多应海外华侨当前需要,务求学以致用,教育科课程主要提供南洋侨校所急需的师资,理科则力求切合当时华侨的实用;另外特设一个独立的法律系,以培养律师方面的人才。关于中学部分,初中级不分科别,高中级则细分为普通、农、商、师范四科。另设实验小学,作为师范科实习场所。

附列"院系简表":

(一)文学院　1. 中国语文学系　2. 外国文学系　3. 政治经济系　4. 历史社会系　5. 哲学系

(二)商学院　1. 普通商业系　2. 铁路管理系　3. 工商管理系　4. 国际贸易系　5. 银行系　6. 会计系

(三)教育学院　1. 教育学系　2. 心理学系　3. 师资专科

(四)理学院　1. 数学系　2. 物理学系　3. 化学系　4. 生物学系

(五)法律系(独立)

(六)中学高中部 1. 普通科 2. 农科 3. 商科 4. 师范科

(七)中学初中部(不分科)

(八)实验小学

学校从扩建之日起至30年代初期,学生人数剧增,从暨南学堂时期的学生500多名到扩建大学后增至1500多名,这些学生分配到4院19系的各个班级中,所需师资为数不少,如欲延聘足够的负有时望的教师,自然不是轻而易举的事。幸而当时海内外有很多关心侨教事业的学人欣然来校,荟萃一堂,为诸生讲学。兹将本校教师表列如下,不分名次,略见一斑。

中国文学:陈中凡、曹聚仁、汪静之、郑振铎、章铁民、章衣萍、汪馥泉、黄侃、洪深、傅东华、陈柱尊、梁遇春、徐中舒、张世禄、陆侃如、冯沅君(女)、龙榆生等。

外国文学:英文有叶崇智(公超)、梁实秋、郭智石、顾仲彝、客本(Cabban,女)等,法文有邵可侣(Gacque Reclus)、高达观等,西班牙文有傍司(Pauce)等,德文有高岗等,日文有沈端先等。

哲学:张嵩年、李石岑等。

物理学:严济慈、袁税伯、阎振玉(女)等。

生物学:周建人、黎国昌、朱冼、郜重魁、刘增辉、潘光旦等。

社会学:黄凌霜、叶法元、孙本文等。

教育学:董任坚、廖世承、陈稚美、谢循初、郭维屏、欧元怀、余楠秋、林宝权(女)等。

心理学:杨亮功、张耀翔、应承一、沈亦珍等。

商学、会计学:潘序伦、叶渊、李炳郁、汪永、吴文蔚等。

统计学:曾同春、曾浩春等。

经济学:杨汝梅、唐庆增、金士宣、李权时、谢文龙等。

政治学:张君劢、费彝民、杨公达、侯佩尹、崔宗埙等。

数学:陈荩民、王济仁、刘麟书等。

史学:周谷城、杨人梗、邓汉钟、张凤、程仰之、杜冰坡、黄俊保、毛以亨等。

地理学:张宗文、陈廷藩等。

法学:石颎、李中道、张元枚、张永宽、黄华等。

画学:国画有黄宾虹、谢公展、陶冷月等,西画有邱代明等。

三民主义:康选宜。

军事教官:孙如桂、余锡祉。

体育:吴支章。

音乐:鲍明洁(女)、何昌祺(女)、李格思宾(Legaspi)。

校医:卢宝发。

二

关于南洋文化事业部的创立,最初大家认为海外华侨散居各地,在文化教育方面应有个联合组织,以便各地侨胞之间互相联系,这样既可使国内同胞多了解一些侨胞情况,从而着手发展海外事业,又可使海外华侨通过熟习祖国现状,归来参加祖国各项建设事业。基于这样的设想,便作出了创办南洋文化事业部的规划,就是要在正规的学校教育之外,设立一种专业机构,负责研究并指导海外华侨的文化教育事业。同时,我们又目击邻邦日本对南洋问题亦很重视,专设有南洋局和日本南洋协会等机构,每年有巨额预算作为南洋研究专款,于是认为有必要创立南洋文化事业部,对南洋一切有关文化教育、政治经济以及风土人情等等加以调查研究,以资应用。当时第一步曾由本校延揽了一些对南洋问题素有研究的人士,组成一个专业机构,其中有刘士木、李长傅、费哲民、钱鹤、顾因明、李达、陈宗山、王思华等担任研究和编辑工作,张相时则在大学主讲南洋经济问题。

南洋文化事业部的工作主要包括:(一)辅导南洋华侨事业改进事宜;(二)宣传祖国文化,增进中南友谊;(三)进行中南教育上的联系,并指导侨生回国求学;(四)调查研究南洋各方面有关情况;(五)编辑关于南洋的书刊以及南洋侨校所需教材;(六)办理祖国与南洋有关宣传事宜。

南洋文化事业部从成立之日起,在第一个三年计划期内,约略做了下列一些工作:(一)刊行《南洋研究》杂志第一卷 1 至 6 期,第二卷 1 至 6 期,其中第一卷第 5 期出移民专号,第 6 期出暹罗专号;(二)编成几种《南洋丛书》,如《南洋华侨简史》《南洋华侨拓殖伟人传》《荷属东印度实业教育》《马来半岛土人之生活》《华侨教育论文集》等以及南洋地图三种。同时配合南洋文化事业部,组织了一个华侨教育会议。这个会议是由本校联合南洋各侨校以及其他国内外有关侨务的学术教育团体共同组织的,规定每年举行会议一次,由暨南大学主持,其会议地点或在暨南本校,或在南洋各埠侨校所在地,轮流举行。经过多次筹备会后曾于 1929 年 6 月开始举行了第一次华侨教育会议,会议上一度重点讨论中南农业问题,大家认为中国与南洋的农业种植各有特点,尽可交流经验,采长补短,南洋植物有不少优良品种,宜于在祖国各地移植,同时,国内亦有不少优良植物,宜于在南洋各地播种的,因此一度决议,在国内创办一所巨型农场,并有侨胞表示要捐献场地。但一踏入 30 年代,国事日非,外患迭起,民力枯竭,一切建设停滞不前,教育事业又素为当局所轻视,欲求发展更难设想。当时有些学校连教薪亦难按时发放,遑论增加预算举办新兴事业,于是原始计划终成画饼。

南洋文化事业部工作在当时实际上只是有了一个开端,播散了一些种子,后来侨生学成回归南洋后,有的坚持把这项工作继续下去,并获得一定成果。例如侨生姚楠(梓良)毕业后留校参加南洋研究工作,30 年代初期应邀回到新加坡,在《星洲日报》编写《南洋研究丛书》,后又和当地侨胞组织南洋学会,进一步探讨南洋问题,从而扩大其影响。那时华侨在南洋经济势力日渐增长,文教事业随之发展,一般侨胞渐多认识到南洋研究与华侨事业有连带关系。40 年代开始姚楠在新加坡与暨大同事李长傅、刘士木等刊行《南洋学报》。太平洋战事爆发,姚楠回国在重庆担任东方语文学校校长时又与朱杰勤、张礼千等教授继续编写《南洋研究丛书》。大战结束后,东南亚各国相继独立,南洋学会逐步发展,对当地的经济、文化教育和侨居国建设各方面都曾起过一定作用。

三

在生活方面,本校设有宿舍8座,可容全校1500多名学生寄宿,学费、宿费全部豁免。校园生活愉快,学生之中侨生占绝大多数,内地生比例较小。侨生和内地生朝夕共处,十分融洽,他们在学习上各有特点,以语文为例,内地生中文基础较好,了解祖国文化较多,侨生对于世界知识较为丰富,又以英语见长,口语纯熟,平时又喜用外语表达思想感情,以资练习;英文系主任叶公超当时是他们有力的英语导师。同时一般侨生都十分爱好音乐和体育,校园里晚上自修课后,中西乐器并陈,弦歌之声不绝,体育场上课余时间热闹非凡,足球、排球、田径等项目竞相参加,对足球尤其入迷,经常在班级之间或学校与学校之间组织竞赛,这里不由得首先想起健儿冯运佑、陈镇和(小黑炭)这些学生。冯运佑在1928年全国荟萃中外足球界各路雄师对阵时,表现突出,曾博得"冯铁闸"的盛名。陈镇和年甫8岁即回归祖国,进入暨南小学部读书,十三四岁在足球界初露头角,15岁已身列甲组队员,1927年中华队远征澳洲时表现不凡,荣获美誉。他那时还是一名高中生,后此球艺蒸蒸日上。抗日战争期间,他在西南地区空战中为国壮烈牺牲。这里应当指出,本校体育运动经常处于高潮中,这与当时江南四大学体育协会会长、本校法律系主任兼体育会主席石颎的辛勤诱导是不可分的。又当时有一名好体育的爪哇侨生林镜仙,他在本校政治经济系学习时抱负不凡,热情洋溢,又大公无私,助人为乐,常喜欢抵掌纵谈天下大事,毕业后回归爪哇侨居地工作。太平洋战事结束后,印尼独立,往日曾长期侵占印尼领土的荷兰帝国竟又卷土重来,企图再次侵占印尼领土,印尼人民起来反抗。在印尼抗荷战争中林镜仙担任前敌队长,和印尼人民一起浴血抗战,终于壮烈牺牲,博得印尼人民永远怀念。

另一方面，学生都很爱好学术活动，大学扩建初期，刊物涌现有如雨后春笋，首先是《秋野》一刊，初露头角即博得校内外好评，主编者是陈翔冰、郑泗水等侨生，继而《荷属侨生季刊》《菲律宾研究》《丽泽》《中国语文期刊》《华侨教育》《经济学报》《暨南周刊》《会计学报》等几种刊物陆续问世。这些刊物全由学生主办，所需经费都是南洋各属侨生同学会自行筹募的。本校各属侨生同学会应有尽有，其活动方式多种多样，经常进行演说或辩论的练习和竞赛，其中印象最深的如女生杨泽蘅，以"妇女与家庭教育"为题，参加江南四大学的国语演说竞赛，获得第一名，林清池以"祖国对海外侨胞的责任"为题，参加四大学英语演说竞赛，亦获得第一名。此外，以英语竞赛获得锦标者大有人在。特别不能忘怀的还有一名年仅 15 岁的高中生张逸美，他曾以"妇女如何方能真正得到解放"为题，参加一次中学级国语演说竞赛，在获得优胜锦标后，竟出人意外地被当时地方当局指为演说内容思想不纯，横加干扰，这在他天真无邪的心灵里投下了恐怖的阴影。到了 30 年代开头，张逸美转学到北平大学经济系学习，适值我在该系教"经济哲学"，相见之下，喜出望外，他那时年甫弱冠，勤奋好学，下笔千言，抱负甚高，思想锐进，当时系主任陈豹隐(启修)对他亦深为器重。1932 年北平学生运动发生后不复相见，渺无消息，时萦于怀。

又侨生之间平时在校很喜欢谈"暨南精神"，说是爱憎分明，不平则鸣。他们毕业返回侨居地后，仍常在各属校友会上和其他场所谈个不休，引以自豪，其实所有青年学生本来就是富有青春活力、干脆爽直的，尤其在国事日非、水深火热的年代。当时在上海大学影响下，学生运动特别高涨，从海外归来的青年侨生亲眼看到祖国内忧外患日益深重，情绪更加激昂。自从北伐军进入沪宁地区后，大小军阀先后垮台，那时上海学生异常激进。上海大学被解散后，暨南学生起而站在社会革命的最前列，同时学生中掀起一派学习浪潮，其中勤奋好学比较突出的有陈国廉、汪竹一、韩闻恫、殷体扬、梁沃深等多人。陈国廉是政治经济系的学生班长，平时学习认真，自觉性强，在校时已能阅读英法文书刊，留法深造后，曾出使丹麦。汪竹一精明强干，抱负不凡，在政治经济学班上,深思好问,表现突出,平时助人为乐,善与人交;在校期间,历任全校学生会主席,毕业后在交通部工作,一度被派往美国深造,回国后继续在交通部任职,继又在上海商业同业公会工作,解放后前往台湾,现任台湾工商协进总会秘书长。韩闻恫在校时诚实朴素,好学不倦,成绩优异,毕业后被本校选派法国留学,专攻经济,获得博士学位,回国后先后担任大夏大学经济系主任、财经学院教授等职。殷体扬毕业后留学日本,专攻市政,好学深思,造诣不浅;回国后,多时从事教学工作,近年在上海社会科学院担任特约研究员。梁沃深学生时代沉默寡言,好学善问,中文功底比较深厚,在校听讲时善作课堂笔录,有些笔记底稿常为有关教授编写课堂讲义时参考用;闻毕业回桂后,长期从事教学工作。

四

暨南本来是为华侨子弟设立的学校,一开头只招收侨生,后来因一些特殊情况吸收了几名内地生,到了扩建大学时,仍以招收侨生为主。从 1927 到 1930 年期间学生人数 1500 余名中,侨生始终占大多数。此后时局动荡,内忧外患纷至沓来,学习环境深受影响,有部分侨生返回南洋侨居地,校内侨生渐见减少,方开始利用设备,着手多收一些内地生,以充实班级人数,此种情况大致延续到郑校长 1933 年春辞去校长职务时为止。这一时期我已离校,并于 1930 年秋应北平大学校长李石曾之聘,前往担任经济系教授。

郑校长辞职后,于 1933 年秋改由原中山大学农学院院长沈鹏飞继任,其时我已由北平大学转往中山大学任教,沈氏五约我旧地重游,同往暨南大学,由我担任教务长兼国际政治和比较宪法教授。到 1936 年夏,我亦和沈校长同时离开学校,沈回中山大学,我应上海法政大学校长章士钊之约,前往该校担任经济理论教授。自从 1932 年“一·二八”事变发生,十九路军蔡廷锴将军奋起抗日,暨大一度播迁,大学在广州、附中在苏州分别上课。那时因侨生人数略减,补充了一些内地生。我从1933年秋重来暨大时,顿觉校园气氛显然有些异样,不少学生已经卷入国民党内部派系斗争的旋涡,互相对立,因而不安于学,校中学术活动和文娱活动大不如前,缺乏一种生动活泼的气氛。当时沈鹏飞校长是一位纯粹的农科学者,为人沉默寡言、谨小慎微,治理校政时广纳众议,所有措施多沿旧制、按部就班,当年他对党派纷争本欲置身事外,但随波逐流,遂不免卷入斗争中。他接任校长之初,是有决心有信心要把学校办好的,但三年过去始愿未偿,我亦萧规曹随,无所建白。回忆20年代后期,暨大校风比较生动活泼,校中一度出现过学术争鸣,在本校《暨南周刊》这一刊物中有所反映,《诗经·伯兮》篇之争是其一例。到了30年代前期,就不是新旧学派之争,而是党内派系斗争了。

(1984年2月)

(《上海文史资料存稿汇编》,上海古籍出版社,2001)

“一·二八”事变后国立暨南大学的损失与重建

刘增合

教育发展的要求与政府财政支持能力的衰落在民国时期是一对愈来愈尖锐的矛盾,在战争时期,这一对矛盾更趋明显。“一·二八”事变中,日军对国立暨南大学所在的真如地区进行了猛烈的轰炸,暨南园沦为日军兵营。这场战争使得暨南大学在诸多方面损失惨重。中央教育部专门派出视学员对战争结束后的暨南大学办学条件和专业设置进行了详细的评估,该部依据视学员的报告向暨大提出了一系列整改意见。暨大也借此机会专门向国民政府提出补助经费的要求,但是限于中央政府财政困顿,邀款重建未能尽如所愿。暨大整改的成效也就难以彰显。

进一步研究可以发现,国民政府借整改之名,加以控制高校的政治意图相当明显。在全国抗日救亡运动高潮中,有关高校实在难以全盘控制救亡运动中的学生活动,这自然会使中央教育部对有关高校所谓的教育整改评价甚低。整改理想与财政困境之间不太契合的矛盾成为这一时代各类问题难以和谐相容的一个例证。既往研究在这一问题上呈现一种"失语"状态①,不论是有意绕开,还是无意忽略,这一事件蕴涵的"意义"向来未得到充分的揭示和解读。本文依据各处留存的国立暨南大学档案、国民政府有关档案以及各类媒体的相关报道,试图对这一问题进行梳理,尽量回归历史现场,借此发现在战争损失研究中不为常人所关注的另一种类型,并尽量呈现出这一"事件"的丰富含义。

一、沦为战区与损失评估

1932 年 1 月 28 日,震惊中外的"一·二八"事变在上海爆发,这是日本于 1931 年"九一八"事变后对中国侵略的再一次升级。"九一八"事变后,中国民间反日情绪高涨。1932 年 1 月 18 日五名日本僧人在上海三友实业社外被殴打,一人死亡,日方诬为工厂纠察队所为;三友实业社被日本暴徒放火烧掉,日方诡称是中国反日力量所为,于 1 月 28 日要求上海方面道歉、赔偿、取缔反日力量。其实,这仅仅是日本发动侵略的一个借口。不但中方已经洞悉其图谋,连美国国务卿史

---

① 比较集中阐述"一·二八"事变中暨南大学的应变处置问题的论著,目前仅见暨南大学校史编写组编写的《暨南校史 1906—1996》中《"一·二八"事变后学校的分合》部分(广州:暨南大学出版社,1996 年,第 50 ~53 页)。有关国立暨南大学的损失等问题,该书并未作详细解释。有关战争时期高校损失的研究,基本限于全面抗战爆发前后,而"一·二八"事变带来的损失及复杂影响的详细探讨,迄今少见。

汀生也早在1月25日已经看出来:“日本政府的目的如今是制定一条国际法的新准则,即只要有抵制运动便有权采取武力性质的反措施。”他认为这是一条错误的准则,并且抵制运动是中国目前唯一拥有的武器,不应予以剥夺。① 发动战争的借口造就之后,日本海军向上海陆续派兵。1月28日夜间11时30分,日海军陆战队向闸北、吴淞等地发起攻击,“一·二八”事变正式爆发。② 当时负责防卫上海的中国军队是蒋光鼐、蔡廷锴指挥的原属粤军的十九路军,日军在吴淞的登陆作战亦被十九路军击退。此后战事逐步扩大。战事扩大的后果之一便是上海高校面临战火的威胁。国立暨南大学所在的真如地区更沦为战区。

暨大地处真如,距离京沪铁路上的真如车站不足1公里,距离上海市区仅15里,可谓“前临京沪路,后接国际无线电台”,“且是时十九路军亦以真如为总指挥部,审查形势,一旦有变,真如实为战事上之重要区域”。③ 当时暨大校长郑洪年还在南京兼任行政院秘书长,当然有近水楼台之便,战事消息较为灵通,日本在沪一切行动大致均能知悉。1月20日,也就是日本僧人被殴不久,南京方面即预先推测到事件势将扩大。当时校内人士也紧张地关注着事态的发展,1月27日上海市长吴铁城已经完全接受了日方提出的几个条件,“我国当局因不忍糜烂地方,乃忍痛承认其要求,故当时咸以为沪案可以和平了结,形势亦趋缓和”④,很多人认为时局大致可以侥幸拖延下去,料定不太可能在短时间内爆发战事。很多暨大教师认为,暨南的洪逵先生兼任吴

---

① R. Butlered, *Documentson British Foreign Policy*, 1919—1939, Ⅱ, Vol9, London, her majesty stationery office, 1965. PP. 171—172. 转见王立诚、吴金彪:《“一·二八”事变与英国对中日冲突的立场转变》,《安徽史学》2003年第6期。

② 《第十九路军关于淞沪抗日作战纪要》(1932年4月),中国第二历史档案馆编:《中华民国史档案资料汇编》,第五辑第一编,军事(五),江苏古籍出版社1998年版,第553页。

③ 杨裕芬:《本校于沪变前后之经过情形》,《战后之暨南》,1932年刊行,第6页。暨南大学综合档案室:2004-XS12-12。

④ 同上。

铁城市长的秘书，连他也没有做搬家的准备，所以没有必要庸人自扰。①

但是，郑洪年出于对形势恶化的推测，还是于1月25日急函学校的负责人预做准备，"万一事变发生，有两路可行：一即由中山路避入租界，为避免日机目标，不宜成群结队行动；二沿京沪路往南翔，然后再退昆山"。当时学校正处于寒假期间，暨南作为华侨学府，学生远离家乡，多半留在校内，内地学生除了回家者外，尚有部分滞留沪上，郑洪年估计"留校者尚有五百七十余人"。② 出于对学生安全的考虑，他动用私人关系，与京沪路车务处郑宝照处长接洽协商，一旦有变，无论如何，必须设法备车，开赴真如将全体留校学生运至安全地带。③ 战事突然于1月28日凌晨爆发。暨大在事先做了充分的准备，一面立即集合学生，听候号令，避免惊慌；一面到真如车站交涉调集救护车辆。当时北部战事相当紧张，车辆不能调动，日军出动战机飞向真如，投射照明弹，情形至为恐怖。一直到29日早上10时，校方才与真如车站商定，拨出一列军用列车将学生运至安全地带，另由十二辆铁篷车将其运往苏州暂避战火。

时过境迁，供职于暨南的曹聚仁回忆说，1月28日战事发生后，闸北防区由南京派来两个团的宪兵来接替和把守，十九路军蔡廷锴将军就在梁家花园设立指挥部，司令部则设在曹聚仁居住的寓所。④ 由此看来，暨南园已经成为军事要地，真如也变成军事指挥的重地。十九路军总指挥蒋光鼐在2月11日致何应钦的电报中说，"查敌之陆军在杨树浦、江湾一带，随地可以自由登陆，不必舍易而求难，料浏河方面，可减少顾虑。职拟以一部坚守吴淞、闸北，余配备于胡家庄、大场、真

① 曹聚仁：《暨南的故事》，《热风》半月刊，第84期，1957年3月。

② 郑洪年：《沪战发生时本校处置经过情形》，载《国立暨南大学校董事会议事日程》，上海市档案馆：国立暨南大学档案全宗，Q240－1－682。

③ 杨裕芬：《本校于沪变前后之经过情形》，第7页。

④ 曹聚仁：《暨南的故事》，第77页。

如、虹桥之线,控制预备队于南翔,敌来与之一决”①,这亦说明我军布防的重点包括真如地区。2 月 17 日的密电也说,“职与张军长决定兵力部署如下:(甲)蔡军长率十九路军三师及王赓旅、宪兵团为右翼军,占领南市、虹桥、真如、闸北、江湾之线,主力控置于真如、大场之间”②。真如变成敌我争夺的关键地区之一。

真如不但是军事指挥的要地、国际无线电台的收发地,而且是第十九路军御倭义勇军的重要基地。一系列证据表明,各种义勇军大都在真如接洽或布防。2 月 3 日,中国青年反日救国团援沪讨日义勇军四千余人在队长罗春霖的带领下在真如接洽;南京中国抗日救国义勇团铁血军 125 人在队长戴天人的率领下到真如,驻扎在冯家角十九号民房;2 月 4 日上海特区市民联合会十七、二十八两区义勇军也开到真如;3 月 4 日上海救国义勇军第一中队约 4000 人由队长王秉带到真如,驻扎在暨南大学候命行动;救国决死军约千人由司令官余方奎统帅,驻扎在真如办事处,司令部即安排在惠灵中学;冯庸大学义勇军 126 人也在校长冯庸的率领下于 3 月 11 日开抵真如,暂住在暨南大学;四川义勇军二十余人来到真如,参与行动;天津骷髅团八十余人于 3 月 3 日开到真如;上海市水木业义勇军工兵队两百余人由张世发统帅,开赴周家桥训练,在真如做后方物资输送及交通等工作;另外,尚有四川开江青年讨日义勇军、首都各界抗日救国会救护队、上海震旦医科第七救护队等或在真如,或住在暨大,程度不同地参与战斗行动。③

真如车站和重要的军事单位与暨大可以说是近在咫尺,相与为邻。敌我方的军事行动如果与真如地区有牵连,那么,暨南也肯定会

① 《蒋光鼐报告敌以全力攻吴淞我军决意死守等情致何应钦密电》(1932 年 2 月 11 日),中国第二历史档案馆编:《中华民国史档案资料汇编》,第五辑第一编,军事(五),第 493 页。

② 《蒋光鼐报告日军不断增兵及我军部署情形致何应钦等密电》(1932 年 2 月),同上。

③ 《第十九路军御倭义勇军参战表》,《中华民国史档案资料汇编》,第五辑第一编,军事(五),第 522 ~ 534 页。

受到影响。关于中日双方的战事进程，沪上大报《申报》每日给予相当的关注，并且经常以《号外》形式对最新战况予以刊报。尤其是对日机轰炸上海各地的情势甚为关注。从这些报道中也可以看出，真如或暨大在战争进行的高潮阶段，几乎经常遭受炸弹的威胁。下面将 1 月 28 日战事爆发至 3 月上旬日军占领真如，其间《申报》对该地区军事活动和遭到日机轰炸等消息简列一表，虽不甚完整，但仍可觇测真如地区（含暨南园）惨遭日军蹂躏的情形。

《申报》“一·二八”沪战期间关于真如地区战况报道简表

报道时间	标　题	备　注
1932 年 1 月 29 日	蔡廷锴在真如训话	表达坚守领土的决心
1 月 30 日	真如被炸三弹	
1 月 31 日	中大医学院救护队赴真如工作	
2 月 1 日	真如昨午战况	击落敌机二架
2 月 6 日	日机袭击真如	暨南园被炸
2 月 7 日	真如空战甚烈	日机到处掷弹，伤害无辜
同上	真如死伤中外男女	日机掷弹，在暨南门外爆炸
2 月 8 日	真如特别戒严	
同上	击退袭击日飞机	
2 月 14 日	日本炸弹肆虐	十余枚炸弹落在暨南南面的空地上
2 月 22 日	日飞机在我后方骚扰	
2 月 25 日	敌机继续肆虐	
2 月 26 日	昨日敌机到处轰炸	目标仍在真如、闸北一带 炸弹多数落在暨大旁边
同上	敌机猛炸真如	
2 月 27 日	夜飞真如投弹	
3 月 1 日	昨日大批敌机横飞乱炸	真如被炸，死伤多人

(续表)

报道时间	标　题	备　注
3月3日	我军撤退区域	日军滥杀无辜,暨南园沦陷敌手
3月4日	沪北敌军踪影	烧杀强奸,火光冲天
3月6日	日军扩张战区·真如日军西进	真如沦为日军占领区

2月中下旬,日军增兵甚速,我军难以压制,遂有撤退到二线布防的决定,我方撤退的地域即包括真如等地①,该地区很快成为日军的占领地。暨南所在的地方随即沦为日军兵营。曹聚仁回忆说,"接收十九路军的司令部之后,日军的一个联队司令部,依旧设在我的寓所中"②,日寇将曹先生的书籍搞得乱七八糟。

近代日寇对中国文化的摧残,首推教育事业。1946年11月,中国代表团在巴黎召开的联合国教科文组织第一届大会上递交的报告书中指出:"抗战八年间,我国教育文化,遭受敌人之重大摧残。日人认为各级学校均为反日集团,所有知识青年均系危险分子。为欲达到其长期统治中国之目的,故极力奴化我青年之思想,摧残我教育及文化机关,欲以消灭我固有之文化。因此之故,战时我国教育文化之损失,乃至是惊人。"③"一·二八"事变后,淞沪沦为战区,沪上各大学或遭炮火轰击而毁坏殆尽,或为敌军所占领,"虽房屋仅存,而书籍木器供其炊薪"。暨南恰处战区之中,正常的教学秩序全被打乱。由于真如校舍于3月3日被敌军占领,没有停战的迹象,学校决定在学生较为集中的上海租界、苏州、广州三地,分别办学,为照顾战区失学的学生,

① 《张治中关于第五军各部部署及战斗情况致蒋介石密电》(1932年2—3月),同上,第508页。

② 曹聚仁:《暨南的故事》,第77页。

③ 转见唐正芒:《日本对中国文化的摧残与中国文化重心西移之历史考察》,《云梦学刊》2003年第4期。

暨大作出酌收借读生的决定。①

暨南迁到真如后仅仅八年时间,升格为国立大学也仅仅有五年时间,其间历经江浙军阀混战、北伐战争和这次"一·二八"事变,这样的战争频率对暨南的影响相当大。最令人痛心的是,这次事变使暨南的损失最为惨重。该校负责人之一的杨裕芬曾痛惜此役给暨大造成的创伤:"本校成立迄今,已廿有六载,中间虽有数罹灾劫,要以此次损失最为严重,全校精华,几全破坏;且校址沦入敌手历时三月,始行收复,实为吾校校史上最可痛心之一页也!"②《淞沪停战协定》签订后,郑洪年校长立即成立战后整理委员会,分为校产、校舍、校务、总务四个分组,指定专员负责办理。5月23日上午10时,日军根据停战协定要求撤离真如,暨南战后整理委员会委员樊守执、杨裕芬、张天放、林志瀛以及教职员十余人随同接管委员前往接收。根据初步评估,暨南最大的损失是新建成的科学馆被炸,这是在十九路军撤退之前发生的事情;后来由于日寇将暨南园作为兵营,在驻扎期间发生的烧掠抢砸等犯罪行为最为普遍,整个暨南园一片狼藉,满目疮痍。关于校园中的惨淡景象,《本校损失报告》描述道:

及日军进占,窗户校具以为薪火;衣物书籍,贵重者劫去,残

---

① 参见《国立暨南大学董事会议事日程》,上海市档案馆藏:国立暨南大学档案全宗,Q240-1-682。该档案揭示的内容与1996年出版的《暨南校史》之叙述有所不同,应该在此说明。郑洪年校长在暨南学生返校真如后不久召开的董事会上,对"一·二八"事变发生后,学校对学生处置的经过作了说明,现复述如下:战事爆发后第二天,郑洪年即从南京返回上海,"因留沪学生二百余人亟待安插,遂假英租界西摩路一百零三号,设招待处以召集同学,又于福煦路明德里七号设临时事务处,以处理应急事务,嗣又于莫利爱路租屋一幢。并将上两处改为本校临时办事处。二月二十日开始办公,登报通知,登记留沪员生之人数,印发表格,调查员生所受之损失;发出函电,以安海内外学生父老之心。派员入真如,运出图书仪器,应急处置,解聘解约,劝告员工另谋生计,节省开支,遣散一部分工警,为谋苏州员生之安全,筹款接济……三月三日十九路军撤退,图书已一律搬出,并迁出一部分仪器。郑洪年即于三月四日组特别校务会议,议决在沪恢复大学,在苏设中学"。上述材料见该档案第41~43页。

② 杨裕芬:《本校于沪战前后之经过情形》,《战后之暨南》,第6页,暨南大学综合档案室:2004-XS12-12。

余者尽付一炬;教员宿舍变为马厩,浴室膳堂作为便所,学府精华摧毁殆尽……所有教室宿舍之门窗,多已毁坏,而门窗玻璃十无一全,室内器物亦狼藉不堪;新村房舍十室十空,东面操场则为敌骑蹂躏,铁蹄印迹春草不生;全校瓦砾堆积□□,高至盈丈。莲韬馆在昔为本校之行政中枢,各部办公处咸在于斯,而风景幽雅,亦为全校之冠。现在花棚倾倒,杂草丛生,马屎狼藉,荒芜凌乱,不堪寓目。各办公室内,如暨大银行、财务室两金融机关,铁箱洞开,账簿满地;而秘书处文书组、注册课等处,除重要文件已迁出外,表格散佚,乱杂不堪;南洋文化部之办公处变作厨房,多年苦心搜集之资料,尽变薪柴,化作灰烬,良可痛惜……出版室内之印刷品,如讲义书报,因书架倾倒,堆积满堂;庶务室内,箱箧尽毁,存物荡然。图书馆幸大部迁出,然所留贵重校具,亦存无几,所留下者亦残破不堪。科学馆内之理化仪器,各种标本,多数被运走;所留下来者,亦残破不堪,狼藉架上。综观各处,一片凌乱情形,足见日军蓄意摧残吾国文化机关之险恶用心,殊可痛恨!①

从日军手中接收之后,暨南大学对战时日军给学校造成的损失进行了详细统计,各方面损失列表如下②:

"一·二八"事变时期国立暨南大学损失初步估测列表

单位:元

校产损失		教员损失		学生损失		工警损失	
建筑类	52000	书籍类	20000	书籍类	160000	行李类	7000
仪器类	25000	行李类	20000	行李类	48000	衣服类	5000
标本类	15000	其他杂品	8000	衣服类	260000	其他杂品	1000

① 《本校损失报告》,上海市档案馆藏:国立暨南大学档案全宗,Q240-1-682。亦参见《战后之暨南》,第19~20页,暨南大学综合档案室:2004-XS12-12。

② 《本校损失报告》,上海市档案馆藏:国立暨南大学档案全宗,Q240-1-682。亦参见《战后之暨南》,第19~20页,暨南大学综合档案室:2004-XS12-12。

（续表）

校产损失		教员损失		学生损失		工警损失	
机械类	6000			其他杂品	10000		
化学用品类	12000						
医药用品及器械	3500						
中外书籍报刊	5000						
校具类	100000						
体育设备类	5000						
卫生设备类	2000						
水电设备类	18000						
农场设备类	1000						
文具用品类	3000						
农场家畜类	800						
其他杂品类	2000						
各项合计	250300		48000		478000		13000
迁移清洁费	2000						
总计	791300						

“一·二八”事变给暨大造成79.1万元的损失，这仅仅是物质上的直接损失，教学设施被毁、战争环境延误学校正常的教学进程，亦为损失之主要方面；如暨南中学部的规模，在事变之后，大为减小，“学生人数，减去三分之二矣”；而且迫使暨南在苏州、上海和广州三地分散办学，学生流离失所。时人讽之曰：“时难年荒事业空，兄弟羁旅各西东，田园零落干戈后，骨肉流离道路中。”①加之教员无

① 徐实圃：《我校之写真》，上海市档案馆：国立暨南大学档案全宗，Q235－3－61。

所依靠，此类损失不知凡几。仅就直接可以统计的损失来说，约八十万元这一数字已经远远地超过了国民政府每年拨给暨大的经常费和临时费的总和，这两项经费在1931年时为31.8万元，1930年时为57.4万元。[①] 据此可见，这次事变将国立暨南大学的发展迟滞了数年，如果联系到此后几年经费更趋紧张的现实来说，这种损失的影响将会更大。

二、视学员报告与教育部的整改训令

沪战对上海高等教育造成的损失引起了国民政府教育部的重视，特派视学专员前往上海各校，就战争损失给其带来的影响进行考察。[②] 国立暨南大学也被列入视察评估的重要高校。教育部奉派的视学员在暨南考察历经三日，然后将考察资料加以汇总，撰成《视察大学报告》及《改进意见书》，呈报教育部。这份报告涉及暨南发展中的主要事项，其中着重阐述了四个方面的问题，即组织、经费、学生与教职员以及训育等。

在阐述该校经费问题时，沪战造成的损失是一个不可回避的问题。报告称：

> 此次该校因沪战影响，炸毁校舍，损失校具仪器，约计有十余万元之巨。现在修理校舍及添置校具等，约一万六千四百零二元，电灯机全部二万零二百八十九元，印刷机与铅字四千元，打水机一千元，理学院仪器标本，共三万一千二百七十四元，图书四千

① 《国立暨南大学五个年度核准经常费与实领经常费比较表》，《国立暨南大学五个年度核准临时费与实领临时费比较表》，上海市档案馆：国立暨南大学档案全宗，Q240－1－270E。这两年的经费数字均指实际领到的经常费，临时费虽有此名义，但实际上均未领到。

② 在此之前的4月份，国立暨南大学遵照教育部第2124号指令，将本校损失的初步报告转呈行政院，并由该院饬令外交部查核办理交涉。参见国立暨南大学《第八次特别校务会议记录》（1932年4月18日），载《战后之暨南》，第58～59页。惟该报告未能寓目，不知如何评估该校之损失。

二百元，中学校仪器三千五百元，总计共八万〇六百七十八元余。[①]

从上述评估情形来看，该报告将暨大战时的直接损失压缩了，缩减程度之大，超乎预料。暨南本校对战争损失评估的范围较大，而教育部视学员仅将校舍、校具和仪器列入损失范围，两者所得出的数据大相径庭，视学员得出的数字仅为暨大自身评估数据的1/10。关于修葺整理的花费，两者评估的结果也相差甚大。该校文献显示，战后暨南仅整修科学馆等就花费2万余元，购置校具仪器、铁床等费约6万余元，添补图书2万元，中学部仪器4000元，印刷机3000元，电机3000美金。上述各项约计12万余元[②]，7月14日学校开会时，郑洪年估计，"全部仪器损失，估计约有3万余元，校舍校具全部损失约计9万余元，全部修复约需18万元"[③]，这一数字远远超出视学员的评估数据。

视学员的报告还发现了另外一个问题，这就是暨南的师生比例非常不合理，教职员规模明显过大，报告称，"大学部学生不过516人，而大学部全体教职员达222人，竟占学生数的2/5强。若能加以整理，各部组织加以改良，于经费方面或可节省，而训教效率方面或能增加也"。引起视学员关注的还有该校华侨学生难以管理，学生活动团体非学术化倾向以及校内不时出现"反动标语"等问题。[④] 关于学生活动和团体，报告评论说，"现在学生组织各种集会、团体，以各级级会及各地同乡学生会为最多，闻于学术研究之组织甚少"。学生忙于非学术性活动，易受制于时局牵动，动辄走上街头，将是一种必然趋势。联系到"九一八"事变以来，暨南学生多次在救亡运动中冲破当局禁令，

① 《视察大学报告》，上海市档案馆：国立暨南大学档案全宗，Q240－1－682。

② 《国立暨南大学校董事会议事日程》，上海市档案馆：国立暨南大学档案全宗，Q240－1－682。

③ 《（国立暨南大学）第八次特别校务会议记录》（1932年6月14日），暨南大学综合档案室：2004－XS12－12。

④ 《视察大学报告》。

蔑视当局关于集会结社的律令,屡屡冲上街头,酿成学潮的背景,这一问题的严重性,在视学员看来,不亚于该校经费拮据带来的风险。

这份报告直接促成教育部对国立暨南大学整改命令的出台。[①] 随后,国民政府教育部发出对国立暨南大学整改的训令。从这份整改训令的行文上看,有两个问题比较重要和紧迫,它们在实际上均与该校经费使用方向不太恰当有直接关系。

首要的一个问题是图书设备仪器的配置与教学能力严重不足,既往经费使用上存在着严重的问题。尽管该校理科学院专业设置比较完备,但图书数量仅有77册[②],仪器设备总值不过1万元,较之其他国立大学相差甚远。所以,部令该校"此后应规定经常费中,提出15%,作为扩充图书仪器之用"[③]。针对理科学院经费需求数量最多的现实,教育部着重指示该校应在压缩专业设置,删减"不太重要"的课程,调整试验设备用房等方面作出整改。生物学系首先被勒令停办,并严格规定今后不必增设其他专业;删减的课程则包括无线电学、胶体化学、冶金化学、农艺化学、生物化学、食物化学、药物化学等。对于实验设备和环境,部令尤为不满,训令中的言辞也格外严厉:

> 科学馆大半作为课堂,而有设备之实验室不及五间,即照现在科目尚不敷分配。化学系已成实验室二间,仅足供普通化学、无机化学、定性分析及定量分析等实验之用。其通气箱须全部改

---

① 1934年前后,教育部派出10个专员视察了40余所大学和专门学校,"特别注意学生之上课、学校行政人员之服务、经费之支配、课程、设备、图书与实验、卫生设备、物理教育"等,《中国高等教育鸟瞰》,教育部高等教育司司长黄建忠在1935年初所作关于中国过去三年高等教育的演说,原载*Chinese Affair*,周国柄译文发表在《川大周刊》第3卷第37、38期,1935年6月17日、24日,此处转引自王东杰:《国家与学术的地方互动:四川大学国立化进程(1925—1939)》,三联书店2005年版,第144页。教育部对暨南大学的整改训令在1932年至1934年期间共有四次,分别是第9850号、13846号、15713号以及1934年发出的8342号。此处训令仅指第一次发出的9850号训令,其他三次训令情况详见后文。

② 在此,"册"字错误,暨南随后改为"种"。

③ 《教育部训令第9850号》,上海市档案馆:国立暨南大学档案全宗,Q240-1-682。

造扩大，又每间至少须有能容六人各[个]别工作之位置。至现在修理未成之实验室，只可为有机化学实验室之用，理论化学及工业分析实验室尚须另开一间。物理系实验室仅有一间，且毫无布置，除普通物理实验外，光学、电磁学、近代物理等实验皆无实验室，至少须另辟二间，始可勉强足用。①

教育部对实验条件如此重视，其原因除了高等教育发展的内在要求之外，盖有特别的原因可稽。5 月 30 日，战争刚刚结束时，国民党中央政治会议提出改革教育的初步方案，会议将这一方案交给教育部审查。提出这一议案的是暨大董事会成员之一的陈立夫之兄陈果夫，他认为，高等教育今后十年之内，应注重造就农工医专门人才，提出各大学在十年内停止招收文法艺术类考生，加强"科技"人才的培养。② 这一提案尽管引起不少的争议，但在教育部却获得正面的反馈。发展实科教育是 20 年代后期高等教育的一股潮流，1931 年 7 月，教育部就颁布《各省市普设农医工三种专科学校实施方案》，加强对实科专业投入的督导力度。③ 这一趋势自然会对教育部的这次评估产生影响。

另一个突出的问题，则是该校师生比例严重失衡的问题，它与经费问题也密切关联。教育部对此提出严厉指责，强调要压缩教职员数量，以节约经费支出。各处高等院校普遍存在着教员在他校兼课的情况，暨南自不例外。教育部严令强化教师专任制度，不得兼任他校讲席。这一规定早在 1929 年就已出台。④ 只是由于各地教育经费欠债较多，教员出于生计需要，不得不各处兼职，难以有效地加以遏制。在思想控制上，教育部对如何有效地管制学生尤为重视，训令明确提出

① 《教育部训令第 9850 号》，上海市档案馆：国立暨南大学档案全宗，Q240－1－682。

② 韩信夫、姜克夫主编：《中华民国大事记》第 3 册，中国文史出版社 1997 年版，第 374 页。

③ 《各省市普设农医工三种专科学校实施方案》，《教育部公报》，第 3 卷第 27 期，1931 年 7 月 19 日，第 45～48 页。

④ 《国立大学教授自十八年度上学期起应以专任为原则》，《教育部公报》，第 1 卷第 7 期，1929 年 7 月，第 39 页。

要设法增加教师与学生的接触机会，完善训育制度，并建议推行英国式的导师制度，“训育部职员有六人之多，而皆不兼课，与学生接触机会终嫌太少。以后训育事务即在大学亦应教职员共同分担。至训育主任，应兼任教科，或仿英国导师制，将全体学生分组，由各教授、讲师分别指导求学门径，个别行为方面，亦应随时加以指导，收效当较宏大”。

教育部在发出整改的训令前后，考虑到战区高校的整改需要政府投入相当的经费，否则各校损失巨大，无法开展必要的基础性建设。6月初，该部致电暨大，谓战区学校，正在筹划救济，需将各校损失状况向行政院汇报，据以领取救济款项。教育部部长朱家骅也来函告知，各校兵燹损失，经行政院议决，交由淞沪灾区救济委员会研究救济的具体措施和力度，各救济事项仍应与该机构联系接洽。① 事实上，暨南从淞沪善后委员会仅领到1.2万元。战后经费，政府每月只下拨三成，该校每月只能向行政院借款2万元，这笔借款直到6月份才在经常费用中扣除完。② 浩劫损失，区区1万余元救济，何以支撑整改重任？摆在暨南面前的诸多事项均为迫切、应办之事，然而无米之炊，巧妇何以应对？在教育部督催整改的压力下，尽管面临经费来源枯竭的窘境，暨南仍在本年度的支出中，对建筑费和仪器设备费用作了相当大的调整，有关数据显示，该校在图书采购、仪器设备和建筑方面的投入增长甚快。③

三、请款重建的波折

既遭战争蹂躏，又有教育部的整改训令，暨南大学不幸处于夹缝

① 《（国立暨南大学）第十一次特别校务会议记录》，《战后之暨南》，第63页。

② 《财务特刊·序言》，《财务特刊》，1933年，上海市档案馆：国立暨南大学档案全宗，Q240-1-270E。《（国立暨南大学）第十一次特别校务会议记录》，《战后之暨南》，第64页。

③ 《国立暨南大学财务月刊》，《国立暨南大学1932级毕业同学录》，1932年9月，中国第二历史档案馆：全宗27目录4第6866号。

之中。要在夹缝中生存下去,必须设法重建暨南昔日的辉煌,重建的起点就是设法突破财政拮据的制约。

教育部指责暨大经费使用不当,该校当然会有不同的看法。教育部9850号训令下发不久,暨南在梳理和总结本校财务状况的文献中,对该部的看法颇有怨言。这位负责人称,自从1927年升格为国立暨南大学至1932年"一·二八"事变爆发,五年间,政府拨给该校的经费无一年足额,所领经费也无一年足够敷用。教育部指责该校教职员数量多,过分耗费经费。暨南则认为,在支出项目中,薪俸支出没有超过教育部规定的15%以上的限额①,并且,办公费和特别费也未超出该部规定的15%比例限制②。郑洪年还曾在早先的华侨教育会议上说,本校3/10的经费是用在建设上的。③ 这位负责人还申诉说,五年来,"用于设备方面,如建筑高、初中女生宿舍、莲韬馆、科学馆、中学教室、办公室、大礼堂,开凿自来水井,购置图书仪器校具等等,亦逾五十四万五千余元。还前任欠款七万八千余元,而利息一项支出亦达一万一千余元,可谓多矣"。目前尚亏欠各店债务近3万元,向银行举债3万余元,薪水债券20万元,其他欠款30余万元,前任欠款尚有6万多未能偿还。④ 该校把希望寄托在政府将拖欠的经费尽快拨下来,以便了清旧欠,并借此扩展。

重建和扩展的目标是什么?按照郑洪年1929年底在南洋华侨教育会议上的报告,他对暨南的前途充满信心,也规划了暨南未来发展

① 这一说法疑有问题,揆诸该校1931年经费使用数据,该年度国库拨款318385万余元,但支出的俸给费却达到350388万余元,薪俸费用超出国库拨款的总数,说明教职员工占用的经费已经相当庞大,难怪教育部对该校教职员薪俸费用之大颇有指责。数据来自《经费概况》,载《各学院概况》,上海市档案馆:国立暨南大学档案全宗,Q240-1-677。

② 《财务特刊·序》,《财务特刊》,1933年。教育部1929年规定,各院校每年扩充设备费至少应占经常费的15%,见《大学规程》,《教育部公报》,第1卷第9期,1929年9月,第88页。

③ 《郑洪年先生在南洋华侨教育会议上报告暨南学校创办经过及今后打算》(1929年11月),《中华民国史档案资料汇编》,第五辑第一编,教育(二),第958页。

④ 《财务特刊·序》,《财务特刊》,1933年。

的蓝图。他说，本校必须先以发展海外教育为目标。“照组织大纲，（暨南目前）只有文学院、理学院、商学院、教育学院四院，教育学院设有师资专科，是要提高南洋华侨教育的程度，凡在南洋服务一两年之后，再进我们师资专科最为相宜。还有一个农业专修科，拟附设在理学院里，专讲实在的学问；另外还拟办一个土木工程专科，因为建设的人才、工程人才是很需要的……我们还想添一个商业专科，使华侨在商业上的智识高一点，高中、商科、农科、师范科三年以后都不要了，普通科毕业之后进商业专科、师资专科、农业专科……我们中国人也要同日本人一样，要有南进的政策，南洋文化事业部的工作是要仿效日本南进的工作，最好设立一个殖民学校。”①即便是在战争时期，郑洪年对本校的发展还是信心百倍。1932 年 3 月 21 日，学校在第一院举行开学典礼，到校教职员六十余人，新旧学生五百余人。国难当头，战火纷飞，师生仍能够相聚一堂，情绪极为悲壮，郑洪年校长在训词中颇为动情地说：“敌人只能毁灭吾侪之物质，决不能毁灭吾侪之精神；本日我校全体师生，在此新舍相聚，风雨一堂，务应团结一致，爱护学校，则将来真如校舍如能迁回，即迁回原址，否则即在别处重新建校。余自信在数年内，必能恢复真如当日之规模，此则本人敢负责报告于诸君之前者。所望新旧同学，念国步之艰难，凛时光之易逝，精诚惕厉，努力向前，余平昔尝言，读书不忘爱国，爱国不忘爱校，愿与诸君共勉之。”②闻者无不感奋动容，并以读书不忘救国互相勉励。然而，前述教育部训令对该校专业、课程的设置批评甚烈，而且要停止某些专业，停办某些学系，自然会与暨南既定的发展目标形成不小的冲突。困顿之下，暨南只能依从教育部的整改意见。然而，经费问题却是必须要解决的头等大事。战后不久，暨大郑重要求国民政府增加本校经常费

① 《郑洪年先生在南洋华侨教育会议上报告暨南学校创办经过及今后打算》（1929 年 11 月），《中华民国史档案资料汇编》，第五辑第一编，教育（二），第 958 ~ 959 页。

② 杨裕芬：《本校于沪变前后之经过情形》，《战后之暨南》，1932 年刊行，暨南大学综合档案室：2004 – XS12 – 12。

和临时费的拨款力度。

这份申请拨款的报告,将增加拨款的理由概括为两个大的方面。细品之下,颇有意味。

理由之一,以视学员考评和教育部对暨大训令中所列问题作为邀款的依据,以其矛攻其盾,理由显得相当充足。该校请款报告书首先罗列教育部训令中提出的暨大缺少图书、仪器,科学馆需要修葺和整改等内容;其次把视学员报告书中所提出的缺点也作为重要的依据,诸如"暨大理学院因历史浅近,经费困难,设备极为简陋","仪器方面关于普通物理实验,勉强足用,其高深学科实验用仪器,则均付缺[阙]如","有机化学、物理化学、工业化学等科所用仪器及药品皆极缺乏","而实验室之通气箱,供求情形,相差悬殊","该校对于图书之扩充,似应予以特殊之注意","该部(中学部)对于教科图书甚少,而于物理化学仪器及动植矿物及生理卫生标本更无所有……最近则有预定三千余元之仪器,实际恐仍不敷应用",图书馆"专门参考价值者颇少,即普通丛书为教学授课必要之参考者,亦极为缺乏,自然科学图籍最少,最近出版之图书尤为欠缺",关键是这些问题均需经费支撑,方可更张;再次,将视学员开具的"整改意见书"作为申请增加拨款的重要依据,该视学员建议,按照理学院现在情形,每年至少需要筹款 4 万元作为购置设备的经费,特别充实物理和化学的仪器药品。为了发展华侨文化事业,应由暨南大学设法筹募款项,或由国家特别补助若干经费,促进南洋博物馆早日建成。这些建议当然为暨大所欢迎,但碍于财政不举,经费紧张,事实上难以施展。暨南请款报告书不失时机地申述说:"本校现时领到教部经费,每月只领到五万零五百五十元,量入为出,左右支绌,不敷甚巨。为此理由,应行呈请政府特别增加本校经临各总预算。"①

① 《请政府案准教育部训令第九八五〇号及视学报告书与报告书所附今后改进之意见指示改进充实各节增加本校经临各总预算案》,载《国立暨南大学校董事会议事日程》,上海市档案馆:国立暨南大学档案全宗,Q240-1-482。

理由之二,要求与其他“国立大学”经费待遇平等。同为“国立大学”,暨南与其他“国立大学”相比,经费总量与人均占有经费数量均属逊色,低人一等,暨南为此愤愤不平。请款报告书依据教育部高等教育司编辑的1928年和1929年主要“国立大学”学生人均占有的经费数额,批评政府拨款有欠公平。教育部公布的数据显示,各“国立大学”学生人均经费岁额畸重畸轻:

中央大学:1155.26元

清华大学:1742.62元

中山大学:1319元

浙江大学:1864.01元

武汉大学:1080.57元

暨南大学:810元

请款报告书特意将上述数字与暨南的经费收入作了对比,其计算的结果显示,中央大学等前五所“国立大学”分别是暨南大学人均岁额的142.6%、215.1%、162.8%、230.1%和133.4%,超出暨大的1/3至一倍半。看来,名义上暨南属于“国立大学”,实际上却不那么“国立”,名分有欠实际。这种“名实不符”、“实”为“名”所累的感觉,暨南早已有之。1925年前后,前校长姜琦撰文批评说,政府在教育拨款制度上并无规矩可言:“请以政治大学为例,政治大学开办仅三年,学生人数仅百余人,而其常年经费竟定为十万余元,然暨南学校已有二十年之历史,现在学人数又有八百余人之多,而其常年经费,反仅定为十二万元。如此办理,岂得为平!”或以为大学的经费一定要比中等学校高,姜琦以美国学校的拨款制度为例反驳了这类说法,认为美国中等学校往往可以超过专科学校,“例如中等职业学校(农工等科)之常年经费,大抵较文科或政法科大学之常年经费为多。盖前者除教员与图书外,尚需有多种物质上之设施,而后者只需教员与图书为已足,并无多种设施之必要”,姜琦断言:“何至于有二十年历史暨南学校之常年经费较新创之政治大学仅多二万元乎？其分配之不平衡可谓已极！”①由于冠名“国立”的原因，该校曾派员赴南洋劝募教育基金，南洋侨胞却说：“暨南学校既系国立，一切经费，皆应归国家负担，不应向私人劝募。”姜琦分析说：“此种意见，恐因囿于本校之名称，冠有‘国立’二字故也。”该校前校长赵正平曾经鉴于“国立”二字，对本校发展的前途大有妨碍，拟废去“国立”二字，改为私立，但未能得到他人的谅解，事不果行。姜琦也深有此意，“今后暨南学校若兼用公私款项，既非完全国立，又非完全私立，则不如废去国立、公立、私立等文字，单称之曰‘暨南学院’可也”。② 上述无可奈何的感觉似乎提示着我们，由于国民政府高等教育拨款制度不公平，“国立”其实并非意味着一种自豪或在地位上高人一等，在筹措经费方面，有时反而是一种拖累。从“一·二八”之后暨南向政府请款的言词之间可以看出，背后既有的潜在观念仍在影响时人的认知，“国立”之下，尚须做到平等和公正。

这次请求增加拨款的计划包括了两个部分，一个是增加临时费用，另一个则是增加经常费，应补足既往拨款中比一般“国立”大学减少的部分。

临时费用的预算，该校列出四项，即图书馆的建筑费 25 万元，设备费 5 万元；理学院设备费 20 万元；体育馆建筑费等 28 万元；南洋博物馆的建筑费 10 万元，开办购置费 20 万元。上述各项总计 108 万元。

经常费用的数字，该校称，“每月经常费，照前列国立六大学学生每人岁费比较，暨南仅占百分之十零一，折中计算，每年经费除实领外，应加三十万元”③。经常费与临时费两项合计，总共请求增加 138 万元。另外，这份报告鉴于教育部训令中要求暨南必须将大学、中学

---

① 姜琦：《国立暨南学校改革计划意见书》，第 16 页，上海市档案馆：国立暨南大学档案全宗，Q240－1－270F。

② 同上，第 18 页。

③ 《请政府案准教育部训令第九八五〇号及视学报告书与报告书所附今后改进之意见指示改进充实各节增加本校经临各总预算案》，载《国立暨南大学校董事会议事日程》，上海市档案馆：国立暨南大学档案全宗，Q240－1－682。

分开管理、增加教学设施的精神,还附有《请向中央交涉拨回本校原有南京校舍以便将中学部迁京办理案》和《拟即筹建体育馆案》等,在此不作赘述。

然而这次请款的时机和策略并不恰当。当时高等院校因政府欠款太巨,纷纷掀起索款运动,酿成接连不断的学潮。早在"一·二八"事变发生之前,各处高校就已经爆发了索薪运动。[①] 有人分析当时学潮的实质,认为教育经费不能正常发放,教学设备缺乏是一个要因,学潮发生"或以时代潮流,或以政治关系,或以生计窘迫,社会国家悉应负责。而尤以历年教费无着,设备废弛,督励无方,为学风不饬之最大关键"[②]。1932 年 7 月,行政院发布的《整顿教育令》也不得不承认存在着学款发放不及时和教员选聘不慎重的弊端,该院表示,"议定以最大之决心厉行整顿,对于经费决予宽筹,务期不致延欠,并于可能范围内,逐渐独立保障之实现"。[③] 表态虽积极,然揆诸政情事理,这一说法相当谨慎,且留有余地。

诸如暨南大学这次请款 138 万元,数目之巨,行政院再慷慨宽筹,恐怕也无法咄咄立办,这次邀款的结果不问可知。该校虽将请款书呈报教育部,然实际情况并不乐观。该校数年之后的文献显示,请求增加临时经费的目的并未达到,"缘本校于'一·二八'之际,图书仪器损失不赀! 自后虽经陆续添置,终以临时经费无着,未能充分购置,致现在殊觉贫乏,不徒不能作高深研究之用,即基本教科书上必需者亦尚未齐备"[④]。在 1937 年申请图书馆等费用时,何炳松等人仍旧对中央未能特别拨款支持暨南无可奈何,"只以中央历年财政困难,致五六年来对本校经临各费未能增加","以上各端屡经向中央呈请临时费,

① 金以林:《近代中国大学研究:1895—1949》,中央文献出版社,2000 年,第 214 ~ 218 页。

② 《北京师范大学校史》,第 86 ~ 88 页,转见金以林前揭书,第 217 页。

③ 《整顿教育令》,《国民政府公报》,洛字第 49 号,1932 年 11 月 2 日,第 8 页。

④ 《国立暨南大学申请补助书》,1937 年 2 月,上海市档案馆:国立暨南大学档案全宗,Q240 - 1 - 8。

亦以国库支绌,未蒙照准”①。

请款行动“未蒙照准”的主要原因除了政府财政拮据,难以充分保障以外,尚有其他原因不能忽视,这就是郑洪年校长在政治上与力图控制暨南的当政者不太融洽。研究“一·二八”事变之后数年间国立暨南大学整改重建的情况,有一份文献颇值得琢磨,这就是曾在这一时期供职于暨大的曹聚仁先生对时局走势和暨南发展的观察,其品评相当到位:

> 那一年起,我开始写作,自己主编了以乌鸦为商标的《涛声周刊》,和后来的《芒种半月刊》。也开始替《申报》自由谈和《立报》言林长期作稿,看起来,我已成为左倾的作家了(其实,乌鸦主义乃是虚无主义、自由主义的一种,并非马克思主义的支流。但是,我们反抗当时采取高压态度的政府,我们在国家民族的立场,主张对日本作战,我们后来参加了奔走救亡运动的文化界救国会)。在这儿,我为什么提起这件事呢,因为这是郑洪年被迫辞职,以及我们这一些教授被排出了暨南的主因。原来华侨青年的爱国情绪最高时,思想也最激进;上海学生运动,从上海大学被解散后,重心就到真如来,那是事实。郑氏本人,当然没有左倾的意向,但他庇护了左倾教授和学生,这就成为被攻击的理由了。一九三二年,蒋介石重新主政,和日本决志妥协时期,墨索里尼和希特勒的光辉,使他向往不已,在中国也就有了蓝衣社的活动,暗杀了杨杏佛、史量才,逮捕了丁玲、赵平复等左翼文人。那是政治上最黑暗的日子。CC 的决策,要控制全国的大学。我们都在黑名单之列,到了一九三三年春天,郑洪年辞去了校长的职位,我们也离开暨南了。②

上述言论颇可证明,在暨南教育发展史上,“一·二八”事变具有

---

① 《函送申请补助本校充实图书设备及改造图书馆等费国币三十二万元整之申请书等件请签收提付审查惠予补助由》,上海市档案馆:国立暨南大学档案全宗,Q240-1-8。

② 曹聚仁前揭文,第79页。

转折性的意义,它不仅使该校遭遇了巨大的战争损失,不得不在夹缝中争取生存空间;更重要的是,随着抗日救亡大局的发展,该校实际上还遭遇被上层控制裹挟的命运。袒护左倾学者和学生的郑洪年被CC系排挤出洋,自是暨南被控制的一个重要标志。[①] 在暨南不断请款期间,暨南大学的师生组建了一些进步组织,上海成立的"中国左翼作家联盟"影响到暨大,校内成立了"左联"小组,成员主要有张天翼、白曙(陈作梅)、孙石灵、雷溅波、谭林通、何家槐、俯拾(陈凌霄)、大保(吴振刚)、方孟(狂劲志)、冯剑楠(耕夫、甦夫)、彭凡(彭家藩)、贝岳南等,他们以小说、杂文、诗歌、戏剧等形式,讴歌进步和光明,鞭挞黑暗和阴谋,隐晦地表达了对当局文化围剿政策的反抗。"左联"小组的何家槐是外语系的学生,他在"左联"内部担任了重要的职务,还与沙汀、欧阳山、艾芜等人一起组织"创作研究委员会",负责对"左联"成员的文学作品进行评论和推荐。1934年他担任"左联"的组织部长,后来又参加"左联"的行政领导小组。[②] "一·二八"事变发生后,由于暨南校内党、团活动在上海相当出名,引起了南京方面的注意,5月份有多名学生被当局威逼并遭到开除。[③] 此后,南京方面对该校的训育工作一再督促,批评其教改工作不显成效。曹聚仁上述言论侧重国民党内CC系对进步力量的政治打压,联系到30年代中期,它对国内高等教育的控制背景,屡屡请款重建未获邀准,自然使人联想到波折发生的政治要因。

---

① 郑宝伦:《关于郑洪年生平事迹的两封信》,暨南大学华侨研究所编:《暨南校史(1906—1949)资料选辑》,第1辑,广州1983年内部刊行,第210页。另外,暨南当年的校友回忆说:"郑洪年校长对学生不错,有的学生被抓了,他去保出来。他对华侨学生很关心,学生没有钱,他就给钱。国民党搞反共高潮,郑洪年校长并不积极,他这个人不错。"见庄力新:《暨南生活片断》,《暨南校史(1906— 1949)资料选辑》,第2辑,第16页。

② 周孝中:《暨南爱国民主运动史话》,《暨南校史(1906—1949)资料选辑》,第69~70页;另见白云:《暨大"左联"的情况》,《暨南校史(1906—1949)资料选辑》,第2辑,广州1983年内部印行,第20页。

③ 韩托夫:《上海真如时期暨南大学党团组织》,《暨南校史(1906—1949)资料选辑》,第2辑,第14页。

向中央申请增加经费的行动受阻之后，暨南仍然为此做着不懈的努力。1932 年年底，该校向管理中英庚款的董事会申请拨助，“就利息项下即予分期拨助，以资建设”，弥补“一·二八”事变造成的损失。这次申请是由教育部代为呈报的。1933 年 1 月下旬，该董事会经过研究，仅答应将来一旦研究支配利息时，会“给予尽先讨论”，管理中英庚款的董事会向暨大通报了该会面临的困难：至暨大提出申请时，中英庚款虽然已经补助数起，但基本上是各有关机关购料费用，“现金部分因贷放不多，所积利息裁[截]至上年十二月底止，仅计十五万数千元，核与各地教育机关请拨之数相差倍蓰，实无从议及分配”①，一旦新的款项到位，即可尽先提出讨论暨南的申请。其实，这基本上也是一张空头支票。迟至 1935 年 6 月，朱家骅给暨大来函称，该校原来申请拨助庚款目前看来难以落实，管理中英庚款董事会新的款项尽管已经到位，但第一届教育机关的援助尚未完成，持续三年之久，“不能不将应行继续事业尽先拨给，除尽先拨给以外，事实上已无多余可资挹注。故讨论结果，对各方所请，均属无法应付”②。

暨南由此遭遇建校以来经费欠缺最为严重的局面。该校理科建设的成绩颇乏进展，教育部不得不在 1933 年 12 月发出训令，警告该校“化学图书仪器药品尚须增购，物理系精密仪器亦须添购，普通仪器应加以补充，并须增设仪器修理室，俾简单仪器可以自制，遇有损坏可以修理”③。事过一年，教育部根据视察员报告，除了认定该校在整理院系和裁减一部分职员外，其他方面并无进步，并列举该校在诸多方面需要改进的事项。④ 半年之后，教育部干脆认定该校近年来办理各

---

① 《教育部训令》，第 713 号，1933 年 1 月 25 日，上海市档案馆：国立暨南大学档案全宗，Q240－1－8。

② 《管理中英庚款董事会公函》，1935 年 6 月 17 日，上海市档案馆：国立暨南大学档案全宗，Q240－1－8。

③ 《教育部致国立暨南大学训令》，1933 年 12 月 28 日，中国第二历史档案馆编：《中华民国史档案资料汇编》，第五辑第一编，教育（二），第 1002 页。

④ 《教育部致国立暨南大学训令》，1934 年 12 月 24 日，《中华民国史档案资料汇编》，第五辑第一编，教育（二），第 1002～1004 页。

项整改工作不甚积极,积弊甚深,严令该校务必裁并院系,银行系与会计系酌量裁减或者干脆合并成一个学系,取消铁道管理系;数学系与物理学系合并为数理系,限制招生,各单位均应裁减职员,并整顿校纪和学风。[①] 至此,教育部对暨南的整改似乎失去耐心,暨大屡次掀起学潮也让南京方面十分不悦。由学潮方面,教育部推测到该校学生纪律已经废弛,学校领导对此没有给予充分的重视,所以,训令中的言辞也显得特别严厉:

> 查该校近年办理未善,积弊甚深,历经本部督促改进,迄鲜成效,自上年风潮发生,纪律弥复荡然。本部为整顿华侨高等教育起见,迭次派员前往该校严密查察,认为该校半年以来在教学上、训育上、学科编制上、学校行政上以及其他各方面,仍无若何进步。[②]

“仍无若何进步”“迄鲜成效”这类说法,透示出上层对暨南学潮的发生耿耿于怀,自然对该校的整改成效不作褒评。此时的暨南已逐渐被CC系所控制,郑洪年离开之后,尤其是何炳松掌管暨大时,政治斗争更加尖锐。曹聚仁即观察到,“陈立夫正在控制全国的高等教育,何炳松也只能唯CC之命是听的。他有点怕海外归来的华侨青年,因此大量招收国内学生,暨南大学和一般性的大学绝无不同”。[③] “屈己就人”也就成为暨南大学不得不采纳的一个策略,然而其负面影响又是难以衡量的。

四、余　论

自“一·二八”事变至全面抗战爆发,继任暨大的两位校长沈鹏飞和何炳松仍为打破经费困窘的局面做着不懈的努力。沈鹏飞作为代理

① 《教育部致国立暨南大学训令》,1934年7月7日,《中华民国史档案资料汇编》,第五辑第一编,教育(二),第1004~1005页。

② 《教育部致国立暨南大学训令》,1934年7月7日,《中华民国史档案资料汇编》,第五辑第一编,教育(二),第1004~1005页。

③ 曹聚仁前揭文,第79页。

校长，在暨大的时间比较短，根据学校本身学潮不断、师生难以安心向学的现状，他制定了办学的基本方针："先求学校本身之安全，广求名教授，充实各系课程。使同学安心向学，不使再有前些事件发生；再进而注重德育、智育、体育之涵养，并以致用为鹄的。"①其实，此时的进步教授均被排挤出去，在抗日救亡的背景下，学生不满时局现状，屡屡酝酿学潮活动，沈鹏飞作为校长既要承受南京当局的压力，又不能一味压制学生的爱国运动，虽有宏图大略，亦难以施展开来，因而提出辞呈。

何炳松掌管学校以后，鉴于学校财政困顿，力图突破既有颓势，不得不积极地继续向管理中英庚款的董事会提出请求援助的申请。1937 年 1 月，该校编制正式的申请补助书，分为中英文两种说明书，印刷成册。这次申请的数目是理学院、文学院、图书馆共计 32 万元，用以购置仪器、增添"南洋文库"图书以及南洋考察等事项。② 3 月下旬，学校改变了请款的策略，考虑到可供分配的庚款数量不多，因而主动要求撤销图书馆建设费 15 万元，"顷阅贵会此次可供分配庚款之数额并不甚多，对于本校所请补助数目似不无困难，本校为顾及事实起见，拟将请求补助之款加以缩减，对于前列改造图书馆之十五万元自动撤销，其余十七万元仍乞贵会提付审查，如有为难亦肯酌予分年补助，以利侨教"③。三个月后，董事会成员杭立武致函何炳松校长称，管理中英庚款董事会今年因自办事业较多，对于专科以上学校的请款未能普遍补助，仅选择边远省份及内地各省重要机关予以补助，上海一地高校较多，只有上海医学院和同济大学获得补助，其余均无补助，并因此向何炳松致歉。④ 何炳松在得知这一消息后，只得在校内公文上批示

① 沈鹏飞:《复侨务委员会函》,《暨南校刊》,第 91 期,1934 年 3 月 19 日。

② 《国立暨南大学申请补助书》,1937 年 1 月,上海市档案馆:国立暨南大学档案全宗,Q240 – 1 – 8。

③ 《本校申请补助书内改造图书馆费十五万元自动撤销其余十七万元仍请提付审查酌予补助由》,1937 年 3 月 22 日,上海市档案馆:国立暨南大学档案全宗,Q240 – 1 – 8。

④ 《杭立武致函何炳松》,1937 年 6 月 19 日,上海市档案馆:国立暨南大学档案全宗,Q240 – 1 – 8。

"嘱以将来仍望努力",暨南请款的行动再次遭遇挫折。大约同一时期,暨南还向中华教育文化基金董事会申请援助,惟不知结果如何,据现有文献来看,似乎也不太乐观。[①] 1938年,"护校驱何委员会致教育部密函"也显示,1935—1937年三年间,教职员薪金中的水灾捐、飞机捐、中央所得税等项合计,也仅有十余万元。[②] 不论该文献的用意如何,它起码显示出全面抗战之前,国立暨南大学始终未能走出"一·二八"事变以来财政困顿的窘境。

战争损失研究是近年来抗日战争史研究中的一个新领域,相关论著的视界大都限于战争伤亡、军民物质损失、文化教育被破坏和控制等,新见迭出。国立暨南大学在"一·二八"事变及以后所遭遇的种种波折,重建过程中受到国内时政、财政环境、人事纠葛等方面的困扰,则提示着今人在观览战争损失问题时,不得不拓宽研究的视界,将战时和战后一个时段内历史发展的真相加以挖掘比勘,"事件"的意义或许会变得复杂而丰富。国立暨南大学个案自是一个特例,并且还是一个"幸运"的典型[③],然而"一·二八"事变对这一"个案"的负面影响,却不仅限于日军破坏的一个侧面,重建过程中种种复杂的际遇和尴尬,也是不应忽视的"损失"之一面,其中兼涉的因素不但有日本侵略、国民党派系纷争、教育界人脉变动,甚至在野的中共影响及政治上的"第三力量"等也介入其中。这也同样说明,历史"事件"的发生当然重要,然其变动趋势亦不可忽略,历史本相的静态与动态侧面均关紧

① 《中华教育文化基金董事会分配款项原则》,上海市档案馆:国立暨南大学档案全宗,Q240-1-13。

② 《国立暨南大学护校驱何委员会致教育部函》,中国第二历史档案馆:全宗5,案卷2593号。

③ 同在上海,同属于"国立"的劳动大学,由于"一·二八"之役,遭到了严重的破坏,教育部干脆予以解散,以致引起该校学潮。解散的要因,除了朱家骅所讲的沪变损失之外,据中央执委会看来,该校存在的问题还有更为严重的,即校内有"反动分子"在暗中活动,参见《教育部解散国立劳动大学与该校师生护校活动的有关文件》(1931年10月—1932年7月),中国第二历史档案馆编:《中华民国史档案资料汇编》,第五辑第一编,教育(二),第189~197页。

要,学人用力的方向须在明了故实的基础上,拓展对历史事件的长时段和动态性研究,以落实其全部真相并揭示其丰富的含义。

(《暨南史学》,2007)

何炳松与暨南的发展

资料室

何炳松(1890—1946),字柏丞(臣),浙江金华人。我国著名爱国人士、史学家、教育家、编辑学家。留学美国,获普林斯敦大学研究院硕士学位。回国后,历任北京大学、北京高等师范学校教授、商务印书馆编辑所所长、《教育杂志》主编、中华学艺社理事长等职。1935 年 6 月至 1946 年 5 月任国立暨南大学校长。在他主政暨大期间,殚精竭虑,呕心沥血,使暨南大学历经艰险而巍然不动,为暨大和华侨教育的发展做出了重要贡献。

1935 年 6 月,国民政府教育部任命何炳松任国立暨南大学校长。当时,何炳松可以称得上是临危受命,一方面日本侵华加剧,战争已经迫在眉睫;另一方面,暨大学潮迭起,无人出掌暨大,校务处于风雨飘摇状态。何炳松目击时艰,毅然应命,在 1935 年 9 月 12 日开学典礼的讲话中,明确提出了办学的指导思想和培养目标。他说:“我们要造成复兴民族之斗士,不要造成争夺权利之政客。况且暨南比其他大学另有特殊之使命,将来本校毕业同学必须能面向海外发展,能在外界立足。”“为复兴民族着想,为海外华侨的发展着想,必须要加倍努力的用功,以求造就将来有益于国家社会之人物。”为达此目的,他确立了三项方针，即学术标准化，财产合理化，团体生活纪律化。

为了办好暨南大学，何炳松校长邀请了著名的专家学者来校任事。尤其各院系主要负责人阵容，均一时之望。如周予同教授兼任教务长，郑振铎教授兼任文学院院长。当时，全校延聘的著名教授还有周谷城、许杰、郭绍虞、周宪文、张素民、傅东华、陈逵、钱亦石、胡愈之、孙贵定、褚凤仪、曹未风、李健吾、孙怀仁、戚叔含、孙大雨、刘大杰、钱锺书、张世禄、董任坚、吴泽霖、吴文祺、袁文彰、江之永、陈麟瑞、程俊英等。

其时暨大办得颇有起色，社会舆论对暨南越来越看好。1936 年 1 月《东方杂志》刊载文章评论全国各类高等教育机构时，交通大学校长黎照寰认为“广州的中山大学，上海的暨南大学，武昌的武汉大学，北平的清华大学都像春花怒放，成绩斐然”。何校长表示：“因全校师生的一心一德，共同奋斗，不特校务渐入正轨，学术空气也日趋浓厚，凡是爱护本大学的人，无不奖勉有加，甚至把本大学和清华、武汉、中山等大学相提并论，我们全校师生感愧之余，自当格外努力，期于最短期间，把本大学造成一个名副其实的高等学术研究的机关，希望能为国家造成若干健全青年，毕生从事于学术救国的工作。”

正当暨大校务蒸蒸日上的时候，1937 年上海发生“八一三”事变，真如校舍毁于战火之中，暨大迁入租界。为应付险恶局势，他未雨绸缪，自迁入租界之日起，一直筹划内迁事宜。先拟址南昌西山，后获教育部部长王世杰指示继续在沪维持。校方鉴于抗战爆发后形势变幻无常，学校侨生锐减，遂于 1939 年 6 月和 11 月两次请求在昆明筹设分校，但仍为教育部所拒。1941 年夏，考虑到太平洋战争势不可免，上海租界不能保全，当年 6 月何炳松校长遂派周宪文、吴修赴福建建阳筹设暨南大学分校，以作他日全校内迁之需。建阳分校 11 月正式开学，长达四年筹策内迁的计划终于得以实践。12 月 8 日太平洋战争爆发，日军攻入租界，他与全校师生一起，上完“最后一课”，即组织迁校。

自 1942 年 1 月起，师生自沪经杭州、金华、江山、浦城到建阳。1942 年夏，暨大总校迁闽完毕，暨大建阳分校名义遂被取消，9 月各院系在建阳全面复课。暨大南迁是抗战时期中国教育史上的一个奇迹,正如时人所评:"上海的高等学校众多,真正能够排除万难,迁校成功的只有暨南大学一所。这不能不归功于何炳松校长的爱国热忱和坚韧不拔的毅力,以及师生员工不怕艰苦,团结在校长的周围,共同克服困难的决心。"

在建阳山区,物资匮乏,疾病丛生。但何炳松校长与师生同甘苦,克服重重困难,坚持办学四年有余。这一时期,暨大的光荣爱国传统和民主办学精神得到进一步发扬光大,为复兴民族和海外华侨的发展培养、输送了大批人才。

1945 年 8 月抗日战争取得胜利,何炳松校长对复迁上海工作高度重视。早在 9 月 30 日,何炳松校长在前往上海筹划复迁工作前就决定设国立暨南大学迁校委员会,由临时主持校务的文学院院长兼代校长沈炼之负责。在何炳松撰写的《对于全国高等教育机构复员及国立暨南大学复员之意见》中,他对战后暨大的复迁与发展工作绘制了蓝图。对复迁后的临时校址、学院和南洋研究的扩大、各院系增设南洋问题的必修课和侨生选修班增设等问题提出了设想。学校还拟敦聘一批名师。1946 年 4 月开始迁沪工作,于 6 月全校迁沪完成。暨大又开始了一个崭新的发展时期。

然而何炳松校长却因积劳成疾,于 1946 年 7 月 25 日在上海病逝。他的逝世是整个暨大和教育界的一大损失。郑振铎在悼念文章中说:"他的失去,使我们非常伤心,像这样心胸广大、宽容、开明的人,在如今黑暗而窄狭的世界上还有谁呢?特别是我们在时时受他暗中庇护的朋友们,都有一种茫茫之感!"著名学者顾毓秀撰挽联说:"八载辛劳身殉文教,三千桃李泪满江南。"他担任国立暨南大学校长 11 年,把暨大办成了一个颇具影响和特色的著名高校,在暨南和教育史上写下了光辉的一页。

(《暨南之声》2008 年第 6 期)

暨南大学真如旧址

刘毛伢

暨南大学真如时期校徽

位于真南路以东、交通路以北区域,现有科学馆、暨南新村一号、学生宿舍等历史建筑。科学馆旧址位于交通路3965号,是暨南大学真如时期的重要建筑,建于1923年,三层砖混结构,中间阔九间,东西各两间,红瓦出檐坡顶,建筑面积5600平方米,平面呈"工"字型。清水红砖汰石子相间外墙,东西两侧三楼南北墙面有砖砌拱券式壁柱装饰,上置锁石;正立面主入口二楼上方置盾形装饰物两个;矩形门窗,有几何形装饰图案,风格简洁。暨南新村一号,位于真南路交通路路口,由暨南大学为教职员工及家属新建,原有独立式洋房十余幢,大部分毁于1937年"八一三"战火,现仅存习称暨南新村一号的一幢。暨南新村一号为带花园的两层别墅,砖木结构,建于1924年,原有"白屋"之称,现为多户居民混居的公房。建筑外立面为灰色水泥抹浆墙面,有多立克柱的门廊、拱券

暨南大学真如时期校舍全貌历史照片

钢铁门窗、西式水泥栏杆阳台,因居住搭建原貌已有所改变,花园亦不存在。暨南大学学生宿舍,位于交通路3891弄内。其中17号楼建于1936年,为一栋砖木结构二层楼房,坐北朝南,清水墙,内有中庭,各房间呈放射形排列,有东南两个出入口,南面为主入口,入口处均设门廊。除17号外,尚有15、16、18、19号四幢砖木结构二层楼房,亦为同时期的学生宿舍,校区被日军炸毁后此处曾用作汪伪时期的警察局,中华人民共和国成立后为西郊区电话局,后作为民房居住至今。

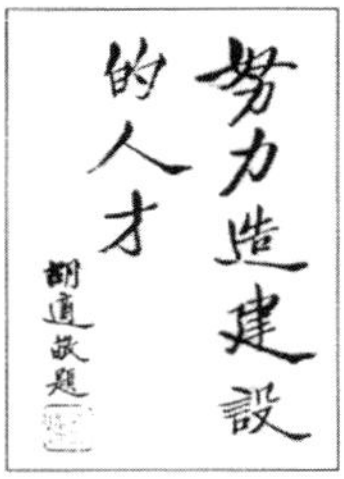

1928年,胡适为国立暨南大学题词

曾到暨南大学真如校址开过讲座的学界名人:蔡元培、鲁迅、徐志摩

暨南大学是中国第一所由国家创办的华侨学府,是中国第一所招收外国留学生的大学,学校的前身是1906年清政府创立于南京的暨南学堂。1923年迁至上海真如,1927年更名为国立暨南大学。抗日战争期间迁址福建建阳,1946年迁回上海。1949年9月合并于复旦、上海交通等大学。1958年在广州重建。

民国十二年九月至民国二十六年七月在真如时期,为暨南大学发展的重要阶段,系科设置不断完善,并广纳名师,学术气氛相当浓厚。其间由黄炎培主持迁校真如工作;陈立夫、孙科、郑洪年等为常务董事,宋子文、林森、孔祥熙等为董事;知名教授有马寅初、潘序伦、夏丏尊、梁实秋、周谷城、楚图南、严济慈、周建人、夏衍、沈从文、陶冷月、黄宾虹、胡愈之、李健吾、王统照、叶公超等;蒋介石、蔡元培、胡适等人还专门为暨南大学题词;鲁迅与暨南大学师生交往甚密,并曾几次赴暨南大学演讲;蔡元培、郑振铎、徐志摩等人也都曾在暨南大学开过讲座。

暨南大学科学馆初建时期历史照片

科学馆正立面主入口上方的盾形装饰

科学馆背立面砖砌拱券式壁柱及锁石

曾为教工宿舍的暨南新村一号花园洋房

[《苏州河文化遗产图志(普陀段)》,上海辞书出版社,2009]

服务南洋:国立暨南大学商科的发展

（节录）

赵永利

从1918年在南京初设暨南商科，到1921年将商科迁至上海，创办国立暨南学校商科大学，再到1927年以后发展成为暨南大学商学院，二十余年间国立暨南大学商科由一个小小的旧制商科发展成为六系并存的商学院，规模完备，名师汇集，闻名上海。在国立暨南大学各学院中，尤以商科历史“最为悠久，历届毕业学生人数及在校人数，亦以本院为最多，因之造就人才亦众”①。从办学成效来看，国立暨南大学商科所取得的成绩要超过国立上海商学院。但是，和其他国立大学不同的是，暨南大学的创设担负着特定的服务目的。这是一所主要为南洋归国侨生服务的国立学校（见下图），而暨南商科的兴办，也是

1921年菲律宾华侨教育参观团赠送国立暨南学校条幅，赞扬该校华侨教育成绩

① 《校史》，《国立暨南大学民三七级毕业纪念册》，见暨南大学华侨研究所编：《暨南校史资料选辑(1906—1949)·第一辑》，1983年版，第30页。

以服务南洋为主要出发点。因此，暨南大学商科的发展与演变，具有与其他国立大学商科明显不同的特征。

1907 年 5 月，时任两江总督端方①（见右图）所上《筹设暨南学堂片》获准，他在南京筹办的暨南学堂得到了清廷认可。所谓"暨南"，语出自《尚书·禹贡》，即"朔南暨，声教讫于四海"。此校名清晰地表明这是一所以南洋侨生为培养对象的学府，办学者的目的是要将中华文教传统传播于海外。实际上，1907 年 3 月暨南学堂即已开学，校址在南京薛家巷妙相庵，地处南京城中心，景致清幽。端方门下红人温秉忠②担任了该校首任学堂总理，郑洪年任庶务长（即堂长），学生则是从南洋归国的侨生 21 人。暨南学堂开办后，在南洋"爪哇一埠风声传播，不独业经来校各家属欢欣鼓舞……凡附近各埠亦闻风而起，均愿选取练习中语合格之学生送宁就学"③，此后又有多批侨生踊跃回国求学。

暨南学堂创始人端方

暨南学堂的设立，实际代表着清政府在南洋侨务政策和华侨教育

---

① 端方（1861—1911），字午桥，号陶斋，谥号忠敏，满族正白旗人。清末重臣，是贵族中的开明官僚。曾参与戊戌变法运动，1905 年被选为出洋考察宪政五大臣之一，赴列国考察宪政，回国后上《请定国是以安大计折》，主张立宪，历任湖广、两江、闽浙、直隶总督等要职，一生设学堂、办警察、造兵舰、练陆军等，声闻益著。宣统元年为川汉、粤汉铁路督办，入川镇压保路运动，为起义新军所杀。

② 温秉忠（1861—?），字荩臣，祖籍广东台山，生于上海。他 1873 年赴美留学，属第二批"留美幼童"。1881 年回国后，温秉忠先后任镇江美国领事馆通译、两江总督署通译兼秘书、镇江及天津洋务局总办等。在两江总督署任职时，作为端方的得力助手，他处理过不少有关外交及教育事务。1905 年末，端方赴欧美考察宪政，他也一同前往，并被公推为干事，专任一切庶务。1907 年，端方在南京设立暨南学堂，温秉忠出任学堂总理。南京国民政府成立后，他还先后担任国民政府民政部（内政部）苏州交涉员、财政部苏州海关监督等职。

③ 端方：《暨南学堂添收学生折（宣统元年三月）》，《端忠敏公奏稿》（沈云龙主编：《近代中国史料丛刊》第十辑），台北文海出版社 1967 年版，第 1685 页。

方面的历史性转折。南洋,即今东南亚诸国的统称。华人南迁有千余年历史,至明、清两代时达到高潮,民间有所谓"下南洋"之说。众多下南洋的华人成为当地经济开发的主力,造就了南洋诸国的繁荣。其中杰出者,不仅积累下巨额财富,甚至一度辟疆开国,建立政权。但是,中国历代君主政权对这种民间自发的海外移民行为都不支持,甚至猜忌乃至严禁。清政府建立之初,因对沿海反清势力的顾忌,更是曾严禁官民私自下海出洋。按《大清律》,"凡官员兵民私自出海贸易,及迁海岛居住耕种者,均以通贼论处斩",擅自出境者,"一经拿获,就地正法"。因此,南洋华侨成为海外弃民。近代以来随着荷兰、英、法、美诸列强先后控制南洋各岛,更是对华人势力极力打压,肆意摧残。南洋华侨虽受内外逼凌,却始终不忘其根本,坚持在南洋各地设立侨校,讲授中华语言文化,教育子孙后人。

鸦片战争之后,清政府调整内外政策,开始逐渐关注海外华侨利益。至清末,为与革命党竞争,清廷更是极力笼络争取华侨势力,并对于华侨子弟教育分外留意,将华侨教育纳入到教育系统中,在南洋广设劝学所,扶植侨校发展。南洋侨校因环境与人才制约,终究水平有限,因此侨生归国就学的愿望益发迫切。1906 年,受学部委派至南洋视察华侨教育的钱恂(钱玄同长兄)等遂请求学部接受华侨子弟归国读书,并恳请两江总督端方出面主持办学。端方一贯鼓励兴学,为当时海内所共知,他在 1905 年赴欧美列国考察宪政时曾途经南洋各埠,对南洋华侨的境遇与学务实状亦有所了解,因此欣然同意开办学堂,接纳海外华侨子弟就读,并承诺"官备食宿,妥为照料"①。于是就有了暨南学堂的创设。

一、黄炎培、赵正平与暨南学校商科的兴办

暨南学堂兴办之初,为一补习性质的学校。因为当时侨生"初回

---

① 端方:《华侨分送肄业片(光绪三十二年十二月)》,《端忠敏公奏稿》(沈云龙主编:《近代中国史料丛刊》第十辑),台北文海出版社 1967 年版,第 888 页。

内地,语言骤难合一”,所以“选派教习补习国文、国语及各项科学一年,再行考验程度,查询志愿,分送各学堂肄业”。[①] 以后随着学堂逐步趋于正规,于1908年春改办中学,并附设高等小学堂。因暨南学堂侨生概属官费,学费免收,食宿包办,并发放夏冬两季制服,花费不菲。端方设法让“闽海、粤海、江海各关分任筹拨”[②],使学堂的办学经费有可靠保障。暨南学堂开办有年,校内规章明晰,经费充足,办学卓有成效,学生学业日进。至清廷败亡之前,暨南学堂共接纳、培养华侨学生240余人,这些侨生多数回南洋发展。

中华民国成立后,因袁世凯深忌孙中山等革命党人在海外华侨中的影响力,担心华侨学校成为培养革命党人的基地,因此当时虽不乏教育界知名人士和海内外华侨为暨南复校奔走呼号,但北洋当局始终置若罔闻。直至袁世凯死后,暨南复校始有转机。1917年夏,应海外华侨恳请,北洋政府教育部委派黄炎培、林鼎华赴南洋群岛调查英、荷两属华侨教育实状。黄炎培[③]既是江南教育界的领袖人物,又一生热心教育事业,因此在南洋之行的三个多月里走遍南洋各埠,深入了解南洋华侨教育的成绩与困难,回国后整理撰写了《南洋华侨教育商榷书》,指出南洋学校在兴学精神、办学宗旨、学校权责、教员选择与优待等方面存在的实际问题,并提出了十大建议,为南洋教育的发展出谋划策。也正是此次旅行,使黄炎培认识到在国内兴办华侨教育的重要性,于是他极力倡议招收华侨学生,复办暨南学校,开展高等教育。[④]

---

① 端方:《筹设暨南学堂片(光绪三十三年四月)》,《端忠敏公奏稿》(沈云龙主编:《近代中国史料丛刊》第十辑),台北文海出版社1967年版,第1005页。

② 端方:《暨南学堂添收学生折(宣统元年三月)》,《端忠敏公奏稿》(沈云龙主编:《近代中国史料丛刊》第十辑),台北文海出版社1967年版,第1687页。

③ 黄炎培(1878—1965),字任之,号楚南,江苏川沙人,近代著名教育家、实业家、政治活动家,一生倡导职业教育。黄炎培早年加入同盟会,积极兴办新学。辛亥革命后历任江苏省民政司教育科长、江苏省教育司司长、江苏省教育会副会长等职,主持江苏省教育行政,为东南教育界领军人物。民初曾在国内外广泛考察教育,并积极参与南高师、东南大学、暨南学校等校校务,后发起成立中华职业教育社,在近代中国教育界具有相当影响力。

④ 黄炎培:《八十年来》,文史资料出版社1982年版,第76页。

1917 年 11 月 1 日,教育部批准在南京旧址恢复暨南学堂,并定名为国立暨南学校,委任黄炎培为筹办员。黄炎培迅即邀集与南洋素有联络且热心华侨教育的江苏教育会同仁赵正平①共同筹划暨南复校事宜。他们先后拟定《暨南学校章程》《暨南学校规复宣言并招生启》等,上报教育部并投书报界及南洋各地,大力宣传办学事宜。按照黄、赵二人的规划,暨南学校"以招集华侨子弟已在南洋受有初步之教育者,授以适应南洋需要之知识技能,并发达其爱国思想,俾毕业后从事于华侨教育或实业,冀其事业之改良与发展为宗旨"。学校程度"暂依中等程度办理,渐进乃施高等教育"。在未施高等教育时,"华侨欲送其子弟入本国大学或专门学校,或为升学计欲入普通中等学校者,本校负指导介绍之义务。须补习者,并设法使之补习"。②

经过短暂准备,1918 年 3 月 1 日暨南学校补习科先行开课。3 月 7 日,赵正平被正式委任为国立暨南学校校长。又历经数月筹备,于是年 9 月 9 日举行暨南学校开学典礼。此时学校除补习科外,率先设置商业和师范两科,共招收学生 110 人,侨生 70 人,内地生 40 人,其中商业科 25 人,师范科学生 49 人,补习科 25 人,其余在附设小学学习。③ 后暨南又陆续创设中学部、女子部等。为便于筹措办学经费等原因,暨南学校采用了校董事会制度,选聘热心华侨教育的实业巨子和教育名流充任校董。

暨南学校开办之初,即以商科为办学重点。当初在南洋考察教育时,黄炎培就注意到东南亚各国因得天独厚的地理位置和丰富物产,为世界上重要的交通枢纽和进出口贸易中心,南洋华侨亦大多从事商

---

① 赵正平(1886—1945),字厚生,上海宝山人。他早年赴日留学,曾任广西陆军学堂教务长、荷属巴达维亚中学校长等职。辛亥革命后历任兵站总监部参谋长、北京社会局长、青岛教育局长等职。参与规复暨南学校,任校长。1939 年参加汪伪集团,先后出任汪伪国民政府教育部部长、中央图书馆馆长、编译馆馆长、中日文化协会常务理事、中央政治委员会委员、国民政府委员等职,并担任伪中央大学、上海大学校长等。抗战胜利后畏罪自杀。

② 黄炎培:《南京暨南学校规复宣言并招生启(1918 年)》,中华职业教育社编《黄炎培教育文集》,中国文史出版社 1994 年版,第 244 ~ 247 页。

③ 张晓辉主编:《百年暨南史(1906—2006)》,暨南大学出版社 2006 年版,第 17 页。

贸活动,华侨子弟成年后,“大半以能世父业为贤”。因当时海外侨校所办商业教育大多简陋不堪,黄炎培由此确认“南洋社会需要商业教育,实有非常迫切之情势,则非仅在小学略授以商业知识,如所谓预备商业教育者为克能满足其要求”。① 鉴于“同胞在海外,舍实业更无立脚地,教育即当因其所需而施之”②,黄炎培在暨南学校规复之初即首先着重兴办商业科。

当时暨南商科为中学程度,学制 3 年,招收旧制中学的毕业生入学,此种旧制商科较以后的新学制高中商业科的水平略高,与大学二年级水平相当,因此“名为中等,则固类似于高等,为一种特别之商业专修科”③。按暨南学校章程规定,商科开设课程包括英语、国文、修身、地理、历史、经济、法制、速记、簿记、打字、商品学、商事要项、商业实践、体育等。④ 暨南学校旧制商科从 1918 年设置,到 1926 年终止,共招收七届学生,培养学生百余人。1919 年 9 月,为了“专造就南洋商业上应用人才”,暨南学校又设立了商业特科,学制为一年,“凡有甲种商业学校以上程度及华侨子弟之已毕业中学者,均可报名”。⑤

暨南商科首任主任最初选定冯裕芳⑥担任,后实际由王敬礼⑦出

---

① 黄炎培:《南洋华侨教育商榷书》,《教育杂志》1917 年第 9 卷第 11、12 号。

② 黄炎培等:《对于斐律宾华侨教育意见书》,见中华职业教育社编《黄炎培教育文选》,上海教育出版社 1985 年版,第 73 页。

③ 周孝中:《暨南逸史》,暨南大学出版社 1996 年版,第 29 页。

④ 黄炎培:《南京暨南学校规复宣言并招生启(1918 年)》,中华职业教育社编《黄炎培教育文集》,中国文史出版社 1994 年版,第 246 页。

⑤ 《暨南学校添招新广告》,《申报》,1919 年 6 月 19 日。

⑥ 冯裕芳(1883—1949),海南琼山人,冯白驹之胞兄。早年赴南洋投亲,后于日本东京帝国大学商科毕业(一说日本庆应大学领事科结业)。留日期间为中华革命党发起人之一,并被推为东京支部长,襄助中山先生革命,1921 年后曾任广东交涉署副局长、陈炯明粤军总司令部高级顾问、第三军代参谋长等职。1928 年赴伦敦大学攻读国际公法和哲学,获博士学位。抗战爆发后,从南洋回国参加抗日救亡运动,后加入中国民主同盟,与中国共产党关系密切。

⑦ 王敬礼(1885—?),字毅侯,浙江黄岩人。英国伯明翰大学硕士毕业,曾任北京大学教员、天津华义银行协理兼会计主任等职,后任国民政府中央银行监事、国立中央研究院会计室主任等职。

任。1919 年 9 月王毓祥[①]接任。商科教职员则有柯成懋(美国哥伦比亚大学硕士毕业)、包允恭(日本明治大学商学学士)、黄家骥(南高师商科毕业)、李健英(两江师范学堂图书手工科毕业)、吴元涤(苏州优级师范学堂毕业)等人。[②] 教员的数量并不多,但其教育背景和专业素养尚属差强人意。

在筹办暨南学校之时,黄炎培、赵正平就有开设高等商科的打算。而随着民初南洋经济的发展,“南侨于银行及国货公司两事业蒸蒸日上,所缺乏者,非资本而为应用资本之人才”,对高等商业人才的需求尤其迫切。有鉴于此,赵正平与黄炎培等于 1919 年夏秋之交,“再四筹议,计非扩张一大规模之商科以养成多数专门商才不可”[③]。鉴于“南京一地,缺乏世界的商业,于延聘留学欧美之商科专家,充当教员,甚形不易,遂主张将商科移沪”[④]。恰好此时南洋巴达维亚商会会长丘樊亭之子丘心荣回国筹办商业专门学校,商之于黄、赵,以及到暨南联络的暹罗请愿代表(为中暹立约通商以便设置领事事)冯裕芳、荷属请愿代表(为修改中荷领事条约事)韩希琦和熊理、星洲中学校长涂开兴等南洋侨领也都主张“商科极应扩张”。于是黄、赵与上述诸人多次会商之后,草拟出商科大学计划书、理由书等,一面寄往南洋,一面征求上海商学两界领袖的意见。此事得到张謇及上海总商会、江苏教育会的极力支持,并推举出黄炎培、史量才、赵正平、郭秉文等十五人为商科大学筹备董事,设筹备处于上海江苏教育会内。同时他们还发起成立中南协会,以谋兴办商科大学,及“兼谋其他教育实业等一切事业之发展”。要开办一所商科大学,首先需要解决办学经费问题,鉴于南

---

① 王毓祥,美国芝加哥大学学士、纽约大学硕士,曾任南京高等师范教员、南京暨南学校商科主任等职。大夏大学创始人之一,曾担任大夏大学秘书长、副校长等职。

② 张晓辉主编:《百年暨南史(1906—2006)》,暨南大学出版社 2006 年版,第 19 页。

③ 赵正平:《我人对南洋文化运动之回顾》,《中国与南洋》,1921 年第 2 卷第 1 号。

④ 《上海筹办商科大学初志》,《申报》,1920 年 3 月 28 日。

侨子弟多属闽粤籍，赵正平、丘心荣等人曾赴广州请求南方军政府给予补助，但因军政府当时陷入分裂无心插手以致未能遂愿。① 虽然暨南学校在沪开办商科大学之事一时受挫，但黄、赵毫不气馁，遂着手将暨南学校商科迁沪。1921 年 2 月 28 日，暨南商科终于迁至上海徐家汇松社②内。

二、柯成懋、高践四与暨南上海商科的发展

暨南学校筹备在上海开设商科大学之时，国立东南大学亦有相同计划，但双方都因经费、人才等制约进展缓慢，经黄炎培及中南协会等居中撮合，接替赵正平暂任暨南学校第二任校长的柯成懋③与东南大学校长郭秉文乃决定合力兴办上海商科大学。但两校服务性质不同，要合办商学又谈何容易。在 1922 年暨南学校第一次校董会议上，鉴于南洋各属"商业教育大有扩充之必要"，而暨南学校与南洋相隔万里，"自不足以普及"，提出要"仿欧美校外扩充教育之意，自下年度始，就英、荷、美、暹、法、日各属重要商埠，提创推设商业补习学校"，其常年补助经费则由暨南商科大学经费内支出。为此，校董会决定由暨南学校下年度自办专门部，停支与东南大学合办商科大学经费，节余款项用于扩充海外补习教育之用。④ 暨南学校商科未能与东南大学商

① 赵正平：《我人对南洋文化运动之回顾》，《中国与南洋》，1921 年第 2 卷第 1 号；《上海筹办商科大学初志》，《申报》，1920 年 3 月 28 日；《上海筹办商科大学再志》，《申报》，1920 年 3 月 31 日。

② 1916 年 12 月，蔡锷因病去世不久，其师梁启超致电各省，发起创办松坡纪念图书馆，地点定在上海。梁启超的提议得到多省响应，以梁启超为首的筹办处遂在上海徐家汇成立"松社"，购地 20 亩，计划"中建图书馆及蔡公祠，外为公园，塑蔡公铜像，其藏书除分本国书、外国书两大部分外，凡蔡公遗书、遗墨、遗物，别设一室宝藏之"。但因张勋复辟等事，上述计划并未完全施行，后松坡图书馆迁至北京北海快雪堂。

③ 柯成懋（1890—？），字箴心，浙江平湖人，早年留学美国，入哥伦比亚大学学习自然科学，回国后任职暨南学校商科，1920 年夏至 1921 年秋曾任暨南学校校长。后任上海交通大学自然科学院化学课主任兼预科主任等职。

④ 《第一次校董会议》，《中国与南洋》，1922 年第 3 卷第 6 期。

科合并,而是在上海徐家汇松社内独立创办高等商科。

暨南学校校长柯成懋本是暨南商科教员,很重视暨南上海商科的发展。暨南学校商科在上海的校舍共有三处,其中本科教室设于松社内。“松社者,纪念蔡松坡之花园也,花木清幽,风景绝胜”①,松社位于法租界徐家汇姚主教路135号,当时内有蔡松坡图书馆,广藏中国图书,又有祠堂一座,供奉蔡松坡等人神位及造像。商科本科第三教室就在祠堂楼上,四面窗牖,空气清新,光线充分,窗外远眺工厂民房、菜圃茅舍,“俨然一幅风景画”;楼下中央为学生休息及阅报所,两旁有教员休息室两间。祠堂外植竹为篱,有芭蕉、梅、柏、玉兰、杨柳点缀,又有小桥荷花流水,草地一片可做网球场,直行不远即到蔡松坡图书馆,商科第一、二教室在图书馆楼下,明亮宽敞整洁,楼上为教员宿舍及学校银行。图书馆周围树木成行,幽径曲折,有旷地一片正着手辟为篮球、网球、壁球场地。另设学生俱乐部于徐家汇路与姚主教路交界处,是从宿舍到教室必经之地,此处设厨房、浴室、膳堂、学生娱乐部及《中国与南洋》编辑部等。内有门面两间,学生计划集股试办商店。学生宿舍则位于华界,与法租界徐家汇间一溪,外观虽不美,但内容整齐。寝室共十一间,大小不齐,共可容纳学生50人。寝室内每人桌椅各一,有公共书架及保险油灯,室外设洗面所。此外尚有教员寝室一间,阅报室兼会客厅一间及校役住处。校内还设有博物馆,陈列国内外商品,以备参考。教室至俱乐部距离六百码,俱乐部至宿舍二百码,皆近在咫尺,步行十余分钟可至,并有电车相通。② 可谓环境优美,交通便利,为暨南商科提供了优良的办学环境。

暨南商科同学为能在纪念蔡锷将军的松社学习而感到由衷高兴。因为其所在地徐家汇为上海教育集中区,南洋、复旦、徐汇、同文诸校均相处甚近,能引起同学研究学问之兴趣;其次,松社内屋宇整洁、花木繁多,对学生卫生及精神上之修养均有益处;其三,使同学们在读书

① 暨南学校商科编:《暨南商科第五届毕业生纪念册》,1925年版。

② 《暨南学校商科校舍记》,《中国与南洋》,1921年第2卷第2、3号。

之外,能受到蔡锷将军伟大人格之熏陶,得"一种精神上之教训"。[①]当时学校为"就教授时间便利",夜间九、十时仍安排有课。但同学们结队上课,"精神快健",乃至"冒风雨前往上课以为常,而同学且无一人以缺席者"。"教授以教为务,同学以学为务,弦诵雍雍,未知其他",师生"为之陶醉"。[②]

暨南商科如此生气勃勃、卓有成效,也与商科主任高践四、商科训育主任何震生等人的刻苦经营不无关系。尤其是高践四[③]主任,"实事求是,不务虚荣","敦请名誉讲师,讲演商业常识,以增学者之经验;复鼓励团体组织实地调查商情,以为学者之准备;而学科之选择,教员之聘请,随处留意"[④],殚精竭虑,谋求发展。

此时暨南商科分为商业普通科与商业补习科两种。学校每年阳历8月下旬招考一次,商业普通科考试科目包括国文、史地、英文、算学、商业等(见下表);补习科仅考验国文、英文两科。商业普通科学制二年,入学者须修完暨南学校中学前两年各科目,或有同等学历经考试及格。商业补习科的学制一年,开办目的在招收商界华侨,"造就中国与南洋间有用之商业人才"。该科晚上开课,专习珠算、商算、簿记、银行、汇兑、国际贸易、关税、运输及保险等紧要实用科目,白天则外出实习或调查商情。入补习科者须18岁以上,精通国文,英文略有根底且有经商经验。商科学费每年国币40元,宿费每月1元,膳费每年至多60元。[⑤]

---

① 《本校商科欢迎松社干事茶话会纪事》,《中国与南洋》,1921年第2卷第2、3号。

② 暨南学校商科编:《暨南商科第五届毕业生纪念册》,1925年版。

③ 高践四(1892—1943),名阳,字践四,无锡人,家境豪富,早年毕业于东吴大学,后留学美国,获美国康奈尔大学文科硕士学位,回国后曾变卖家产创办私立无锡中学,后出任暨南学校上海商科主任,主持松社办学事,成绩卓著。1928年后高践四任江苏省立教育学院院长,竭力倡导民众教育,设立著名的无锡民众教育试验区,为我国近代史上享有盛誉的乡村教育家。

④ 《校史(1924年)》,暨南大学档案史料,见张晓辉主编《百年暨南史(1906—2006)》,暨南大学出版社2006年版,第33页。

⑤ 《国立暨南学校商科一览》,《中国与南洋》,1921年第2卷第2、3号。

国立暨南学校商业普通科课程表(1921年订)

科目	号数	科名	每周钟点	全年学分
第一学年				
修身	101	伦理	1	1
国文	101	国文　国语　作文	6	1
英文	101	读本　文法　作文	6	6
算学	101	商算	3	3
打字	101		1	1
历史	101	世界史	3	3
地理	101	世界地理	3	3
法政	101	法制	3	1
经济	101	中文经济原理	3	1
英文	103	商业读本	3	2
算学	102	珠算	1	1
商业	102	商品	2	2
演讲			2	1
第二学年				
科目	号数	科名	每周钟点	全年学分
修身	102	商业道德	1	1
国文	102	商用文	3	3
英文	102	商用文会话	6	6
簿记	101	英文初级簿记	3	3
英文	104	商用尺牍	2	2
银行		中文银行原理	3	3
法政	102	中文商法及南洋法规	3	3
历史	102	商史	3	1
地理	102	商地	3	1
经济	102	英文经济	3	3
商业	102	实践	3	3
演讲			2	1

资料来源:《国立暨南学校商科一览》,《中国与南洋》,1921年第2卷第2、3号。

暨南学校商科实行学分制,“以科目为单位,按照每科目分量轻重及每周时间多少定学分之数目”。普通科学生修满60学分方可毕业。

普通科开设科目有修身、国文、英文、商算、簿记、法制、经济、珠算、打字、商品、世界史、世界地理、银行、商法、商史、商地、商业实践等。从以上课程设置不难看出,作为两年制的旧制普通商科,其课程介于中等与高等之间,简洁实用,轻重分明。而其中最为重要的课程当属英文,第一年重在打基础,第二年重在商用,各有侧重,学分最重。其次商科各主干课程,也侧重用英文教授。同时,对于学习商学所必须了解的史地知识也比较重视。暨南商科与众不同者,是将演讲也作为重要课程,这对于学生未来厕身商界显然大有用处。此外,暨南商科课程的另一个特点,便是重视实践。

除上表所列商业实践课程外,暨南学校也非常重视商科实习等事项。暨南商科为满足学生实习需要,在校内专门设有商业实习室、银行实习室、会计实习室、打字实习室等。普通科学生还由学校介绍进各大商店实习数星期,实习时须有记载并汇报教员。而补习科学生则是晚上上课,白天即外出实习。此外,学校还规定各级学生每学年可外出旅行一次,或赴各地工商业发达、可供学生实习见习之地,或是能促进学生锻炼身体习苦耐劳之地,或名胜古迹扩充知识之地,务求开阔视野,了解商情。普通及补习科在毕业时还要由学校率领往各省调查工商业状况,并于旅行前设计好问题,返校后须"一一答复"。①

1921 年 6 月,暨南学校商科第一届毕业生组织经济视察团,沿长江汉口之间长江流域与京汉、京津、津浦、沪宁等铁路沿线,顺次考察上海、苏州、南京、武汉三镇、郑州、开封、保定、北京、天津、张家口、泰安、济南、徐州等 30 个大小城市,往返四十余天,考察内容包括各地工商业概况、主要国货附据集品及征集贩卖规则、新式工业、将来有望之兴业等。视察方法分为直接视察、各个访问、请实业机关及实业界要人演讲、搜集印刷品、摄影等。② 暨南商科之所以如此重视旅行考察,乃是因为认识到"治商业学科者,不独贵具书本上之学识,尤贵具实际

① 《国立暨南学校商科一览》,《中国与南洋》,1921 年第 2 卷第 2、3 号。
② 《国立暨南学校商科一览》,《中国与南洋》,1921 年第 2 卷第 2、3 号。

之常识，不徒恃他人的教育，尤重赖自动的观察。故举行含有视察性质之旅行，为商业教育之要务”，在“暨南商科为尤要”。此次经济旅行考察结束后，考察团撰写了详细的考察报告，汇报考察成果。[①] 暨南商科如此重视户外考察，在当时国内各商科内可谓独一无二。

暨南商科亦实行学生自治。校内设有学生自治会，以养成自治能力、促进良好学风校风为宗旨。凡该校商科肄业者，均为自治会会员。自治会选出委员 7 人执行一切会务，分卫生 3 人、纠察 2 人、文牍 1 人、交际与会计 1 人，负责食堂伙食监督、清洁检查等事。自治会会员权利义务及会务规程执行等均制定有详细规程，有章可依，并制定有自治规约，包括①遵守校规，②戒烟酒，③禁赌博，④衣冠务宜整洁，⑤勿沿街食物，⑥勿在外滋事，⑦勿污损公地公物，⑧室内应用器物务宜整洁，⑨勿随意唾涕，⑩保存路不拾遗之美德，⑪德（疑应为“流”字，作者注）行病袭来或发生后之防卫及消毒方法须注意，等等。[②] 内容相当具体，且有操作性，并具自治精神。此外，学生还自行成立演说会（分国语及英语演说会两种）、体育会、音乐会、远足会等，组织学生的课外学习、锻炼、娱乐等。

在柯成懋、高践四的经营下，暨南商科的实力“与国内各大学相比较，已有齐驱之势”[③]。

三、姜琦、潘序伦等与暨南上海商科大学的壮大

暨南学校南京校区是继承原暨南学堂妙相庵原址，占地面积仅 30 余亩，随着学校招生规模逐渐扩大，校舍明显不敷使用，而迁沪之暨南商科毕竟是赁屋办学，因此营建新校成为当务之急。为此，暨南学校第一届校董会成立之后，就议决成立筹备新校舍委员会，由全体校董

---

① 《暨南学校商科学生经济考察团报告》，《中国与南洋》，1921 年第 2 卷第 4、5 号。

② 《学生自治会消息》，《中国与南洋》，1922 年第 3 卷第 6 期。

③ 《校史（1924 年）》，暨南大学档案史料，见张晓辉主编《百年暨南史（1906—2006）》，暨南大学出版社 2006 年版，第 33 页。

参与,推举江苏省军民长官齐燮元、省长王瑚为筹备会名誉会长,并从校董中推举黄炎培、柯成懋、史量才、钱新之等办事委员7人负责筹款、规划、工程、接洽等工作。[①] 一为海外来学者之益便,二为校内教育之独立,三为商科之需要,新校舍委员会决定在上海觅地建校。新校选址历经周折,最后接受宝山士绅钱印霞等人建议,选定上海真如车站旁乡间一隅为新校址(见下图)。真如距上海城区有十余里,有沪宁铁路经过,距上海不过一刻钟车程,另有建设汽车路规划,"交通绝便,环境幽静而地价极廉,且易得宽整地亩"。经过一番周折,暨南共花费4万余元,分两次共购地220余亩。[②] 后又购地450亩,使真如校区扩展为670亩。至1923年夏,新校区一期工程竣工,最先建成商科大学、商科使用的大教室和第一宿舍各一幢,中学部教室及校部办公室一幢,中学宿舍两幢,以及饭厅、浴室等建筑。上海暨南商科与南京师范科、中学部及新开设的暨南商科大学首批迁入新校,暨南商科进入更高层次发展阶段。

暨南学校从南京迁到上海真如,主要是由赵正平校长操办的。据学生印象,赵正平乃"头尖,面削,短发,肥矮,平肩。不似学人,有类市侩。能言善辩,交际长才。声微涩,而不碍于听。演说数小时不疲,亦异秉也"[③]。赵正平虽称不上教育家,但是对于暨南"建树不少",在营建暨南真如校区方面出力不小。这主要得益于赵正平乃上海土著,地方人脉熟络,又是江苏教育会要员,且得到黄炎培等人的鼎力支持。可惜,就在1924年暨南真如校区新校舍基本完工之际,却爆发了直皖两系军阀齐燮元、卢永祥间的江浙之争,战争期间齐燮元一度将其司令部设在暨南新校区内,暨南平白遭遇一场大劫,学校建设大受影响。此时,赵正平又提议将国立暨南学校改为私立,以脱离北洋军阀政府

---

① 《第一次校董会议》,《中国与南洋》,1922年第3卷第6期。

② 《筹备新校舍通告第一号(四月二十日)》,《中国与南洋》,1922年第3卷第6期。

③ 叶毓光:《南京暨南学校杂忆》,见暨南大学华侨研究所编《暨南校史资料选辑(1906—1949)·第一辑》,1983年版,第106页。

暨南学校真如校区立体全景图

的影响，使学校稳定发展，却遭到学生集会反对，发动驱赵运动。[①] 赵正平遂辞职。

继赵正平之后执掌暨南的是姜琦[②]校长。姜琦"是一本正经办学的教育家，他的作风最民主，一切决定，都由校务会议来主持，他只是一个学校的代表人。校内的一切，又由各院、科主任来执行，他只是一个'虚君'"[③]。用曹聚仁的话说，姜琦"只能算是大媳妇，上面有黄任

① 吴君实：《暨南校史的回忆片断》，见暨南大学华侨研究所编《暨南校史资料选辑（1906—1949）· 第一辑》，1983 年版，第 132 页。

② 姜琦（1886—1951），字伯韩，浙江永嘉人，近代教育学家。早年留学日本，先后毕业于东京高等师范学校与明治大学，得政治科学士学位。1915 年回国后先后任浙江省立第十师范学校校长、浙江一师校长等职，后转至南高师任教授，旋被教育部选派赴美留学，入哥伦比亚大学深造，1925 年夏获教育硕士学位。回国后任暨南学校校长，1927 年夏辞职，任上海浦东中学校长兼大夏大学教授等。1928 年春，改任日本留学生监督，历时两年。回国后先后任教于大夏大学、安徽大学等处。抗战期间任教育部训育委员会专任委员及参事，并先后任教于西北联合大学、浙江大学、中央大学等处。著有《教育史》《现代西洋教育史》《德育原理》《教育学新论》等著作 20 余种。

③ 曹聚仁：《暨南的故事》，见暨南大学华侨研究所编《暨南校史资料选辑（1906—1949）· 第一辑》，1983 年版，第 66 页。

之（炎培）、沈信卿（名恩孚，亦江苏教育会要人）管着的，而商学院院长杨汝梅、高中普通科主任雷宾南（名沛鸿），都只能算是她的妯娌，大媳妇是不容易做的”[①]，因此他干脆“垂拱而治”。姜琦校长主持下的暨南学校依照教授治校、师生合作、财政公开三原则，由全校教职员及学生代表若干人组成的校务会解决一切校务，校务会下设校务评议会、校务行政会、财政委员会负责学校议案审议、日常行政及财政开支等事宜。[②] 鉴于学生入学人数日增，校舍不敷使用，姜琦及学校校董会向银行借款 18000 元，建成一座规模较大的教学楼，可容纳 200 余人上课，又向国内外发起募捐，得到郑洪年捐款 5000 元、英美烟公司 2000 元及学校师生数千元，共计 10000 余元，用以建设图书馆。[③] 学校一派朝气蓬勃之象。

早在 1923 年春暨南学校真如校区投入建设之际，暨南学校校董会即议决于是年秋在新校区首先开办商科大学部，定名为“国立暨南商科大学”，并呈报教育部备案。1923 年 9 月，商科大学在真如校区正式开办，由本校商科毕业生升入大学三年级者 4 名，招收大学二年级新生 8 名，特别生 3 名；一年级新生 30 余名，内由本校中学毕业升入者约 10 名，另有一年级特别生 5 名。同时，旧制商科也从上海徐家汇迁入新校区，并新开办商科高级中学部。暨南学校内一时商科大学、旧制商科、商科高中三部并存，共有学生 130 余人。江浙军阀之争爆发后，受其影响暨南学校经费无着，不得不暂时将商科大学三、四年级停办，至 1925 年 2 月战事停息后应学生要求又再开班，此时暨南学校合商科大学一、二、三、四年级，旧制商科三年级，及商高中一、二年级，共计有学生 160 余人。1925 年 6 月，商科大学有戴扶西等 5 人毕业，

---

① 曹聚仁：《暨南的故事》，见暨南大学华侨研究所编《暨南校史资料选辑（1906—1949）· 第一辑》，1983 年版，第 66 页。

② 《国立暨南学校校务会组织大纲》，暨南学校商科编《暨南商科第五届毕业生纪念册》，1925 年版。

③ 姜琦：《国立暨南学校改革计划意见书》，见张晓辉主编《百年暨南史（1906—2006）》，暨南大学出版社 2006 年版，第 35 页。

获得商学学士学位，一年级又招收新生 60 名，四个年级合计共有学生 140 余人，在上海各大学商科中规模亦属不小。①

1924 年秋，对暨南上海商科曾有很大贡献的商科主任高践四辞职，由朱如堂接任。朱如堂是民国著名银行家、保险实业家。1901 年生于浙江吴兴，为实业家朱子谦之少公子。朱早年毕业于上海圣约翰大学，后赴美留学，入纽约大学，得商科硕士学位。回国后任暨南大学等校教授，1924 年出任暨南商科大学主任。1925 年去职后历任广东国民政府财政部第三课课长、保裕保险公司华经理、上海商业储蓄银行董事长兼总经理、宝丰保险公司董事与总经理、环球信托公司董事、中国第一信用保险公司及亚洲大药房董事、上海银行公会执行委员等职，亦是财经界才学兼备的奇人。其出掌暨南商科大学部时，不过 20 出头，可谓青春年少，意气风发，在其经营之下，暨南商科虽经历动荡，却仍保持严整学风。

1925 年 8 月，潘序伦接任暨南商科大学部主任，提出改良商科大学的计划书。在姜琦校长的支持下，潘序伦大力扩充商科大学，使暨南商科大学由原来的不分学系到分设普通商业系、工商管理系、国外贸易系、银行理财系、会计统计系等五系。同时增设学程，分公共必修、各系必修及选修等课程，全部课程共 36 种。各系主任也分别延聘名师或新秀担任，普通商业系主任为吴倚沧，银行理财系主任为黄念远（美国印第安纳大学经济学硕士，兼任中国公学教授），会计统计系主任由潘序伦兼，工商管理系主任为周德熙，国际贸易系主任为李权时（美国哥伦比亚大学经济学博士，复旦商科主任）。② 校内名师众多（见下表），又新聘有王志莘担任银行实践教授，叶渊担任英文及簿记教授等，一时人才济济，办学质量显著提升。1926 年冬，潘序伦因在上海创办立信会计师事务所而辞职，由潘序伦推荐到暨南任教的叶渊继

---

① 《母校校史》，《暨南同学会会员录（1926 年）》，见暨南大学华侨研究所编：《暨南校史资料选辑（1906—1949）·第一辑》，1983 年版，第 4 ~ 5 页。

② 《商科消息》，《暨南周刊》，1926 年 1 月 23 日第 19 期。

任商科主任一职。

1921—1925 **年曾在国立暨南学校商科任教的部分教师名单**

姓名	毕业学校或经历	担任课程
吴倚沧(教授)	美国伊利诺大学商学学士	财产保险、簿记学、经济学、广告学、商业地理、商业算学
周德熙(教授)	金陵大学文学士、美国伊利诺大学商学硕士	商业组织、运输、英文、经济学、商业理财学
柯成懋(教授)	美国密歇根大学工学士、哥伦比亚大学理科硕士	商算
高践四(教授)	美国康奈尔大学文科硕士	商业历史、商业道德
陈霆锐(教授)	美国密歇根大学政治硕士、法律博士	经济学
兰金(外籍教授)	前东吴大学法律科主任	商法
唐桐侯(教授)	东吴大学文学学士	英文
盛谷人(教授)	东吴大学文学学士	英语、世界地理、世界历史、商业书札
傅复天(教授)	日本早稻田大学经济学学士	经济学、中国法制学
王振汉(教授)	美国纽约大学商学学士	货币与银行、商业通信
赵兰坪(教授)	日本庆应大学经济学学士	心理学
杨惠基(女教授)	美国纽约大学商学学士	商算
卢桐生(教授)	美国俄亥俄大学政治学学士	政治学
朱如堂(教授)	美国纽约大学商学硕士	会计、国际汇兑
黄允之(教授)		国文
施伯珩(教员)		国文
陆友白(教员)		国文

(续表)

姓　名	毕业学校或经历	担任课程
李寿永(教员)		打字
赵敌七(教员)	东吴大学理学士	几何
滕仰支(教员)		国文
潘指行(教员)		国文
屠镇川(教员)	国立南京高等师范体育科毕业	体育

资料来源:暨南学校商科编《暨南商科第五届毕业生纪念册》,1925 年版。表中部分大学名与今译不同,改作今名。

此一时期的暨南商科学子“晨夕相偕,精神焕发”,“颇极一时之盛”。学校学生组织有自治会、中英文演讲会、体育会、经济研究会、京剧研究社及其他学生团体,商科各级学生均积极参与。因商科学生多来自南洋,以擅长足球、篮球等运动项目而著名上海,因此在学校内颇引人注目。而且商科学生立志服务南洋,沟通中南商业,也颇不乏胸怀大志、专心学术者。如商科同学“鉴于商战剧烈之秋,不能不识经济之道,且习经济者,每从事于学理之研究,而乏兼事实之调查”,在 1921 年冬发起组织经济研究会(见下图),“于课余之暇,从事调查,祈有以供他日应世之需”,并将调查研究之所得,编辑成报告书和《经济汇

国立暨南学校商科经济研究会部分成员合影

报》等刊物,获得各方赞美。该会持续有年,即使在江浙大战之时也未停坠,至 1925 年已有会员 40 余人。①

暨南的学生大都来自南洋,少小离家,万里求学,因此在自治、自立等方面确有胜于他校之处。暨南学校成立后又一贯施行学生自治,组织学生自治会,更加强了这些侨生的自治能力。迨暨南商科搬到真如校区之后,校长赵正平"恐学生团结力之固,将不利于己,不许同学之组会",使学生自治会会务被迫停顿。侨生们不听从摆布,而是据理力争,最终迫使由学校同意折中办法,在学校中分区组织自治会,并由各区派出 5 名委员共同组织一个自治总会,负责学生内外一切事物。赵正平本意原在于分化学生,不意学生经此波折,反而更加团结,更加勇敢地与校方的不合理行为作斗争。②

之后,学校师生共同组织了校务维持委员会,负责维持校务。该会以雷沛鸿为委员长,下分教务、训育、会计、庶务、文牍五股。其中会计与庶务两股,由在校全体学生推举代表 4 人参与检查和助理。此时学校前途未卜,风雨飘摇,人心不齐,校内要借机谋财谋势者并不乏人,幸有在校同学与进步老师团结一致,制止破坏学校稳定事发生,期间"诸生仍能各自奋励、循规治学","诸生自治之精神,井井有条"。③

暨南侨生在此次护校事件中的表现,正是他们所具有的"暨南精神"的展示。所谓"暨南精神",就是指侨生"天真、热情,不计利害得失,一股劲往前冲。黑是黑,白是白,他们会当面和你争论,争得面红耳赤,可不会记在心上;过后依然和你十分亲热的"④。侨生黑白分明、不畏强权、勇于斗争,令当政者和校内居心不良者如鲠在喉,又不敢轻易发作。在之后学校的发展历程中,他们注定要扮演重要角色。

① 暨南学校商科编:《暨南商科第五届毕业生纪念册》,1925 年版。

② 暨南学校商科编:《暨南商科第五届毕业生纪念册》,1925 年版。

③ 暨南学校商科编:《暨南商科第五届毕业生纪念册》,1925 年版。

④ 曹聚仁:《暨南的故事》,见暨南大学华侨研究所编《暨南校史资料选辑(1906—1949)·第一辑》,1983 年版,第 63 ~ 81 页。

四、郑洪年、程瑞霖等与暨南大学商学院的发达

1927 年，国民革命军底定江南，黄炎培被视为与军阀合作的地方“学阀”而遭到通缉，江苏教育会亦被解散。在暨南学校，以江苏教育会为后台的原校董会解体，校长姜琦去职。1927 年夏，国民政府大学院任命郑洪年为校长，接收暨南。郑洪年（1876—1958），字韶觉，号橐园，又号群庵，广东番禺人。他在清末曾任暨南学堂第一任堂长，与暨南渊源极深。郑洪年幼年失怙，家境清寒，由亲友抚育长大，曾受业康有为门下，以后又就读于广雅书院及南京两江法政学堂，学成后游幕两江总督衙门，任江宁学务处幕僚，得以参与暨南学堂的创建，并被委为堂长。但他不久即追随广东老乡梁士诒、叶恭绰至北京邮传部及交通部任职，曾任交通部次长兼铁路督办等职，为北洋交通系要员之一。郑洪年早年因同乡关系结识孙中山先生，并加入中国同盟会，1924 年南下广东，历任广东军政府财政厅长、军需副监和高等顾问等职。他与孔祥熙亦结交甚笃，南京国民政府成立之初曾任实业部、财政部和工商部次长等职，以后还兼任华侨事务委员会、全国建设委员会、庚款委员会委员和立法委员会委员及大学院教育部理事等重要职务，是一个人脉深厚的资深官僚。

郑洪年虽不算教育家，但出掌暨南后，将其“当作他的老年名山事业来做。他又好大喜功，所以做的很认真，开拓了大规模”①。上任伊始，“鉴于侨胞处于殖民政府铁蹄之下，受尽帝国主义之蹂躏”，“暨南教育非提高程度，扩充为完善之大学，不足以增进侨胞之地位，不足以适应其特殊环境，不足以使华侨父老咸达自由平等之目的”②，郑洪年发表了改组暨南的计划大纲，决定将暨南学校扩充为完全大学，定名为国立暨南大学。原暨南商科大学部改为商学院，并拟增设文哲学

① 曹聚仁：《暨南的故事》，见暨南大学华侨研究所编《暨南校史资料选辑（1906—1949）· 第一辑》，1983 年版，第 66 页。

② 郑洪年：《一年来之经过并今后之计划》，见张晓辉主编《百年暨南史（1906—2006）》，暨南大学出版社 2006 年版，第 41 页。

院、社会科学院、自然科学院等院系。同时还筹备开设南洋及美洲文化事业部,以加强对南洋问题和海外华侨问题的研究。新的暨南大学以"道德、科学、军事、职业、政治"五项为教育方针,"以期从质量上完成华侨之最高学府,使华侨子弟得享受世界高深的知识与祖国优美的文化,以为他日参加祖国一切运动及提高华侨地位之准备"。①

按郑洪年计划,原商科大学率先改为商学院。当时商科大学四个年级俱全,开办有普通商业系、工商管理系、国外贸易系、银行理财系、会计统计系等 5 系。改为商学院后,依旧开设银行、会计、工商管理、国际贸易、普通商业等 5 系。当时新建的文哲学院开办有中国文学、外国文学、教育学 3 系,社会科学院开办政治学、法律学 2 系,自然科学院开办数学系。因此,暨南大学创立之初,仍以商学院实力最强。1927 年 8 月,学校聘定黄建中为大学部教务长,原商科大学主任叶渊为商学院院长,杨汝梅为商学院副主任兼高中商科主任,夏丏尊为中国文学系主任,叶崇智为外国文学系主任,汪奠基为教育系主任兼中学部教务长,陈炳章为政治系主任,石颎为法律系主任,陈荩民为数学系主任。② 大学部人员基本齐整,正式开学。

1929 年,郑洪年根据国民政府相关大学规程,对暨南大学的院系设置进行调整扩充。大学部下设商学院、文学院、理学院、教育学院 4 学院,并有将法律系升为法学院,及兴办农学院、艺术学院等院系的规划。4 学院下分 20 系及 3 个专修科,其中商学院包括普通商业系、工商管理系、国际贸易系、银行系、会计系、铁路管理系等 6 系,杨汝梅为院长,较开办之初增加一系,实力得到进一步扩充。

1931 年夏,国民党中央执委会常务会议议决在暨南大学设立董事会,推定孙科、林森、陈立夫、孔祥熙、宋子文、马超俊、余井塘、吴铁城、陈耀垣、萧佛成等国民党、国民政府中央及地方大佬和郑洪年共 11 人

① 郑洪年:《本校改革计划大纲》,载《1929 年暨南年鉴》,见暨南大学华侨研究所编《暨南校史资料选辑(1906—1949)·第一辑》,1983 年版,第 10 页。

② 《民国十七年度大事年表》,《国立暨南大学校务特刊》,1928 年版。

共同组成校董会。从校董会人员构成来看,国民党内 CC 派及上海实力派等势力都有掌控暨南的图谋,而郑洪年则拉来孔祥熙、孙科等人充当自己与学校的“护身符”。虽然对学校的领导权受到掣肘,但郑洪年依然积极筹措、大兴土木,进一步推动暨南侨教的发展。为适应学校院系扩充的需要,他先后主持兴建教室 3 列 13 间、图书馆、科学馆、学校办公楼莲韬馆、大礼堂及师生宿舍数栋等,并在暨南新村兴办独立式洋房 14 栋作为教授宿舍,各个学院的教学设备、实验室等也粗具规模。此外,校内辟有田径运动兼足球场 1 座,露天健身器械场 3 处,篮球场、排球场、网球场多处,并在女生宿舍旁设名曰西园的弹子房茶室,在校门处设名曰南园的南新合作社商店。暨南大学“设备日臻完善,规模大具,校誉远播”①。

郑洪年校长还不拘一格地延聘了一大批富有时望的学人到校任教,内中新旧兼任,各派争鸣,其中不乏自由派学者及“左”倾学人,知名者如郑振铎、曹聚仁、周谷城、洪深、王统照、夏衍、周建人、邓初民、梁实秋,等等,一时名师荟萃,阵容鼎盛。然而就在暨南校务蒸蒸日上之际,1932 年上海“一·二八”抗战爆发,暨南大学骤然沦为战区,遭遇空前劫难,一度被迫分别在上海租界、广州及苏州三地设校开课,而战后暨南大学真如校区一片狼藉,校舍破坏不堪。郑洪年领导组织战后整理委员会,规划复兴事宜。是年九月新学期伊始,沪、粤、苏三处学生又搬回真如校区继续上课。总之,在郑洪年担任暨南大学校长的七年间,正是暨南大学取得快速发展,侨生最多,办得最有声有色的时期。虽然此时因文、理、教育等院系的开设,暨南商学院不再是校内唯一实施大学教育的院系,但仍旧是系科规模最大、实力最强的院系。

郑洪年自恃为国民党老人,久历宦海,人脉深厚,长袖善舞,对国民党内的暴发户如蒋介石、CC 派等其实并不尊重,而对于“左”倾师生

---

①　李福让:《校史》,《暨南大学马来西亚校友会纪念特刊》,1974 年版。见暨南大学华侨研究所编:《暨南校史资料选辑(1906—1949)·第一辑》,1983 年版,第 34 页。

亦能包容。而暨南华侨学生更是爱国情绪高涨，思想特别激进，在上海大学被撤销后，暨南大学开始成为上海学生运动的重心，成为上海各高校内中共党员、团员最多的学校，是历次爱国反帝运动的主力。因此，深受侨生爱戴的郑洪年成为国民党内 CC 派、黄埔派等势力忌恨的对象，最终于 1934 年初迫使其辞去暨南大学校长职务，远赴南洋考察。

教育部高等教育司司长沈鹏飞①接替郑洪年担任暨南大学校长。沈鹏飞为林学专家，早在 20 世纪 20 年代任教广东中山大学时，就参与领导了对西沙群岛的综合考察，编有我国研究西沙的早期重要文献《调查西沙群岛报告书》。沈鹏飞在中山大学期间就曾以事务管理处主任身份代行校长职务，在国民政府教育界上层亦有奥援，又是郑洪年的广东小老乡，由其出面代替郑洪年出任暨南大学校长，亦属用心良苦。

沈鹏飞出任校长之后，努力恢复学校教学秩序，提出“先求学校本身之安全，广求名教授，充实各系课程。使同学安心向学，不使再有前些事情发生，再进而注重德育、智体育之涵养，并以致用为鹄的”②。他针对暨南大学各院系特点，提出自己的主张，明确了各院系课程设置的重点，对暨大发展不无贡献。但因有郑洪年前车之鉴，资历稍浅的沈鹏飞则不得不任由国民党 CC 派、黄埔派势力在学校内排挤“左”倾教授，安插“职业学生”，结果导致学校矛盾重重，秩序混乱。1934

① 沈鹏飞（1893—1983），字云程，广东番禺人，著名林学家、林业教育家，毕生从事林业教育和林业科学事业。早年毕业于清华学堂留美预科，后赴美留学攻读林学，获耶鲁大学林学硕士学位。回国后历任北京农业大学、广东大学、广东中山大学等校农科、森林科教授，1932 年任南京国民政府教育部高等教育司司长，1934 年至 1935 年间任国立暨南大学校长，去职后历任广西大学农学院教授等职。其一生除讲授多种林学课程外，曾考察过西沙群岛、海南、广东等地森林，提出不少有益建议；曾先后参与创办中山大学农林植物研究室、稻作试验场、白云山第一模范林场、南京总理陵园纪念植物园及华南农学院森林经理研究室等，并参加了我国橡胶事业的开拓工作等，对我国林学研究事业贡献很大。

② 沈鹏飞：《复侨务委员会函》，《暨南校刊》，1934 年 3 月 19 日第 91 期。

年初，暨南大学的复兴社成员与 CC 派成员为争夺学校实权发生激烈冲突，最后双方竟动起武来。由于复兴社中青年学生人数多，势力较大，而且其按军队建制进行编组，按作战部署进行战斗，甚至动用了枪支，CC 派学生抵挡不住，大吃苦头。CC 派又如何甘心失败！双方互不相让，争来斗去，搞得校内乌烟瘴气。在沈鹏飞任职暨南的一年半时间内，适逢多事之秋，外有国民政府内外交困，内有学生风潮迭起，暨南大学的校务终于不可收拾，沈鹏飞亦是无计可施，于 1935 年 7 月辞职。校董会经过权衡考量，最后决定聘请何炳松接任校长。

何炳松（1890—1946），字柏丞，浙江金华人，近代著名的史学家，在史学研究方面颇有建树。何炳松不满 13 岁即考中秀才，1912 年以优异成绩毕业于浙江高等学堂，同年以第一名获浙江省府公费赴美留学，先后就读于加利福尼亚大学、威斯康星大学、普林斯顿大学研究院等处，获得硕士学位。1916 年归国后，任浙江省长公署助理秘书、省视学等职。1917 年应北京大学校长蔡元培之聘，担任北大史学系教授，并兼任北京高等师范学校英语部及史地部主任。1922 年回浙，担任浙江省立第一师范学校、新省立一中等校校长，1925 年出任武昌师范大学校长。1926 年后何炳松到上海商务印书馆工作，任职将近十年，先后任史地部主任、国文部主任、编译所所长、大学丛书委员会委员、《教育杂志》主编、中华学艺社理事长等职，并兼光华大学、大夏大学等校教授。何炳松先后任职北大、商务等处，与当时的政学两界精英多有交情。最关键的是，何炳松也是 1935 年初著名的“十教授宣言”（《中国本位的文化建设宣言》）署名学者之一，被外界认为是 CC 派的“御用学者”。他出任国立暨南大学校长，显然是由 CC 派极力促成。

当时校外有日本侵华加剧，战争迫在眉睫，社会各界耸动，而校内则学潮迭起，校务处于风雨飘摇状态，何炳松在此内外交困之时不辞艰辛出任国立暨南大学校长，也确实称得上是受命于危难之际。在开学典礼上，他提出“我们要造成复兴民族之斗士，不要造成争权夺利之政客。况且暨南比其他大学另有特殊之使命，将来本校毕业同学必须能面向海外发展，能在外界立足”，学校同人“为复兴民族着想，为海外华侨的发展着想,必须要加倍努力的用功,以求造就将来有益于国家社会之人物”。为达此办学目标,他还确立了三个办学方针,即财政合理化、学术标准化、团体生活纪律。[①] 所谓财政合理化,指将教职员薪金等人事费用支出尽量降下来,将更多的学校经费用于设备购置及奖学金发放等。学术标准化,就是提高办学程度,合理设置课程,不因人设课,应为课择人;教授要聘请专门学问家,不要政客;尽量扩充学校设备,提倡学术研究的风气。团体生活纪律化,则是旨在纠正校风,要求师生要遵守校规,不缺席,不迟到早退等。这些举措对暨南大学之前存在的一些问题进行了纠正,暨南大学的教育宗旨也变为“研究高深学术,培养健全人格,阐扬本国文化,训练服务精神”[②]。

在曹聚仁看来,何炳松既没有郑洪年那样的魄力,又不肯像姜琦那样垂拱而治,所以校务并不完美。因有郑洪年、沈鹏飞等人前车之鉴,何炳松惧怕校内侨生积极参与社会运动而受到国民党 CC 派的攻击,竟违背暨大的办学初衷,大力压缩大学部的侨生比例,转而大量招收内地生源,使得暨南大学特色消失,不复具有曹聚仁比较欣赏的所谓“暨南精神”。在何炳松主持下,学校各项规章制度渐次完备,学校建筑也被整饬一新,并兴建新校门,添设校舍,增购图书,派员赴南洋各地考察华侨教育等,暨南大学的办学成绩渐有起色。但何炳松显然不太重视商科教育的发展。他掌校期间,商学院的会计、银行两系按照部令合并为会计银行学系,加上之前裁撤的铁路管理系,商学院仅剩下工商管理系、国际贸易系、会计银行系等 3 系,规模与实力较之前有所萎缩。

暨南大学商科大学改办为商学院之初,由原商科大学主任、美国宾夕法尼亚大学经济学学士叶渊(纯泉)担任首任院长。叶渊还曾兼任学校事务长(原秘书长改)及高中商科主任、校银行总经理等职。因

① 《暨南校刊》1935 年第 143 期,见张晓辉主编《百年暨南史(1906—2006)》,暨南大学出版社 2006 年版,第 74 页。

② 国立暨南大学编:《国立暨南大学一览》,1936 年刊行。

是暨南老人，他被视为“婆婆”郑洪年校长身边的“大媳妇”，诸事由他出头谋划。不过叶渊处世稳重低调，对于暨大校内的争权夺利显然也并不很适应，后辞职而投身金融界，颇有建树，曾任香港浙江兴业银行经理等职。[①] 叶渊之后，暨南大学聘请商学院副主任杨汝梅短时担任了商学院院长，并兼会计系、交通管理系主任，叶渊仍兼任银行系、国际贸易系主任，普通商业系、工商管理系主任则为蔡正雅。

杨汝梅（1899—1985）[②]，字众先，河北磁县人，著名会计专家、教育家。杨汝梅早年毕业于北京铁路管理学院（北方交通大学前身），获交通部公费赴美留学，入密歇根大学主攻会计，1926 年获得经济学博士学位，其博士论文即会计学名著《商誉及其他无形资产》一书。杨汝梅是世界上较早研究无形资产理论的学者，为西方经济学界所推崇，其导师美国会计学权威密歇根大学 Paton 教授在所著《会计手册》一书中多次提及杨汝梅的学术观点，他的著作在美被列入经济学名著再版。1936 年，该书又被潘序伦纳入立信会计丛书，由施仁夫将该书翻译，改名为《无形资产论》，由商务印书馆出版，当时研究高级会计者无不人手一册。杨汝梅回国后受聘为暨南大学教授兼教务长，不久转任暨大商学院院长，并在光华、交通、沪江等大学兼任会计学教授。杨汝梅执掌院务后，蓄意改进，严定考试办法，每月每周都有例行小考，以督促学生温习功课，考核学生进度，其授课时“循循善诱，诲人不倦……深受同学之一致爱戴”。[③]

---

① 曹聚仁：《暨南的故事》，见暨南大学华侨研究所编《暨南校史资料选辑（1906—1949）· 第一辑》，1983 年版，第 71 页；曹聚仁：《悼叶渊（纯泉）兄》，《天一阁人物谭》，北京三联书店，2007 年版，第 352 ~ 353 页。

② 民国时另有同名的知名会计学家、财政专家杨汝梅（1879—1966），字予戒、玉阶，湖北随州人。早年赴日本东京高等商业学校留学，回国后曾任度支部主事，北洋政府财政部制用局会办、审计处第三股主任审计等职。南京国民政府成立后历任财政部赋税司科长、审计院审计官兼第一厅厅长、主计处主计官兼岁计局局长、工商部会计处会计长、北京税务专门学校教授等职。专长政府会计、银行会计、财政学等领域，著述颇丰。他一般自署“湖北杨汝梅”或名下注“予戒”以示区别。

③ 吴君实、曹振昭著：《我们所知道的我国早期会计学家杨汝梅（众先）先生》，《上海会计》，1991 年第 11 期。

此外,商学院还聘有周德熙、钱祖龄、汪永、高纶瑾、吴文蔚、谢文龙、施子玙、施伯珩、张相时、钱树声、周振声、武书常、武堉幹、夏忍甫等知名教授来院任教。商学院经叶、杨两位主任的竭意振顿,"各系学科,益臻完备,教授都是从海外归来硕学之士,几年来毕业离校的同学,在社会上都能站住一个地位。'暨南商学院'五个字,已深深地印在社会人士的脑蒂里,得到相当的信仰"①。

暨南大学商学院以"造就商业专门人才,发展南洋群岛之商务"为宗旨。该院所设课程(见下表),除普通商学课程之外,对于南洋商业情形亦极为注意,以期培养学生适应需要,以发展国内及南洋之工商业。暨南大学的学程采取共修、必修、选修等,并推行主辅系制度,学生须选定一系为主系,另择一系为副系。以上种种,既照顾到学生的兴趣和专业基础,也有助于扩大学生的知识面,增加学生的社会适应能力。每个学生须修满152学分并撰写毕业论文一篇,经考试委员会试验及格,才能毕业授以商学学士学位。

1929年国立暨南大学商学院课程表

全院共同必修科				
学程名称	开班时期	每周时数	学 分	备 考
三民主义	一学年	1	2	
国文	一学年	3	6	
一年级英文	一学年	3	6	
二年级英文	一学年	3	6	
数学	一学年	3	6	
历史	一学年	3	6	
生物学	一学年	3	6	
南洋概论	一学年	2	4	
军事训练	二学年	12	6	

① 杨昌运:《我心弦上的音调》,国立暨南大学商学院编《国立暨南大学商学院十周纪念》,1930年版。

(续表)

全院共同必修科				
学程名称	开班时期	每周时数	学　分	备　考
经济学	一学年	3	6	
簿记学	一学年	3	6	
会计学	一学年	6	8	
统计方法	一学期	3	3	
商业组织	一学期	3	3	
商业理财	一学期	3	3	
商法	一学年	3	6	
货币及银行	一学年	3	6	
商地	一学期	3	3	

各系必修学程					
系别	学程名称	开班时期	每周时数	学　分	备　考
会计系	高等会计	一学年	3	6	
	审计学	一学年	3	6	
	统计学	一学年	3	6	
	商用数学	一学年	3	6	该课亦系铁路管理及银行系必修科
	铁路会计及统计	一学年	3	6	该课亦系铁路管理系必修科
	官厅会计	一学期	3	6	
	银行实践及会计	一学期	3	6	
交通管理系	铁路运输	一学年	3	6	该课亦系国外贸易系必修科
	水路运输	一学期	3	3	同上
	大道运输	同上	3	3	
	货运及运价	同上	3	3	
	铁路组织及行车	一学年	3	6	
	铁路工程	同上	3	3	
	铁路机械	同上	3	3	

(续表)

各系必修学程					
系别	学程名称	开班时期	每周时数	学 分	备 考
国外贸易系	国外贸易	一学期	3	3	该课亦系工商管理系必修科
	财产保险	同上	3	3	同上
	进出口实践	同上	3	3	同上
	广告学	同上	3	3	同上
	国外汇兑	同上	3	3	该课亦系银行系必修科
工商管理系	市场学	一学期	3	3	
	售货术	同上	3	3	
	零售学	同上	3	3	
	工厂管理	一学年	3	6	
	职工管理	同上	3	3	
银行系	钱庄学	一学期	3	3	
	证券交易	同上	3	3	
	投资学	同上	3	3	
	财产保险	同上	3	3	
普通商业系	本系无特定必修课程,但学生须于第二学年开始,将三年内拟习学程,开列学程选读计划表送院长审查后,除经院长特许外一应依次选习,不得随意更改。此项计划表,除包括大学及本院共同必修学程外,并须编入本院另一系必修学程学分三分之一,及本院其他学程30学分。				

资料来源:国立暨南大学商学院编《国立暨南大学商学院十周纪念》,1930年。

较之于暨南学校时期,暨南大学商学院扩充为六系,课程增加不少,专业课程明显增多,反映了商学院实力的增强和进步。

因为商科的特殊性,此时暨南大学商学院对于教学设备的扩充也极为重视,以满足学生的实习之用。一是注意增加商学类书刊。暨大商科历时有年,商科书籍“搜集极富”,而且学校每年有指定专款用于购买商科书籍及杂志等项,以备学生参考,因此商学图书资料较他校为丰。二是扩建学校银行。暨南学校成立之初就设有校内银行，以方便海外侨生存储汇款，养成节约习惯等，但是规模比较狭小，而且与学校财政混合，“业务不易发达”。为此，杨汝梅院长积极筹划独立的学校银行，于1929年5月正式营业，聘叶渊教授为总经理，该银行所有营业手续完全按照普通银行办理，目的在“谋全校师生存放借贷汇兑之便利”，并给予“商学院同学完全有实习之机会，而熟习银行中一切记账及传递之手续也”。此外，商学院还辟有会计实习室和打字室，内有计算机、打字机等设备，供学生练习之用。①

暨南商科一贯注重学生旅行实习和课余自治活动，此一传统也被暨大商学院所继承。如面对东洋倭寇侵凌日急，日本商科学生大批赴华刺探经济情报及日本政府积极准备南下控制南洋诸岛的野心等实状，暨南大学成立不到半年即派商学院戊辰级毕业生14人远赴日本考察商业月余，以“考彼维新，研彼诀要，取彼之长，补我之短，侦彼准备，策我应付”②。可谓深谋远虑、用心良苦。非毕业班学生则有例行春假，组织学生赴各地短期旅行，使学生接触社会，调研各地工商经济。

为团结同学、丰富同学生活，暨南商学院同学还组织了商学院同学会。该会以商学院校内外所有师生为会员，现任教授为顾问，下分总务、调查、出版、体育、交际等股，同学会执行委员由四个年级推选组成。调查股负责承担调查商业情形，商学院成立的实业考察团即附属于此。该股调查工作分为三步：首先调查上海市工商情形，其次调查外埠工商状况，最后调查南洋群岛之商业，而第一步在1929年就基本完成。出版股办理出版事务，同学研究、教授论著、名人演讲笔记等均可择优出版，供师生参考学习。交际股负责担任联络师长及同学感情，聘请名人到校演讲等责，平均每两周即请一学人到校演讲。体育

① 吴声扬：《商学院过去之历史及现在概况》，国立暨南大学商学院编《国立暨南大学商学院十周纪念》，1930年版。

② 郑洪年：《一年来之经过并今后之计划》，见张晓辉主编《百年暨南史（1906—2006）》，暨南大学出版社2006年版，第48页。

郑洪年校长与暨南商学院会计学会师生合影

(前排左起第二为安绍芸,第三为高季瑜,第四为郑洪年,第六为李权时)

组则负责组织院际比赛、挑选选手等体育方面的事务,而商学院体育在校内素称发达,足球、篮球等运动健将颇不乏人,成绩为“全校之领袖”。

在课外学术研究方面,暨大商学院则有历史悠久之经济研究会、会计学会(见上图)等组织,负责组织同学开展学术研究或实地调查。两会定期召集会员从事研究,遇到疑难问题,即设法邀请教授或外界专家予以指导。至1929年,仅经济研究会出版的《经济汇报》已有五卷多,《会计学报》也出版两期,“为社会上人所称扬”。此外,商学院还成立了演说会、英语特别班及英文日记会等组织,提高商学院同学的演讲水平和语言能力,成绩优良。①

1932年上海“一·二八”抗战爆发后,暨南大学真如校区沦为战

① 吴声扬:《商学院过去之历史及现在概况》,国立暨南大学商学院编《国立暨南大学商学院十周纪念》,1930年版。

区,一度被迫分别在上海租界、广州及苏州三地分别设校开课,又因战时教育经费没有保障,学校经济奇绌。为应对此局面,郑校长不得不采取裁减人员、裁并学系、紧缩课程等措施。当时决定上海大学部每个学院仅开两学系,其中商学院由原来六系合并为银行会计学和铁路管理学两个学系,叶渊任商学院院长兼银行会计学系主任,樊守执担任铁路管理学系主任。在上海大学部商学院授课的教授除叶、樊外,还有钱祖龄、周德熙、汪永、刘慎修、吴文蔚、戴霭庐、朱通九、孙寒冰、温崇信、区可宣等辈。在暨南驻粤大学部,亦开设有商学院学程,聘请中山大学教授孙越、黄荫普、李翰翔、李超桓、黄汉伟、李泰初、朱公准等负责主持、授课。见下表。

1932 年国立暨南大学上海及广州商学院部分教员履历表

上海大学部商学院						
姓 名	性别	年龄	籍 贯	经 历	现任职务	到校年月
叶 渊	男	33	浙江宁波	宾夕法尼亚大学学士,复旦大学教授	院长、教授兼银行会计系主任	1925 年
樊守执	男	36	福建福州	法学士,高等文官,总理大本营财政部秘书,交通部秘书,路政司办事,北京大学国学馆秘书,铁道部简任秘书主任,交通部铁道学校教授,本校秘书长	教授兼铁道管理系主任	1928 年 11 月
钱祖龄	男	31	江苏宜兴	美国伊利诺大学商学硕士,国民政府注册会计师,复旦大学会计系主任	教授	1928 年
汪 永	男	36	江苏武进	美国麻省理工学院理科学士,交通大学和光华大学教授	教授	1928 年 9 月
周德熙	男	37	江苏江宁	美国伊利诺大学商学硕士	教授	1921 年

(续表)

上海大学部商学院						
姓　名	性别	年龄	籍　贯	经　历	现任职务	到校年月
吴文蔚	男	37	江苏宝山	哈佛大学铁路管理科硕士,宾夕法尼亚大学铁路管理科博士,铁道部专员	讲师	1927年9月
戴霭庐	男	41	浙江杭县	日本庆应大学理财学士,中央大学副教授、银行周报社总编辑	讲师	1930年8月
张相时	男	40	云南鹤庆	东京商科大学学士,交通大学教授	讲师	1929年2月
广州大学商学院						
姓　名	性别	年龄	籍　贯	经　历	现任职务	到校年月
李超桓	男		广东五华	日本京都大学经济学学士		1932年4月
黄荫普	男	32	广东	北京清华大学毕业,美国哥伦比亚大学商学硕士,英国伦敦大学经济学院研究员		1932年4月
关可贵	男	32	广东开平	美国加州大学经济学学士		1932年5月
孙　越	男	27	浙江	本校商学学士,美国纽约大学商科硕士,中山大学教授		1932年4月
李翰翔	男	49	广东番禺	香港皇后书院卒业,国民政府注册会计师,京绥铁路会计处长、副局长		1932年4月
朱公准						
李泰初						
黄元彬						

资料来源:据国立暨南大学编《战后之暨南——二十年度第二学期国立暨南大学一览》,1932年刊行。

此时暨南商学院的规模有被其他学院超越之势。如上海大学部1932年共有教员65人，其中文学院教员19人，内教授11人；理学院教员9人，内教授4人；法学院教员19人，内教授7人；教育学院教员10人，内教授8人；商学院教员仅8人，内教授5人。暨南上海大学部有注册学生650人，其中文学院136人，占大学部学生总数20.92%；理学院60人，占9.23%；法学院257人，占39.53%；教育学院88人，占13.53%；商学院会计银行系72人，铁道管理系37人，共109人，仅占16.77%。[①] 当时暨南大学法学院有畸形膨胀之势。不过暨南大学回到真如校区复校不久，教育部派员对战后暨大进行评估，为缩小暨大经费支出等因，裁撤了暨大法学院和教育学院。保留下来的文、理、商学院各有调整，其中商学院设会计学系、银行学系、国外贸易学系、铁道管理学系等4系，1933年秋又增设工商管理学系，但到1934年9月又奉部令将铁道管理学系分期结束。期间继杨汝梅之后，孙越、董修甲[②]曾先后担任商学院院长，均有所建树。[③] 1935年秋何炳松校长任上又遵照部令将会计、银行两学系合并为会计银行学系，加上工商管理学系、国外贸易学系，亦不过3学系。[④]

何炳松校长上任伊始，即聘任程瑞霖教授担任商学院院长。下图为他俩及其他教师合影。程瑞霖（1900—1943），号英霆，湖北应山人。

---

① 国立暨南大学编：《战后之暨南——二十年度第二学期国立暨南大学一览》，1932年刊行。

② 董修甲（1891—？），字鼎三，江苏六和人。1918年清华学校毕业后曾留学美国，先后获密歇根大学市政经济学学士学位和加州大学市政管理硕士学位。1921年回国后，曾任南洋路矿学校、北京中法大学、北京师范大学、上海国民大学、中国公学、复旦大学等校教授，出任沪宁沪杭铁路管理局英文秘书、上海市政府及汉口市政府顾问、武汉市政委员会秘书长、汉口特别市工务局长、汉口特别市参事长、首都建设委员会经济处技术专员、立法院立法委员、江苏省政府委员兼建设厅厅长、行政院淞沪战区善后筹备委员会委员等职。1934年任国立暨南大学商学院院长兼教授。抗战时投靠汪伪，历任伪职。

③ 《商学院概况》，国立暨南大学编：《国立暨南大学概览》，1935年刊行。

④ 《校史》，《国立暨南大学创校三十一周年完成大学十周年纪念刊》，见暨南大学华侨研究所编：《暨南校史资料选辑（1906—1949）· 第一辑》，1983年版，第22～23页。

暨南大学商学院院长程瑞霖(左三)与校长何炳松(右四)等人合影

他早年求学于汉东中学、武昌中学,大革命期间曾入董必武主持的三民主义研究所,并参与创建应山县第一个国民党支部。大革命失败后入上海中国公学学习,考取庚款留学英伦,入伦敦大学经济学院专攻经济,获硕士学位。回国后程瑞霖曾先后任南京国立中央大学、中央政治学校等校教授,1932年参与创办《政治评论》周刊,提出统制经济与统治政府配合实施等观点,支持加强政府集权,得到过陈立夫兄弟的欣赏。1935年,程瑞霖出任国立暨南大学商学院院长兼国际贸易系主任。1937年上海沦陷后,暨大迁入公共租界,一时主持无人,程瑞霖曾临危受命代理校长,组织师生坚持办学,并任国民党上海市党部教育委员会主任委员等职。他坚持民族大义,在上海积极宣传抗日,遭到敌伪悬赏缉捕,后于1940年辗转赴重庆,1941年被任命为内迁湖南所立的国立商业专科学校校长。因当时国立上海商学院深陷上海孤岛,程瑞霖遂积极筹划将国立商业专科学校扩充为国立商学院,该校为大后方培养了大量急需商科人才,居功至伟。

程瑞霖担任暨南大学商学院院长之后,锐意改革,主要采取以下几项措施:一是提高新生标准,在新生考试时注重其学业程度,招收学生整齐划一,便于教学,并严格训练新生;二是提高教学效率,设法使课程设置合理化,减少不紧要的课程,将重要课程在四学年中均衡分配,加强教师对学生的课外辅导等;三是严格考试纪律,增强学生学习动力;四是鼓励学生开展学术研究,每学期邀请名人及海内外专家来校演讲经济问题,出版学术刊物,并鼓励学生向校内外投稿;五是重视学生课外实习工作,由各教授领导学生往外埠参观各大工厂及商业机构,并要求学生利用假期出去实习,增强理论与实际结合的能力等等。① 这些举措对于改善提高商学院的教学程度和效果不无裨益。此外,程瑞霖还注意扩充商学院的教学设备,在已有的统计学用计算机、电报收发机等设备以外,又租借30余架打字机"供学生练习之用",并向学校申请专款用于购买仪器。还设立商学院研究室,负责搜集经济资料,广购商事图书,以供学生参考。以上种种举措,目的均为使学生毕业后"能适应时代之需要,从事于国内及南洋之工商业,并辅助其发展"。②

暨南大学商学院会计银行系以养成明了会计银行之高深理论和改革趋势,并长于实际应用的人才为主旨;国外贸易系旨在培养明了国内外贸易原理实践、中国国外贸易情况、经营进出口商业的人才;工商管理系主要培养明了生产合理化、工作效率化、劳资协调理论及方法,并长于实际管理公私企业的人才。程瑞霖对各系的课程设置也做了一些调整,学生在党义、军训、南洋概况等课程外再修足136个学分并完成毕业论文方可毕业。其中,对国外贸易系学生的英文程度提出严格要求,该系一年级学生英文成绩不满70分者,二年级必修重修,再不及格者三年级重修;而会计银行系学生到三年级后要进行分组,以保证专业知识过硬。商学院三个系四年共开设课程达109门,内分共修、必修、选修等,并分为会计门、银行门、数学统计门、贸易门、工商

---

① 《商学院概况》,国立暨南大学编《国立暨南大学概览》,1935年刊行;张晓辉主编《百年暨南史(1906—2006)》,暨南大学出版社2006年版,第81页。

② 《商学院概况》,国立暨南大学编《国立暨南大学概览》,1935年刊行。

管理门、普通商业门、铁道管理门、经济门、财政门、商法门、政治门、语文门等12个学科群,方便学生根据自身情况选修课程。如会计门就包括簿记学、会计学、成本会计、铁路会计、官厅会计、银行会计、信用解析、审计学、会计制度及设计、会计报告分析等课程,课程设置非常专业科学,且每门课程都有详细的学程说明,既可使学生明了学习内容,也使教员授课不能漫无目的,任意发挥。

暨南学校此时仍施行主辅系制度,商学院学生从第二学年开始须选定本院其他一系为辅系,其中国外贸易系还可以选文学院外国文学系为辅系,工南管理系可选择理学院化学系为辅系。选修辅系须学满辅系课程15~24学分。此外,各系学生从第二学年开始,须选修德、法、日、荷兰、马来等五种语言之一为第二外国语,且必修学满12学分。① 从以上学程规定可以看出,商学院各学系教学目标明确,教育标准很高,教育内容丰富且有针对性,有利于高素质商科人才的培养。

此时暨大商学院各系的师资仍然十分充足(见下表)。作为国立大学,按照暨大制定的《教职员待遇及服务规程》,暨南大学的专任教师待遇在上海各校并不算差。其中教授薪金分9级,从第9级至第1级止,副教授薪金分6级,从第11级至第6级止,讲师薪金分6级,从第14级至第9级止,讲师与教授的月薪在140元到400元之间。教授、副教授及讲师每两年晋级加薪一次,按级递进直至最高一级。兼任教员薪金按授课时数计算,每周开课一小时,每月薪金为12~16元,每学期按5个月计算。专任教员在校服务3年以上者,其子女在校肄业可免收学费(同时以2人为限),并享有带薪休假的优待。② 即便如此,暨大商学院各系也以兼职教员为多,如1936年度3个系的专任教员共10人,兼任教授和讲师多达16人。因为师资并不稳定,常是因课找人,授毕离校,影响教学质量。

---

① 国立暨南大学编:《国立暨南大学一览》,1936年刊行。

② 国立暨南大学编:《国立暨南大学一览》,1936年刊行。

1936 年国立暨南大学商学院各系教员履历表

职位	姓名	年龄	籍贯	履　历
院长	程瑞霖	35	湖北	英国伦敦大学经济学院研究生，历任中央大学、中央政治学校教授，《政治评论周刊》主编
（子）会计银行学系				
教授兼系主任	张素民	41	湖南长沙	美国华盛顿大学学士、美国威斯康星大学经济科硕士、宾夕法尼亚大学经济科博士，历任宾夕法尼亚大学研究员（Harrison Research Fellow）、中央大学商学院工商管理系主任、本校教授兼讲座及银行系主任
教授	沈立人			曾在法国巴黎商业专门学校研究，上海会计师
教授	汪永（仲长）	39	江苏武进	美国麻省理工学院理学士，历任汉冶萍公司技长、安徽建设厅科长、安庆工务局长、交通大学讲师及教授、国府水灾会统计主任
教授	吴德培（景文）	34	江苏太仓	美国伊利诺大学经济学硕士，芝加哥、密歇根、西北三大学专攻商学各一年，历任中国公学教授、复旦大学工商管理系主任、河南大学商学系主任
兼任教授	崔晓岑（毓珍）	34	山东无棣	北京大学法学士、英国伦敦大学经济学院硕士，历任中央银行秘书处编译专员、中央银行经济研究处协纂，上海商学院、中国公学、沪江大学各校教授
兼任教授	余绍武	35	浙江龙游	本校商学学士、美国密歇根大学商学硕士及经济学硕士，历任本校文化事业部编辑、商学院会计系主任讲师、安徽建设厅科长
兼任教授	金国宝	42	江苏吴江	美国哥伦比亚大学经济学硕士，大学院派赴欧美考察统计事业，南京财政局长、上海各大学教授
兼任教授	沈达时	36	江苏松江	国立上海商科大学商学学士、美国华盛顿大学、西北大学商学硕士，曾任上海交通大学、沪江大学、大夏大学等校教授
兼任教授	施伯珩	42	江苏东台	中国公学毕业，历任上海清心中学教员、大夏大学附中教员、上海商学院讲师

（续表）

职位	姓名	年龄	籍贯	履　历
兼任教授	钱素君	33	上海	美国加利福尼亚大学商学学士，历任上海市土地局会计师，北极电气公司实业部、国际贸易局等处会计主任，国民政府水灾救济委员会稽核员，国民政府黄河水灾救济委员会秘书兼稽核员，复旦、上海商学院、沪江大学教授，中华职业学校、上海中学、立信会计补习学校教员
兼任教授	赵澍（公望）	33	云南	美国密歇根大学经济学硕士、英国伦敦大学经济学院研究生，历任江苏省视察民政厅科长、上海金城印刷文具公司总经理
助教	郭盛尊	31	广东大埔	本校商学学士，曾任本校讲师
助教	符滋李（兹李）	28	广东文昌	本校商学学士，历任广州商品检验局编辑、本校图书馆馆员、训育课文书干事、文化事业部编辑、附中教员
助教	袁森（子健）	28	江苏盐城	本校经济学学士
（五）国外贸易学系				
教授兼系主任	程瑞霖			见前
教授	周德熙	41	江苏江宁	美国伊利诺大学硕士，历任本校教授兼工商管理系主任
教授	黄昌怀			见文学院
兼任教授	吴骐（敏舒）	32	四川重庆	国立东南大学文学士、法国巴黎大学法科博士，历任上海商学院及法学院、中国公学、安徽大学各校教授，中央陆军军官学校、中央大学教授，军政部暨总司令部行营秘书
兼任讲师	邰鸿秋	31	江苏东台	法国巴黎大学硕士，历任国民革命军第二师秘书、大夏大学教授
兼任讲师	陈国廉	30		广东广州岭南大学文学士，北平《华北日报》主笔

（续表）

职位	姓名	年龄	籍贯	履　历
兼任讲师	雷国能	39	四川	美国伍斯特学院学士、哥伦比亚大学硕士，现任中国公学教务长
助教	萧光烈（久斯）	28	江西新建	本校商学学士，历任江西水利局技师、国民政府水灾救济委员会测量员、上海滨海中学商科主任、民光中学教员
助教	萧燕宾	29	四川宜宾	国立中央大学商学学士，历任上海中国女子中学教员、上海高级商业专科学校教员、本校训育委员会事务课主任、商学院研究室主任
（寅）工商管理学系				
教授兼系主任	周宪文	30	浙江黄岩	日本东京帝国大学经济学部毕业，曾任驻日留学生监督
教授	曾乐平	32	湖南	英国伦敦大学经济学博士，历任中央大学经济系主任兼专任教授
教授	刘絜敖	27	四川大邑	曾留学德国，历任成都公立四川大学法政学院教授、四川省政府顾问
兼任教授	葛受元	34	湖南湘乡	美国卡尔顿学院学士、美国哈佛大学硕士，曾任东吴大学图书馆副主任
兼任教授	朱通九（木虎）	38	江苏常熟	美国华盛顿大学工商管理学及经济学硕士，历任上海大学、劳动大学、复旦大学等校教授及本校教授，兼经济系主任
兼任教授	张隽青	36	山东东平	英国利物浦大学法学硕士及文学硕士，历任上海地方法院推事，上海第一特区法院检察官，法政学院、大夏大学教授
兼任教授	翟克恭	33	山西永济	美国安提亚大学学士、美国宾夕法尼亚大学文学硕士，爱文投资管理公司信用分析投资研究，历任工商管理协会主任干事、清华大学庶务主任、交通大学教授
兼任教授	张伯箴	32	湖北黄梅	中国公学大学部商科毕业，苏联莫斯科中山大学政治经济系毕业，曾任中国公学教授，现任国立上海商学院出版部副主任兼教授
兼任教授	吉梁	27	江苏泰县	本校政治经济学士，历任江苏东台县立凤岗学校校长、上海私立生活中学初中部主任、华海中学教员

(续表)

职位	姓名	年龄	籍贯	履　历
(卯)铁道管理学系				
教授兼代系主任	汤心济(渭川)	34	江苏武进	美国雪城大学商学学士及硕士,宾夕法尼亚及英国伦敦大学研究员,历任铁道部业务司办事、交通大学专任研究员兼讲师、本校教授
兼任教授	樊守执(右善)	39	福建长乐	日本明治大学法学士,高等文官考试及格,历任本校秘书长、铁道管理系主任、体育委员会常务主席委员
兼任教授	曹丽顺(康成)	37	江苏溧阳	南洋大学学士,美国宾夕法尼亚大学研究肄业,历任北京前交通部办事、北京大学讲师、交通大学副教授
兼任教授	潘承梁(器栋)	39	江苏吴县	唐山交通大学工程学士,美国伊利诺大学机械工程学士、铁路工程硕士,曾任美国美洲机车公司绘图员、上海慎昌洋行工程师,光华、东北、唐山、交大等大学及河北工业学院教授
兼任教授	龚理珂	29	安徽	哈佛大学硕士,交通部海岸电台工程师,光华大学讲师,中国电气公司工程师
兼任教授	许复(尚丹)	34	江苏宜兴	本校商学学士,比利时布鲁塞尔大学经济学硕士、比利时鲁汶大学政治社会学硕士,历任本校高中师范科主任,光华、持志各大学教授
兼任教授	黄宗瑜(伯鲁)	31	江西南昌	国立交通大学铁道管理学士,曾任母校助教
兼任教授	司徒新	27	广东开平	北平燕京大学法学士、美国宾夕法尼亚大学商学硕士及经济学博士,曾任国立交通大学教员
兼任讲师	沈灏廷(浩亭)	42	江苏南汇	曾任新丰站站长、上海北站领袖电务员、国音电报指导员
助教	叶达光(啸梧)	25	广东东莞	国立中央大学经济学士,曾任广东东莞县立第二中学教员

资料来源:国立暨南大学编《国立暨南大学一览》,1936 年。

在学生管理方面,此时暨大校方领导采取了恩威并施的手段,希望学生能专心于课堂学习和学术研究,限制学生参与社团活动和社会运动,极力避免学潮出现。一方面,学生成绩优秀者可获得奖励,成绩优异、家境贫寒者可获得公费生资格或申请自费生名额。而为了鼓励学生开展学术研究,学校每学年还设论文奖22名,平均每个学系有2个名额,分别奖励国币30元和20元。另一方面,学校专门成立训育委员会,负责处理大学训育事宜,学生结社集会均须经训育委员会批准,并请训育委员会派员监督,集会上学生如有越轨的言论或行动均要被制止。此外,对学生团体出版物也严格审查,不得有违反三民主义、破坏社会秩序等内容。并注重军事训练,采取军事管理规则,严格规范学生的寝室、教室和请假活动,并制订了详细的奖惩制度,表现优异者可免一年学宿费并颁发纪念品,而态度傲慢、精神萎靡、违反纪律甚至煽动学潮、侮辱师长者则给予不同程度的处罚,直至勒令其退学。总之,学校务必要使学生不关注参与时事,专心学习和学术研究。尽管如此,暨大学生从未屈服,仍旧走在各种爱国爱校运动的最前沿。

据不完全统计,至1929年底,暨南大学商科共培养毕业生百余人,其中服务教育界者28人,服务政府机构者38人,服务商界者12人,留学欧美者15人,在国内研究院深造者2人。口碑良好,“久为社会所信仰”。① 到1937年夏,暨南大学共培养各类本专科人才达1698人,其中本科生共1504人②,而暨南大学商科培养的毕业生据不完全统计至少有575人(见下表),其中本科生至少有459人,基本上占到暨南大学培养人才的1/3强。暨南大学商科的主要目的在为南洋各岛培养工商业人才,其中侨生占相当一部分,这些学生毕业后回到其侨居地者不在少数,多数致力于华侨工商企业、文化教育事业等,有的成为南洋工商界巨子和知名侨领,有的成为当地知识教育界精英人

---

① 吴声扬:《商学院过去之历史及现在概况》,国立暨南大学商学院编《国立暨南大学商学院十周纪念》,1930年版。

② 暨南大学校史编写组编:《暨南校史(1906—1996)》,暨南大学出版社1996年版,第76页。

物。如暨南大学校史上鼎鼎有名的足球健将“小黑炭”、爪哇侨生陈镇和就是暨大商学院学生,他曾入选中国国家足球队,参加日本远东运动会和柏林奥运会。抗战爆发后,他加入中国空军,入杭州航空学校学习,1942 年为国捐躯,血洒长空,名垂青史。而其弟陈镇祥是暨南大学商学院铁路管理学系 1934 届毕业生,曾留校任教,他也曾入选中国国家足球队,出席马尼拉远东运动会,留下了兄弟双国脚的体坛佳话,后投身内地体育事业。① 暨南大学商学院的内地学生也有不少,这些同学除一部分出国外,多数留在国内工作,有所成就者也不乏人。如 1928 年毕业于暨南大学商学院会计学系的著名会计学专家吴君实、康来文,1935 年毕业于暨南大学商学院会计银行学系的原上海财经大学教授马家善等,皆为代表。

1924—1937 年国立暨南大学商科毕业学生统计表

年度	院系名称		毕业人数	合计
1924	商科大学		5	18
	旧制商科		13	
1925	商科大学		3	12
	旧制商科		9	
1926	商科大学		19	87
	旧制商科		31	
	商科大学预科		37	
1927	商学院	普通商业科	14	106
		工商管理科	6	
		会计学科(系)	2	
		银行学科	18	
		国际贸易科(学系)	4	
		大学预科	62	

① 周孝中编著:《暨南逸史》,暨南大学出版社 1996 年版,第 84 ~ 86 页。

(续表)

年 度	院系名称		毕业人数	合 计
1928	商学院	普通商业科	6	40
		工商管理系	3	
		会计学系	17	
		银行学系	10	
		国际贸易学系	4	
1929		普通商业学系	4	20
		工商管理系	1	
		会计学系	5	
		银行学系	6	
		交通管理学系	4	
1930		普通商业学系	3	37
		工商管理系	6	
		会计学系	13	
		银行学系	7	
		国际贸易学系	2	
		交通管理学系	6	
1931		普通商业学系	1	31
		工商管理系	3	
		会计学系	8	
		银行学系	6	
		国际贸易学系	4	
		铁道管理学系	9	
1932		会计学系	7	22
		银行学系	1	
		国际贸易学系	3	
		铁道管理学系	11	

（续表）

年　度	院系名称		毕业人数	合　计
1933	商学院	工商管理系	1	33
		会计学系	13	
		银行学系	4	
		铁道管理学系	13	
		国外贸易学系	2	
1934		工商管理系	1	40
		会计学系	5	
		银行学系	10	
		铁道管理学系	24	
1935		会计银行学系上半年提前毕业者（下半年毕业生数据缺失）	4	4
1936		会计银行学系	25	61
		工商管理学系	9	
		国外贸易学系	1	
		铁道管理学系	26	
1937	商学院	会计银行学系	33	64
		工商管理学系	5	
		国外贸易学系	8	
		铁道管理学系	18	
总　计			575	

资料来源:据暨南大学《学生名录》《历届毕业生名录》《国立暨南大学一览》等资料整理。其中1935年下半年毕业生数据缺失,1936、1937年商学院毕业学生数来源于1936年上半年统计的三、四年级学生数,数据不够准确。

(《教育变革与社会转型》,华中科技大学出版社,2014)

上海『孤岛』时期（1937.8—1941.12）

暨南大学被迫停课

沪讯,国立暨南大学战后迁入法租界陶尔斐斯路吕班路口新址上课,近突被当局干涉,被迫停课,暨大校长何炳松曾访法大使诺齐亚,未得结果,将另觅校址复课。

[《教育通讯(汉口)》1938 年第 29 期]

留别暨南诸同学

朱 輶

【双调折桂令】灞桥此日称觞,别绪离愁,几断人肠！四载韶光,雪泥鸿爪,换得悲凉。漫道我霓虹志气三千丈,只落得腐朽功名纸半张！纵胸藏锦绣文章,也难言安国定邦,况风雨江山,归去不知何处是潇湘！

留别诸同班兼葆真

【双调折桂令】阳关万里迢迢,破浪乘风,胆气应豪,海上相逢,尊前言笑,歌里檀槽。说甚么荆榛载道,任清狂玉兔挥毫。艰难国步待吾曹，莫负良宵！谈旧事书剑生涯，谱新声明日河桥。

（《民族诗坛》1938 年第 3 期）

风雨声中话暨南

西 崖

徘徊于康脑脱路上的青年们，谁不依恋着她的过去。

真茹时代的人们，看见这局促的新居，垂首胸臆；流亡来兹的人们，想起了依稀的往景，悲愤填膺。

暨南，现在是局促一隅了。她消失了过去的雄伟，她创造着未来的前程；她藏匿了英勇的行动，她滋育着坚忍的毅力。

在这个环境中，谁也不得不忘却现实，暨南就是忘了现实的一个。虽则她放弃了行动的事实，然而她追随着学理的探求。战后的暨南，各院系独立的研究工作是蓬勃了，且向着新的目标前进。她绝不因现实的悲哀而轻忽了自己的使命；她绝不因工具的缺少而停止学术的追求。在一块小方板的木牌上，贴满了各式研究会的布告，看哪：中文系研究会啦，外文系研究会啦，教育研究会啦，史地学会啦，理科学会啦，以及什么经济学会啦……有的布告是演讲的，有的是辩论的，有的是座谈的，有的是征稿的，有的是参观的……真是形形色色，充分地表现出研究空气的狂热来。看那歪斜不齐的字迹，却胜过了资本主义社会中最时髦的广告术，谁不曾在这些上面投过一瞥好奇的目光呢？所以我们往往在斗室内，在热渴求真的气氛中，常常会忘记了自己是投身于上海的孤岛上，求真的热忱是如何其切啊,这就是我们的现实吧!

在事实的表现上,已有一部分问世了。洋洋十巨册之《中国历代天灾人祸表》亦可说是史地学会之产物,它不但是读历史者的"辞源",亦是研究中国社会史的必要参考书。一个月前,《史地论丛》第一辑已和世人见面了,第二辑亦将于冬末完成。经济学会主持的《经济学会会刊》创刊号亦快要出世了,其他各学会亦莫不在追求着新的发现。在困苦艰难中,在颠沛流离之余,能藉以慰藉现实之空虚的,除了这还有什么?

据说在真茹时代的暨南,尽管教授在上面讲写,而坐在下面的人,有的双足高高举起,搁在台子上,有的吞云吐雾的在喷他们的烟花,正如文言派们的围炉品茗,追忆往迹似的。考试时管他妈的,有的是笔记。现在钟声响后,连支颐而坐朝着黑板冥想的亦绝无仅有了。考试时则如临大敌,以前无能的办事员,今都变成狼虎,不说别的,连"美目盼兮"都不可能,由浮□的学风一变而为沉着,以前的人,谁也梦想不及的。

炮火摧毁了暨南的躯壳,她却建立了严肃的生命。

(《美商青年》第1卷第4期,1939)

抗战中的暨南大学

吴榕藩

暨南大学为我国政府为训练华侨子弟而设之唯一最高学府。在八一三事变之前,设校于上海西郊之真如,占地约二百亩。校内重要建筑，有大礼堂、科学馆、图书馆、体育馆、莲韬馆、总办公厅、教室宿舍，错落于丛林之内，殊称宏大。附中及实验学校，分处于大学部之两端，亦均各有大规模之校舍。校内并有大运动场一，足球场二。其他如花圃、园林、校河、水亭，莫不俱备。新建之体育馆，亦正在兴工，落成在即。校门前临京沪铁路，校后建有教职员住宿之暨南新村。风景清幽，环境优美。不意八一三战事爆发，全部沦陷，较大建筑多被毁坏。将来计划复兴，实有待于各界之襄助。

当沪战爆发之始，校中当局、校舍沦为战区，非迁地不可。曾商得教育部同意，决定迁往江西省会南昌附近之西山万寿宫，并以赤山张氏巨厦为附中校舍。派人筹备就绪，正拟全部迁移，又因局势变化而中止。嗣奉令仍在上海继续维持，以迄于今。其间校舍屡迁，环境迭变，此中甘苦，盖有一言难尽者矣。

暨南现有三院，为文学院、理学院、商学院。文学院分中国文学系、外国语文学系、历史地理学系、教育学系等四系。中国文学系着重于语言文字之基本知识及中国文字之高深探讨，尤注重于养成学生之研究及创作能力。外国语文学系注重于英、法、德、日各国语言文字及文学之研究，并训练其写作之技能。历史地理学系以养成研究中外史地之专门人才为宗旨，而对于中国文化史、社会□□、中国民族之海外发展史及南洋方面之史地研究等尤为注重。教育学系研究教育学术，造就教育□□□中等学校师资，以适应国内及海外华侨教育之需要。理□□学系、化学系二系。数□□□□令，将原有数学、物理二系，合并而成。理学院各学系学程，均偏重应用，以造就应用科学人才，藉供□□及海外侨胞所办事业之需要。商学院分会计银行学系、工商管理学系、国际贸易学系三系。会计银行学系着重在明了会计银行之高深原理、改革趋势及实际应用。国际贸易系着重于了解国际贸易之原理、国际贸易之情况、经费进出口商业之方法。工商管理系着重于明了生产合理化、工作效率、劳资协调之□□及方法，藉以培养管理公私企业之人才。

暨南原设有南洋文化事业部，为专门研究南洋文化之机关。八一三后,呈准教育部改组为南洋研究馆,由周予同先生兼主其事,并聘彭胜天、李长傅、苏乾英诸先生分任研究联络诸工作。购置图书,搜罗标本,继续出版历史悠久之《南洋研究》,编撰《南洋研究》丛书,无不在经费困难之中,尽力以赴。至每年派人前往南洋作实际考察之工作,则因财力有限,时局未安,未能继续进行。

暨南大学于八一三事变时,因校中已将较重要之仪器图书尽力移存上海租界,故设备方面,幸尚保有较为贵重之一部分。徒以当时时间过促,交通困难,故理学院中设备之笨重机械仪器及玻璃器皿等,因搬运不便,均遭损毁。文学院之中国文学系及历史地理学系二参考室所藏之图书亦悉遭毁灭。

暨南现有教职员一百零六人,计专任教授三十五人,助教十人,兼任教授及讲师二十七人,职员三十四人。依本年度开学时之临时统计,大学部学生计文学院一百五十人,理学院八十七人,商学院一百九十人,共计四百二十人。中学部与初中共计二百余人,两共七百人左右。先修班学生五十三人,因系□设,不计在内。现在主要人员,除校长仍由何炳松先生继任外,教务长为周予同先生,训导长为吴修先生,总务长兼秘书为杜佐周先生,文学院院长为郑振铎先生,理学院院长为程瀛章先生,商学院院长为程瑞霖先生,附中主任为高君珊先生,均属暨南多年同事,颇能同舟共济,共图改进。

暨南自迁入上海租界赁借界内大厦上课后,一切因陋就简,自在意中。然设备方面,仍于万分困难之中,力求其有充分之利用。现大学部有实验室四所,图书储藏室、阅览室各一所。所有应用图书仪器及卫生设备等,均按照事实上之需要,尽量扩充,以供学生研究学术,及卫生上之使用。暨南自二十八年度起并奉令代办大学先修班,以收容统一招考未录取而成绩较优之学生。上年度计有五十一人。教员大都即由大学部教授兼任。

至于□□附中则纯为侨生而设,另租房屋,分设开学。八一三后为容纳上海青年学生起见,故特呈准教育部兼收内陆生,以宏造就。年来历经李熙谋、高君珊二君之尽力□□□□,颇有起色。徒以校舍逼□□原有设备每苦无法充分利用。欲求长足进步，尚有待于复兴之□也。

暨南学生，向以擅长体育著名。现因校舍关系，一时无法发□□，唯校外篮球、排球、乒乓之比赛，皆能随时随地作友谊之参加。他如各种学术研究会之组织，剧社之表演，及各种学术性质刊物之出版，亦均颇富成绩。总之暨南为华侨子弟唯一求学之机关，所开学程，力求注重于发展侨胞事业之研究。八一三事变后，规模宏大之学府，全部沦陷。本校之发展遽遭打击，精神与物质之损失，固不待言。将来如何力谋复兴，以实现其训练侨胞子弟、发展侨胞事业之使命，确为吾国大学教育上一种值得最大努力之重要工作矣。

（《战时全国各大学鸟瞰》，独立出版社，1941）

暨南大学在闽设立分校

国立暨南大学自八一三沪战发生以后，仍在上海继续开学，兹闻该校为一部分学生就学便利起见，已在福建设立分校，并在重庆招收新生云。

［《教育通讯（汉口）》第 4 卷第 40 期，1941］

国立暨南大学史实摘要

一、改革及组织

母校创设于逊清末年,端方总督两江之时,校址在南京薛家巷,称为暨南学堂。招收回国侨生,补习国学及科学知识。民国肇建,一度停办,旋即恢复,称为国立暨南学校。以中学及师范为主干,藉以造就南洋侨校之师资。嗣又鉴于侨胞在南洋经营商业规模甚巨,为适应侨情,学以致用起见,乃于民国八年间设立商科专门分校于上海。十一、十二年又与前东南大学合办上海商科大学。十三年秋,真茹新校舍一部分落成,因将南京本校及上海商科专门分校同时迁入,并自办商科大学。十六年春,国军底定东南,我政府简派郑洪年为校长,乃改组为国立暨南大学,定为华侨最高学府。聘定校董,设置文、法、商、理及教育五学院,共二十余学系,并仍附设中学(高中、初中及师范专科),招收海外回国之小学或初中毕业生。又为沟通中南关系,宣扬中外文化,成立南洋文化事业部(嗣又改称为海外文化事业部),研究各种南洋问题,按期刊行《南洋研究》杂志,风行于海内外。现在沪校仍设有文、法、理三学院及附中,及南洋研究馆。

二、肄业毕业学生

清末肄业及毕业学生,现已难于稽考。鼎革以后,在南京暨南学校及上海分校时期,肄业学生之属于回国侨生及生长国内而父兄迁适海外者,占十分之九以上,来自国内各地者不过十之一而已。迁入真茹新校址以后,中学肄业之侨生、内地生分布情形仍如上述比例;其大学肄业生，则侨生占六成，内地生占四成。军兴以来，上海沦为孤岛，现侨胞遣送子弟赴沪入学，不无顾虑，故最近侨生回国人数逐年减少。现时大学及中学的部分侨生人数仅占十分之二左右，已较内地生为少。肄业人数在民国二十年前后极盛时期，每年大学部分共约九百人，中学部分七八百人，合计一千六七百人。现则大学中学两部分合计仅只四五百人，尚不及未迁入真茹新校以前之人数。至于毕业人数，中学及师范两部分前后共五千余人，商科专门及商科大学毕业者一千余人，大学各学院毕业者三千数百人，若并在校肄业而未毕业者计之，总数盖逾一万五千人。回国侨生之生长地，以新加坡、马尼剌、泗水、婆罗洲、三宝垄、吉隆坡、马拉甲、棉兰、巴城、万隆、槟榔屿等埠较占多数。

三、毕业同学服务情形

回国侨生及闽广籍学生，在校毕业以后，无不相率前往南洋各地工作，固无论矣；其内地生之辗转前往南洋者，亦繁有徒。现时南洋各埠中小学校长教师，十之八九均为母校同学。其经常事业，成绩卓著，及充任各埠商会、教育会等社团之会长者，年有增加。即如各埠之党务抗日及募捐等种种活动，亦系我母校同学担当主干。只以道路隔阻，致未为国内各方面明悉。至于少数留在国内之毕业同学，则以参加各级政府机关工作及服务金融机构者较占多数。

（《暨南通讯》1941 年第 1 期）

潜伏的三年半

母校迁入上海租界内的经历

谢章浙

当江湾蕴藻滨一带□开"全面抗战"之幕,我母校又继"一·二八"之后而重披上了"第二度国难"的黑纱。八一三之后三天,敌机专飞母校上空投弹四十余枚,巍峨的致远堂,幽娴的莲韬馆,庄严的科学大楼,与及暨南河畔的垂柳,洪年图(书馆)前的草坪,都受了残酷的鳞伤。但是这□屈不了"暨南精神",我们马上迁移此文化据点到上海特□区,觅得中华学艺社的大厦做临时校舍,开始了潜伏奋斗的生涯。

在危难的遭际里,愈显出了校友爱护学校之诚挚。做这种冒万难进火线搬移仪器书籍文具工作的,大多得力于毕业后服务母校的周光中、金能襄、娄子明、苏乾英、俞寿松、洪谟、朱履荃诸君。他们在黑夜的弹雨下载车往返数十次,方才抢救出大半的校具。

这时候,同学有一百多人避难进租界,都住在中华学艺社,自行买菜烧饭,过难民生活。教授们也大部移住特区。学艺社是四层楼的大厦,原可借为校舍,但那时法租界当局反对各大学迁入界内,于是校方采取双轨行进策略:一方面将仪器图书装了两百多箱运往九江,以准备迁校江西,但仍行在公共租界觅得临时校址,迅速开课,使得全体同学定着下来。大学部忽忽的寻着小沙渡路(八二六号)侨光中学的房屋,分租了一半;中学部则找到戈登路文化中学,暂且借用。乃定于十月十日开学。

在闸北的炮声炸弹声交响狂喧中，开学典礼草草的举行完成。校长已去江西，校务就由三位院长主持。教授们新聘了不少；借读生收得相当多，约有二百多人。学校里处处显得拥挤，过道中尽是等待上课的同学，图书馆更现出抢位子的浓厚风气。但比真茹时代有更不同的一点：大家彼此之间觉得更为亲密，时代的压挤，使我们不能不精诚团结，扫去过往的种种隔阂。

四围炮火声中的课上了不到二个月，国军以转移阵地离沪。特区里当然起了一阵盛大的骚动。若干热情同学心切思归，又恰巧在江西已觅定西山万寿宫为校舍的消息传来，于是有七八十位同学结合先行赴赣。后来学校决定留沪时，这些同学很少返校，大半投向时代的洪炉里做抗建工作去了。

敌伪绑架的事情逐渐发生了，"大道市政府"之下也成立了"教育科"，熟悉暨南情形的徐蕴知做了"科长"。沪西、闸北、南市、浦东的伪校已有成立的了，于是关于暨南不利的风传又渐渐多起来。经过了同学们一致的要求，校方赶忙的筹备了一个多月，利用二十七年短短的一个春假里，我们又搬进了法租界的陶尔斐斯路。这邻近顾家宅公园的一条短路，意外的竟供给我们以一个稳定的读书时期。在这里，学校扩充课程内容，添聘不少名教授。勤学的空气非常浓厚，例如每次月考大考，都是排好席次，集合全体同学举行会试。理商两学院的实验实习课程，也逐渐的接洽到地方开始举行。

二十七年夏，何柏丞校长返沪主持校务，学校更有了一个重心。但可惜的是，招收新生的成绩太差。在香港招了一次只取得三个，结果是一个都没有来。上海也只取了三十人左右，可是代招内地各校的新生却有二三百人。这反映出一般智识青年，大多不愿再在上海受这种不自由的教育。但幸得转学生相当多，大学部人数始终维持在三百人左右。这时，中学部也已迁到了福煦路，添办初中，人数到超过大学部。

进了秋季，刚刚开学不久，为了九一八献金事件，法捕房藉口于贴的标语有打到帝国主义的字样，又下了驱逐令。几乎变成一个无处容身的流浪学校了。幸得校方迅速设法,暂且搬到威海卫路新寰中学去借地举行小考,并浅尝了一下夜间上课的苦味。总算暂栖了只几个星期,就找到康脑脱路的正式校舍。这是一个教堂的二三层楼,比陶尔斐斯路的房子还小,但大家毕竟欢欣鼓舞的搬了进去:暨南的灵魂总算找着了躯壳维持下去了。

经历了这几个风波,局面稍得稳定。校历踱进民国二十八年,学校的内容也进步了一些,自己成立了几个化学与物理的试验室,江西运回来的书籍也启箱取出陈列,并且买了不少的新书。同时创设南洋研究馆筹备处,维系着暨南创校的特殊使命。

可是好景不常,汪组织的"和平运动"这时候已在上海开始蠢动,自有些没灵魂的渣滓会去追随他的,尤其是有几个教育界的败类下了海,因此对于暨南的阴谋又有了新的进攻方式。收买方略与威胁政策双管齐进。接着就有黄雄略的被击,沈圣五的被狙丧身,吴修的图绑未遂,金龙襄、周光中的接到警告,以及少数教职员、学生的受利诱变节。花样虽然层出不穷,但靠着师生一致合力护持,敌伪们对暨南的种种企图始终没法实现。

这里该一说二十八年夏季够凄哀的一幕:一天,全校正在举行期考的早晨,大家忽的听见尖锐而激厉的一长声呼救,在楼上的朝下面一看,只见十几个持手枪的东洋倭子,推打拉拖的将我们一位同学曳上汽车。这同学虽然极力抗拒,终于被关进汽车,呜的一声开走了。几百□人只好噤声的围着静看,目送汽车内的那位同学长坠双行热泪而去。这位同学名王伍本,是居台湾的福建同胞,后来敌人的特务人员还到宿舍里来过两次,取去王君的行李。这一事件,对学校虽因处在美军防区关系,没有什么直接行动。但对各人精神上的刺激却深刻极了!笔者就因受了这激促,下决心推动各大学的毕业生到内地来工作。因为像这样时时受威胁的环境里,除了我方特务工作人员不得不冒危险应付此逆境外,一般高级智识分子是无法相处而开展良好的工作的。

二十九年四月,"汪记"班正式登台演唱。曾有接收暨南改为第一个"南京的国立大学"的计划,后来据说因时机未熟而顺延了。

现在,母校已在风狂雨骤中度过了七个学期,以与"一·二八"后只不过暂避他处几月的经历一比,这次师生们所受的苦难当为何如?好在母校已决定内迁,这长时期的艰辛支持亦已获有代价;将来就母校整个的历史上说,当是最值得忆念的一页了。

卒写于川盐大楼之工业司

(《暨南通讯》1941 年第 1 期)

办理促进母校内迁经过

自全面抗战以还,战局转移,国军西撤。上海沦为孤岛后,敌伪处心积虑,对于文化教育,极尽蹂躏摧残之能事,故上海国立及私立各大学纷纷向内地迁移,独我母校现尚留沪,在风雨飘摇中支撑。本同学会为发展侨教及保持母校安全计,曾迭次发动母校内迁运动,先后呈请教育部侨务委员会、何校长、各母校董事,并公告侨胞父老及各地同学一致主张,早日着手办理。经三年余之奔走呼吁,现已得各方之同情赞助,教育部批文亦已准予饬令母校妥慎办理内迁事宜。最近重庆同学会为加紧实现母校内迁起见,经已成立母校内迁协进委员会,延请留渝母校教职员及热心同学,连同本届同学会全体理监事组成之,各地同学会及南洋各埠同学,均有此相同主张及请求,目前正向实现途径推进中,大约本年暑假中可以达成内迁之愿望。尚希海内外同学全力赞助,俾克早日完成吾等应尽之责任,幸甚,幸甚。(详情请参考重要文牍及母校内迁协进会会议记录)

(《暨南通讯》1941 年第 1 期)

母校内迁协进委员会会议录

三十年二月十八日下午六时，举行母校内迁会议，至母校教职员、本会理监事及同学四十余人，首由主席汪竹一报告：

甲、本会历次会议，除全体大会，出席者不能全体出席外，其余每次理监会议，无一缺席，即因有要公不能参加，亦来函申明理由，并委托同学代表出席。此种良好现象为其他同学会所罕见。嗣后，希望全体大会亦能个个出席，造成本会之良好现象，此其一。

本会促成母校内迁，于春节茶会曾推定教职员及同学多人为计划委员，应于今日会议中决定名称，分派职务，以便分头进行，此其二。

本会经费以前极形支绌，今后已有的款，可敷应用，此其三。

本会会刊，已由殷体扬、谢章浙同学筹备，约于四五月间可以出版，此其四。

乙、讨论事项：

（一）母校内迁□筹组委员会以资加强力量而利进行，请讨论公决议案

议决：定名为国立暨南大学内迁协进委员会。

（二）母校内迁关于运输问题应如何办理案

议决：公推杨裕芬、张家栋、张昌祈、路平甫、王璇、顾毓芬、葛任远、张国权负责办理，并由杨裕芬召集。

（三）母校内迁关于校舍问题应如何解决案

议决：1. 商租西南小学校舍。

2. 接洽商船学校原校校址。

3. 公推康选宜、朱涛、吴国樑、雷成农、金念祖、谢章浙、周竞

中、陆燕贻、刘兆清、周国彦负责办理,由谢章浙召集。

(四)母校内迁关于经费问题应如何筹措案

公推潘序伦、翟俊千、周宪文、卢前、周召钦、吴君实、李宽度、谢群、刁陶然、盛礼约、黄源尹、吴国英、袁丛美、徐润身、殷体扬等负责筹措,吴君实召集,可分劝募、请求教部拨款、同学捐助等三项办法。

(五)本会理监事会及母校内迁协进委员会之工作应如何支配案

议决:除运输、校舍、经费均经推定负责人办理外,其他经常事务均仍由同学会理事会原有各部分负责办理之。

(《暨南通讯》1941 年第 1 期)

呈教育部文

(为上海环境日非,请早日将暨大内迁,以重侨教由)

窃本校为全国唯一最高华侨学府,侨南人文之所荟萃,概自八一三抗战军兴,迄至大上海撤退以还,我校即沦入险境。岁月不居,忽逾三载,自始迄今,我旅外暨大同学,忍痛含辛,无时不思亟起呼吁,而冀母校有所拯拔。然一转念我政府之于教育,自有整个筹划,固无庸同人等腮腮过虑,证之于钧部处理西北联大、西南联大及其他所有国立大学之内迁,均能循序撤退,各得其所,益深自信,故母校之寿命,亦惟我政府之最善之措施是赖,同人等内心固极泰然。第近顷以来,观于沪局益形恶化,敌伪劫持,无所不用其极,法院既被胁迫接收于前,母校善后想亦为我政府所殷殷垂注,最后累闻交大自就某某地成立分校之说,兹并于某某日完全具体实现,仰佩钧部顾念周详,无微不至。良以沪地势单力薄,而敌伪凶焰,披猖益甚,若不预谋地步,将何以为后退之所。兹最所顾念者,十余国立大学中,现所仅存暨大一校而已。暨大现况如何,当早为钧部洞鉴,其存亡自亦为钧部最所关切,谅早拟就预定计划,惟待实施,似无庸同人等暨海外千万侨胞悬悬于心,唯同人等谊切母校,感念特深,外观大局,内衡时势,实有不能已于言,而又迫不及待者,谨陈如下,幸垂察焉。

一、查我校最初设校动机,旨在酬达华侨父老,诚以辛亥革命成功,侨南人士报效特巨,其功劳在近代史页非可藐视,嗣以神圣抗战发动,海外侨胞踊跃输将,争先购债,于我抗战经济动脉所关尤大,技工人员纷纷归来,效命祖国与效命疆场者,为数诚难枚举,其热诚与精神,更属难能可贵。方今,中央宣慰海外,奖励投资,开发后方,亦即所以加强前线,风声所树,万流所趋,当此联合内外发展国力之际,正千载一时救亡图存之良机,而大后方具有特殊性质、特殊使命、特殊生活习惯之华侨教育,讵能空付阙如,而不予以有效之建立者乎?此就慰抚华侨言,不能不恳祈钧部俯准,迅将暨校一部或全部迁川者一也。

二、欧战方酣,南侨处境动摇靡定,兼以敌人露骨表示南进之候,我千万侨胞来日如何,实应严密注意。若不预在其经济上作最安全之打算,一若泰越相亲,不特大量资金即将他溢,所谓大后方各项资源之开发与各项生产建设事业之推进,恐遥遥无期,徒成虚语。抗战胜利,为之稽延,影响弥巨。然则将如何对于最有密切关系之华侨教育,同时兼程并进,实无他途可循。暨大固不仅属于沟通中南之文化枢纽而已,而其最大愿望,尤在培养发展南洋之开路先锋,急进干部,实负有时代赋予之艰巨使命,并为南洋侨胞子弟唯一托命之所。际兹紧急关键,我政府忍闻忍见我具有悠久历史、荷有时代使命、于南洋占有最光荣地位之暨大沦于敌手乎?是不待智者即后判断是非也,此就抗战关系言,不能不恳祈钧部俯准迅将暨大一部或全部迁川者二也。

三、同人等份属华侨,返国有年,于国内近情及海外侨务,知之最谂。当七七抗战初起,我暨大先后毕业同学散布于国内各部门,参加抗建工作者,无论前线后方,航空、交通、政工、文化,前赴后继,曷止千百,而聚居于海外各埠者,其数更众。故抗战一经开始,我暨大同学即领导千百万侨胞最先响应,毁家纾难与效死疆场者,不知凡几。千数百万侨胞,民族意识之坚强,国家观念之牢固,尤可见一斑,此实有赖于我政府十余年来苦心经营之暨大,种其前因,致有今日之后果,暨大值此绝续存亡之秋,为国家计,为民族计,就侨教言,不能不恳祈钧部准予内迁者三也。

同人等除分别陈请本校常务理事孙院长、孔院长、陈部长之协力扶持,俾早获实现外,伏念钧部为全国最高教育行政机关,暨校又为钧部直接所属,夙蒙垂护,用敢不辞冒渎,上干清听,伏乞俞允迅派大员主持成立分校或内迁事宜,学生等不胜屏营待命之至。

谨呈

教育部部长陈

国立暨南大学重庆同学会呈

二十九年

(《暨南通讯》1941 年第 1 期)

呈教育部/侨务委员会文

(为本会第三届全体大会决议促进母校内迁以策安全由)

查本会前举行第三次全体会员大会时,曾议决"促进母校内迁以策安全"一案,嗣经分别向有关各方征询意见,咸表赞同。窃自战局转移,国军西撤,沪滨久成孤岛,敌伪虎视眈眈,必欲谋我,尤以文化教育两界为第一对象,蹂躏摧残,鬼计百出,游移者固易屈服,劲节者辄遭戕害,环境恶劣,日甚一日。如欲教学两方各专心致力于讲授研求,实为事实所不可能,此本会所以主张母校内迁者一。爰我母校之设立,尚以教育侨胞子弟为宗旨,故其性质为华侨之最高学府。抗战以还,我侨胞虽身居海外,但仍源源遣送子弟返国肄业,未尝以烽烟危乱而离弃祖邦,爱国爱校之热忱,中外共睹,因是学校地址必须可以确保安全,乃足以愈坚其信念,此本会所以主张母校内迁者二。且抗战建国为确定之国策,而建国程序中,尤以开发川康、建设西南为第一步基本工作,将来经营擘划,所望于侨胞回国投资以利进行者,至为殷切,倘母校实行内迁,则侨胞必有所感奋,而对国内建设事业之投资,自可踊跃,此本会所以主张母校内迁者三。根据以上三□理由,故各同学及社会人士,对于此案一致热烈赞同,咸主积极从速内迁,伏念钧部、钧会主持侨务对于母校夙极关切,值此虎尾春冰、千钧一发之际,用敢缕陈原由,恳祈咨请教部早日施行,着手办理,俾此全国唯一之华侨学府不致遭受摧残,实不胜迫切待命之至。

谨呈

教　育　部

侨务委员会

国立暨南大学重庆同学会常务理事

汪竹一　康来文　张家栋　谨呈

(《暨南通讯》1941年第1期)

函告侨胞父老请赞助母校内迁文

××××转侨胞父老钧鉴:溯自抗战军兴,时逾两稔,南北各大中学为避免无谓牺牲,相率迁入内地各省。惟我母校国立暨南大学,前曾有南迁之计划，迟迟未果，现仍滞留上海租界，弦诵未辍，环境日非，而恶势力之横加压迫，亦属层出不穷，整个校务，既难循序而推进，全体师生，复感保障之全无。况我母校为华侨最高学府，历届毕业同学服务国内海外，于国家社会及政府抚怀侨胞之至意，戮力献替，成效卓著。际兹寇焰方张，各地文化机关横遭摧残，我母校攸系华侨教育，岂能坐视于不顾。本会为维护母校，俾能继续培植侨胞子弟计，爰于第三届第一次大会决议促进母校内迁。除联络各地校友，分头向校董及全校师生商洽迁移办法外，尤望海外侨胞父老，予以声援，一致吁请政府速颁明令，促其早日内迁。母校幸甚！华侨教育幸甚！

此布区区，诸维察照。

专此，祇颂

舍绥！

（《暨南通讯》1941 年第 1 期）

呈孙常务董事哲生节略

（呈请主持母校内迁由）

本校为全国唯一最高华侨学府，侨南人文之所荟萃。在昔承平时期，每年回国负笈者无虑千百，学生等抚今忆昔，以为本校亟应在渝设立分校。谨陈明于次：

一、设立分校之必要　抗战以还，本校毕业同学参加国内海外各埠抗建工作，彰在耳目。方今中央宣慰海外，奖励侨胞回国投资，开发大后方重要资源，风声所树，海外资本及技工人才，已在相率归来。此正联合内外发展国力千载一时之良机。学生等吁衡时势，以为必须即在抗建中心之渝郊，设立本校分校。不仅归国及侨外同胞子弟，得有求学之所，实所以百年树人，为异日国家在渝外发扬国力之干部。况今上海情势日非，敌伪劫持愈演愈烈，以及回国侨生寥若晨星，而后方各校之课程与侨情尚无联系，侨生之生活习惯亦与国内不同。多方检讨，分校之设，实已刻不容缓。将来万一沪局益加恶劣，本校不得不内迁时，亦可因有分校之设，转徙于崇朝之间，不致或有弦歌中断之虑。

二、现已预事准备之情形 学生等因鉴于分校之设立现已刻不容缓，爰即尽力之所及，期于筹设分校之准备工作，有所自效者。经洽妥，离渝市南岸四公里地方之私立西南小学，有地广数十亩，大楼一所，小建筑多所，共约八九十间，可纳四五百人，称有余裕，随时可转让为本校设立分校之用。该处地点适中，环境优美，现有地亩房屋，尽敷目前成立分校之需，且地尚可扩充建筑，余地正多。该小学校长即系本校毕业同学，一旦定案，则期月之间，必可集事，即可开办。

三、仰祈主持之事项 惟有拟乞钧座主持者二事：其一，设立分校，关系侨胞观感及本校前途者至巨，拟请赐予召开校董会，决定大计，转请主管部执行，于明年一二月间开课。其二，洽让校舍、筹备及开办之费。除转请主管部核发以外，乞再赐予援助。窃以侨务为当前所急，校事又夙蒙垂护，用敢不辞冒渎，上干清听，万乞俞允主持，则登高一呼，万山皆应。谨推派汪竹一等同学晋谒崇阶，伏乞容察训示。本校幸甚。侨生幸甚。

谨呈

常务董事孙

国立暨南大学重庆同学会

（《暨南通讯》1941 年第 1 期）

教育部批文

（三十年一月九日）

原具呈人汪竹一等。

二十九年十二月呈一件——为沪滨环境日非，□早日办理母校内迁，以策安全由。

呈悉。查此案本部前曾令饬暨南大学先将四年级学生及一部分教职员内迁。嗣据呈报，目前交通困难，难以实现，业经再令妥慎办理在案。仰即知照。此批。

部长　陈立夫

（《暨南通讯》1941 年第 1 期）

成都同学会快邮代电

（浙一致响应请教部从速办理母校内迁由附蓉会上陈部长立夫何校长柏丞代电各一件）

国立暨南大学同学会重庆分会诸同学钧鉴：顷上教育部陈部长立夫、母校何校长柏丞两先生代电各一件，请将母校内移川滇以弘教化。除将原电抄附备查外，并推陈骏同学来渝，与诸同学商洽办理，至希一致主张就近向教育部请愿,俾得早日实现,无任企盼。国立暨南大学同学会成都分会叩。沁。

附 上陈部长立夫、何校长柏丞代电各一件

重庆教育部陈部长立夫先生钧鉴:溯自抗战军兴,政府为保全国脉,即着手于战区学校之内移。施行以来,成绩昭著。目前重要学府,已迁至安全地带,弦诵不辍,作育益宏。其有裨于抗战建国者,至非浅鲜。母校暨南大学,初闻有迁赣之议,旋未果行,因而促处孤岛,□逾两稔。其间备历困厄,几频停顿;幸赖师生共济,勉支危局。然以牵掣既多,建白自鲜,矧复敌伪环伺,诡计层出,宁静无由,潜修多碍,此实母校师生之所焦思筹计,无由自拔,谅亦早在钧座明察之中也。窃思大学内迁,既为抗战中之一贯方针,则暨南亦当在计划迁移之列。况乎黉舍既毁于兵燹,避地直拟于篱下,人员非众,典籍无多,即予迁移,亦较简易。方今奸宄集沪,鬼蜮百出,默念来轸,每用忧危,所冀钧座秉既定之方针,重树人之大计,迅予迁移川滇,使得各安其学,以报效国家抗战。教育前途,实多利赖。谨电陈词,伏祈垂鉴!国立暨南大学同学会成都分会叩。沁。

上海法租界国立暨南大学何校长柏丞先生道鉴:国军自沪西撤,时逾两稔。母校处风雨飘摇之中,动际艰危,端赖我校长并教职员诸先生勉力支撑,弘济艰难,虽处孤岛,弦诵不辍。时际岁寒,益见松柏之操,境同狂澜,弥证砥柱之力,苦心孤诣,实为国人之所共见。生等遥念勤劳,尤不胜其倾慰之忱,且庆我暨南精神之发扬而光大也。惟是教育为国家百年大计,而大学教育尤为国家□气之所依托,当国难之方殷,审职责其尤重,宁静庶能致远,避地宜非长策。故当抗战初期,政府即着手于学校之内移,既图国脉,且使文化遍滋内地,不如前此之但□□市,作畸形之发展。两年以来,移校至多,效施亦弘。政府统筹全局,远瞩高瞻,不以抗战而略于建国之图,亦不欲久安权宜以忽远大之计也。盖以比月以来,群魔集沪,鬼影憧憧,尤恐有□潜修,负兹良时,生等默念昔日藏修息游之区,沦为羊豕之窟。同门师友,寄迹

篱下,以共励其劲节,企望云天,神驰无已。为期隆桢干以济时艰,巩初基以期远大,迁校内地,实不容缓!近已联合各地同学,陈情中枢,请予内移川滇,勿专稽迟。以我校长并数职员诸先生爱校之切,报国之忠,当亦早计及此,幸乞鼎力主持,俾得克底于成,母校幸甚!国家幸甚!谨电陈词,惟希昭察!国立暨南大学同学会成都分会叩。沁。

(《暨南通讯》1941 年第 1 期)

本校校董通讯录

常务董事

孙　科	立法院
陈立夫	教育部
郑洪年	香港

董　事

林　森	国民政府
孔祥熙	行政院
宋子文	中国银行
吴铁城	中央党部
马超俊	中央组织部
余井塘	教育部
陈耀垣	侨务委员会

(《暨南通讯》1941 年第 1 期)

国立暨南大学内迁协进委员会各委员通讯录

(各理监事为当然委员见前)

潘序伦	民生公司
翟俊千	留俄同学会
卢　前	参政会秘书处
周宪文	牛角坨吴宅转
杨裕芬	交通部
盛礼约	谢章浙转
康选宜	巴县中学钟楼
谢　群	中央银行秘书处
刘兆清	中央训练委员会
张昌祈	林森路永大公司
雷成农	西南小学
朱　涛	军政部兵役署
黄源尹	中央训练团劳干班
袁丛美	中国制片厂
金念祖	外交部
刁陶然	中央银行
杨世骥	中央银行
曾克耑	中央银行
陆燕贻	交通部

(《暨南通讯》1941 年第 1 期)

国内外同学会及各地同学概况

上海——上海校友，现以服务教育界者为最多。如正风、培明、育华等中学皆由毕业校友主持。以环境特殊，并无正式校友会之组织。曾由王庆英等发起聚餐二三次，以资联谊。人数无确实调查，估计约在三百位左右。（谢章浙撰）

昆明——溯自抗战以来，各地校友陆续转移后方，昆明为后方重镇，校友荟萃之处。忆在二十七年夏季，即约聚校友，开会商讨筹设校友分会，当经推举李灿、张秉明等草拟组织章程。嗣于二十七年凉秋，假昆市省党部开全体大会，通过章程，推选袁业裕等五人为常务理事，周曰毅等五人为监察理事，分会遂告正式成立。自后每月餐一次，商谈会务及各种事宜，并屡经筹商、谋设会所，卒因经费及房屋关系，迄未设立。旋因昆市空袭频乘，校友四散，会中理事亦多劳燕分飞，聚集为难，以致聚餐会与大会久延未开，现正约请张相时先生等再行召开大会，改选理事，筹设通讯处（可暂寄昆明邮箱一四八院项泳转），以便各校友行止藉得随时更改。（项泳撰，民国三十年三月三日）

保山——□滇□路通□，保山跃为滇西重镇。该处□立保山师范及□山中学，由校友杨玉生主持。国立华侨中学亦由张汉衡、吴继辉参加筹备而助其成。裕永矿业公司亦有马骏参加筹组。校友人数约二三十位。通讯处寄云南保山省立保山师范杨玉生转。（张学梧、谢章浙撰）

遵义——遵义现有最高学府数校，及工厂□家，校友服务于会计方面者颇众，惟人数仅十余，故尚无正式组织。通讯处为贵州遵义浙江大学黄福生转。（谢撰）

西安——西安同学凡二十余人,于二十九年九月一日召开成立大会,拟定简章,正式成立,并推定王恪镀同学负责。通讯处:西安吉庆巷四号。(西安同学会撰)

粤北——校友中粤人原极众,惟目广州沦陷,遂多四散。现居粤北曲江一带者,尚有百余人。经常举行聚餐,并印有通讯录。负责人为胡文修、丘斌存、阳子尧等。通讯处:韶关马坝财政厅丘斌存转。(丘斌存寄稿)

浙江——近数年商学院毕业同学,大多往浙江服务于财政界,除充任浙东各县及各机关会计工作外,且更深入浙西□游击区任职,如张运生之在於潜等是。其他原在交通实业教育方面者亦属不少,约计有七八十人。通讯处可寄浙江方岩财政厅朱铭转。(谢章浙撰)

福建——闽籍校友人数原亚于两粤。近自丘汉平来此主持省银行,商科同学益见增加。通讯处可寄永安福建省银行丘经理转。

江西——沪战起后,母校曾拟迁至南昌万寿宫,先已有同学五六十人往赣,后学校留沪,彼等遂留赣参加各种抗战工作,颇博社会佳誉。并有一李姓女同学遭敌机惨炸殉难。南昌沦于敌手,同学等多转移赣南一带工作。通讯处可寄吉安省合作总金库王必敬转。(谢章浙撰)

成都——蓉同学会所撰稿未到,俟下期登入。

编者敬志:关于国外各地同学会及同学情况,以付印迅速,未遑去函征求撰写,故只暂列各地通讯处或简述一二。期于次期中能作详尽之描述也。

香港——本会成立之始,早在民二十八春间,迁延时日,至本年春改组而为现状。

忆自抗战以还,岛上同学日众,基于昔日丽泽之情感,发而为学会之动力,经几同学之努力,始克成立,并前后在六国、胜斯两餐室举行聚餐大会,计到会者众至百十人之多,济济一堂,可谓极一时之盛。

惟是,自去年入夏以后,各负责同学以业务之关系,分别离港,会务至此,因形旁落,若干留港同学,念缔造之艰难与组织之重要,乃发起改组,爰于本年二月九日假座六国饭店召开大会,决议改组,当即选出郝重光、邓乃灼、李鉴人、陈翰文、黄坚、罗忒士等为理事,推定郝重光、邓乃灼、李鉴人三人为常务理事,并决议敦聘前校长郑洪年先生、校董吴铁城先生为顾问,俾指导有自,会务不自殒越。

现任理事等负责以后,先假德利公司为通讯处,最近方迁九龙弥敦道一七四号二楼,共租一厅两房为会址,僻静幽雅,宽敞尤洁,举会之基础于焉毕具,从此并得展开其他工作矣。

目前会务之活动,除加紧内部之组织外,其较呈述者得有数事:(一)发起纪念陈镇和同学学位基金足球义赛,定于本月二十六日举行。(二)切实响应母校迁校运动,及敦请郑校长复联。(三)发起征求各同学意见赠送郑师洪年礼物。凡此三者,其一,系慰既死以励后人,其二,系挽救母校之堕风,而重振校务。若其最者,殆乃本尊师重道之旨,步武北大赠蔡之后尘耳。

至于会员人数,此□类皆流动不定,无从核实,惟综其大概约百余人,盖香港乃转运口岸,各同学因应贸迁大率□多迁徙东西,固无足怪也。

然此外更有不得已于言者,当此民族艰危之际,集中人力物力贡献于抗建之前,是殆国民之天责。又吾侪备承春风熏陶,发扬光大我母校华侨教育之精神,尤为吾人忝为桃李应有之责。同学会固乃负起上述责任之一种组织,吾侪既有此基础,鸡鸣风雨,当矢自勉,亦所以希望于各地同学会也。(香港同学会撰)

星加坡——驻星洲总领事馆郑心广转或何葆仁 Oversen Chinese Bank Singapore。

吉隆坡——尊孔学校赵伯悦转。

吧城——Ong Jan Yoan, C/0 in Po Pin toe Besar, Batavia。或 C/0 Nio ng Long, Molenvliet west。

Peng Long.

茂物——C/0 Tiong Hoa Hwee Koan Buitenzorg。此处同学会系由蒋振隆、汤丽水、戴春隆等主持。

直葛——C/0 Kiong Hoa Hwee Koan, Tegol。

此处同学会系由杨有春、林绵和等主持。

三宝垄——Chan Eoon Han C/0 Tiong Hwa Hwee Koan,Semarang。

八家那岸——Sonw Sioe Lin C/0 Tiong Hwa Hwee Koan,Pekalongan。

马泠——曹恭安 C/0 Tiong Hwa Hwee Koan,Malong。

泗水——陈厥保 C/0 Pewarta Sourabaja,Soe abaja。

龙目岛——陈□辉 C/0 Ned lnd,Handelsbank,Ampenan,或周祖祥 C/0 Djoe Sin Sing Labvean Hadji。

望加锡——C/0 Tiong Hoa Hwee Koan Makassal。此处同学会由郑子垣、苏锦芳等主持。

仰光——刘国栋 C/0 Tai Anu Co Thavgetkon Easseiu,Barma。

诗巫——黄增安 C/0 Eu Tsibuo Co Sibu,Sarawak,British Borneo。

□加岛——赖易□C/0 Tiong Hwa Siand Hwee, Pangkal Pinang Banka。

菲列滨——黄□裕 C/0 Chambel Of Comlmere Manild。

檀香山——此处同学会由郑荣耀、钟荣光等主持,通讯处系由驻在该地领事馆转。

美国密歇根大学——校友出国求学,大抵以赴美最多,而以每校计,闻密歇根为最。计有胡福源、陈惠生、葛泽、林君、樊盛芹、司徒闵等校友。

编者附注:其他南美、非洲、欧陆各国及加拿大、澳大利亚与国内西北暨沿岸各省,皆有我校友散布,惟以调查不周,希同学尽量告知,俾陆续刊登。

(《暨南校刊》1941 年第 1 期,原文英文多有辨认不清者,故难免错误)

国立暨南大学概况

邹衮枫

号称华侨最高学府的国立暨南大学,原为培植南洋一带归国青年而设。校址在上海近郊真茹,临近京沪铁道,设备完善,校舍宽大,前有广场,可资运动,更有清流一泓,带绕左右,风景幽静。而教授又多系国内一时知名之士,堪谓求学胜地。是时暨南学生,大都为华侨子弟,经济较裕,国文程度稍逊,而爱国之忱极浓,故战前之暨南,素以学生运动及体育精神著闻。

自何校长炳松接长暨南以后,锐意改进,厉行严格管理,入学考试程度提高,平日校中月考大考亦皆采取会考制度,学生既须依分编之行列就坐考试,复有监考多人监视。或谓大学教育,强迫若此,不免矫枉过正,殊不知既有考试制度,自当绝对严格,庶不致徒有考试其名。日常课室内点名,亦由教务处派人专司其事,盖学生咸须依号入坐,点名者一望即知,而可节省上课时间也。整顿不经年,暨南学风一变,向之整日奔驰于运动场者,已埋首书堆中,国内青年,闻风而来者更众。

八一三事起,校舍烬于炮火,然暨南实质,丝毫未毁,盖图书仪器等物事先早已搬出。目下在康脑脱路上课,一本革新后精神进行。设备当然不如昔日,而学生程度及学校当局办事精神远优于战前。

暨南分文、理、商三学院。

文学院有教育、史地、外国语文三系。

理学院有数学、物理、化学三系。

商学院有会计银行系、工商管理系、国外贸易系。

文学院教授如郑振铎、周予同、傅东华、王统照等,商学院教授如周宪文、武堉幹、孙礼榆等辈均蜚声于学术界。

全校设免费学额四十名,公费名额十六名。新生请求免费者,以入学考试成绩在全体录取学生百分之前十五名以内为合格。旧生则以上学年平均成绩在七十五分以上,操行在乙等以上,并体格检查合格,体育有成列乙等以上者为标准。免费生免缴学费、宿费、图书馆费、讲义费、实验费、建筑费及杂费。新生请求公费者,以入学考试成绩在全体录取学生百分之前十名以内为合格。旧生则以上学年平均成绩在八十五分以上,操行列甲等以上为标准。公费生每年津贴一百八十元,其应缴各费,除制服费(现在亦无需此费)、宿费外,其余一律免缴。

此外,凡品学兼优之学生,一学期内不旷课者,均给予奖状及奖金。暨南学生不多,而优遇勤学学生之办法则无以复加。故凡清寒而用功者,咸能受其实惠与精神上之勉励。

为奖励学生写作、创导学术研究风气起见,校方当局赞助学生组织各种学术研究会社,成绩佳者,予以津贴。每学年并举行论文比赛一次,由教授组织论文评判委员会,指定有关各院系学程之题目。每系参加学生成绩,前二名依次得奖金四十元及三十元,特别优良者,并由校中出费出版。

师生之间,因导师制度之推行,甚为沆瀣一气。每一导师下有学生十数名,规定每学期至少开会二次,或讨论某项问题,或茶点谈心。一切经过,由组长作报告呈报训导处。学生操行,即由各该导师评定。

开设课程方面,处处予学生以便利,凡多数学生一致认为某一课程有添设之必要者,得请求校方设置。校中开设之课程,不以人数稀少而停开,反之,如某学程学生特多者,则必分班讲授,务求避免室内人数太多,学生注意力不易集中,教授讲教改卷不能详尽之弊。故暨南有一课一学生之课程,亦有一课程分数班者。

学生组织,商学院有经济研究会及消费合作社。经济研究会按时举行座谈,分组讨论各项经济问题,并不时请名学者莅会演讲。前中美日报之经济半月刊,即系是会创办。消费合作社一面供给同学用品,一面即以作商学院同学实习机会。举凡会计之设计、进货、销货等,从不假手他人。去年以成绩斐然,便利全校师生,训导处特予奖状焉。

此外文学院有史地学会,理学院有数理学会。但暨南素以体育闻名于全国的各种球队组织,于今形消影灭,偶闻外人道及暨南足球篮球锦标,深为叹息。

总之,战争毁灭暨南之娇容,可是也去除暨南之劣点,随着抗战之年龄,新的暨南在一日千里般前进中。

(《大学季刊》第 2 卷第 1 期,1941)

抗战时期的母校

谢士宁

自"八一三"沪战爆发后,暨大为了□□环境的需要起见,便从真茹老家迁至上海法租界陶尔斐斯路某弄堂的一座小洋房内,这房子并不很大,上下计分三层,可以用作上课的地方充其量不过八九间耳。甚而连仅有的一个天井也被搭起了篷,利用为教室。在对面另租了两大间,为图书馆和理化实验室之用,学生人数已较战前减少的多了,只不过二百余人。学校每天上课的时间从早晨七时起至午后五时止,上课时的情形,可说相当的拥挤。学校物质□□蛮欠佳,可是学生们求学的精神和读书的兴趣并不因此而削减。在学校附近有法国公园,花木繁多,风景宜人,学生们每当课余之暇,□喜欢夹带书本到那边阅读,实无异是暨大的一个天然的自习室,攻读于斯,游息于斯,既可增进知识和学问,且可恢复身心的疲劳。

课外活动,有教育系的同学所主□的义务夜学,专收一般失学的儿童,借吕班路小学上课,学生人数相当的多。关于运动一□,战前如足球、篮球等等,在上海甚至全国均颇负盛名。现在呢?因为要借用务本小学的操场,致使爱好运动的学生,多受了一重的阻碍。不过,球类的□□赛却常常举行,爱国活动非常的蓬勃。其次因学生张贴爱国标语,而为法国工部局大大的不满,竟因此被逐出法租界,暨大从此便过着飘摇无定的日子了。

从法租界被逐了出来以后,学校当局因不忍令同学们的学业白白的荒废,于是便在公共租界、暨大附中,腾出了几间教室,借给大学生暂时上课,后来转借得新寰中学的课室,全部改在晚上上课,时间为下午四时至晚间九时。最初学生们虽感觉不惯,然而经过不久,渐渐的也就好了。在这里仅有月余的时间,期满之后,又迁赫德路的立德中学,仍旧是晚间上课,这是战时不得已的变□办法。在这样也只有月余,然后又迁康脑脱路,这时学校始告安定下来,而结束了颠沛流离的日子。

这里是教会的产业,院子的基层为教室,二层和三层皆租给暨大为教室及办公室,又在对面租了一座小洋房,本系三层,基层作餐厅和图书馆,二三层为物理实验室、化学实验室及诊疗所。学生□宿舍,计有三座,其中一座,为□生宿舍,其余的为男生宿舍和女生宿舍。房子皆在学校的□近,交通方便,有二十四路无轨电车,经法租界和公共租界,直达学校门口。

好容易才找到了这固定的校址,于是同学们对于各方面,又渐渐的活跃起来,如合作社、读书会、演讲会及辩论会等等的组织,有如雨后春笋,□出了蓬勃的□□,暨大的话剧和京剧也不甘示弱,而连续地公开演出,成绩极佳,博得社会人士之好评。学生们且暗中组织□好团,□事于实际的救国工作,后来为日人所探悉,遂发生某训导长和某学生两人先后被绑的不幸事件。那时学生们虽对于课外的活动这样的积极,而同时亦丝毫不肯放松功课。自这一学期起,学校开始实行导师制,把全校同学分作若干组,每组约十余人,按院系而分别予以指导。导师常常召开导师会,对于学生日常功课和生活等等皆非常关心,学生亦常常访问导师,于是师生间的感情更趋融洽而打成一片。考试则采用会考制,极是严格,就平常上课也好,亦由教育处轮流深入到各教室,按照座位号数严格的点名,以限制学生缺课。那时学校尚无自己的操场,每逢上运动课,就觉得异常的不方便,幸好胶州公园就在学校的附近,给学生们利用为课外活动的场所。

自廿四年,何炳松先生担任校长以来,在□□□□之下,拥有大批的名教授,记忆中如郑振铎、周予同、傅东华、周谷城、沈立人、周宪文、褚凤仪、张耀翔、董任坚、方光焘、王统照、李健吾、孙寒冰、杜佐周等,他们皆为全国教育界有名的学者。这一年,前来暨大借读或转学的学生格外的多。

卅年春,由于上海局势的日趋恶化,于是同学们便组织了“请求迁校委员会”,请求学校当局电呈教育部□道将学校内迁,教育部电复:“迁校经费浩繁,沦陷区教育至关重要!切勿轻易放弃。”为未雨绸缪起见,于是便在福建建阳设立分校。卅年十二月八日,太平洋战争爆发,日军接收租界,学校当局只得采取化整为零的方法,下令停止上课。不过同学们仍旧暗中取得密切的联系,不久,在□□路暨大附中,秘密发给学生□费,叫大家分别赴福建建阳分校报到。

建阳位于福建省的西北部,为一块山地,瘴气横行,从外地刚到那里的人,多有不服水土,因此学生患□疾的较多。校舍为文庙,学校物质条件如何,由此不难想象,唯学生们仍如过去那样的活动,常常深入民间演剧宣传,颇能克服自然环境。

和平胜利后,暨大在上海复员,上海市教育局,□宝山路前日本第八小学及东体育会路第二日本高等女子学校,为临时的校舍。学校当局在宝山路设立办事处,从事于学员复员工作。

(《暨南校友会新会所落成暨新加坡开埠一百五十周年纪念特刊》,1970)

战斗的青春

(忆抗战初期暨大生活片段)

张 弘

我离开暨大已有五十二年了。虽然在暨大的时间十分短暂,只有百日之缘,但在那血与火的战斗日子里,每个人面临着"国家兴亡,匹夫有责"的考验,给予我以战斗的洗礼,成为我走上革命征程的起点。百日的大学生生活,使我毕生难忘。

暨大向有"华侨最高学府"之誉,海外侨胞具有爱国光荣传统,力所能及,总愿把儿女送回祖国深造。又听说校长何炳松先生本人在外留学多年,对侨胞子女的教育十分重视,因而对暨大寄予希望与信任。我当年回国升学,目标也就认定了暨大这座"学府"了。

一入暨大,我立即被卷进了抗日的洪流。芦沟桥畔燃起抗日烽火,同学们群情激昂。开始高年级的同学只是带着我去参加一些抗日救亡的歌咏活动,不久就让我去参加一些秘密集会。这种集会人数不多,每次都有人对时局进行有系统的分析,并让大家讨论。以后我才知道这是中共暨大学生支部组织的活动。

"八一三"沪战爆发,真茹毗邻火线,安全受到严重威胁,因为何炳松校长又是中华学艺社理事长,就把图书、仪器转移到旧法租界爱麦虞限路中华学艺社去;随后,留在学校里的同学,包括我们一些家在国外的侨生也不得不迁居到中华学艺社去住。学艺社楼下大厅成为我们的临时宿舍,男女同学各占一边,用屏风挡着,中间通道就是同学们的活动场所。生活条件与暨大原来的学生宿舍自然无法相比，但年青人毕竟适应性较强，特别是处于举国上下敌忾同仇的时候，大家斗志昂扬，没有一个人抱怨叫苦；相反，这种非常时期的集体生活，倒使平时不大往来的同学不分级别走到一起来了。日间大伙儿一起搞抗日救亡活动，有为前方负伤战士缝制衣服的，有书写抗日标语和刻印传单的，生活十分紧张，充满战斗气息；夜间席地而眠，畅谈形势和未来，从而加深了同学间的相互理解，增进了友爱团结。偶尔有谁病了，都会得到大家无微不至的关怀。

在暨大的这段时间里，我学到了许多在课堂上学不到的东西，最令我难忘的一件事就是高年级的同学教我如何对付“巡捕”，如何与他们“捉迷藏”。

标语传单准备好以后，我们总是分成几个组，分头上街张贴。在我的那一组里，因为我是新生，年龄较小，又刚刚回国，丝毫没有大学生的风度，倒是有些稚气未脱。大家认为像我那样的“小鬼”去张贴标语，可能比较容易避过巡捕的耳目。所以每次我总是走在前面，与其他同学保持一定的距离，为此进行了几次，十分顺利。可是，有一次当我正张贴着手中最后一张标语的时候，一个巡捕盯上我了。我急忙转了个弯，把手里的浆糊罐和抹浆糊的碎布放在附近的垃圾箱上，撒腿就跑。可是我满手的浆糊，如被抓住也是无法脱身的，而那个巡捕又出现在我身后不远处。此时我望见前头有一个西瓜摊，红瓤的西瓜切成一块块，许多人围着吃西瓜，我立即钻进人堆里，抓起一块西瓜，咬上两口，就用它来擦掉手上的浆糊。后面的同学也在此时故意围拢来买西瓜，挡住了巡捕的视线，我也乘机溜走了。

夜里躺在中华学艺社的地铺上，为日间发生的事我感到愤愤不平，心想我好不容易摆脱殖民地的生活回到自己的祖国，没有料到在祖国的土地上张贴抗日标语还要受到外国巡捕的干涉。睡在我身边的陈秀仕同学（缅甸归侨，已牺牲）对我说：“别忘了我们是在法租界！”又说：“要牢牢记住，不斗争就永远受人欺负！”她总是抓住每一件事来启发教育我。

现实的教育加强我的斗争意志，不久，我响应文化界救亡协会“到内地去，动员民众，一致抗日”的号召，参加了抗日救亡宣传团。临行，我不无依恋地去到小沙渡路，看看作为暨大的临时校舍，然后告别同学，告别上海，踏上抗日救亡的征途。

1989 年 9 月 8 日

（《何炳松纪念文集》，华东师范大学出版社，1990）

抗战时期暨南大学的“内迁”问题

张永春

1937 年 8 月 13 日上海淞沪战事发生后，暨南大学迁入租界办学。鉴于“孤岛”环境险恶，为延续华侨高等教育计，自迁沪之日始，学校主政者、暨大校友、心系侨教的海外侨胞就多方奔走，力促暨大内迁。至太平洋战争爆发，日军侵入租界，暨大才得以内迁福建建阳，是时距迁沪之日已 4 年有余。其间，虽经各方努力，但内迁之事一波三折，迟迟未能如愿，这固然与战局的变幻有密切关系，但国民政府的战时高等教育计划及侨教政策亦是重要的制约因素。通过对暨南大学“内迁”问题的考察，大致可折射出国民政府战时高教政策在华侨高等教育这一微观层面的影响和面相。

一、内迁之努力

“七七”卢沟桥事变发生伊始，国民政府着令各级学校于战争发生时“务必镇静,以就地维持课务为原则”,高校内迁计划尚未出台。[1]11日军侵占天津之前,北洋工学院曾有西迁西安之计划,但未蒙国民政府批准,当局并严令平津各校,仪器设备等不准迁移。[2]233至平津沦陷、淞沪战事爆发,各大院校纷纷提出内迁要求,国民政府教育部才匆忙制定华北及东南沿海各校内迁计划。因是之故,当战火临近时,大多数高校应变不及,损失惨重。国民政府教育部亦承认:“自26年7月7日卢沟桥战事爆发以后,平、津、京、沪一带,相继不守。寇骑所至,庐舍为墟,而学校及学术文化机关,尤为敌人所嫉视,摧残破坏,唯恐不力。当时平、津、京、沪各地之机关学校,均以变起仓猝,不及准备,其能将图书仪器设备择要移运内地者,仅属少数,其余大部随校舍毁于炮火,损失之重,实难数计。”[3]10

淞沪战事发生前,暨南大学未雨绸缪,于8月11日暂借法租界辣斐德路比德小学为临时办公处。越二日,又暂借爱麦虞限路中华学艺社(何炳松校长为该社理事)供学生寄宿之所。学校大学部和中学部两部学生共106人遂得以容身,以避战火,教职员工也大部移住公共租界。至于重要的图书文件仪器等,也于战前转移了一部分到中华学艺社安置。国民政府教育部命令暨大在租界继续维持。但鉴于上海局势险恶,而教育为立国根本,为维持校务,使华侨高等教育不因国难而稍辍,何炳松于1937年9月3日呈文教育部,请求允许暨大内迁,在浙江省江山、处州及赣省赣州等三处地方择定一处就地借用公共场所作临时校舍,收容一部分原有学生暨当年录取新生,遵照规定日期开学。[4],[1]8但教育部指示暨南大学仍按计划在租界内设法开学。其时上海高校奉教育部令内迁者仅国立同济大学(迁浙江金华)、私立复旦大学、大夏大学(分迁江西、贵州),而留沪暂迁者,除暨大外,尚有国立交通大学、私立东吴大学等大专院校20余所。[5]102-103

在国民政府教育部制定高校内迁计划时,何校先迁,何校后迁,迁往何地,有着多重考虑,这是一个尚待深入研究的问题。① 但有两点应很明确:其一,战局的影响。如华北沦陷区的高校和地处战区的高校,正常办学势不可为,必须即刻内迁。而暨大等迁入租界的高校,相对安全,故可暂缓内迁。随着战区的扩大,不少高校一迁再迁,最多者搬迁8次(广东文理学院)。另如浙江大学从1937年开始,先西迁天目山,再迁江西,三迁广西,最后迁至贵州,全程2600公里,历时两年半。其二,在战局突变、经费及运力紧张的情况下,具体到每所高校内迁时机的选择上,与国民政府对其重要性的考量及定位有一定关系。如中央大学,因其首都大学的特殊性②,淞沪战事一发生就接到了内迁的指令,9月23日,教育部即允其西移重庆。故中央大学是战时内迁各校中损失最小的学校。[6]192-194 而同处南京的金陵大学,至11月18日南京沦陷前夕才奉令匆忙西迁成都。[5]190-191 其中差别,不言而明。因此,如何争取国民政府教育部的批准,尽快内迁,在一定程度上取决于各高校主政者的个人努力及人脉关系。

1937年9月23日,何炳松校长为内迁之事离沪[7],亲赴南京向当时的教育部长王世杰面陈一切,获准在江西择地办校。很显然,何炳松的个人努力和巨大影响力起了很大作用。何炳松遂携大学秘书杜佐周前往南昌,在江西省政府的大力支持下选定南昌附近西山万寿宫为大学校舍,奉新县赤田村张氏大厦为中学部校址,着手修缮,拟于1938年2月开学。

---

① 目前学界关于抗战时期高等教育的著作及众多校史在谈及战时高校内迁问题时多流于模式化的叙述,如对国民政府内迁准备不力的批评、高校内迁过程中的惨重损失及高校师生为保存发展民族教育所做出的巨大努力和牺牲。事实上,在"抗战建国"的双重需求及"战时教育平时看"的高教政策指导下,国民政府的高校内迁规划有着复杂的面相和内涵,如调整全国教育布局、开发西部的考量、对各高校的定位等。

② 1927年国民政府定都南京后,中央大学(其前身为国立东南大学)学术水平与声望急剧上升,大有取代北京大学,独揽"民国最高学府"称号之势。陈平原先生认为,这与首都南移及国民政府对中央大学的重视有很大的关系。参阅陈平原:《中国大学十讲》,复旦大学出版社,2002年10月版,第55~68页。

12 月中旬，先期离沪的学生约 60 余人到达南昌。此时，战局突变，日军于 13 日攻占南京，并积极向长江上游推进，南昌作为内迁地点已不适用。何炳松遂于 12 月 15 日撤销南昌办事处，前往长沙向王世杰请示择地再迁办法，并在长沙商务印书馆内设临时通讯处以便接洽校务。[4] 该月底，何炳松再次呈文王世杰，商请将暨大移往桂林。盖此时日军对上海租界封锁尚不严密，由沪乘外轮经粤转桂之道较为方便，文中云："本校为国立发展华侨高等文化机关，华侨又多为闽、粤、桂同胞。若能移桂办理，不惟可策永久，不致受敌人任何破坏，即华侨子弟升学亦可不因交通阻滞有违爱慕祖国文化之忱"，且桂省高等教育落后，"国立文化机构尚属缺如"，暨大迁往，可促进该省高等教育水平的提高。[8]36－37 但教育部仍指示暨大继续在沪维持，1937 年度下学期仍在上海开学，何炳松乃谕令到赣学生返沪复学或就地借读。至此，暨大丧失了最好的内迁时机。

进入 1939 年，中日战争处于胶着状态，上海环境益发险恶，恐怖气氛笼罩孤岛。日伪组织图谋暨大日甚一日，威逼利诱，无所不用其极，而侨生来沪就学犹豫不前，致使学校侨生锐减。有鉴于此，学校遂于 1939 年 6 月 7 日再次呈文教育部，请求在昆明近郊筹设分校，以便侨胞子弟返国就学，但教育部依旧指示在沪勉力维持。后闻侨生居昆明者众，一时苦无求学机会，为顾念侨生学业计，何炳松又于同年 11 月 16 日呈请暨大在滇设立分校，或先将中学部迁往昆明，以为暨大筹备分校之准备。但为国民政府教育部所拒，其复文曰："……贵校附中仍宜留沪，不必迁往。各专科以上学校于战后迁滇者甚多，贵校亦不必在滇设立分校。"[4] 暨大第二次内迁之举又未能实现。

暨南大学身处危局，于风雨飘摇中苦苦支撑。海内外众多暨大学子，各地暨大校友会、华侨团体为发展侨教、保全母校计，自抗战伊始，即迭次呈文民国教育部、侨务委员会、何炳松校长及各位校董，告知海外侨胞及各地同学，一致主张早日办理母校内迁事宜，发起了一场声势浩大的促使母校内迁的运动，至 1940 年底达到高潮。迫于留沪各校要求内迁的压力，亦鉴于"孤岛"办学环境的日趋险恶，国民政府教育部才着手拟定相关迁校计划。1940 年 9 月 26 日,教育部曾发函上海国立各高校,各拟内迁办法。具体到暨南大学,嘱令于闽浙川黔等省择一适当地点,将学校四年级及商学院各级学生迁往。但此时闽浙海路已被日军封锁,上海至越南交通不便,内迁之举一时难以实现。故何炳松会同上海各国立学校校长于 10 月 14 日致函教育部,陈述暂时无法内迁之由,得后者首肯。[4]教育部 1941 年 1 月 9 日在回复暨南大学重庆同学会有关促暨大内迁呈文的函件中称:"查此案本部前曾令饬暨南大学先将四年级学生及一部分教职员内迁,嗣据呈报,目前交通困难,难以实现,调经再令妥慎办理在案。"[9]

迟至 1941 年夏,日本南侵之心日显,与美英等西方国家矛盾日甚一日,战争势不可免,到时,上海租界必不能保全。有鉴于此,教育部强令暨大即刻办理内迁,遂有周宪文、吴修赴闽筹设暨南大学建阳分校之举。但全校移闽已极为困难,为此,何炳松于是年 9 月致函教育部,请求暨大全部内迁之事暂缓,静待局势变化后再行定夺,其首要理由就是,此时内迁,交通受阻,风险重重,且耗费巨大。[4]不久,太平洋战争爆发,日军攻占上海公共租界,暨南大学才被迫宣布停课,全体迁闽。

建阳地处第三战区,乃闽北重镇,距前线不论崇安、邵武或浦城均仅有一县之隔,一日数警,受战事影响较大,加之交通不便,全校师生前往者稀。据主持建阳分校的周宪文报告,到 1942 年 2 月 9 日,"上海来分校学生只 18 人……闻已离沪而回家者约 50 人。教员方面,除周谷城已赴湖南益阳外,尚未闻有离沪者"。至于留沪教员,尽管学校仍对尚在聘期内的教职员发放薪水,并督促于 7 月前到达建阳,但"愿来内地者甚少"。"又闻沪校教职员最近已有在沪改事商业或其他职业者,亦有终日无所事事而坐待月薪者,更有已迁居沦陷区域者。故照目前情形论,纵有一部分教职员来闽,最早要到春假时候。"[4]到 3 月 17 日,"计到沪校一年级学生 17 名,二年级 10 名,三年级 1 名,四年级 2 名,此外凡有家可归者均嘱先行返家,因上课尚渺,不可期也"。而"教职员竟无一人来闽,惟闻柏丞先生已定期起程,不久当可离沪。

至于一般教职员，据此间所得消息，非至暑假不易成行。既至暑假，成行者恐亦不多”。周宪文进而认为：“沪校名为并闽，实等新设。因分校去岁经 40 天筹备成功，原甚简陋。图书仪器一无所有，数月以来费尽心血，多方设法，收效不大。至于房屋建筑，尤属急需。”[4] 鉴于闽浙战事变化不居、师资图书仪器匮乏及建阳校舍建设进退两难，周宪文建议在更为安全的福建将乐、连城等地觅屋筹备，以备暨大再迁，并对学校在建阳办学前景颇为担忧：“因为沪上同仁内迁太慢，浙东战事发展太快。如果闽北可以苟安，则学校尚可成半生局面（因闽北离前线太近，空袭太多，学校设备太差，既无军事行动，人事亦不易充实，学生亦不易安心），否则可至瓦解。”[4]

很显然，因内迁时机不佳，虽然在日军占领租界后暨大为留沪高校中唯一安然内迁者，但迁往建阳实属无奈之举，且从当时闽浙战局看只能算临时举措。故暨大总校到建阳后，名为与分校合并，实为重建暨大。盖原有师资星散，名师难聘；而上海时期的图书仪器难以内运，或散佚，或为日军所掠，几近荡然无存。① 大学不同于一般机构，其学术传统的养成与传承有赖于师资的稳定和图书仪器的积累，从这个角度看，匆忙内迁建阳对暨大的损害就不言而喻。

二、内迁地点的选择

在内迁地点的选择上，力促暨大内迁的各方大多主张移往广西、云南、四川等西南地区，因这些地区远离前线，受战事影响较小，但基本被国民政府教育部所否决。其中原因，恐怕与国民政府调整中国高等教育布局、开发西部的考量有关。

抗战爆发前，中国高等教育机构的分布极不合理，如 1934 年的数据显示，专科以上学校大多数集中在东部城市和沿海省份，其中上海

① 战前的 1937 年 3 月，暨南大学有图书 60000 册。内迁建阳时，图书仪器留存上海，结果仪器全部损失，而图书亦多残缺，其中中文善本及外文图书散失尤多，仅剩 34000 余册，约为战前的一半。参阅《国立暨南大学校刊》复刊第 1 期，1947 年 10 月 16 日。

在全国110所高校中占24所（21%），北平次之，占17所（15.5%）。而广阔的西部省份，如新疆、陕西、甘肃和云南等，每省仅有高等学校一所，通常是一所省立大学或专科学校，而贵州竟一所也没有。[10]446-447这种状况当然不利于国家开发西部，尤其是“九一八”事变后、中日战争日益临近的情况下，南京国民政府为准备战争计，加快了对西部尤其是西南地区的开发，发展这一地区的高等教育则成为重要的内容。故抗战军兴，国民政府藉各校内迁之际，对高等教育机构之分布作适当调整，西南、西北地区素称教育落后，因战时有相当数量的大学迁入，其高等教育乃大为发展。对于当时奉令移往西南和西北地区的各高校而言，则承担着保存民族高等教育和提高西部高等教育水平的双重使命。如1937年底，教育部饬令国立北京大学、国立清华大学及私立南开大学为“发展西南高等教育，推进边疆文化起见”，从长沙移设昆明，合组国立西南联合大学；而“国立北平大学、国立北平师范大学及国立北洋工学院，原联合组成西安临时大学，现为发展西北高等教育，提高边省文化起见，拟令该校各院系逐渐向西北陕甘一带移布，并改称西北联合大学，院系依旧”。[1]11

因是之故，在当时吁请将暨大迁往西南的各类表述中，除强调暨南大学作为华侨教育最高学府，对中国的抗战建国有着特殊而重要的作用这一理由外，还将暨大内迁西南与促进当地高等教育发展、开发西南联系在一起。如前引1937年12月底何炳松致王世杰文，请求将暨大迁往桂林，内有“伏思国府移驻重庆，及钧部令饬各大学向内迁移，重要旨意尽在将吾国政治文化等中心移至西南川贵滇黔等地，藉免敌人破坏，保存一切以为长期抵抗之彻底规划，宏谋远虑，全国同钦。复查上述诸省以往高等教育均欠发达，现川省已有国立中央大学迁往，而桂省国立文化机关尚属缺如”等语，其意思相当明显，即暨大移桂，可提高该省的高等教育水平。国立暨南大学重庆同学会则力主暨大迁往四川，其对教育部陈述的首要理由就是暨大移川，有利于吸引海外侨胞投资，开发西南：“嗣以神圣抗战发动，海外侨胞踊跃输捐，争先购债，于我抗战经济动脉，所关尤大……方今中央宣慰海外，奖励投资,开发后方,亦即所以加强前线,风声所树,万流所趋,当此联合内外发展国力之际,正千载一时救亡图存之良机,而大后方具有特殊性质、特殊使命、特殊生活习惯之华侨教育,讵能空付缺如,而不予以有效之建立者乎?"[11]在致侨务委员会的函件中,该会再次强调:"抗战建国为确定之国策,而建国程序中尤以开发川康、建设西南为第一步基本工作。将来经营规划,所望于侨胞回国投资以利进行者,至为殷切。倘母校内迁则侨胞必有感奋而对国内建设事业之投资自可踊跃。"[4]

尤可注意的是,与1940年底达致高潮的"促暨大内迁运动"相伴随的,还有对国民政府高等侨教政策的反思,涉及院系整顿、课程调整诸多方面(另文详论)。具体到内迁问题上,1940年底,槟榔屿《光华日报》撰文,吁请国民政府将暨南大学永久校址定在陪都重庆或西南其他交通较便利的地方,抗战胜利后不必迁回上海,盖上海乃浮华之地,不利于侨生良好品行的养成,"那么当知华侨父老平时就已不赞同暨南设在繁华的都市,因为华侨子弟是回国受教育的,在上海却极容易染受不良的习惯。甚至有的只学会了花钱的本领,学业则毫无进益。这固由于一些负笈学子的太不自爱,可是这又怎能专责他们呢?教育当局是应该将他们安置在良好的环境里善为教导的呀!因此,即令抗战已胜利,暨南也不宜再留在上海。竖横要迁移,何不赶早?"[12]优越的环境是否就一定会养成奢侈浮躁的风气?《光华日报》所论未必精确,但对暨大多年来校风欠佳颇有微言,却至少代表了海外侨胞的部分看法。事实上,1933年到1934年的一年间,国民政府教育部连下3道训令,命暨大予以整顿改进,原因之一,就是学风有欠。如1933年12月28日训令云:"学生训育事项应由教员兼任,并应矫正奢华浮躁之习气,以养成质朴笃实之校风。"1934年7月7日又饬令暨大"整饬校纪,对于全校学生嗣后务严格执行校章,以矫正不良学风"。该年12月24日训令再次强调:"该校训育管理殊嫌松懈,教室宿舍均无秩序,学生请假旷课者多;即在课堂者亦不注意听讲,衣装不整,竞尚浮华,而集会纠纷及威胁斗殴之事亦时有所闻,历来粗浮奢华之习气及不良学风,依然未加矫正,嗣后务应严加训管,彻底整顿,以除积弊。”[1]1002-1004 显而易见,《光华日报》主张暨大内迁西南,与国民政府教育当局战时对暨大的安置倾向颇有差异。

如前引资料所示,1939 年 11 月,何炳松呈请在昆明设分校,或先将暨大中学部移往昆明,但为教育部所拒,理由就是抗战军兴后高校迁滇者甚多,暨大此时移驻,于当地教育发展益处不大,反有资源重复之弊。是时教育部第二期战时教育行政计划业已确定,全国专科以上学校地域分布之调整大体完成。① 从教育部的相关规划及实施情况看,以下几点是“抗战建国”的双重需求下决定各国立大学迁移地点的重要因素:其一,“划全国为若干大学区,每区至少配置国立大学一所,特别注意研究本区内文化、历史、社会经济等特点,并与区内政治文化及生产事业机关联系合作”[14]115;其二,“教育部应就全国政治、经济、生产建设各方面之需要以及各地文化、教育、人口、面积、物产、交通、风俗习惯等情形,指定重要及适宜地点,设立院系完备与设备充实之国立大学。……此种大学之设置,数目不宜过多,并应就全国地域予以适宜之分布”;其三,“在不合上列规定之重要区域以设立三学院之国立大学或独立学院一所为原则,如该地已有省立大学或学院,或成绩优良之已立案私立大学时,该项国立大学或学院得暂缓设置”[1]711-713。依据上述原则,再结合暨大内迁西南的请求屡屡被拒的情况,可以得出以下结论:在国民政府教育部推动国立大学内迁,以提高西部高等教育水平、建设西部的规划中,暨南大学并不在计划之列。

三、国民政府对暨南大学的战时定位

抗战军兴后,中国的高等教育一度遭遇极大的危机,但在各方努

① 具体到西南各省,至 1940 年,四川国立大学有四川大学、中央大学、武汉大学、东北大学;云南有西南联大、同济大学;贵州有浙江大学、交通大学贵州分校。相关史料见《29 年度全国专科以上学校之分布表》,载杜元载主编:《革命文献》第 60 辑,中国国民党中央委员会党史委员会,1972 年 9 月版,第 110~116 页。

力之下,不但继续维持,还有了更大的发展,到1945年,全国专科以上的学校由战前的108所增至141所,学生数由战前的41922人增至80646人。[13]而与高等教育整体发展形成鲜明对照的是,战时留沪的75所公私立高校在日军侵入租界后,或停办,或被日伪“接管”,损失惨重。暨南大学虽因主政者筹措得当,得以在闽续办,但因内迁时机欠佳,内迁地点不当,办学水平、学术实力大受影响,即便较之战前,亦相差甚远。① 问题是,作为华侨最高学府,暨南大学在国民政府高等教育体系中占有特殊而重要的地位,何以当局不尽快将之内迁,反而一再指令其在日伪环视的上海苦苦维持?很显然,这一状况的造成,除前述的原因外,还与战时国民政府教育当局的高等侨教政策及对暨南大学在战争期间的定位有密切的关系。

受晚清以迄民国侨教政策的影响,暨南大学(包括其前身暨南学堂、暨南学校)自设立伊始,就担负着政治与教育的双重使命:一方面,作为国立大学,必须服务于国家独立与富强的民族主义目标,要向海外侨胞宣扬中华文化和政府政策(如三民主义教育即为包括侨生在内的所有学生的公共必修课程),以增强侨胞的民族主义意识和对中国的认同,同时训练海外侨务工作干部;另一方面,作为华侨大学,要为海外华侨社会培养高级人才,以增强侨胞的生存、发展能力。南京国民政府教育部就强调,华侨教育的目的是“以教育方法谋他们(华侨)地位提高,民族意识坚固,生产智能充裕,进取精神增加”。故对侨生的训育首先要“注重民族思想及国家观念”。[1]922-923因是之故,暨南大学既具有普通国立大学的一般特征,又具有华侨教育的独特色彩,而

① 如梁德坤就认为,战前的暨南大学是富有青春活力、朝气蓬勃的时期,这体现在:(1)侨生最多,大学部约占一半,中学部占八成以上;(2)有“百花吐艳,异端争鸣”的学术研究气象;(3)重视南洋问题的研究,“南洋文化事业部”被置于与大学部、中学部三足鼎立的重要地位;(4)重视体育,久享盛名的足球、篮球与田径一向是华东区各校之冠。见梁德坤遗作:《暨南大学历史沿革简介(解放前1907—1949年部分)》,载《暨南校史资料选辑(1906—1949)》第一辑,暨南大学华侨研究所,1983年,第57页。

且随着南京国民政府着手整顿高等教育，前者有逐步强化的趋势。①事实证明，在相对安定的环境里，这两种使命可并行不悖并相得益彰，但在抗战这一民族存亡绝续的非常时期，国民政府偏重于前者，从而使两种使命间出现了难以避免的张力。

暨南大学本为华侨子弟回国就学而设，故在生源的构成上，一直以招收侨生为主，即便招少量的国内生，亦以矢志南洋工作者为先。但暨大奉令迁往"孤岛"办学后，因环境险恶，海外侨生大多裹足不前，致使侨生人数锐减；而与此同时，作为留沪为数不多的国立大学，暨南大学又承担着收容居沪学生的神圣使命，以免他们被日伪教育机构所控制，接受奴化教育。如是，国内学生增加、华侨学生减少成为一种必然的趋势。下表所列，即为此期国内生与侨生对比情况：

"孤岛"时期侨生人数统计表

学　期	文学院	理学院	商学院	大学先修班
1937 年度第一学期	24(143)	8(67)	12(140)	
1937 年度第二学期	11(86)	6(53)	10(74)	
1938 年度第一学期	10(134)	6(95)	13(110)	
1940 年度第一学期	7(149)	6(87)	13(200)	0(41)
1941 年度第一学期	7(175)	4(106)	20(253)	0(40)

注一：其中缺 1938 年度第二学期、1939 年度、1940 年度第二学期统计数据。

注二：括号内数据为同期本校学生总数。

资料来源：国立暨南大学 1937—1941 年度各学期在校人数统计，原件藏上海市档案馆，档案号：Q240－1－294，Q240－1－295，Q240－1－297，Q240－1－298。

从上表可知，暨南大学的华侨教育功能几近丧失，而与普通国立

① 南京国民政府时期的中国大学国立化进程，有着极为复杂的情形，中央权力的扩张、民族主义的介入、派系与党派之争迭起，使得今人对这一问题的评价及史实重建十分困难。王东杰所著之《国家与学术的地方互动：四川大学国立化进程（1925—1939）》为探讨该问题提供了很好的研究路向。具体到暨南大学，其被确立为国立大学的背景较为简单，较为复杂的倒是国立化后的"普通国立大学化"进程，即高等华侨教育特色的逐步淡化，这应是另文专论的问题。

大学无异。对此，校长何炳松颇为无奈。他在解释暨大为何未能内迁而苦苦在沪坚持的原因时说："我们须知国立大学留在上海租界中的不止我们一校，国家机关留在上海租界中的不止教育一门。我们的政府决定这个政策，实在有其苦心。我们既是国立机关，当然要绝对服从政府的命令，而且要负责执行其政策。"[14]706 - 707 太平洋战争爆发前，上海租界是中国与日伪斗争最为激烈的地区之一，双方在政治、经济、文化教育各领域针锋相对，而暨南大学因其在海外侨胞中的巨大影响，被赋予了与敌抗争的政治使命，向华侨社会展示中国坚持抗战的决心，以达到凝聚侨心、争取华侨支持中国抗战的目的。正因为此，暨大出于发展华侨高等教育计，提出迁往侨生众多、也更能吸引华侨子弟求学的桂林、昆明等西南地区时，教育当局屡屡不允，而指令其在沪继续维持。关于国民政府的这一用心，前引之槟榔屿《光华日报》社论一语道破并大表不满："若说上海虽成孤岛，到底是我神圣国土，应有一座国立大学在那里和恶劣环境奋斗，以作对抗敌奸文化侵略的文化堡垒，那么，留在上海的该不是专为华侨而设的暨南，而应是其他国立大学。"显而易见，海外侨胞更关注华侨教育的延续与发展，而国民政府则偏重于暨南大学在民族抗战中虚悬的政治象征意义，华侨教育功能与民族主义取向之间由此发生了尖锐的冲突。汪伪政权成立后，曾有"接收"暨大，将之改为第一个"南京的国立大学"的计划，后据说因时机不成熟而罢手。[15] 1940 年 12 月 1 日，一批原暨大的学生职员在南京成立所谓的"国立暨南大学校友会"，有会员 56 人，由原暨大教授樊仲云担任主席。[16] 1941 年 1 月 10 日，该组织假"中日文化协会"举行第一次理监事联席会议，通过了 3 项以"接管"暨大为目的的决议：(1)收回南京校友会校产案；(2)收回真如校产案；(3)呈请"教育部"将暨大改组或重设。[16] 汪伪所看重的，也正是暨南大学在海外华侨社会中的巨大影响力。这也从另一个侧面表明，此时的暨南大学，其政治意义远重于华侨高等教育功能。

大学不同于一般机构，具有相对的独立性，但在民族危机日甚一日、党争迭起的近代中国，作为教育学术机构的大学必不可免地与政治纠缠在一起。暨南大学因其面向海外华侨社会的特殊性,在"独立、富强"的民族主义目标驱使下,自始至终被赋予了政治与教育的双重使命,故国民政府政治层面的考量对暨大影响甚巨。抗战军兴,暨南大学奉令留沪坚持,与日伪周旋,其政治象征意义远大于教育作用。从中,我们固然应看到暨大师生在险境中坚守民族气节、力保华侨高等教育血脉而不断的可歌可泣的一面,但转换视角,对于"内迁"时机一再延误所导致的学术积累中断等面相,我们似乎也不该视而不见吧?

[参考文献]

[1]中国第二历史档案馆编.中华民国史档案资料汇编.第五辑第二编,教育(一)[M].南京:江苏古籍出版社,2000.

[2]北洋大学—天津大学校史编辑室.北洋大学—天津大学校史(第一卷)[M].天津:天津大学出版社,1990.

[3]南京国民政府教育部编.中国第二次教育年鉴[R].上海:商务印书馆,1948.

[4]南京:中国第二历史档案馆馆藏档案.档案号:全宗号五,案卷号 5309[Z].

[5]杜元载.革命文献:第 60 辑.抗战时期之高等教育[M].台北:中国国民党中央委员会党史委员会.1972.

[6]王德滋.南京大学百年史[M].南京:南京大学出版社.2002.

[7]南京:中国第二历史档案馆馆藏档案.档案号:全宗号五,案卷号 2592[Z].

[8]何炳松.国立暨南大学战时迁校桂林计划[A].刘寅生,谢巍,何淑馨.何炳松纪念文集[C].上海:华东师范大学出版社,1990.

[9]教育部批文[J].暨南大学重庆同学会.暨南通讯.第 1 期.1941,(5).

[10]费正清,费维恺.剑桥中华民国史(1912—1949 年)下卷[M].北京:中国社会科学出版社,1998.

[11]呈教育部文——为上海环境日非,请早日将暨大内迁,以重侨教由[J].暨南通讯.第 1 期.1941,(5).

[12]社论.暨南大学与华侨教育[N].槟榔屿光华日报,1940-12-11.

[13]抗战十年来中国的大学教育[J].中华教育界,第 1 卷第 1 期.1947,(1).

[14]何炳松文集(第 2 卷)[M].北京:商务印书馆,1997.

[15]谢章浙:潜伏的三年半:母校迁入上海租界内的经历[J].暨南大学重庆同学会

编.暨南通讯,第1期.1941.(5).
[16]南京:中国第二历史档案馆馆藏档案[Z].档案号:全宗号二〇一三,目录号7,案卷号1260.

[《暨南学报(哲学社会科学版)》2006年第6期]

迁址建阳时期（1941年夏至1946年夏）

暨南大学迁建阳

（内迁教会大学经费筹定）

暨南大学自沪内迁后，学生已陆续抵达建阳，该校规定四月正式开课。之江大学金华设立办事处后，积极进行内迁工作。华西教代表美人毕范宇偕□□人曾于二月下旬至闽省邵武与协和大学商合作事宜，结果圆满。现定内迁经费为一百万元，内四十万作为建筑费，六十万为经常费，共设六学院，文、理、农三学院由协大合作办理，工、商、法三学院由上海教会大学联合办理，但各校仍保持其原有之行政与地位，预计本年新季正式开学，约可收容秋□学生一千人。

（《广东教育战时通讯》1942年第54期）

暨南大学在建阳

司 铎

建阳，是闽北一个山城；城西的“考亭书院”是宋儒朱熹晚年讲学的所在，那里学风彬彬，有“南闽阙居”之称。直到现在，访迹凭吊的不绝于途。太平洋战事未发生前，暨南大学总校是在文化堡垒的上海撑持。当时，为应华侨人士的请求——暨南大学是华侨的最高学府——

在建阳设立分校,择定建阳文庙为校址。在敌人的魔爪伸到太平洋以后,总校自动停课,动员内迁,于是建阳分校就变成了总校。

文庙是校本部,办公室、图书馆和教室都在这里,男生宿舍分散各处,女生宿舍紧靠文庙西边的"入德之门"的院子里,他们院里有碧绿的垂杨,当晚霞映照、"柳浪闻莺"的时候,你会听到婉转的欢声。文庙附近古树成林,夕照之下,踱步其中,或是蹲在突出溪水的大石块上,看溪水激成浪花,看建阳城炊烟的浮起,看翱翔天际的白鹭,会使你有"别有天地"的感想。

教职员宿舍是在公路旁的稻田上新建筑起来的,当然这和真茹的"暨南新村"不啻有霄壤之分,如果从"非常时期""战事建筑"的角度来看,还配称整洁和宽旷。三、四年级的学生宿舍都是新建的,四年级六人一室,三年级八人一室。一、二年级的学生宿舍是修葺过的庙宇或书院。有句俗话:"先进山门是师傅。"高年级的学生都要讨便宜些!

暨大共有三院:文学院包括中国语文学系、外国语文学系、历史地理学系及教育学系;理学院包括数理学系和化学系;商学院包括工商管理学系、会计银行学系及国际贸易学系。学生一千余人,商院人数特多,约占全人数一半;理学院人数却少得很可怜,这正反映出现实社会的一种现象。

暨大学生的课外活动是活跃得很,各学系都有学会,随时你可看到各种不同性质的壁报。综合性的社团,如暨南剧社、平剧社、歌咏团、国乐团、西洋乐器研究会、暨南新闻学会,等等。在星期天生活是最紧张的,或是开会,或是远足,或是去听学术演讲,或是参加音乐会,这一天是不会虚度的。

何柏丞校长是一个高高瘦瘦的人,惯常拿着手杖而不着地的,脸上时时的露出笑容。他的治校如其治学一样,纯以学术为前提,他常常鼓励学生养成研究学术的风气。南洋研究馆是暨大特有的一个组织,编刊《南洋研究》一种。这因本校有发展南洋的重大使命。

(《学生之友》1944 年第 9 卷第 1、2 期合刊)

暨南大学在建阳

文庙内女生宿舍

女生宿舍是在孔夫子的文庙内，文庙因有着女生宿舍的缘故，所以它一变而为女生宿舍的代名词了，说“到文庙去”，就是说“到女生宿舍去”，因此一般学生到文庙去，一定要把理由说出，如说“到文庙去上课，借书……”否则会被人取笑，以为你去会见情人呢。

大教授住草棚棚

大教授住在学校自己盖造的草棚棚里，并且亲自种菜和养鸡，教授待遇实在太低，所以回家住，以农耕和牧畜来自食其力，教授太太穿着青布短装，一副乡人派头。

游泳池人鱼活跃

学校附近有一河流，水颇清澈，一到夏天，成为男女同学唯一的游息场所，大家穿了游泳衣沉浸在清流里，女同学谙泅水者甚多，条条都是美人鱼。

大旷场人约黄昏

游泳池畔是一片大旷场，每到夜晚，总是人影双双。该处有一巨树，据说有灵，从前青年男女到那里去求愿的甚多，学生称该树为“情人树”。

（《天地人》1945 年第 1 期）

暨大在建阳

远 踪

已有四年的光景了,我们还清楚地记着:那是太平洋的暴风雨扩展到上海的日子,我们暨大从这孤岛迁到建阳来。这里是福建西北角的一个县份,是个荒僻寂寞的山城。

"山城",的确是个名符其实的。城是建筑在山谷之中,人们真是开门见山。这里人民的生活,主要在靠农林作业。在胜利之前,福建沿海与大陆腹地的交通,曾把这里开辟为一个重要的驿站,于是,市街拆宽了,商店繁荣了,人口也膨胀了,山城俨然换上了一副新的外容,可是山城的实质却仍是一样——冬天是一样地多霜多雾,夏天是一样地酷暑煞人,春照例偷偷地迈过山野,秋仍然蓬草蔓荆遍地,人民的生活也依旧不变。我们住在这么一个山城里,几年来的生活也一样地没有多大变样。

假如你到过一个新地方,总喜欢向着周遭掷以一瞥好奇的眼光的话,那你到了建阳准可以瞧到山城的对岸——隔着一道建溪,它是闽江一支上流——矗立着一簇宏丽的宫宇,尤其是那傲慢而挺立在建筑物背后的魁星八卦楼,这便是"建阳孔庙"——我们的校本部。它包括着二十来个教室,一个大礼堂,还有各院处的办公室……是几年来我们生活的主要场所。教员新村,学生宿舍,图书馆,康乐馆,医院,南洋研究馆,体育室……就散散落落地分布在附近各地,这些房屋大都是利用祠室庙宇改扮过来的,也有的是新建筑的茅舍,其中离开校本部最远的北童游学生宿舍,竟达二里多路:两条颇为宽坦的砂土道,担负这些校舍的交通要务，我们一千多个同学，一百多个教职员先生，就天天在这路上跑动着，匆忙而来，又蹒跚而去。

山城是素朴的，我们的物质生活也是素朴的。

我们这一群来自沪江之滨，来自槟榔椰子之乡，来自其他各地，然我们却厌恶那哥儿式的西装皮鞋、小姐式的奇装艳服；灰黯式的单衣、浅青色旗袍成为最时髦的服装。近日训导处还贴着这样的一张布告："兹因建阳冬防指挥部为取缔散兵游勇，本校同学如穿军服，宜佩戴校徽，藉资识别，免生误会。"

虽然我们决不会是散兵游勇恁般尴尬，可是我们的服装的确是和他们一样没有讲究，这在高贵（?）的女士们的眼下，许是多么寒酸！

"黄豆""蔬菜"和我们发生了不解缘，因之，我们的皮肤渐渐变"黄"了，我们的脸庞也多半是"菜色"的。校医说："你们同学患的病症，大都是营养不足的结果，猪肝最补血，鸡蛋滋补神经，新鲜的鱼呀肉呀也不错。"可是他们开的往往是帖不易服用的药方。

时代教会我们许多学校里没曾开过的课程：大家学会了种植蔬菜，每一座宿舍周围的荒地都被开垦了起来，挑水，锄地，施肥，除虫……凡是农人会做的，我们都没有逊色，女同学的菜圃往往还比男同学更丰美。我们工作着，并非怀着一种田园诗人般闲逸的情趣，而是希望于蔬菜中的维他命。我们也学会了洗涤自己的衣裳，节省费用是其次，主要的还是由于箱底里拖出来的衣服经不起洗衣老板的捣拌。自然，学生自治会洗衣工场的生意，也就日渐冷落了。我们还学会了烧饭烹菜，学会了……女同学会对着她的爱人说："亲爱的，还有破的衣裳裤子补吗?"

山城里的精神食粮十分缺乏，仅有战地图书出版社供应我们一些东南出版界的新书什志，但我们的学习精神，却如炉火一般炽旺。

每逢学术演讲时，我们便争着抢座位，往往大礼堂中拥满了人，后来的就围在窗外，塞住门旁。好像：不久前王亚南先生来校讲"中国经济改造问题"，时间是在课前六至七时。冬天的白昼是短促的，当我们翻下床时，往往还是天色朦胧的时分。我们忘了山城的老百姓告诉我们的“三不”——“不起早”“不吃饱”“不洗澡”——的诫律，冒着大清早浓密而吞噬了一切的大雾，天天不间断地争赶着听讲去。两星期中，大礼堂的座位无日不拥塞。

学校里除了各学会经常举行学术研究、出版壁刊和学生自治会青年团的经常活动外，又有许多团体的组织，好像：华侨同学会，女生同学会，青年会，太白文艺社，经济学会，新闻学会，草草木□社，学林文艺社，话剧团，平剧团，学宫国乐团，歌咏团等。“史地学会”可算是各学会中最活跃的，他们的壁刊“时与空”每半月出版一次，很少有间断过，而且几年来有我一贯的立场和作风，在各壁刊中，占着一个很重要的地位；小组研究会的工作，做得特别好，也是这一个学会的特色。“太白文艺社”在学校的文艺阵线中，堪算是最健全的一班，它是方光焘和许杰二先生一手扶植成功的，每逢“太白□□□”时，报版下总是拥满了一大堆的读者，东南各文坛上也时常出现着他们的足迹。“经济学会”是个严肃的学术团体，学校里没有经济学系的开设，这个学会的成立，纯粹由于一班想对经济学加工研究的同学组织成功的，既是出于自愿而又兴趣的，无怪于他们的学习态度也就特别认真——每星期开一次会，三次缺席就取消会员资格，每次开会都是先共同定下一个研究题目，规定须读一定分量的参考书。在这样相互督促之下，成绩自然很是可观。话剧社、平剧社、歌咏团、国乐团在我们干涸的生活中，不时浇洒着甘美的雨露，而且对于山城的人民，也尽了艺术教育的使命，是特别值得提到的。现在话剧社又正在加紧排演着曹禺的《家》，预备春节演出，这次有几位颇富舞台经验的新演员登场，预料将比上学期的《雷雨》获得更大的成功。其他各团体也经常有各种活动。

最近，在发扬民主团结的精神，振刷学术风气的大原则之下，我们曾有学生壁报联合座谈会的组织，参加壁报单位有二十多个。当你跑进校本部时，便可以瞧到壁刊琳琅满目，到处皆是。虽然学校当局对于学生的思想言论一向并不会采取消极的干预，可是真正的思想言论自由的空气，倒是这次我们才确确实实地呼吸到。我们从脏腑里深深地叹出久抑的秽气，我们也都想从袋子里掏出快刀来，割掉赘生在国体中的痈疽!从这里更充分地表现了我们虽然是僻居在穷乡山陬里,但我们并不曾落在时代的后头,我们牢牢地记住:我们是历史的先驱者,我们的责任不能一天旁贷!

随着胜利而来的“复员”空气,也在我校充沛着,为了“迁校问题”,教授们与学生们都曾热烈地讨论过。何校长且特为此事到上海去。据校长来电报告:真茹的旧校舍已在敌人的炮火下荡然无存了,□□破壁颓垣,我们□□□□□□想,自然也就打消了。现在就何校长和朱教育部长面商以及斟酌许多实际情形的结果,我们就这么决定下来:学校的永久地址设在南京,但南京校舍在建筑期间,就暂时还沪,借用□□□□□□□□小学为临时校舍。因此,本年度我们决定提前于四月底结束,五月间开始搬□几年□□□□□□□□,的确□□□□□□□□□□□□□□□□□□□□□□□□□□□ 是想到大都市去享受电灯、自来水的清福的,我们希望的是那文化大城会给予我们更丰富的精神食粮!

卅五,一月,廿一日于暨大

(《真理与自由》1946年第6期)

暨南大学在建阳

徐汝瑚

一、暨大的沿革和迁校经过

国立暨南大学的前身,是清末由旅居南洋各地的华侨家属集资在上海创办的“南洋学校”。其性质是专门培养教育南洋侨属子女的中小学校,不吸收其他各地学生。校址设在上海郊区真茹镇,位于沪宁铁路线旁,交通很便利;但校舍狭窄,规模不大。后经南洋各地华侨的大力支援,校舍逐渐扩建,师资设备逐渐充实,学生数量逐年增加,不单国内侨属子女前来就学者骤增,还有大批专程由南洋各地远道来校就学的华侨青少年。经过十余年的发展,“南洋学校”的规模逐渐扩大。民国初年就更名为“南洋中学”,以吸引、鼓励南洋各地华侨子女踊跃回国求学。1927 年南京“蒋家王朝”成立,为拉拢南洋华侨,获得华侨资金,由南京教育部下令,把“南洋中学”收归国办,更名为“国立暨南大学”,派郑洪年为校长。生源仍以华侨子女为对象,不招国内学生,校舍仍利用原“南洋中学”校舍。设有文、理、商三院,但因学生人数不多,系别比较简单。师资虽有一部分是专任教授、副教授和讲师,但大部分是聘请上海各大学的专科学者为兼任教授。1932 年十九路军在上海抵抗日寇侵略时,“真茹”成为战场,校舍全部被毁。停战后,虽经修复,恢复上课,然而元气已伤,郑洪年无法维持,只好辞职。1934 年南京教育部调派北京大学教授何炳松为校长,大力修建校舍,加强科研组织,并一改以前招生办法,开放校门,不单单招收华侨子女,国内各省市高中毕业生亦可报名应考,这样一来,学生人数大量增加,因此,专任教授、副教授、讲师的数量大有增加。“院”虽仍旧,“系”则增添。上海战后的暨南大学,不仅具备了综合大学的规模,而且可与国内各综合大学并驾齐驱了。

一九三二年一月二十八日,日本侵略军发动上海战争,暨大迁到浙江省金华县后,与英士大学、之江大学联合成立东南联合大学,跟设在云南省会昆明市的西南联合大学(北京大学、清华大学、南开大学三校组成)遥遥相对。后因敌军侵占杭州,金华难保,东南联合大学为求安全起见,决定迁到建阳县。1939 年秋,派暨大商学院院长周宪文带领工作人员十余人到建阳,主持筹备工作,筹备处设在东门(今县第一建筑公司)。经多方进行研究,协商结果,最后选定城郊童游街为大学区域,以建阳文庙(今县医院住院部)为校本部。文庙附近一大片荒野平地为以后建筑教职员工宿舍和各处、馆、室的预定地盘。因为此项工程浩大,不能适应当时急用,所以暂时利用童游全境所有庵、庙、祠堂以及空旷公有建筑物,进行修改粉刷,作为学生、教职员工宿舍和其他馆、室之用。数月之后,大体竣工。1940 年春,东南联合大学全校迁入文庙和童游各新修缮的场所,准备开始上课;但因内部种种意见不能融洽,难以联合下去,所以呈报重庆教育部批准,宣布解散东南联合大学,取消英士大学,之江大学迁去邵武,暨大仍留建阳。当时暨大原有的学生人数不超过一千人,经过历届招生,学生数逐渐发展到二千余人。虽在对日抗战的艰苦岁月里,暨大教师队伍还很充实整齐,多数是欧美日本留学出身和国内著名的专家学者。按此情况,可以说暨南大学从 1940 年秋季开始迁到建阳,至 1946 年夏季迁回上海,在这短暂的五年半期间,不仅对国家民族的科学文化有了重大的贡献,对建阳县的文化教育、社会经济的发展亦起了重大的推进作用。也可以说是历史上第一次出现规模宏大的正规综合大学。

二、披荆斩棘兴建校舍

建阳文庙位于童游南部,北面是一大片平原田地,紧靠后门为建阳至浦城公路。南临建溪,大门与建溪彼岸城墙相对峙。东界油溪,溪岸上为水东狗头岩山。西部沿公路下傍直至建溪岸边三圣庙止,为一片长方形,大约一华里的荒野平地,足够扩建校舍之用。因此,暨大以宽敞堂皇宫殿式的文庙为校本部。把大成正殿作为礼堂,东西两庑隔为办公室,再前面左边为校长室,右边为教务处。正殿后面明伦堂修为大教室。正殿左边面积比正殿更宽大的两排房舍,修缮为十个教室和一个教员休息室。再左边至靠宫墙处的一段空坪,则修建为厨房和膳厅。后门为奎星楼,临阳浦公路,楼的前面尚有一片平地,修建为学生宿舍。校本部部署完善后,即着手在文庙西部斩荆棘,辟草莱,圈定一大片荒地,为建筑两座教员宿舍地盘。每座十五间,一共三十间。虽系土木结构,以鳞片木板为墙,但因布置适宜,宽雅幽静,学者居之,尚称舒适。复在童游北面上元坊顶、五谷庵、徐氏祠堂旁(现为童游大队桔子园和花苗场)的荒基上建筑两座楼式的学生宿舍,每座可容纳学生二百人。再利用上元坊顶一带(现自由路尽头处)几座祠堂(如应氏宗祠、黄氏祠堂等),改建为职员宿舍,分别在童游上元坊中部、下坊学坊巷租用三栋宽敞的民房和一座阔厅大栋的公房为教员宿舍。又在童游东面堛林村的起春庵设立校医院。沿下面的施家祠、袁家祠以及关帝庙(今童游小学厨房)等均辟为学生宿舍。西南部三圣庙设立图书馆。何炳松校长则在学坊巷口(现反修路)一块公有地基上建筑一栋一厅四间的平房为校长宿舍。此外尚有一部分教职员工和学生自己租住了民房。童游民房亦大有人满之患。

为使校内人员出入往返不感困难,除在各宿舍门口的通道上加以整修外,还特地建筑一条小马路,可以通行小汽车,当时命名为抗战路,即从学校大门口直至阳浦公路西段转弯处,即现在县竹器社对面交叉点(就是今县第二中学原校门口)。小马路宽阔平坦,步行便利,中间建造一座坚固的木板桥,命名为“致远桥”(即原下马亭处),桥前面竖立一座油漆木牌坊,上面书写“暨南教声”(也可从右至左看为“声教南暨”)四个大字。路两旁植有树木,颇为大方幽美,行人至此,心胸为之一畅。

暨大迁到文庙后,经过二年的努力,在童游东南西北四境和街巷中整修和建设了不少校舍与道路,使整个童游的面貌焕然一新,似已成为暨大的“大学城”了。虽然不能和英国牛津(OX - TONA)那样成为牛津大学优美瑰丽的大学城,但我以为仿佛似之。

三、学校最高领导机关和行政机构

暨大最高领导机关为校务委员会,以校长,教务长,总务长,训导长,文、理、商三学院院长,教授代表组成,以校长为主席兼召集人。凡有关全校重大事务,如建设、招生、课务等皆须由校务委员会讨论决定,碰到有对立意见不能决定时,由校长决定。因为解放前各大学都是采用校长制,总的决定权是操在校长个人手里,校务委员会不过是一个形式,等于咨询和参谋机关,没有实际的民主领导权力。

暨大的行政机构是三处八室二组。以校长室为主体,下分总务处、教务处、训导处三处。各处共有七室二组。兹分别列述于下:

1. 校长室:校长何炳松,美国哈佛大学出身。

北京大学担任教授十年,专攻西洋史。

秘书一人,办事员二人。

2. 总务处:处长盛叙功,大学文科毕业。

后换俞剑华(金石书画家)。内设会计室、出纳室、庶务室。

3. 教务处:处长胡寄南,美国留学,专长英文。后换许杰(新文学作家,国内著名文学家之一)。三换王勤堉,法国留学,擅长教育。内设注册组、课务组、讲义室。

4. 训导处:处长韩逋仙,日本留学,担任三民主义等政治课。

内设军训室、体育室、训育室。

四、教学体制和科研组织

暨大在建阳的教学体制,一仍其旧,没有改变,只是科研组织则大有缩减。因为一再搬迁,图书仪器损失甚大,加以校舍狭隘、设备不全等客观条件的限制,所以把分系集中研究的研究室缩减为分科专任教授在课余时间自动研究的办法,每月津贴研究费白米三百斤。这种办法,在其他院系的专任教师是感到便利,但在理学院物理、化学两系的师生则感到困难,因此,学校当局在添置图书仪器中,特别注意对该两系必不可少的研究仪器,必须克服困难为之添置,使该两系师生皆大欢喜。这种统筹兼顾、克服困难、积极鼓励科研的精神是值得称赞的。

现将教学体制的具体状况列述于下:

(A)文学院:内设教育学系、中国文学系、英文学系、历史学系、地理学系五个学系。

1. 文学院院长戚叔含,德国留学,国内著名文学家。后换沈炼之,英国留学,历史学者。

2. 教育学系主任王勤堉,法国留学,精通教育学。

3. 中国文学系主任方光焘,国内著名语言学家。

4. 英文学系主任胡寄南，美国留学，精通英文。

5. 历史学系主任沈炼之，英国留学，历史学家。

6. 地理学系主任盛叙功兼任。

（B）理学院：内设数学系、物理学系、化学系三系。

1. 理学院院长江之永，美国留学，物理学专家。

2. 数学系主任刘咸，大学数学系毕业，精研高等数学。

3. 物理学系主任由院长江之永兼任。

4. 化学系主任 × × ×。

（C）商学院：内设会计系、工商管理学系、国际贸易系三个系。

1. 商学院院长周宪文，日本留学，曾任驻日中国留学生监督，国内著名的经济学专家。

2. 会计系主任卢怀道，美国留学，高等簿记学专家，历任各大学会计系教授、系主任。

3. 工商管理学系主任由院长周宪文兼任。

4. 国际贸易系主任卓如，日本留学，精研历史唯物论经济学。

五、学术争鸣和新旧思想斗争

学术思想的争鸣对人类社会的发展，有巨大影响的，如春秋战国时诸子百家的争鸣，使我们中华文化在世界文化史上占了光辉灿烂的一篇。又如欧洲文艺复兴使整个欧洲各国解除了封建教会思想的束缚，走向工业科学发展的道路。蔡元培任北京大学校长时，为彻底消除封建礼教思想的束缚，采取“兼容并蓄，百家争鸣”的办学方针，不论哪一种学说，不管什么人物，只要对某种学说理论有精研独到的见解，都可以在“北大”任教。所以“北大”中有最顽固保守思想、头上还留着长辫子的保皇派辜鸿铭，也有最新的马列主义思想家陈独秀、李大钊，以及其他各种学术流派，应有尽有，这样使学术争鸣蓬勃开展。新文化运动因以诞生。

何炳松校长原是北大的教授，受了蔡老的影响，他亦采取了学术争鸣的办学方针，容纳了各学派观点的学者，也聘请了许多科学技术专家。他本人就是一个“国本主义”的创造者,他主张凡有利于国家民族的都是好的,应该赞成,不利于国家民族的都是坏的,应当反对。他既听任保守派韩逋仙、陆伦章(国民党团的中坚分子)等的所作所为,也赞成许杰、卓如等的唯物辩证的思想理论。因此,学术争鸣,新旧思想斗争盛极一时。归纳起来,其具体表现的事例有下列五点:

1. 1943年春,伪教育部部长陈立夫专程到建阳视察暨大,住在何校长家。他召集全校师生训话,大意是讲孔孟之道,把大成殿中的各个匾额,逐个加以阐述,以鼓励师生勤奋学习,立志效忠“党”国,而其主要目的是宣传他的唯生主义,反对唯物主义。

2. 1943年冬,以盛叙功、魏应麒为首的一派,反对新文学作家许杰,捏造许多罪状,发动其嫡系学生散发传单,公开攻击许杰,许教务长在气愤之下,卷起铺盖就跑了。许的离开引起大部分学生的义愤,他们也群起揭露盛叙功、魏应麒的阴谋活动及利用总务长职权贪污违法等罪恶,弄得盛叙功束手无策,众怒难犯,也只好卷起铺盖跑了。

3. 1944年秋,由校长正式发出邀请书,邀请厦门大学文法学院院长王亚南(《资本论》翻译者,唯物论经济学家,解放后为厦大校长)到校讲学一个月,住在校本部,讲题是“中国经济改造问题”。以辩证唯物的观点讲解经济学的原理,提出中国经济改造的基本原则,强调主张土地改革,内容丰富,见解新颖,很受听众的欢迎,激发了学生的爱国热情,对学生革命思想的启发,起了很大作用。

4. 新旧思想斗争激烈。在校内来说,在韩逋仙、魏应麒等保守派思想和许杰、卓如等进步思想影响下的两派师生,经常在课堂上、演讲会上、学术讨论会上发生针锋相对的辩论。在校外来说,新旧思想矛盾也存在。如1944年春间,何炳松校长举行任职十周年纪念会,招待建阳县各机关团体首长参加,在大会主席台上相继讲话,县参议会议长周林看到孔子牌位被木板封钉了,在讲话中大发牢骚,说暨大当局这种做法是背圣叛道、反对中国文化的表现。台下有一部分师生都在交头接耳地说,这个老头子是一位封建卫道士。

5. 1946年春,暨大发生了一次大学潮,全校罢课两星期,两派同学不仅在校内文斗或武斗,即在校外街巷亦发生斯打。城里警备司令部派出大批军警,在童游宣布戒严。其起因是文学院历史学系教授魏应麒在课堂讲解中国古代史时,对“虏”字的解释(注一)引起剧烈的争论,直到冲出课堂斯打,由此轰动全校,旋即分成两派。一派是拥护魏应麒的,另一派是反对魏的。拥护派说反对派是商学院会计系主任卢怀道主使的,打到卢的住处去(现大寨路 37 号民房),卢本人避开了,学生把他家具、书籍等摔得烂碎。反对派也不示弱,当即反攻,打到魏住的宿舍去(观红卫巷),魏本人也跑了,他家中的东西也被打得乱七八糟。后经何校长亲自出马,努力调解协商,才把学潮平息下去,恢复上课。这时抗战已胜利,校务委员会决定,暑期考试提前一个月举行,准备迁回上海。1946 年 7 月起,暨大陆续迁回上海。有人说这次学潮的发生是国民党在暨大的反动党团及其御用的学生会在韩逋仙等唆使下发动起来,反对共产党在暨大的地下组织的,是带有政治色彩的猛烈斗争。但我是局外人,对其内部组织情况毫无所知,只好依据目睹,直书其经过情况,以明梗概。

六、暨大对建阳文化教育及社会经济发展的影响

据我肤浅的认识,我以为建阳在解放前的历史上,出现了两次黄金时期:第一次在南宋时代,以朱熹为代表的“理学思想”盛极一时。因为朱子的理学虽渊源于北宋的二程(程颢、程颐兄弟),皆以“天理”为理论的基本观点,但朱子独树一帜,主张先“道问学”(即格物致知),后“尊德性”(即修身养性),而二程则主张先“尊德性”,后“道问学”。这虽是方法上的不同,但其理论和实践发展的结果,在哲学上遂形成了具有特殊差异观点的两大学派。正如德国十八世纪两大哲学派别一样,其基本观点均属唯心主义,但有主观和客观不同。康德(Kant 1724—1804)的客观唯心主义与黑格尔(Hegel 1770—1831)主观唯心主义分道扬镳。康德的客观唯心论比较接近唯物论,而黑格尔的主观唯心论则是纯粹的唯心论了。朱子的学说属于客观唯心论范畴,二程的学说则属主观唯心论的范畴。正因为朱子学说的新颖有实

益，号召力大，四方负笈而来入门为弟子者数百人，远道慕名登门求教者甚众，影响所及，遍于全国，流风遗教，远被后世。所以建阳有“七贤过化”之称，谓为黄金时期，允称恰当。第二次即为抗日战争时期。从沦陷区陆续逃出的大量爱国人士中，有一部分滞留在建阳县，他们中间有许多人具有丰富知识，对我县的农业、医药、手工业、商业经济和文化教育各方面都做出很大贡献。尤其是暨南大学迁到建阳县后，带来了一大批科技专家、著名学者，在我县工作期间，发挥了他们的作用和影响，对我县的科学文化、社会教育，起了潜移默化、快速发展的巨大促进作用。当日的建阳，已成为人才荟萃之区、经济文化繁荣昌盛之地，也够得上称为第二次黄金时期了。

暨大在建阳期间对地方有重大贡献的事迹归纳起来有下列几点：

1. 培育了闽北各县人数众多的一大批大学毕业人才。就建阳来说，在旧社会里，全县的大学毕业生只三至五人，暨大来后，就增加到十人。举此一例可概其余。

2. 暨大在学的同学中，有一部分同学因生活上的需要，在城关、水南、童游及附近各乡村的小学兼任教师，也有在建阳中学担任教员的，增加了我县教师队伍的力量，促进了中小学文化教育的发展。

3. 暨大是国家一所有名声的最高学府，师生的极大多数都是有道德礼貌修养的，在弦歌不辍、杏坛春暖的优良淳朴的校风熏陶下，地方风尚也逐渐有所改变。爱好文化科学、礼貌待人的社会风尚逐渐形成了。

4. 暨大三千多人的师生员工和家属的日常生活需要，都是就地取材，依靠当地市场供给，因此我县尤其是童游的商业蓬勃发展，新开张的店铺如雨后春笋，盛极一时。童游街道有如集市，热闹拥挤，居民的经济收入有了增加，社会经济得到了进一步的发展。

5. 暨大在我县培育遗留下来的文化科学的新苗、蓓蕾日渐茁壮成长、发达兴旺起来了，这种看不见的长远功绩，是值得我们永远铭记感谢的。

回首往事，百感交集，聊赋七律一首，作为本文的总结。诗曰：

抗战洪流滚滚来,潭城际会琼花开。
暨南翰苑多彦硕,闽北文风赖化裁。
理学名区称宋代,科技盛世备人才。
凯歌既奏群英返,百里甘棠颂遗徽。

注一:魏应麒教授在课堂上讲中国古代史时,对"虏"字的解释,大意是说:中国古代史上的"虏"字,是指汉族以外西北各民族而言,因为这些民族文化水平低,风俗习惯特异,所以被称为"虏";换句话说,"虏"就是粗野的人。当时有的学生就提出质问说,这不仅是轻视各少数民族,而且也侮辱了中华民族,"虏"字的正确解释应该是指敌对民族而言。就这样在课堂上引起激烈的争论,甚至动起武来。

注二:事隔四十余年,原存文献资料早已散失,无可凭依。本文所叙内容只靠回忆所及,草卒笔录,不仅挂一漏万,且恐舛错多端,敬请有知者不吝指教,无任感荷!

(《新加坡暨南校友会四十四周年纪念特刊》,1984)

暨南大学在建阳

李祥麟

我于1942年夏,应何炳松校长之邀,赴建阳暨南大学,在历史学系任教授。抗战时期,福建省内有四个大学:国立厦门大学在长汀,旧称汀州;私立之江大学、协和大学在邵武;国立暨南大学则在闽东北的建阳,旧称潭城。长汀在闽西,与江西的瑞金为邻。我从长汀启程,经过崎岖的崇山峻岭先到南平,然后北上去建阳。南平是从海口通往闽北和闽西水陆交通的枢纽,商业繁盛。在这里容易搭上货车,当黄鱼被载走。山地旅行,有车坐车,无车跑路,是当时旅行者的特殊情况,有些地方也有二人轿可乘,轿夫们爬山越岭,行动自如,是山地人锻炼出来的好功夫。坐轿或跑路,有行李就必须另找人肩挑。

暨南大学的主要校址是在建阳县城以东的文庙。各院系的教室、办公室、学生餐厅、一部分单身教职员宿舍,都在文庙。庙的正殿"大成殿"作为大礼堂,以供全校性集会之用。大殿两侧的几列厢房,就间隔或改建成教室和办公室以及宿舍等。改建后的宿舍颇简陋,窗门及木墙等,都有裂缝,从外面看室内可以一览无遗。

有眷属的教职员,全不住在文庙。有的住在童游村,有的住在暨南自建的宿舍。童游村是建阳县城以东的一个较大的村庄,它和县城并不相连,因为当中隔着一条河,称为建溪。这条河深而宽,必须乘船才能渡过。所以暨大师生进城也一定要坐渡船。船是由一人划动的,河的两岸各有一间小屋,划船人就住在里边,夜间进城或回校时,可以随时把他叫醒为你服务。

一部分教职员散居在童游村,租民间房屋为宿舍。何校长就住在童游,来回有三轮车代步。男生宿舍则设在童游的忠烈寺和袁家祠。步行到大学,费时约二十分钟。大多数教职员是住在暨大自建的宿舍内,宿舍坐落在校舍的后面,横过一条公路,约步行十余分钟可到。宿舍的屋顶是用很厚的稻草盖的,夏天不热,冬天不冷,望去一片黄色,也颇美观。每一个单位只有一房一厅,厅在前面,卧房在后面。厅的前面就是公共走廊,因为是排屋式的,也就成为左右邻居谈天好场所。走廊颇宽,大家就在走廊上烧菜煮饭。一个炭炉,一口锅,饮食问题便这样解决,生活的简单可想而知。

大学分为三个学院,即文学院、理学院和商学院。学生约千人,以闽粤籍者占大多数,仍保持华侨大学传统。教职员则来自各地,但以江浙同事居多,还保持上海时代的传统。大家生活在山庄里,和都市的一切享受和娱乐绝缘。先生和学生除了读书以外,别无分心的东西,所以这个时期的学生一般说来成绩颇优。住在宿舍的教授,闲来则以玩桥牌消遣,热心此道者除本人外,尚有方光焘先生、江之永先生等。教授和学生在黄昏时间的散步成为生活的一部分。晴朗的天气,日落西山的晚餐后,三三五五成群结队,浩浩荡荡,沿着公路边谈边走,直至暮色深沉才各自散去。

三年的建阳生活,大家在缺乏现代的物资供应下度日,而不觉其苦。医药设备根本谈不到,但绝少病痛。战争的前途茫茫,而不悲观。敌寇侵袭的消息频传,而不觉其危。警察虽无,而治安绝佳。知足、乐观、无为而无不为,可说是这一段愉快的值得回忆的往事的写照。

(《新加坡暨南校友会四十四周年纪念特刊》,1984)

暨南大学在建阳的情景

白 文

1941 年初,经国民党政府教育部核准,在福建筹设暨大分校。1941 年夏,暨大特派商学院院长周宪文、训导长吴修等,前往福建筹建暨大分校,选定了闽北建阳童游乡之文庙为分校校址,作为以后学校南迁的基地。

建阳分校由周宪文教授任主任,中文系许杰教授兼任注册科主任,分校于同年 11 月正式开学,招考文、理、商三院九系一年级新生 240 人。

由于日军侵略扩张日益蔓延,形势更为紧张,上海"孤岛"办学,难以支持。暨大为图存发展,于 1942 年 1 月起,陆续组织教职员和学生分批南迁,沿途敌机轰炸,南迁师生历尽艰险困苦,难以用笔墨一一记述。

1942 年 6 月,暨大迁闽完毕,建阳分校名义取消,暨大和东南联大暂时并校上课。1942 年秋,国民党政府教育部指令停办东南联大。

1944 年 5 月 12 日,国民党行政院准将东南联大的文、理、商三院并入暨大,其他并入英士大学。关于暨大在建阳的情景从四个方面分述如下:

一、山乡环境与简易校舍

建阳县号称潭城,虽是闽北偏僻的山区小县,当时县城人口不足万数,但它却是闽北公路交通的枢纽,抗战以来已成为重镇要地。建阳北面公路是通往沪、杭的交通要道,南面与福建战时省会永安相衔接。建阳位于闽北万山丛中,山势险峻,日军虽在浙赣铁路沿线活动,但始终无法进入腹地,所以东南半壁江山得以保全,少受敌军骚扰。

建阳经济文化不发达,物资缺乏,抗战中骤然搬来两所大学,已成“道大莫容”,而浙东战事西延上饶,南抵仙霞岭后,浙东各军政机关亦均退麇于此,更是人满为患。学校只有借住小学,改造祠庙,租用民房,辟草莱,斩荆棘,筚路蓝缕,历尽艰难困苦,始得容身之地。暨大迁此,固然可以在不受敌人直接威胁下继续办学,但仍不免受到战时环境的影响,处于警报频鸣、人心惶惶、经济困难、疾病丛生的境遇之中。

当时暨大校址以文庙为中心,位于县城的东郊,与县城仅隔一条崇阳溪,架有木桥相通,山洪暴涨时,木桥常被冲垮,只能乘船渡过。

文庙位于崇阳溪侧畔,文庙即学宫,是一座古式大庙宇,宫墙万仞,雕梁画栋,古代建筑艺术给人庄严肃穆之感。宫前大道一座高大牌坊上,嵌上“声教南暨”四个大字,颇为壮观,宫内前庭种有金桂、银桂两棵,树龄逾百,高可十寻,春夏时令,绿叶扶疏,凉意习习,仲秋季节,花气溢扬,十里飘香。

文庙经过一番修葺粉刷,改装门窗,面貌焕然一新,红柱白垩,飞檐斗角。大成殿扩建后作为大礼堂,大殿两侧东西庑廊几列厢房,改建成教室、办公室以及宿舍等。明伦堂及附属廊阁,改建成教室 10 余间。正后殿作为图书阅览室,崇圣祠改装为图书馆,并修女生宿舍一座。各院系的教室、办公室、学生餐厅、一部分单身教职员宿舍，都设在这里，千余莘莘学子，于此弦歌不辍。

除校本部文庙是古建筑群外，其他大多数校舍都是茅草屋顶、土木结构的战时简易建筑。在文庙北面童游乡东郊建造了教职员宿舍 4 幢，童游乡北郊修葺祠堂书院 6 处，新建学生宿舍 5 幢、浴室 10 间、大饭厅 1 座。此外，还装修董家祠、杨家祠、袁家祠、忠烈祠、三圣庙、中山室、起春庵及民房数十处，作为男生宿舍、教职员住宅、医院、疗养室、体育部等之用。同时还开辟修建自校门至建浦公路、学校后门至教职员宿舍、文庙至学生宿舍的马路 3 条，开辟体育场地 100 余亩。

教职员和学生住得比较分散。除女生宿舍和教职员单身宿舍在校本部外，其余都在校外。男生住祠堂、古庙和简易茅屋，离学校较远，步行到学校费时约 20 分钟，带眷属的教职员小部分散居在童游乡，大部分教职员住在学校新建的新茅屋宿舍内。宿舍坐落在学校后面，横过一条公路，约步行十余分钟可到。新盖茅屋顶用一层很厚的稻草作盖，就地取材，省工节料。每单元设一房一厅，厅在前面，卧房在后面，厅的前面就是公共走廊。走廊较宽，是各家烧菜煮饭的地方，一个炭炉，一口锅，饮食问题便这样解决，生活简单得不能再简单了。

1941 年分校开学时，学生仅 240 人，教职员 10 余人；1942 年学校全部迁来后，学生人数增加一倍多，教职员增加三倍多。此后每年都有扩充。至 1946 年夏，学生已达 1300 余人，教员共 80 余人，职员 70 余人，工警 130 余人，建阳时期有毕业生五届，557 人。

二、战时体制与简陋设备

学校南迁建阳后，为适应战时环境和根据经费等条件，在体制上实行紧缩，教职工人数骤减。尤其行政机构的工作人员仅剩数十人。

学校设办公室、教务处、总务处、训导处等教学行政办事机构，先后聘请了杜佐周、孙怀仁、许杰、沈炼之、盛叙功、俞剑华、吴修等分别担任秘书、教务长、总务长及训导长等职，协助校长主持各部门工作。

院系设置仍为三院九系：文学院下设中文、外文、教育、史地等四个学系;理学院下设数理、化学等两个系;商学院下设会计银行、国际贸易、工商管理等三个学系,此外还设立南洋研究馆。

在建阳初期,图书资料非常缺乏,只要能够上得了课,大家挤得下,就不错了。后来逐步向江山、南平、福州等处商务印书馆搜集购买到少数书籍,还特派郭虚中驻福州专职搜集采购图书,经多方努力,才先后购得中文图书数千册,其中还有不少善本。另蒙在福州的外国朋友惠赠外文书数百册。经数年经营,图书馆略具规模。

图书数量少,而仪器更少,理学院学生平时上课除记笔记外,无法做实验。后经校方向设在邵武的私立福建协和大学求援,方能做些实验。

三、教授阵容与学术风气

学校南迁建阳,也并非理想之地,尤其交通困难,山乡贫穷,供应紧张,生活艰苦,这就给延聘教授增添了许多不利因素。但学校崇尚开明办学,自由研究,以及何炳松校长的学者风度,吸引了许多著名学者到暨大来任教,使教师阵容大为加强。历经四年延揽,至复员前,所聘教授已达百人,成为东南各大学之冠。他们来自全国各地,而以江浙地区的居多。当时暨大的师资队伍,名家荟萃,人才济济。如:周予同、王子瑜、周宪文等均为当时教育部大学丛书编纂委员会委员;杜佐周是教育学家,后出任英士大学校长;胡寄南为心理学家,曾任中央研究院心理研究所所长;孙怀仁为财经学家,后出任上海商学院院长等。

学校许多教授所教课程,对学生教育影响颇大。如胡寄南讲授的普通心理学、教育心理学,孙怀仁的经济学、财政学,方光焘的文学批评、文学概论、日文,盛叙功的地质学,许杰的文学创作、文学评论,沈炼之的法文以及卓如的经济思想史,卢怀道和陈振铣的会计学,邢文铎的国际公法、国际私法,王秀南的中等教育、普通教学法、教育学科教材及教法,陈文彬的法学通论,吴裕后的国际贸易、关税政策、人事管理,苏乾英的南洋概论,等等,均受到学生的欢迎和好评。

学校还聘请外地知名学者来校讲学。如浙江大学李培恩校长开设的国际经营专题讲座。上海中央银行陈行长讲授金融学一个学期，听者踊跃，备受欢迎。1944 年秋，厦门大学王亚南博士开设的中国社会经济改造问题研究讲座，座无虚席，有的老教授也冒着刺骨寒风前来听讲。

建阳时期虽然侨生不多，但仍坚持开设南洋概论。商学院还设有南洋商史及法规一课。一年级学生开设南洋概论，不计学分，但人人必修。南洋商史及法规为三年级所学的专业课之一，有 4 个学分。教育学科教材及教法，因停开已久，来补选听课的学生特别多。

同时，坚持传统，注重用英语教学，促进了学生外语程度的提高。

何校长实行自由研究的学术方针，力主各种学术主张、流派、科研方法互相观摩，共同繁荣。提倡中国传统优秀文化与西方先进文明共处发展，互相促进，使全校尊师重道，自由研究，蔚然成风。各种学会、学术团体、文艺社团组织，犹如雨后春笋般遍布校园。学生可以自行选择，自由参加。

王亚南讲中国经济问题自成一派，他的讲稿，不久整理成一本专著，名为《中国经济原论》，曾在当时的学术界引起强烈反响。教授卢怀道和助教王哲镜合译《会计学》一书，和许炳汉教授所译印度薛赉时著的《财政学》一书，均公开出版，后者还列为商务印书馆的大学丛书之一。

许多学术团体中最有影响的有学林社、太白社、未明社、求知会、史地学会、经济学会、新闻学会、京剧团、话剧团、歌咏团等。一些教授乐意担任学术团体的指导。许多团体常邀请教授作学术报告，如经济学会聘请卓如为指导，王亚南来校讲学时，还曾对该学会进行指导。学术团体的活动方式各异，有的以自学为主，辅以小组讨论和听学术报告，认认真真地读几本书，有的则组织会员自己找书看，定期交流读书心得。各学术团体还创办了许多小报、壁报。

整座文庙，学会林立，壁报争鸣，戏剧社与歌咏团相印生辉，学术活动频繁，自由研究成风，使战时的教育阵地上充满生机与活力。值得记述的是，当时暨大各社团组织实行了大联合，于 1945 年下半年成立了各学会壁报联合会，简称壁联会。壁联会由下列 25 个社团会员联合组成:学林社、太白文艺社、中国文学研究会、暨大青年、未明文艺社、励学社、诀风诗社、史地学会、教育学会、经济学会、英国语文学会、新闻学会、1946级会、华侨同学会、女同学会、百粤同学会、瓯海同学会、江淮同学会、庐山同学会、泉永漳龙同学会、六睦学友会、衢中学友会、蕺山校友会、集美校友会、安定学友会等。壁联会所辖刊物有《微茫》《学林》《诗垦地》《艺苑》《太白》《未明》《文艺》《暨大青年》《时与空》《新闻周报》《改造》《铎声》《1946级》《南侨》《女声》《南星》《人言》《格非》《诀风》《六睦通讯》《驼铃》《蕺山》《南青》《大江》《天马》《庐山》等。

壁联会聘请的顾问有沈炼之、方光焘、卓如、王勤堉、陆伦章、陈文彬、戚叔含、俞剑华等18人,壁联会的负责人为郑英杰、金尧如、傅春龄、兰文灿等。

壁联会还作有会歌,其歌词为:"拉起手来,同学们,在民主的旗帜下,我们合力工作,齐声歌唱、齐声歌唱。我们在斗争中生长,谁要压迫我们,他一定灭亡!拉起手来,同学!拉起手来啊!同学们!挺起胸膛,挺起胸膛,走向前去!阳光照亮了我们的队伍,看吧!前面展开了新社会的康庄。"

新闻学会的一些活动分子,把《南风》墙报办成日报,天天用毛边纸手抄后张贴。

暨大剧社于1945年改造后,蔡启鸿当选为社长,他同杜梦余、李碧依、张同修等同学共同主持社务,为1945年校庆和纪念何校长主政十年举办一次盛大庆祝活动,上演《桃李春风》,歌颂在战乱年代中一位老教育工作者与学生的师生情谊。剧社曾先后演出过《雷雨》《白玫瑰》等大型话剧,以及《醉生梦死》《长夜行》《未登记的同志》《晚祷》等剧。为慰劳前方抗敌将士举行过义演。还义演《雷雨》为救济从战区撤退的学生筹措基金,场场满座,《建阳日报》还刊登剧评,表示赞许。后来蔡启鸿、陈默等同学成为专业演员和导演,蜚声艺坛。

暨大歌咏团,团长为陈默,曾公开演出《黄河大合唱》等节目。参加歌咏团的同学,每周练唱一次,熟悉世界名歌百首,以及俄国名曲、夏威夷民歌、美国电影插曲等。《空山鸟语》成了管弦乐队的热门和保留节目。他们积极宣传群众，鼓舞群众，为抗日爱国斗争服务，也丰富了师生的生活。

四、清苦生活与乐观精神

建阳本为粮产区，但因学校机关迁入日益增多，人口猛增，造成粮食恐慌。国民党政府教育部所拨经费，不能按时到校，造成经济的困难，后改由县政府发给公米，才有所缓解。

闽北山地，本多疾疫，疟疾、烂脚尤为流行。生病人多，而医疗人员、设备、药品严重不足，患者所受威胁尤甚。经添聘医生护士、购置药品后有所改善。同时向中国红十字会、青年会救济总会及地方军政机关呼吁救济，组织建阳学生救济分会，竭力救济贫病学生。

战时师生的生活是清苦的。学生一日三餐，多以黄豆、咸菜、竹笋佐食，每月加几次菜，尝尝肉的味道。衣着极为朴素，甚至近乎褴褛。

师生的住宿条件也很差，住得很挤，每室 6—10 人。晚上自修照明，开始是用桐油灯，1—2 人合点一盏，后改为煤气灯。

有些清苦学生，在学期间得到学校领导、教师和同学的资助，才能坚持完成几年的学业。有的不仅靠学校的贷金、助学金，还实行工读，一边读一边工作。如到暨南教工子女补习学校担任一些教学工作，获得一些报酬，维持生活基本费用。后来争取到较多的奖学金、助学金名额，解决了学生生活的困难。

生活虽然清苦，但师生们精神上是乐观的、积极的，教师专心教学，学生潜心研读。师生在一起，相处融洽。他们苦中作乐，当年有一教授还给一间学生宿舍命名为“旭庐”，并亲书一横幅，鼓励同学要像旭日东升那样，努力向上。

几十年后，当年学子尚回忆说：四五年的建阳生活，大家在缺乏现代物资供应下度日，而不觉其苦，医药设备很差，但病痛不多；敌寇侵袭消息频传，而不感恐慌，警察虽无，而治安绝佳。这段生活是值得回味的。

1945 年 8 月，中国人民抗日战争取得胜利，日本帝国主义无条件投降，捷报飞来，全校欢腾。抗战胜利后，南迁闽北的暨南大学立即着手组织成立迁校计划委员会,筹划迁校复员回上海。1946年春,学校提前期终考试,放了暑假,于4月开始复员,组织回沪的搬迁工作,历时两月,于6月全校迁沪完毕。1946年10月,学生到沪恢复上课。至此暨南大学结束了在建阳先后历五年的办学生活。建阳也从此消失了高等学府。

(本文材料摘自《暨南校史》)

(《建阳文史资料》,1987)

暨南大学在建阳轶闻

范家震

1941年夏,暨南大学由上海迁到建阳,选定童游乡的文庙为校址,于同年十一月正式开学,招收文、理、商三院九系一年级新生240人,校长是著名的史学家何炳松先生。关于暨大在建阳的情况,已由中共建阳县委党史研究室编成专辑问世。但该书限于篇幅,有些史料和轶闻,尚付阙如。暨大对建阳的文化、经济、政治都有一定的影响,从本文所述的轶闻中,可以看出当时民主与顽固、进步与反动势力在东南最高学府里的较量,进一步认识新中国诞生是来自不易。

国民党军政要员子弟的众生相

带勤务兵的大学生——徐伯筠　他是第三战区后勤处处长的儿子,初入学时,带来一名勤务兵,给他买菜、煮饭、洗衣、整理被子;上课时代挟书包送到教室,站在门口,等他下课,再把书包带走。同学们叫他“少爷学生”,他经不住讽刺,第二学期就把勤务兵叫回去。

杜军长儿子与“香港小姐”之恋 1943年,暨大外文系四年级有一位西装革履、洋气十足的学生,叫做杜念嘉。据说是国民党一位军长的儿子,平日挥金如土,广交朋友。当时该一年级来了一位女生阮秀聪,她从香港回内地求学,长得花容月貌,打扮时髦,大家叫她为“香港小姐”。不久便戴上“校花”的桂冠,追求她的男同学不计其数。但她的条件很高,首先一条就是婚后要周游全世界度蜜月,这一下使那些内迁的穷大学生,可望而不可就。唯有杜念嘉凭着他优越的家庭条件,使“香港小姐”一见倾心,两人很快堕入热恋,不久便发生关系。至1944年夏,女方怀孕,而男方已毕业,去东南战区当通译员,便把她抛弃。“香港小姐”无奈,只得和童游邮局的一个职员结婚,生下一女孩。抗战胜利后,阮秀聪无力去上海续学,忧郁得病,母女二人都先后死去,结局很惨。而杜念嘉庇父荫,却官运亨通。1947年5月,上海学生举行“反内战,反饥饿”的学生运动,组织16人的代表团(暨大有5名代表)去南京请愿,教育部派出要员来接见学生代表的竟是杜念嘉。解放后,此人下落不明。1990年,我偶然翻读商务印书馆出版的《英语世界》,上面有一专栏连载的《当代英文词语汇翻》,作者是(英国)杜念嘉。是否就是当年暨大的杜某,本人就不得知了。

程力夫与中新通讯社 程力夫是1943年的暨大在校学生,居然以个人名义办了一个“中新通讯社”,在童游乡设有办公地点、印刷厂,编辑出版《中新通讯》。1945年1月,校内顽固势力在暨大发动围攻驱逐进步教授盛叙功(总务长)、许杰(教务长)事件,就是以魏开瑜、程力夫为首,可见此君身份的特殊。

暨大的“知识青年从军”

抗日战争的后期,国民政府发出“十万青年十万军”的号召,各地知识青年纷纷从军,暨南大学一部分学生参加青年军,轰动了当时的建阳城。民国三十三年(1944)四月十二日,建阳各界假公共运动场,召开欢送暨大从军学生大会。当天晚上,暨大也在校内大礼堂举行盛会,并表演文艺节目。经建阳师管区批准,暨大学生有魏伯稚、刘恩溥、熊琦、屠坤英、袁雅素、陈芝镇等六人参加青年军。易家玄、李正青同学于 1943 年冬考取远征军通译员;颜廷辉、郑金鼎考取中央航空学校军官班;外文系同学杜念嘉、汤沛熙二人及国贸系晋承河等,又应东南战区之约,担任该部的通译员。

成立"潭学济会"

国民党为欺骗舆论,拉拢学生,由建阳各界人士组成"潭学济会",筹募资金,救济贫苦的学生。聘请当时建阳警备司令钱东亮为主任委员,何炳松校长为书记,林和馨女士(外籍教师)为会计,当时现任司令邹文华为稽核,谢震亚教授为执行干事,狄怀音神父(外籍天主教)、赵复英(师管区司令)、庄文书分蓝、暨大教务长胡寄南、陈家添(国民党建阳县书记长)、林清望医师等六人为委员。

陈立夫由渝来潭

民国三十三年(1944)八月二十一日,国民政府教育部长陈立夫由重庆来福建,次日上午到暨大视察,十一时出席暨大全体教职工的欢迎茶话会。下午二时离校赴武夷山。至九月十二日,陈立夫由浙返闽,在暨大的大礼堂对全体学生训话,大讲其"唯生论",到会学生寥寥无几,不到半小时,就"开小差"了一半。当天晚上,何校长在他宿舍设公宴接待,次晨离校返渝。

王亚南博士来暨大讲学

民国三十四年(1945)初冬,暨大特聘福建省经济研究所王亚南博士(解放后任厦门大学校长)前来开设"中国经济改造问题"讲座。因他是我国早期翻译《资本论》(与郭大力合译)的进步学者,校内右翼势力极力反对,而何校长坚持学术自由,各种学术流派可以争鸣,讲座如期举行。这个课题本来是商学院的选修课,可是其他院系的师生争先恐后来听讲。讲座设在可容纳数百人的大礼堂,仍座无虚席,连窗台也坐满人。有的老教授冒着寒风前来听讲,全场秩序井然,听课时无不屏营贯注。当王亚南先生说到所谓战后“复员”，并不是“复原”，中国再不能走半封建半殖民地老路时，全场报以热烈的掌声。

壁联——东南民主堡垒

民国三十四年（1945）十二月，暨大各社团组织实行大联合，有“学林社”“太白社”“史地学会”等 25 个社团参加，组成“暨大学生壁报联合会”（简称“壁联”），出版不定期的刊物。在中共地下组织的领导和进步师生的支持下，“壁联”报导昆明西南联大学生于冉、潘琰等四人被国民党当局残酷杀害的“一二·一”惨案，通电声援，召开追悼会，出版专辑，撰文揭露国民党反动派假和平、假民主、镇压群众民主运动的狰狞面目和谎言，传出暨大师生要民主、反迫害的强烈呼声，成为东南民主堡垒。其影响是深远的，为暨大师生 1946 至 1947 年在上海参加“抗暴”和“反饥饿，反内战”的学生运动，打下深厚的基础。据不完全的统计，四十年代暨大 1500 名学生中，就有 150 人被逮捕坐牢，为人民解放事业英勇就义的有 9 人。

（《建阳文史资料》，1992）

春风桃李　暨南教声

（节录）

刘　建

本世纪四十年代，童游河畔立起一座高大的牌坊，从左到右上书

"声教南暨"四个大字。这是个"回文匾",从右到左读即是"暨南教声"。这座引人注目的牌坊立在今建阳中心市场大门对面(二中原校门附近)。穿过牌坊,有一条沙石道直通文庙,当年为暨南大学校本部。

暨南大学是一所具有悠久历史的学校。它的前身暨南学堂,创办于清光绪三十二年(1906),是我国历史上第一所由国家创办的华侨学校。1927 年扩展为大学,抗战前校址在上海真茹,抗战中校舍毁于日寇炮火。1941 年夏,学校内迁本县童游文庙。

这座高等学府直到抗战胜利后的 1946 年 6 月才迁回上海,在建阳办学五年,对本县经济发展,特别是教育文化事业发展,起了极大的推动作用。

文庙有幸得英才

文庙,自宋以来几经变迁,始终是封建社会肃穆的殿堂。民国时年久失修,荒草长满庭院,两庑常住着乞丐。

暨大南迁童游文庙,将这古建筑修葺一新,莘莘学子欢聚一堂,欢声笑语、琅琅书声打破昔日的寂静。

这是文庙的幸运,也是建阳山城的荣幸。

暨大搬迁建阳后,院系设置仍为三院九系:文学院下设中文、外文、教育、史地等四个学系;理学院下设数理、化学等两个学系;商学院下设会计银行、国际贸易、工商管理等三个学系,此外还设立南洋研究馆。

1941 年分校开学时,学生仅 240 人,教职员 10 余人。1942 年暨大全部迁来后,学生人数增加一倍多,教职员增加三倍多。至 1946 年夏,学生已达 1300 余人,教员共 80 余人,职员 70 余人,工警 130 余人。暨大建阳时期有毕业生五届,共 557 人。

暨大校舍以文庙为主。大成殿扩建后作为大礼堂,明伦堂和东西庑改建成教室、办公室以及宿舍等。崇圣祠改建成图书馆。还将童游董家祠、杨家祠、袁家祠、忠烈祠、三圣庙、起春庵等十多处改建为教职员、学生宿舍。新建的宿舍都较简陋,大部分是毛竹骨架、芦席糊泥墙壁、茅草盖顶的草房。窗子用毛边纸代玻璃，涂以桐油增加透光性就算“高级”了。学生睡双层木架床，几个人才有一张桌子。上铺学生在床头搁一块板，就是读书、抄笔记、写信的“桌子”了，宿舍夜间自习是桐油灯，多半是用浆糊瓶自制的，光亮度不大，工友每天拎一竹筒油发给大家。

当年学生钱国屏回忆说：

那时候大学生生活相当清苦。靠公费伙食过日子，就只能是天天吃烧芥菜和煮黄豆。一个月宰一次猪，半钵头红烧肉，称“打牙祭”。个别阔少在童游街上的四川饭馆“宜园”吃包饭，穷学生只能偶然到那里买两个叉烧包子解馋。

1943年秋天考取暨大的学生郁群回忆说：

当时，这个山城中显得既热闹忙碌，又是乱哄哄的。许多从江浙沦陷区来的学生，由于汇兑不通，生活相当困难。为了筹措生活费和车费，只好坐在古老的街道两边出卖自己的皮鞋、衣服等东西。

生活虽然艰苦，但暨大师生仍然充满乐观精神，一位暨大学生当年在诗中写道：

我们从患难里来，
我们过渡着一个过不完的患难，
这是个何等样的年代啊——
这年代给予我们的少，要求于我们的实在太多了。
惆怅，忧伤有什么用呢？
我们没有回顾，只有快乐和希望。

东南“文化城”

暨大内迁建阳后，散布在上海、江苏、浙江、安徽、江西、广东及本省许多大学教授云集建阳，可谓人才济济，名家荟萃，使建阳顿时成为我国东南地区首屈一指的“文化城”。

校长何炳松，美国哈佛大学毕业，是我国近代著名史学家、教育家,对近代教学理论、历史教授法有所贡献。为人忠厚开明,平易近人,为办好暨大,他求贤若渴,聘请流散各地的教授学者。当时在暨大任教的教授有:

许杰,新文学著名作家,出任暨大教务长。

杜佐周,教育学家,任暨大总务长兼大学秘书,后出任英士大学校长。

胡寄南,心理学家,曾任中央研究院心理研究所所长,精通英文,任暨大英文系主任。

孙怀仁,财经学家,后出任上海商学院院长。

周宪文,经济学专家,任暨大商学院院长。

沈炼之,历史学家,任暨大历史系主任。

方光焘,语言学家,任文学系主任。

江之永,物理学家,任理学院院长,兼物理系主任。

潘天寿,著名国画家,在暨大任教一年,后任国立艺专校长,去重庆。

戚叔含,国内著名文学家,任文学院院长。

王勤堉,教育学家,任教育学系主任。

刘咸,精研高等数学,任数学系主任。

卓如,经济学家,任国际贸易系主任。

暨大在建阳时期,在校任教的知名教授学者还有冀朝鼎、盛叙功、吴大琨、卢于道、李健吾、谢海燕、罗君惕、陈文彬、何家槐、俞剑华、王子瑜、章洪楣、叶作舟和苏乾英等。

小小的山城,一时容纳下这么多国家级的专家、学者,可谓“藏龙卧虎”。当时同在建阳的第三战区长官司令部及下属机构中,不少军官是暨大教授的学生。暨大校长何炳松与三战区司令长官顾祝同相熟,有这层关系,也使地方反动势力对暨大师生民主活动不敢横加干预,更不敢把军队派入暨大校园。

1945 年,暨大内部反动学生曾挑起风潮,矛头对准教务长许杰和总务长盛叙功。

许杰与鲁迅、郁达夫、茅盾、叶圣陶等文学大师时有交往,是位自奉俭朴、正直诚恳、表里一致、爱憎分明、深受学生爱戴的进步教授。为不使事态扩大,许杰教授不得不暂避崇安。为此,许杰教授曾作诗两首。

四十多年过去了,1988 年 10 月,暨大当年部分同学重聚建阳,时年 88 岁的许杰教授闻讯时,特将这两首从未示人的诗作寄给建阳党史办。兹抄录一首于下,以飨读者:

七 律

建阳暨南大学风潮

漆黑一团天地齐,更深鼠闹不闻鸡。
森森堂庙嘶骸骨,寂寞东南树战旗。
怒看小鬼装人样,忙举钝刀剥狗皮。
四壁阴寒风凛冽,荷戈立雪待晨曦。

东南"民主堡垒"

拉起手来,同学们!
在民主的旗帜下,我们合力工作。
齐声歌唱、齐声歌唱。
我们在斗争中生长,谁要压迫我们,
他一定灭亡!
拉起手来,同学!
拉起手来啊,同学们!
挺起胸膛,挺起胸膛,走向前去!
阳光照亮了我们的队伍,
看吧! 前面展开了新社会的康庄。

以上所载,是当年暨大壁联会会歌。暨大在建阳期间,学生抗日爱国斗争蓬勃发展,被誉为"东南民主堡垒"。

暨大的学术研究蔚然成风,社团林立,刊物众多,暨南园里呈现一派各家争鸣、百花吐艳的繁荣景象。社团有学林社、科学研究会、世界语学会、经济学会、文艺研究会、求知会、教育学会、史地学会、新闻学会、太白文艺社、未明文艺社以及剧社、歌咏团，等等。至 1945 年下半年，由 25 个学会组成了壁报联合会，更是盛况空前。刊物如《文史季刊》《地理资料》《中国戏剧》《商学季刊》《学林》《一般》《译丛》《文艺》《微茫》《太白》《未明》《艺苑》《南侨》《暨大青年》《新闻周报》《女声》，等等。这些社团、刊物，不仅认真研究学术问题，而且积极地宣传爱国进步思想，为抗日战争服务。

暨大的剧社、歌咏团经常到建阳城里举行公演，鼓舞群众抗日斗志，为抗日救亡服务。何炳松对学生抗日救亡的要求和活动，采取同情、默许和支持的态度。

公演的节目有《哑妻》《沉渊》《晚祷》《桃李春风》《雷雨》《家》《黄河大合唱》等，通过文艺形式教育群众。

暨大学生剧团、歌咏队的演出，给寂寞的山城吹来一股春风。公演之日，有人从建瓯、南平、邵武等地乘长途汽车赶来观看，剧场座无虚席。有一次，暨大歌咏队开到建阳县政府，就在政府大院里从头到尾演唱《黄河大合唱》。虽然县政府有国民党的右派势力，但对进步学生的抗日义举无可奈何，不敢出面阻挠。

暨大学生还占领了建阳报纸《大潭报》这一舆论阵地。《大潭报》是建阳县政府的机关报，由县政府的秘书江涛任社长。他原在暨大训导处任训育员。该报初创时，曾邀请了暨大工商管理系的杨选堂（现在台湾）为总编。未几，杨毕业离去，由暨大进步教授张立、卓如分别任正副总编。暨大进步学生金尧如任《大潭报》副刊《东南风》编辑，许甫和任副刊《绿野》编辑，副刊的稿源大部分来自暨大太白文学社。当时暨大爱国教授、进步学生们利用《大潭报》鞭挞时政，号召抗战，影响了不少读者。

民国三十四年（1945）九月，王亚南（《资本论》译者之一）应何炳松校长之邀来暨大讲学，开设“中国经济改造问题”讲座。还应经济学会、史地学会和学林社的邀请，演讲“中西文化比较研究”专题讲座。

王亚南教授的讲座，受到暨大学生的热情欢迎，当年听过他讲座的暨大商学院学生胡士璋回忆当年情景说：

闽北的初冬,还有寒意。王亚南先生身穿人字呢大衣,健步登上讲台。他那微秃的前额,中等偏高的个儿,黄黄的脸,一双和蔼闪光的眼睛,讲一口地地道道的湖北话。乡音虽重,但声音洪亮,抑扬顿挫,时而高,时而低,加上必要的手势表情,一开始就引起大伙儿强烈的反响。听课的不限于选修的商学院学生,还有文理学院学生也闻名而来听讲,教导处的几位老师也来旁听。整个文庙大礼堂座无虚席,连两旁过道上还加添了座位。听课者无不屏息贯注,聚精会神,秩序井然。

暨大学生林念庚回忆说:

王亚南教授用马克思主义观点揭示中国社会经济改造必由之路。讲座持续一个月,师生争相听讲,曾有反动学生监视盯梢。王教授仍观点鲜明,理直气壮地讲课、答疑。各学术团体如经济学会、史地学会、中文学会、教育学会,还有学林、未名、太白学社等相继出版壁报,扩大影响,启发了青年追求真理,关心国家前途、社会进步及理想、信念等问题。

暨大大部分学生思想倾向革命。有一次,浙江省民政厅长阮毅成在暨大讲演说:"鲁迅是不通的。鲁者,慢也,何能迅呢?自相矛盾的人,能不把青年引向歧途吗?"引起会场骚动,许多师生纷纷退场表示抗议。在场的方光焘教授拂袖而起,对同学们说:"一个测字先生居然敢到大学的讲台胡说八道,可悲啊中国!"

春风化雨 润物无声

建阳教育在南宋时曾兴旺一时。那时,朱熹在考亭立帷讲学,四方学子不远千里负笈前来求学,并于考亭形成了哲学史上占一席之地的"考亭学派",留下了"七贤过化""南闽阙里"的典故。如果说那时是建阳教育史上的黄金时期,那末,暨大南迁建阳,则给建阳教育带来了第二次黄金时期。

"暨南教声"对本县政治经济、科学文化、社会教育等诸多方面都起了潜移默化的作用。

暨大在建阳期间,给沉寂的山城带来文化繁荣和生机,对地方的影响主要有下列几点:

1. 增强了邑中民主意识,给封闭山城带来“民主之光”。

2. 培育了一大批大学人才,当时有范家震等十多人就近入学,考入暨大学习。

3. 暨大学生到城区、水南、童游及附近乡村小学任兼职教师,给建阳小学教育注入了新鲜血液。

4. 春风化雨,润物无声。暨大师生具有很高的文化素质,举止文明,对地方风尚好转起了良好的促进作用。

5. 暨大三千多师生员工和家属的日常生活所需,均靠当地供给。当时童游成为繁荣的商业区,市场经济活跃,促进地方经济的发展。

暨大,给灰色蒙蒙的建阳带来希望的曙光,为山城人民留下了宝贵的精神财富。

建阳,也给暨大师生留下充满温馨的回忆——清清的建溪水,带甜味的水南芥菜,每年飞集在城里一棵大树上的候鸟白鹭,朴实厚道的老乡,童游的老大娘,以及文庙的桂花树,还有大成殿(即大礼堂)和明伦堂(教室),这些都给暨大学生留下永难磨灭的记忆。

(《大潭书　中国一个县的历史》,文物出版社,1994)

建阳古城见证

（节录）

福建建阳是一个古老的小山城,它在闽北与浙南龙泉和赣西上饶靠近,本来甚冷僻,由于暨南大学从上海迁来,东南联大先修班在此建立,再加上浙大分校在龙泉,之江大学在南平,大批投考大学的青年学生从沦陷区奔来或经过这里,因此,这里变得十分热闹起来。

大学生摆地摊

由于国统区与沦陷区的交通和邮递本来就困难,再加上日军一度又发动往金华、上饶入侵,因此,许多从沦陷区来的学生断绝了经济来源,只好沿街摆摊头叫卖带来的生活用品。

有的女同学在地上摆一双半高跟皮鞋,叫着:“卖皮鞋啦!”

有的男同学在地上摆一只小皮箱,叫着:“卖皮箱啦!”

有的女同学在地上摊一块布,摆着几件花衣服,叫着:“卖衣裳啦!”

有的男同学在地上摊一张报纸,放着几本书,叫着:“卖书啦! 还有英文字典……”

当地的老百姓没有人来买学生的东西,大概这些东西不适合他们。他们用好奇的眼光,望着这一道少见的风景线。

摆摊卖东西的同学,相互之间看看,也都忍不住感到意外,大家为了求学,远离沦陷的家乡,想不到在这千里之外摆起地摊来! 他们苦笑着说道:“我们是共赴国难!”

“德黑兰”茶店

建阳城面对着一条溪水,跨过溪水上面的一顶长长的木桥,便是古镇童游。这里只有几十户人家,一条小小的青石小街,逢到集市,乡下的山民携带着老鼠干、笋干等物产来赶集,倒还热闹,一爿茶店坐得满满的,竹台周围的竹凳、竹躺椅上全是乡民。平常,镇上很冷清,行人也很少。不过,自从暨南大学搬到童游镇北面的孔庙后,小镇发生极大变化,不仅四周新盖了不少房屋,而且,镇上也新办了几爿茶店,其中有一爿叫“德黑兰”。它们全是大学生活动的地方。“德黑兰”的墙上还挂着油画。当地的老百姓不进这些茶店。这些茶店从早到晚都坐满了学生,有的在读书、做功课,有的在自由交谈,有的在学唱京戏,有的在开会,有的在睡觉休息。大学生坐茶店,这似乎不只是暨南大学学生的创造,据说当时在大后方的西南联大的学生也常常坐茶馆。

我在这里首先听到了赤石暴动和上饶集中营的许多故事(赤石是从北面进出建阳的必经之路,我几次看到了这里山峻水险的景色)。这是反对蒋介石破坏抗战、攻击新四军、杀害新四军的故事。后来,又逐步听到了许多学运中的故事,这对我的思想进步起到了重大的启发作用。

放弃这种"奖学金"

在当时生活十分困难的情况下,如果能得到一笔奖学金多么好!可是,一进大学之门,一种进步思想迎面冲来,在各种各样的思想中显得那样突出诱人:"奖学金也该问问是谁发的。'钱某某奖学金',你知道钱某某是个什么人吗?他手上沾满了血,还想来大学挂个名,你能忍受这种行为吗?"

钱某某是建阳警备司令,手下有几名刽子手,经常喝酒杀人,把人头塞在木笼里,挂在城门口;刑场就在城门口通往童游古镇的一条木桥边的沙滩上,兵士在木桥两头一拦,把行人拦住,杀人活动便开始。这简直是强迫行人看杀人!刽子手还宣传迷信:死人的灵魂飞出来,要缠住人,大家要拍手,灵魂就会散去!实际是要老百姓鼓掌表示欢迎杀人,不少当地老百姓上了当还不知道。

大学生可不吃这一套!大家在思考议论:"杀的是什么人?说是'山中土匪',山中哪来这么多土匪?听说是抓共产党,抓新四军,实际大都是穷苦老百姓……这当中不知有多少冤魂!"

"'钱某某奖学金'充满血腥味,我们不要!"许多同学坚决唾弃它,并气愤地说:"这种人还想到大学里来挂个名,宣扬一下,不要脸!"

这件事给了我启发教育,影响深刻。这件事的分析多么正确、深刻！它与后来学校里发生的一系列政治事件,原来都是由地下党在暗中指导的,这样才使青年同学有了正确的政治方向和行动。

最大的思想收获

在建阳暨大三年学习生活中,最大的收获是:在地下党领导下,参加了进步社团学林社,阅读讨论了大众哲学和大量进步文学,积极聆听第一个翻译《资本论》的教授王亚南讲的经济学,第一次在课堂上听到马克思主义,还积极聆听著名文学家许杰教授讲的无产阶级文学,第一次在课堂上听到了文学的阶级性和革命性。这对我的人生观起到了一个开拓作用,把我的思想引上了一条崭新的唯物主义的革命道路。

我很难忘记王亚南教授应邀来校讲课的盛况。他是厦门大学的教授,能应邀到建阳来讲课,这里面生动地反映了进步学生和进步教授的要求,反映了地下党的深入细致的思想动员工作,也反映了校长何炳松作为一个学者的开明。当讲座公告贴出后,校内以训导处为首和以三青团为骨干的一股反动势力,曾四处散布谣言攻击这个讲座,采取谩骂和污蔑,甚至抛出红帽子威胁。但是,到开讲那一天,大礼堂挤得满满的,走廊上都站满了人。一连两天,盛况空前。

但是,校内的反动势力当时也相当大,这可从“逼走盛、许二教授”中看出。一天夜晚,一批人手执火把直闯总务处长盛叙功教授和教务处长许杰教授的宿舍,勒令他俩立即离校。这两位进步教授被逼不得不离开了学校,举家迁出建阳。许杰教授在南平旅途还吟诗两首斥责这些跳梁小丑。

是的,进步势力绝不容许这类“跳梁小丑”的恶行。当调查清楚之后,就立即进行反击,把发动这件事的训导处的后台和几个骨干学生一起轰出了校门。

在抗战期间有一条是最得人心的:国难当头,谁破坏学习环境,谁就是罪人！进步同学在地下党领导下,高举“东南民主堡垒”的旗帜,不断地取得胜利。这里包括“反对参加青年军”的活动和支持西南联大反对杀害李、闻两教授的学生运动,在暨大大礼堂前的广场上贴满了墙报,悲愤地要求讨还血债,许多文章令人惊心动魄。

我在这个时期写的文艺作品,也有了明显的变化。我应女同学会墙报的约稿写的一篇读著名作家王西彦《村野恋人》有感,这篇文章是我第一次在作品中关心革命农民的命运。是的,在这以前,我在《东南日报》副刊上也发表过一些散文,涉及的书籍虽然都是一些进步作品,但内容与现实的社会生活相隔太远。

抗战中的大学生活,最重要的是在十分艰苦的环境中,大批青年学生受到了党的教育和影响,开拓了崭新的人生观,为以后走上革命道路做好了一定的准备。

(《追回青春》,生活·读书·新知三联书店,2012)

抗暴中的觉醒

(忆一张暨南大学同学照片)

1945年抗战胜利,在福建建阳的暨南大学积极准备迁返上海,同学们纷纷准备离去。这时候,我和史宁如、洪滔、黎先耀、黑尼和林楚萍等六位爱好文学的同学一起拍了一张照,留作纪念。照片上写了这么几个字:"我们要进窄门。"使得这张照片顿时增加了一种文艺色彩。我在大学生活中留下的纪念品极少,因为当时的生活不安定,其间包括我跟地下党去到台湾,接着又进入苏北解放区等等。而上述这一张照片能保留下来,实在是由于亲人们把它塞进了家庭照相册,才得以保存的。我自己没有照相册,也很少拍照。这一张很普通的纪念照片,没想到后来在政治运动中受到了特别的"重视":在肃反运动中,在审查我跟地下党到台湾去的情况时,它起了“证明”作用:“谁是林楚萍?照片上的这一位!……我们到台湾,就是在他的宿舍中聚会的……”在“文革”中,它却又成了我的“罪证”:“你们这些人‘大门’不走,偏要走‘窄门’,为什么?”对这一类无知的问题,回想起来简直要令人发笑。

从右向左:后排作者、洪滔、黎先耀;
前排黑尼、林楚萍、史宁如

晚年,重新看到这张照片,特别是想起已去世的宁如和洪滔,就不禁又重新想起了一件件往事,同窗情谊令人留恋。

书生意气“指点江山”

从建阳到上海后,我和宁如、洪滔便住在一个宿舍里。房门的玻璃窗上贴一张用红毛笔字写的号码,这是暨大学运中有名的宿舍之一——“红色的 29 号宿舍”。

这个宿舍中,住着 9 位同学,主要是从福建建阳迁回来的高年级同学,他们的专业虽然不同,有教育、史地、经济、中文等等之分,但是,大都参加了一个进步社团——“学林社”;在建阳山城中听过翻译《资本论》的王亚南教授的经济学,听过进步教授许杰教授的无产阶级新文学;更与学校中的反动势力——训导主任中共叛徒×××等展开过激烈的交锋;在参加以学生自治会为中心组成壁联支援西南联大学生反对国民党迫害的斗争中取得胜利。因此,他们能较好地关心国事,学习用正确的观点分清是非。在他们的评论文章和文艺作品中,充满一股正义感和对现实黑暗社会的不满。

是的,说这个宿舍"红",在当时大致只是"红"到这么个程度,在这个宿舍中还没有共产党员,甚至还没有迫切地要求参加党、参加革命的人。这一批青年人在福建建阳山城中受尽了战争之苦,反对胜利后又发生内战,希望国民党接受共产党的和谈建议,好好地坐下来谈国共合作,把国家建设好,谋求人民生活幸福。反对美国兵挟着中国女人驾着吉普车在马路上横冲直撞。对于大学的生活,大家虽然反对校长李寿雍解聘进步教授,执行一种不民主的作风和错误的办学方针,但是,大家还是想努力读好书,没有想到离开自己的书桌。同时,他们都热烈地追求着自己的理想、前途:做一个进步的作家、诗人、教育家、经济学家,等等。

记得当时住在宿舍窗口上层床的史宁如同学,他对社会上"朱门酒肉臭,路有冻死骨"的现象十分不满,写下了一篇散文诗,题目就叫《冻尸》。大家在宿舍中议论开了:"昨天报纸上刊出,一个寒潮死了多少人","这篇文章好,可寄给文汇报《笔会》"。我对文章中的一句"伸着冷冷的手"建议改成"伸着冷冷的、冷冷的手",住在我上层床的"小鬼"罗英风连连称赞:"这个修改好!使人更感到了冻饿死去的人的悲惨和'冷'意!"当时,洪滔则像在建阳一样,总是伏在桌上默默地写他的小说。他的真名是陶玉麟,当时的笔名是焦煤。大家常笑着问他:"你的惊世大作何日完成?"我为壁报第一期写了一篇散文诗《草》,大意是说:一个剥削者只知在自己的土地上坐享其成,有一天,他发现耕种的人都跑掉了,土地上长满了长长的野草;野草愈长愈高,把他围困在中间,他疯狂地想冲出来,可是没有成功,最后孤零零地倒在草地中死去。大家对我的作品又评论起来,认为它不仅有一种浪漫的美丽的描写,而且还给读者留下一个思考的余地:种田人一齐跑到哪里去了？造反走了吧……陈学淦（黑尼）学长闻讯把文章拿去发表在福州一张报纸由他主编的副刊上。

这一种充满书生意气的“指点江山”的活动，很快地被突然爆发的抗暴运动冲掉了。而且，从此以后，由于运动一个接一个，一直到我们分手离校，我们这些同学再也没有过一次上述这种冷静地在一起讨论文学创作。

在红色风暴中觉醒

从抗暴开始，到反饥饿、反迫害、反内战，一直到“五二〇”运动，半年多时间中，我和洪滔一直是暨大学运《快报》的主编，史宁如是得力的记者，他除了和其他一些同学一样在马路上采访游行的新闻外，还积极主动地向《文汇报》递送消息报道。

“反映政治斗争的成果！反映队伍前进的步伐！”我们三个人的笔有着完全一致的要求，这个要求是崭新的。

我们一面搞《快报》，一面和广大同学一起参加种种对敌斗争。游行队伍被国民党的马队拦住了，我们把“快报车”开到队伍前面，向着马队冲；我们把旗杆敲着车厢，吓得战马竖立嘶叫……

学校被敌人的军警围住了，我们和大家一起爬在矮围墙上对敌喊话，黎先耀（照片后排左边第一人）则站在围墙上朗诵他的战斗诗篇……

（1997年，他来上海参加上海校友会主办的纪念“五二〇”运动50周年座谈会，大家请他朗诵了一篇当年的战斗诗篇，感情依然那么丰富。他还和我谈起这一张六人合拍的照片。）

为了防止敌人冲进学校来抓人，学生会命令大家搬到楼上教室中睡觉。这一夜灯光不熄，歌声不停，真像一个“小解放区”，而我们的《快报》半夜里还在出版……

在红色的风暴中，人的觉醒是飞快的，“红色的29号宿舍”这时真正开始“红”了：完全公开地在讨论解放战争的形势，陈粟大军打到哪里了，刘邓大军打到哪里了，打得好！又吃掉国民党的一个王牌军！……

同时,同学们也在悄悄私议:“谁是共产党? ×××可能已参加共产党……”与我一起住在29号宿舍里的史震彝同学,本来给人的印象是“中间派”,同学们选他管伙食,没想到特务学生不放过他,竟在“反饥饿”运动中揍了他一顿。结果,他干脆积极地参加了进步的学生运动。有一次他悄悄地对我说:“你知道谁是共产党吗?”我回答:“一定在学生自治会周围。”他低声地说:“女同学黄×可能已被吸收入党了!”语气中流露出一种羡慕。

等到1947年5月28日大逮捕之后,特别是大批同学被“勒令退学”后,许多同学这才真正走上了找党、参加革命的道路。

我和洪滔、史宁如、史震彝等都被逮捕、“勒令退学”,王世杰被开除,陈礼贤(戈风)躲在别人床上才幸免于难。

我和洪滔、史震彝接着便跟闽西南地下党支部书记林绿竹到台湾去了;史震彝走的时候,因为一些特务学生还想殴打他,遂没有进校而直接登船走的。史宁如和黎先耀等则与一批进步同学跟地下党去了香港。

解放后的一些情况

解放后,史宁如在《文汇报》工作,大约是1955年左右,看见我的长篇抒情诗《台湾啊,我怀念着你!》发表,他认为这是当时诗坛反映台湾人民生活的最有生活气息的作品之一(后分别被中国作家协会、上海作家协会收进《十年诗选》)。他请我为《文汇报·笔会》写点反映台湾人民生活的诗篇。因为是好友约稿,我无法拒绝,才写了一篇《琴》,描写台湾矿工的苦难生活,不仅在矿下劳动条件极差,而且被剥夺了正常的文化生活——“不准拉琴!”这是一个真实的故事,是我在台湾时的一位文学朋友的亲身经历,是他写信告诉我的。总之,史宁如在五十年代与我的联系,是促使我写了一些反映台湾人民生活的诗歌的。后来,由于政治运动不断,我和他也就很少联系,甚至他因病去世的消息,我也是事后几年才知道的,所以未能参加追悼会最后见一面,令人遗憾。

五十年代我在《青年报》当记者,出差南京,曾去《新华日报》拜访洪滔。不巧,他也出差去了,未能相见。八十年代后,他两次来上海参加上海校友会办的纪念“五 · 二〇”运动五十周年等活动,我们都曾相见,特别是我与他以及史震彝、施济贫等还合拍了一张“红色的 29 号宿舍”同学纪念照,这是很有意思的,真是“宿舍已不见,友谊永相存”。关于洪滔,在解放后留给我特别深刻的一个印象是:在政治运动中找不到他!因为解放前他跟林绿竹一起在台中,我在屏东,绿竹给我来信时还特别地提到过他,意思是:还在坐茶馆(可能是咖啡室吧)。可是,在运动中,外调人员回来都说:“他没有去过台湾!”这样,我希望得到的证明便落了空。是不是我记错了呢?在台湾,林绿竹一共才给了我两封信,这怎么可能记错呢?同样,远在昆明的刘观祥同学也遇到了这个情况。他写信给我,问:老陶(即洪滔)到过台湾没有?为什么外调会说“他没有去过台湾”呢?因为刘观祥在台湾时,与陶一起在台中,自然希望得到老陶的证明,可是竟然也落了空。当时,到台湾去过的同学都是审查的对象,如果能像洪滔那样“找不到他”,免去斗争,这倒是个好办法!不过,没听说同学中有第二个人。运动中真真假假的事实在太多了,我们小报和团委系统都发生过这类事情:你说真的,审查你的人不听;你说假的,审查你的人爱听,最后搞得一团糟。比如,有个人说真的仍挨批斗,便说假的,按照逼供信的“提示”乱编乱造,扯进了一大批干部,最后这一大批干部的外调人员只好坐在团委的办公室里,等着这个人说一句“我是乱编的”才欢天喜地地回去结案。洪滔到底是哪一种情况,他生前没有机会和我们谈起,我们也难以猜测。一直到他死后,他的夫人在他的纪念文集《笔魂》中终于撰文明确地讲到了他跟随地下党支部书记林绿竹到台湾参加革命工作的历史足迹。

(《追回青春》,生活 · 读书 · 新知三联书店,2012)

胜利前后在暨大

(节录)

王秀南

一、战时的暨大,内迁至建阳

暨大是华侨最高学府,一向在上海的真茹。自对日抗战而后,内迁至福建的建阳。那是朱熹昔日讲学的地方,弦歌得以继续不辍。

我既改聘于暨大,便即日就道。过去集美、龙中和闽师的毕业校友不少升学在暨大的,一闻校长的莅校任教,莫不喜形于色,当晚就联合在童游街的一家餐馆,设宴欢迎。主席彭瑞祥在致词中,且说校长既可离开闽师转教中大,何不早就到我们暨大来!似有相见恨晚之慨。

翌日,便由老友沈炼之院长的引导,进见何炳松校长。这位领衔十大教授发表新文化运动的老前辈,风采不减当年!他对我的安然回闽,表示十分宽慰,也打讪说“应该感谢敌人,才把您这份无上礼物送到我们暨大来”,言下十分风趣。想是沈院长早把我在教育厅和闽师过去的努力全告诉了他,所以谈来非常投机。

也由沈院长的带路,参观了作为大学本部的文庙。其中大礼堂利用文庙广场搭起屋顶,改造得颇壮观瞻。走出文庙,远远的一条大道建了一座“声教南暨”的牌坊,显然是暨大学生的入德之门,设计也十分古雅。我们就在牌坊之下摄影留念。

教授新村和学生宿舍，是利用附近旷地盖起一座座的平房排屋。我来迟了，无法配到这些新盖的教授新村，只好在童游街的一座民房原租为教职员住眷的，尚剩后面一进作为我的宿舍。还好后面一片旷地可供种菜和养鸽，对于战时经济是不无少补的。

文庙改的大学本部

声教南暨的校门

二、功课商定后，开始上讲堂

住所既安顿就绪，便准备上课。此来所商定的功课，又是“中等教育”“普通教学法”和“教育学科教材教法的研究”三门，正是中大师范学院所开过的。大概是教授新来的关系，吸引了许多外系的学生；又因教育学科教材和教法一门，却为停开了已久，故补选的也特别多。

我的教学作风一向都是先备教学大纲，在黑板之前边写边讲，使在座学生有了条理可寻。原理与实际，并行不悖。每一原理，都佐以

大学本部侧影

教授新村

学生宿舍

实例;没有实例可举的,则编引故事;没有故事可引的,则采用板画说明:总以能使学生明白,启发问答,自感兴趣盎然!

有此教学素养,故能启发学生的兴趣,时常来舍切磋。自思以一大学出身而教大学的教授,何能胜过外国回来的教授?毫无疑问的,他们尽是外国贩来的理论,不懂本国的实际;而我则于原理探究之余,复助以实际问题的分析。学识加上经验,自能胜过留学生一畴,而到处为学生们所欢迎的!

三、周会的演讲,吸引了听众

大学每次国父纪念周,除了校长训话之外,都约有教授作专题演讲。我是新来教授,自是首被青睐的一个。一经校长的介绍之后,我便开讲"战时书生本色"的专题:

"什么是书生本色?在战时拜金的潮流中,说来不免是醋溜溜的;但一到战时,战事临头,书生却能独显其本色!就以我此次从中大逃难回闽的经过说来,一样的逃难,却分出两种的心境。我们是行行重行行,有说有笑;他们却是粒米不进。据说是衡阳巨贾,而今流于行乞生涯;也有权贵太太,频频捶胸,据闻是韶关一失,人财两空。我暗自忖想,战时就受够这些奸商豪门的剥削,如今却向我们低头了!为的是我们财富永留在脑子里,所谓'留得青山在,不怕无柴烧'呀!一路的逃难,店屋早为军人封驻,但幸有余屋,却得以国立中山大学员生驻此,用粉笔写在店口,使后到的部队都望而却步。再,军人拉夫,我们行李无人代肩,也幸得一昔日女生之助,由她的军部丈夫代派一名夫役。又如行抵龙南,巧有好友的汽车公司车辆为军部所封用,车主虽邀我们附搭,却为副官所阻,后来见了副官处长,知为中大教授,也就慷车主的慨。而且汽车到站,还请我们吃午饭。谁说军中无正气呀!车到兴宁,这一岭东的战时香港,灯红酒绿,引人欲醉,却有中大两毕业生从途中走出,笑谓'有酒食,先生馔',坚邀我们进入饭店。间关入闽,到了长汀,正值新年除夕,又是闽师校友们纷纷请我们吃年饭。一路逃难,都显出书生们有其过人之处!但什么是书生本色?淡泊以明志,宁静以致远,正是最好的注脚。"

这一冗长的演说,并不叫人讨厌;相反地,一阵阵的掌声,送我下讲台。

四、校长的风义,一向所未见

多数校长,特别是战时的校长,向来是不关心师生的生活的。独有暨大的何校长,对于师生们都是关怀备至的。纪念周过后,他走到我的住所来,巡视一番,频说有何问题可通知其照办。似此关怀,却是前所未见的。除夕一至,人们都循例送礼,却不料他所回敬的礼物,竟加倍丰富;许多贪小便宜的同事,却乘此年节去敲校长一笔。而我则感到心中不安,从此停了送礼。

学生们偶有患病的,特别是离乡背井的侨生,他老人家总是偕校长娘一一至病室慰问。而每次都带有一小罐的炼乳,这一战时无上的珍品,不知如何从上海间关输入的,他老人家舍不得自用,都留给患病的学生们。这是一片多么可敬的父母心呀!

五、战时的师生,水乳相交融

战时的暨大,师生住在一起,同甘同苦,水乳交融,这是平时所没有的。战时的学生伙食,是吃不饱饿不死的。在半饥饿的情况之下,不少熟悉的学生,往往于饭后走到我的住所,内人便从鸽橱上取下了鸽蛋,自菜园采来青菜,把剩下的冷饭重炒一番,捧以敬客,在战时却是无上的珍馐!

也有不少学生,入夜患了夜盲症,看不见东西,往往借去一二块钱,买一二两猪肝一吃,翌日便恢复了光明,真是奇妙!但也有些告贷无门的侨生,却向门房的老杨打主意,老杨来者不拒,一律照借。有人提醒他,你不怕钱去不回头么?他扳起大拇指,说:"借钱给侨生,我最有把握。他们一回到侨居地,就会连本带利的汇还给我,有时还加上了红包哩。"从老杨的口中,可以看出侨生敦厚的本色。

六、学生有冲突,挺身以化解

不知为了什么,闽南学生竟和福州学生打起架来!甚至成群结队,越打越凶。那代理训导长陆润章下气接不了上气,气喘喘地奔到我的住所,说:"不得了!这一场的冲突,只有你和方光焘主任是他们信仰的教授,非出来调解不可。"

还好,闽南学生的几位领袖,经我一说,大家都明白大义,心平气和地安静了下来;而福州方面的学生,也经方光焘一安抚,同样地愿意和解:于是这一场的恶斗便化凶为吉了!

何校长据讯,原是十分忧虑的。后来我与方光焘把调解的经过向他一说,才转惊为喜,连声称谢不已。

七、反美座谈会,仗义以执言

学生的反饥饿运动,由于大家并不饥饿,没有得到反应,便无形地消沉下去了。但不久又来个"反苏反美座谈会"在大礼堂举行。不知为何,也把我列入"名教授"名单,要我上台发表意见。他们原预拟有讨论纲要,要教授们照着纲要发言。假如照纲要说了下去,那便是苏联的搬走东北机器,是为了赔偿战争的损失;而今美国却为了称霸,要租借青岛为其海军根据地。其用意,自是转移"反苏"而"反美",化解对苏联的仇恨。那些被请上台的教授们,都不敢正面发言,而是投鼠忌器,吞吞吐吐地敷衍了事。只有我,为教授的骨格,斩钉截铁地指出:"苏联未曾出战,而竟搬走了我们东北机器,何得说是胜利品,不知所谓胜利何来?至于美国欲租借青岛为海军根据地,只是一方面的谣言。一是事实,而一是谣言,何可徒凭谣言,反美而不反苏呢!"台下的学生,掌声四起,只有一小撮的学生瞪目相向。我自知会开罪一部分的学生,但是为了教育,怎好横起良心而不说实话呢!

后来,途遇何校长,他扳起大拇指,称赞我的做人有原则,有勇气!

八、胜利的炮声,惊天又动地

"一九四五年八月十四日,日本宣布了无条件投降",广播电台欢天喜地的播出,把全校学生都从宿舍里哄了出来!抢买鞭炮,把整条童游街放得震耳欲坠、纸屑满途。鞭炮放光了,又从宿舍里取出了洗脸盆,打得整天价响,狂欢一场! 童游街唯一的蒸笼包店和另一家的餐馆都坐满了人,饮酒猜拳,相与欢呼,简直成了疯狂世界!

第二日,一阵狂欢过后,大家都竞作归计。何校长和总务处人员,早已专车北上,先作复员的部署。每天但见一车车的北去,而我们则以等待船期,留着未发。只是平日熙熙攘攘的暨大,如今已变得死沉沉得可怕! 无奈何,只好搬至学生宿舍,与学生们共住。那时候侨生陈文光夫妇就在那里认识的。

不料邮差送来一封挂号信,才知道何校长已被调去了英士大学,并附一聘书要我去做其训导长。我正以为上海乃全国文化出版的中心,可以一显身手;如欲改去金华,重入内地,岂不枉我一生。于是商好内子,待车赴沪,而我则先下福州,找船抢先北上,以便向何校长婉辞。想不到一至上海,何校长已气恼成病,竟归道山去了! 我为纪念何校长这番盛意,至今仍把英大训导长的聘书珍藏起来。

(《教学著述六十年:王秀南教授八十回忆录》,1985)

暨南大学与东南联合大学

何炳松

中华民国二十六年七月七日卢沟桥事变既起,日本军阀妄欲以武力灭亡我国之野心大著。迨八月十三日上海日军复向我挑衅,我全国上下遂在蒋委员长领导之下,奋起抗战。其时大江南北各地之公私立学校多奉令避地上海,青年云集,弦歌不辍,俨成敌后之精神堡垒。文教同人,如此支持危局者凡四年有余,敌伪虽威胁利诱,均终屹然不动。

迨三十年十二月八日,日敌袭击夏威夷及新加坡英美军港,太平洋战争于是爆发。上海敌军即于是日清晨以武力进占两特区,国人在特区内所办之各公私立专科以上学校,以局势突变,大多宣布停办,筹划内迁。

教育部为维护上海高等教育,招致大学人才起见,毅然决定筹设国立东南联合大学于浙江省境,以便收容自上海内撤各专科以上学校之员生。即于三十一年一月十五日以电令派胡健中、骆美奂、王凤喈、张寿镛、曹惠群、杨永清、黎照寰、樊正康、裴复恒诸君及炳松为筹备委员,并以炳松与王凤喈君为正副主任委员。二月十日加派阮毅成、许绍棣、许逢熙三君为筹备委员。四月六日又派胡寄南君为筹备委员。四月九日本委员会议决电请加派李培恩、胡敦复两君为筹备委员。六月下旬王凤喈君辞职,部派周宪文君继任副主任委员,本委员会委员计共十有六人。

惟上海各委员当奉派之初,原皆任上海公私立专科以上校院长,事繁责重,一时难以内迁。炳松亦以身任暨南大学校长职务,既须结束上海校务,又须规划全体员生撤至福建建阳事宜,一时无法离沪。教育部乃于二月二日电令胡健中、骆美奂二君先行在金华设立筹备处,胡、骆二君积极筹划,终于三月二十四日宣告成立。

炳松既结束上海校务,乃于四月一日间道返抵金华,即于同月四日就职视事。是月五日、十三日及二十五日凡召开筹备会议三次,出席者有胡健中、骆美奂、许逢熙、阮毅成、许绍棣、李培恩诸君,及代表杨永清君之盛振为君等。议决筹备处改称筹备委员会,启用钤记,修订组织规程,决定办事人选。此外并决定大学分设文、理、法、商四学院及艺术、体育、纺织三专修科,委员会分设秘书处、总务处、编训处、会计室及设计委员会。总务处分设文书、事务、出纳、交通四组,编训处分设登记、训导二组。聘杜佐周、顾石君、谢海燕、倪贻德、沈仲俊诸君为设计委员,朱中虑君为总务处长,娄子明君为编训处长,方岳君为会计室代理主任。同时除委托杜佐周君在上海负责一切联络事宜外,并派专员分赴临浦、诸暨、南涧、渌渚（《交通站分布图》原件系油印，模糊不清；改绘列入本书之图，将“渌渚”误为“印渚”）四地设立交通站，以便沿途照料上海内迁之员生。四月三十日炳松乃偕胡健中、骆美奂、许逢熙、李培恩、盛振为、朱中虑诸君前赴江山南乡石门村，查勘校址。佥以自然环境既极优美，可用祠堂又复宏大，认为适合。当即电部请求核准，一面并请当地赵贤科、王道二君协助校舍修建事宜。查勘既竣，胡、骆诸君东返金华，炳松则便道西赴上饶谒见顾祝同长官后，转赴建阳视察暨南大学分校，及商讨上海总校内迁事宜。

其时金华收容上海专科以上学校学生已达二百余人。上海交通大学、国立医学院等学生由本会资遣径赴重庆母校者为数亦不少。其他在本会所定四学院三专修科以外之各科大学生多人，则由本会津贴川资分发内地相当大学肄业。上海各校之教职员同人，据杜佐周君接洽结果，大部已准备内迁，或已在内迁途中，国立东南联合大学之筹备，至是盖已略见头绪矣。

不意日敌突于五月十五日进犯浙东，而浙赣战事遂起。金兰一带日受敌机肆扰，军政教育各机关遂相继向西撤离，炳松在建阳接获电报，兼程赶归金华。迨十七日晚到达时，本会员生二百余人已在胡健中君之指示及战区军事长官协助之下，于同晚由朱中虑君等率领乘车迁往江山矣。炳松既抵金华，闻杜佐周君因在沪为东南联大事引起敌军之仇视，只身由上海间关内撤。迨炳松循水路于二十三日抵达江山时，杜君亦由东阳经龙游站，列车被炸脱险，遵陆来会。其时又传闻我军决用诱敌深入之计，江山处浙赣铁路中心已非妥然之地。顾长官对本会原极关心，亦来电谓不如迁至闽赣边界为宜。不得已乃与胡健中、杜佐周、谢海燕诸君商定，决将本会员生暂迁至建阳，一面并电告教育部。

此议决后不及一周，而衢县一带前方果又告紧急。全体员生乃于三十日由谢海燕、倪贻德、沈仲俊、朱中虑诸君率领步行，经浦城迁往建阳，沿途敌机追踪扫射，前后村镇更番被炸，而岭峻山高，风雨时作，员生负笈步行，艰险可想。炳松则于同日先与娄子明君乘便车驰往浦城,暂借文庙为员生食宿之地。同时并向各方商借车辆,为运输员生行李之用。六月十日左右,仙霞岭上已闻炮声,而员生方由岭下之二十八都陆续抵浦,迨行李全部抢运来浦后,敌军颇有越岭南下之势。同月十八日全体员生再离浦城,向建阳进发。途中几无日不雨,艰苦备尝。同月二十四日始全部到达。

全体员工既安抵建阳,乃暂以童游乡中山室为办公处,中心小学为学生宿舍。其时凡自浙赣撤退之军政机关及避难民众均麇集闽北,物价暴涨,房屋无余,故员生食宿医药及用具等项筹措至感困难。当七八两月间,东南形势忽紧忽弛,本会前后三度拟迁闽西。为未雨绸缪计,特设迁校委员会及校舍设备委员会,请谢海燕君等主持之,以便学校迁动或校址确定时,均得事先有所准备。

迨八月中旬,我军克复浙赣各地,敌军退据金兰一带,大局渐定。承顾长官来电告知,乃商决大学暂设建阳之童游,勘定该乡北段为临时校址。同时为救济当时退集建阳之陷区高中毕业生起见,遂于同月下旬招生一次,录取新生四十八名,先修班生三十八名。连同原有沪生一百四十五名,总计得学生二百三十一名。一面为积极筹备开学计,并致力于延聘教员、建筑校舍诸工作。

至九月中旬,教授已约聘者有二十一人,商洽中者十三人,待约者七人,共四十一人。当聘罗君惕君为秘书,继又聘胡寄南君为教务长,娄子明君为训导长,朱中虑君为总务长,杜佐周君为文学院院长,江之永君为理学院院长,孙怀仁君为法学院院长,陈振铣君为商学院院长,谢海燕君为艺术专修科主任。大学人事组织,至是略见端绪。又因沪浙皖赣等陷区及战区高中毕业生陆续来闽者日多,而闽省教育厅与金华进修班又复分发学生多人来校,静待本校招考,大学成立势难再缓。乃于九月中迭次电部请示(九月七日申虞电,九月二十二日申养电),准予定期正式开办。

唯此次战后,上海各委员既因交通益加困难,不能内撤,而内地各委员又多散居各地,无法召开筹备会议。故重要事务由炳松与周宪文、胡健中、胡寄南、杜佐周、谢海燕诸君就近商决,随时电陈教育部核夺办理之,并函报各地委员。同时上海各校员生亦因交通断绝无法内迁,九月十九日奉部十六日(申诛高)电,乃令本会继续筹备,大学暂缓成立,现有学生并入暨南大学,至上海退出员生仍由本委员会收容。十月二十二日又奉十月十九日(酉效高)电令,知原有暨南大学办理之先修班,改由本委员会办理。十一月十日又奉十月二十九日(酉艳高)电令,凡沪、浙、赣退闽学生,高中毕业者派入先修班,大学肄业者派入暨南大学或本大学借读。本委员会遵于十一月一日将全部登记学生及考取新生函送暨南大学借读,先修班亦于十二月八日开学聘娄子明君兼任主任。

迄十二月二十九日行政院会议议决,东南联合大学归并英士大学,而将英士大学改为国立。本委员会乃即准备移交,嗣以新任英士大学校长吴南轩先生辞职,至三十二年五月十二日行政院会议改任本委员会设计委员兼文学院长杜佐周君为校长,全校员生同庆得人。六月二十一日奉六月二日高字二六二四七号训令,将本会所有文、理、商三学院学生并入暨南大学,法、艺两院科并入英士大学,并以七月底为本会结束之期。本会遵于七月底正式结束,为时盖一年又五阅月。

窃惟炳松以铨才受命于倥偬之间,筹备于危难之际,自问本不克负此重任。故在职同仁虽黾勉从公,而计划仍不克实施,学校终未能成立。此虽时局多变有以致之,而人谋之不臧,亦炳松所疚心者也。然我教育部筹设东南联合大学之至意,实属高瞻远瞩,为中国抗战教育史上值得纪念之一页。故叙其始末,弁诸同学录之首,以供研究教育史者之参考,并为我数百同仁同学志其生平之一段难得因缘云尔。中华民国三十二年七月何炳松于建阳聚奎阁。

按:本文为《国立东南联合大学筹备委员会同学录》序。

(《何炳松纪念文集》,华东师范大学出版社,1990)

何炳松在暨南大学和东南联合大学校长任内的资料辑录

刘 方

〔说明〕本资料辑摘自上海市高教局档案室和上海市档案馆所藏的有关档案。

一、就任暨南大学校长

(一)交接

何炳松呈教育部文,1935 年 7 月 4 日。

本年七月二日案奉钧部令秘字第七八九号,内开"派何炳松为国立暨南大学校长,着即先行到校视事,此令"等因,奉此,炳松遵即函沈代理校长,约定接收日期,以便到校视事,并请其在校长未接收前,负维持校务责任。

何炳松致沈鹏飞函,1935 年 7 月 4 日。

径启者,本年七月二日案奉教育部令秘字第七八九号,内开"派何炳松为国立暨南大学校长,着即先行到校视事,此令"等因,奉此,除呈报教育部外,相应函请贵代理校长速即约定交替日期,克日示复,以便接收。在未接收前,一切校务并请负责维持,不胜公感。

何炳松致沈鹏飞函,1935 年 7 月 9 日。

径启者，前为接收暨南大学校务事，业经迭次函请台端克日约定交替日期，以便接收。旋准覆称，“一俟奉到部令，即当照办”等由，当经电部请示，兹奉复电“开阳电悉，顷已电令沈代校长即日办理交代，望速到校任事为要”等因，奉此，兹派陈君中孚代表持函趋谒台端，以便当面商定交代日期。

7月10日暨南大学秘书处复函何炳松，称9日信已收到，沈鹏飞往南京未返，已代转。

7月11日沈鹏飞复函何炳松，定16日上午10时移交。

何炳松致沈鹏飞函，1935年7月13日。

径复者，案准七月十一日大函，内开“兹定于七月十六日上午十时移交”等由，准此，兹谨派定代表杜佐周、张耀翔、郑振铎、程瀛章、程瑞霖、陈科美、陈中孚等七人届时偕同职员前来接收。

何炳松致徐永祚会计师函，1935年7月15日。

永祚会计师大鉴：谨启者，炳松奉命忝长国立暨南大学，当径函致代理校长沈鹏飞君，双方约定本月十六日正式交替。唯查会计部分关系重要，兹特具函委托台端指导，并证明此次暨南大学会计部分之接收。

何炳松致沈鹏飞函，1935年7月16日。

径启者，前准大函，定于十六日上午十时接收，当径派代表杜佐周等偕同其他职员赴校接收，所有印信、卷宗等件均已照收，唯会计部分未承移交，一切校务均无法进行，务命日（即）转饬会计课移交，以便报部。

7月16日，教育部电商务印书馆编译所转何炳松；已派上海商学院院长裴复恒监盘校长交接。

何炳松致沈鹏飞函，1935年7月19日。

接准复函，七月十七日内开，照抄“大函祇悉”至“亮察为荷”等因，查关于会计部分交代事宜，急待早日交替，以利进行，应请贵前任仍予查照前函，即饬会计主管人员迅予移交，以清手续。在未交代之前，并请逐日派人来校处理七月十五日前之一切账项。

何炳松呈教育部文，1935年7月23日。

呈为本校交替，关于会计部分前任迄未交代清楚，本届毕业生近日纷纷向会计课索还保证金，难于应付，乞核示祇遵事。窃本校新旧交替，关于会计部分沈前任迄未交代清楚，迭经陈明在案。近日本届毕业生纷纷向会计课索还保证金，大都即欲离校他适，用充旅费。而会计课巧妇难炊，莫能应付，备受责难。迭经催促沈前任将银钱账目赶速移交，并于未交代清楚前逐日派人到校，负七月十五日前一切账项之责任，亦迄未获切实答复。为此，具呈钧座，仰祈指示一切。

7月25日，教部代电：“令遵公务员交代条例所定日期，限将接收事项办理清楚。”并分电裴复恒、沈鹏飞。

7月27日，裴复恒来函，希按部令从速约定日期，移交清楚，先告日期以便监盘。7月29日，杜佐周代批：“拼入部令，一起通知沈前任。”

何炳松呈教育部文，1935年7月30日。

案奉钧部有代电开“据□电，陈报到校任事日期已悉。至接收事项应按公务员交代条例所定期限办理清楚，除分电沈前代校长、裴院长外，仰即遵照”等因，奉此。遵即函致沈前代校长，请其将未交代部分迅予遵照部令从速约定日期移交清楚。

8月5日收到沈鹏飞函，称会计部分于本月16日移交。8日，杜佐周代发函致裴复恒、沈鹏飞，准备16日移交。10日，裴复恒来函问移交的具体时间。12日，杜佐周代函致沈鹏飞，询问移交的具体时间。13日，沈鹏飞复函，称16日下午三时移交。15日，杜佐周代函致裴复恒，转告具体时间。

何炳松电教育部,1935 年 8 月 16 日。

南京教育部长王钧鉴:本日沈代校长派员来校接洽会计部分交代事宜,仍承裴复恒院长莅校监盘。不意各种手续均未完备,单据账目均未交出,实难接收。究应如何办理,仍候核示遵办。

9 月 4 日,收到沈鹏飞函,派杨亦保负责办理会计部分移交事项。

1936 年 3 月 2 日接教部训令:"为准审计部函,以国立暨南大学前任校长沈鹏飞移交清单清册,准予存案备查等由,令仰知照由。"

何炳松致沈鹏飞函,1936 年 4 月 28 日。

径启者,查本校被控赔偿一案第一审判决书,未准贵前任移交,致本校蒙受极大损失。据管卷员称,本校一部分存校长室之文卷,贵前任确未移交,本校被控赔偿一案之第一审判决书即其中之一等语,已据实呈请教育部核示。顷奉指令,略开"……至沈前校长未交出之文卷,应即由校通知补交,此令"等因,奉此相应函请贵前任将未准移交之文卷迅予全部交出,以重公务。

(二)办学思想与校政建设

在暨南大学第一次校务会议上的讲话,1935 年 10 月 8 日于暨大尚节亭。

一个大学决非一二个人所能办好,必须群策群力而后可,校务会议就是一种表现群策群力的机关。现在本校同人极富有一心一德之精神……古人所说"公则一,私则万殊"那句话,在我们同人的经验中可说业已完全证实了。我们为公家服务,一方面固属一种责任,但一方面亦属一种权利。所以我们除尽责外,还须切实行使我们的职权才算尽职……我竭诚希望大家能够竭心尽力,以谋本校积极的发展,充分发挥专门研究的精神,使本校对于整个社会、国家有所贡献……我始终希望大家本"公则一"之精神,以本校整个利益为前提,破除一切私见,本校自不难日臻发达。

在暨南大学第三次校务会议上的讲话,1936 年 6 月 12 日于暨大尚节亭。

本人在第一次校务会议的时候,曾贡献一种意见,就是“公则一,私则万殊”。我们一年来全是本着“公则一”的精神,努力于校务,并无意见冲突,所以校务蒸蒸日上。“公则一”的效果业已证明,本校一年以来,全体教职员均积极负责,而无一人例外,教授与研究方向比较从前更有效力,更有成绩。这种努力从公、精进不懈的精神是极有价值、极可感佩的。根据一年来的经验,我们可以相信,本大学的将来必更大有进步。

在暨南大学第四次校务会议上的讲话,1936 年 9 月 24 日于八仙桥青年会。

希望诸位先生多多提倡学术研究精神,因为现在学生不免趋向于功利主义。其实,大学最高的使命乃在学术研究,在以学术救国,不能以习得浮薄学问即认为满足,想诸位先生都已深知,并且实行提倡。

何炳松主持的暨南大学第十一次行政会议决议案,1936 年 9 月 20 日于何公馆。

专任教授所任之学程,即仅有学生一人选习,亦须开班,且必须照常上课。

在暨南大学一九四二年度第一学期第一次纪念周上的讲话,1942 年 11 月 2 日于建阳校部大礼堂。

分校的同学,能够在短短的一年期内,养成一种好学敏求的习惯,造成了良好的校风。

我现在对于本校有几点希望:

我想教务方面,应该使师生养成共同研讨的习惯,多多地埋头苦干,向学术之路上进展;至总务方面,能够在学生生活环境方面着想,譬如在衣食住行各方面尽量地加以改善;训导方面,对于同学的人格修养能好好地注意。

其次,我希望我们全校同学有下列各点:

第一点,我们要爱护我们的国家,努力"敦品励学",以报效国家,养成一种抗建(编者按:抗战建国)人才。我们能有如此的志愿,才能对得起国家和民族。不然的话,那么所谓大学只是一个造就争权夺利的人才的一种机关了。那么,国家何必办大学,我们又何必一定要读书?!

第二点,我们要爱护我们的学校,无论同学之间、同事之间,不要相互排挤,互相倾轧,要不分你我,不分党派。过去暨南大学名誉不好,就是因为分党派的缘故。在民国廿四年的时候,教育部派我来主持暨大,并且嘱我整顿学风,挽救当时的颓局,给暨南大学一个最后的机会,如果整顿不了,就准备停办……所以,我现在希望同学们,大家能尊师重道,精诚团结,互相亲爱,共同为暨大前途而奋斗。

第三点,我希望同学们一方面自己要"敦品励学",蔚为抗战建国的人才,一方面,还要注意身体健康,免得常常生病。建阳气候变化太大,每天冷热往往相差廿度之多。如果寒暖上不留心,就很容易生病。最好把四季的衣服都放在手边,以便随时加减,就不容易生病了。总要办到心身都非常健全,才不愧为现代中国的青年,不负国家培植我们的至意。

在暨南大学一九四二年度第一学期第三次纪念周上的讲话,1942年11月16日于建阳校部大礼堂。

有一件事,要特别地提出来向诸位报告,就是前天《前线日报》登载的新闻,有涉及本校和联大的地方,以致引起本校与联大学生推人前去责问的情理。这件事,无论如何我总认为不合理,而且恃强威胁亦是不合法的行动。推诸同学的本意,原是出于爱护校誉,但是要用恃强威胁的手段去取得校誉,那真爱之过所以害之了。而且因此增加了学校方面一种无谓的困难,亦不值得。我们做人做事只要"问心无愧"就行了,至于别人的毁誉,原可不计。我们记得从前蔡孑民、胡适之诸先生在北京大学提倡白话文的时候,当时反对者很多。北京的《正言报》等对于他们大肆攻击,几近村妇骂街,但是北大的教授和学生们大家都不理会,只是在《晨报》的副刊上用合理的文字继续主张。到了现在,谁是谁非,人人都看得明白。最近浙江大学因抗战军兴而迁到贵州。当时浙江人士群起责难,喧腾至极,甚至浙江省政府将该校的津贴扣留不发,当时浙大也置之不理。一时的毁谤又何尝降低浙大的声誉?以上两个例子或可称为"无言之教",都足以做我们很好的榜样。我们应知道,实至者名自归,事实胜于雄辩。所以我希望各位同学,从今以后,一切要求其在己,再不可为他人的毁誉所摇动。何况,我们与《前线日报》平日情感素厚,尤不应为了一篇别人投稿的文字而发生误会。我们学校既在东南,一定要和东南文化、教育、军事、政治各机关,取得很密切的联络。我也知道各位同学对于学校名誉都很爱护,但我也相信,学校当局方面对于学校名誉也一样爱护。总之,我希望全校同学以后凡事服从学校的指导,一举一动要顾全大学生的身份,审慎将事。对于本校名誉要爱之以其道,切不可凭一时感情的冲动,就轻举妄动。本校以往信誉的堕落和近年信誉的转佳,就以全校同学的行动是否合理合法为标准。

指示事项,1942年5月13日。

此为1942年5月10日及11日与分校同仁周宪文、吴修、王子瑜、韩逋仙、沈传珍、许杰、俞剑华诸人在建阳会谈所得结果之记录:

关于合作社问题:师生合作社最好能逐渐设法扩大,并宜由该社设法收买空地或熟地,在当地园艺专家指导之下种植蔬菜。他如自制豆腐、开设卫生食堂及贩卖师生必要日用品,亦宜早日规划实行。

关于训导问题:训导不可过于严肃,过于消极,须于严肃之中有乐趣之调剂,及积极服务精神之提倡。除合理之娱乐、正当之社交随时指导举行外,对于校园劳作、附近乡村服务、农民教育、卫生等工作,亦宜提早实施,唯不可过操切。整理村校道路亦宜提倡。

部分负责教学人员会议,1943年10月1日于校长公馆。出席者有:胡寄南、韩逋仙、盛叙功、戚叔含、江之永、周宪文、俞剑华。

决定事项:学生陈德诚假借名义借校警枪支打鱼,违犯校规,开除学籍;教官蓝耀周庇护学生陈德诚犯规,即日解职。

部分负责教学人员会议,1944 年 5 月 18 日于校长公馆。

决定事项:……(二)吴稚晖先生奖学金,全体教职员概捐月薪一成……(六)本届学年考试及毕业考试,务须请院长、系主任及出题教员出席监试,以肃考规;(七)每次考卷应由教务处尽速发给各担任教员,请其于一星期内评定并将成绩缴回教务处;(八)用校长名义函各教员,说明考试成绩关于学生升留级及公贷费者甚大,务请其将成绩早日缴至教务处;(九)教员聘任资格审查委员会草案,由校长考虑后提交校务会议通过。

部分负责教学人员会议,1944 年 11 月 10 日于校长公馆。出席者有:江之永、盛叙功、方光焘、卢怀道、许杰、韩逋仙、沈炼之。

讨论结果:……四、导师分配:(一)一年级学生采用集团指导办法,由训导处拟具;(二)二、三、四年级照上年原办法酌量调整。五、学生操行成绩,除照教部规定由训导处主办外,其有成绩特优、特劣者,由训导处与各导师取得密切联络,互相知照,特别注意。

二、抗战时期暨大内迁

(一)建阳建校

在暨南大学一九四二年度第一学期第一次纪念周上的讲话,1942 年 11 月 2 日于建阳校部大礼堂。

本校原来设在上海。我们大家知道,上海公私立专科以上学校很多,因为不能及早准备,又加以此次浙东战事爆发,交通断阻,以致大部分教职员学生不能继续撤退到内地。而我们呢,则很幸运,居然能从上海撤退出来。虽然一路受尽困苦艰难,然结果终于能平安到达建阳,按期开学。这是很庆幸的一件事。

我们更应该感激过去福建分校负责的教职员,如周宪文、吴修、韩逋仙、许杰诸先生们。他们热心地在建阳为本校建设了一个巩固的基础,使我们能有这样的规模,使本校内迁后,得到种种便利,坐享其成。

指示事项,1942 年 5 月 13 日于建阳。

关于校舍建筑问题,似以师生住宅及宿舍为最急要,拟先成立校舍建筑委员会,请王子瑜、周予同、周宪文、吴修、韩逋仙、许杰、俞剑华诸先生为校舍建筑委员会委员,并请王子瑜先生为主任委员。先计划建造职教员眷属住宅,暂定二十幢,单身宿舍暂定二十间;学生宿舍若干幢,一概仍视建筑费情形随时酌定。建筑地点宜在童游村之东边,于距文庙及环峰书院居中地点。至于建造样式及如何包工等问题,最好能与营造厂接洽决定,决定之后,即可开工。外观不妨朴素,内容须力求合于卫生,不可过于简陋。房屋使用年限,至少须在四年以上。原有旧屋,仍宜尽量利用,藉省公帑,唯须加以适当的改造,以求适用而合卫生。至图书馆及教室,可就原有旧屋,加工改造,似亦尚适用,容徐谋添建。

关于校景布置问题,应先规划并修筑或整理校内外师生所必经之道路,此于师生鞋袜经济关系不小。在校外周围,宜布置成为一大公园,缀以坚固茅亭,不妨树立刊有白鹿洞书院规约之木牌,以备学生游息或疏散时观摩之用。

关于教授方面,上海原有教授,因种种困难,恐不能全体撤退来闽,且教授钟点或须调剂,将来须添聘者至多。内地如有各科相熟人才,可由各同事尽量介绍,以便考虑延聘。

关于分校取消问题,总校既已奉命迁闽,分校自无存在必要,所有分校课程定于六月半结束,并即日呈请教育部,于七月底将分校名义取消,所有分校人员,均并入总校服务。

关于总校学生补课(补足三十年度下学期学程)问题,总校学生暂定在六月半开始补课,至九月底结束。所有课程可依教授多寡情形,尽可能开班。所有总校补课事宜,请周予同先生主持。在总校学生补课期内,请分校教员尽量分担课程。所有钟点,以兼任教员待遇致酬。各级职员应给津贴,其标准另行规定。

下半年度校历问题，三十一年度上学期定于十月半开始，请周宪文先生即日拟订校历，附注理由，呈部备案。

关于下学年新聘教员待遇问题，新聘教授待遇照教育部规定标准办理。到校月旅费，酌送一个月至三个月薪水(各种津贴亦照给)，如新聘教员在八月间授课者，应依兼任教员待遇，另行致酬。

专任教员授课钟点问题，自卅一年度起，专任教授每周授课时间以九小时为原则，在总校学生补课期内，仍以十二小时为原则。

教职员薪水调整问题，总校内迁教职员月薪自五月份起未在上海支领者，由分校照原薪额发给，至米贴、生活津贴等，亦可暂借一部分，俟内迁完竣后，再行结算。至全校教职员及校工月薪，俟上海同人多数到达时，再行调整。

教职员兼课问题，自下学年起，以教员兼职，职员不得兼课为原则。

关于关防问题，总校关防存沪，不能带出，即日在金华另刻木质关防及官章应用，并报部备案。

附中存废问题，自下学期起开办，人选及经费另定之。

(二)组织人事

部分负责教学人员会议，1944年10月6日于校长公馆。出席者有：江之永、盛叙功、韩逋仙、卢怀道、许杰。

校长报告："本学年教授代表选举结果，计文学院詹剑峰、李祥麟、魏应麒当选；理学院黄缘芳当选；商学院林葭蕃、柯蓬洲当选。"

部分负责教学人员会议，1944年10月20日于校长公馆。出席者有：江之永、盛叙功、韩逋仙、卢怀道、方光焘。

校长报告："经费稽核委员除校长、总务长为当然委员外，当选者方光焘、李祥麟、柯蓬洲、黄缘芳、林葭蕃五先生；公粮管理委员除总务长为当然委员外，当选者：教员代表方光焘、林葭蕃、魏应麒三先生，职员代表林光汉、张卫经、方岳三先生。"

讨论结果：校长参加中国航空建设协会名誉会员；学校为团体会

员。请许杰、韩逋仙、盛叙功、沈炼之、江之永、卢怀道六先生参加中国航空建设协会特别会员。

部分负责教学人员会议,1944年11月24日于校长公馆。出席者有:江之永、盛叙功、韩逋仙、卢怀道、方光焘、许杰、沈炼之。

讨论结果:借款购粮委员会以总务长为当然委员,由校长聘请章洪楣、谢震亚、陈一平、陆伦章、詹聿修等五先生组织之,并请章洪楣先生兼主任委员,詹聿修先生兼干事。

部分负责教学人员会议,1943年7月17日于校长公馆。出席者有:胡寄南、韩逋仙、盛叙功、戚叔含、江之永、周宪文、俞剑华。

决定事项:关于学生公费问题,由校长聘三处长、三院长、文学院教授许杰、理学院教授尤崇宽、商学院教授柯蓬洲为委员,组织审查委员会,以教务长为主席。

部分负责教学人员会议,1944年4月15日于校长公馆。出席者有:戚叔含、周宪文、盛叙功、胡寄南、俞剑华、方光焘。

决定事项:图书仪器委员会主席戚叔含先生辞职,另请许杰先生担任。

(三)教职员编制、学生名额与招生工作

部分负责教学人员会议,1944年10月27日于校长公馆。出席者有:许杰、沈炼之、江之永、盛叙功、卢怀道。

校长报告:教育部训令,重行核定本校教员为八十人,职员为六十五人,以后非经呈准不得增加。

指示事项,1942年5月13日于建阳。

关于下年度招生问题:应即日组织招生委员会,规划招生事宜,并请周予同、杜佐周、张耀翔、王子瑜、周宪文、许杰、王书凯、方光焘、吴修九位先生为招生委员会委员,在周予同先生未到校以前,请周宪文先生代为主持,招生人数平均每系二十五人,九系共二百二十五人,加

四成录取,总计为三百十五人,并呈报教育部备案。

在暨南大学一九四二年度第一学期第二次纪念周上的讲话,1942年11月9日于建阳校部大礼堂。

截到目前为止,总计全校同学,原来分校从前旧生有三百三十六人,加上第一次招取的二百零四人,第二次招取的二百二十六人,外加联大借读的学生二百三十九人,共计一千零五人。至于教员则有六十三人,职员四十四人,共计一百零七人。

部分负责教学人员会议,1944年5月18日于校长公馆。

决定事项:……(三)招生办法遵照部电,一方由本校自行招生,在本校、衢州、屯溪三处设考区;一方委托闽皖浙赣粤五省教育厅代办。招生人数以四百名为限,各院系人数以每系四十人为原则,理学院以三系论。详细办法由招生委员会拟定;(四)本届招生注重体格检查,并函各代招生教育厅注意代办;(五)招生委员会从速照例组织并将招生消息在各报公布。

部分负责教学人员会议,1945年4月6日于校长公馆。出席者有:韩逋仙、卢怀道、王勤堉、沈炼之、江之永、俞剑华、方光焘。

决定事项:……(八)下半年招生人数:文学院每系二十五人;理学院数理系四十人,化学系三十五人;商学院每系三十五人。

(四)战后复员的准备

部分负责教学人员会议,1945年3月21日于校长公馆。

讨论事项:……(二)战后本校复员问题,决议:(1)由各院院长分别拟具各院计划;(2)请校长及王、韩拟具全校计划;(3)请王教务长主持整理计划之责。(三)学生学术论文奖金如何分配问题,决议:(1)本学期每学系学生学术论文奖金以两千元为限;(2)总题目为战后的暨大与南洋;(3)由各院长系主任拟定各有关分类题目;(4)由奖学金委员会主持拟订实施办法;(5)成绩评定以奖学金委员会为最后决定者。

部分负责教学人员会议，1945 年 4 月 6 日于校长公馆。

决定事项：本校复员设计委员会请方光焘为常务委员。

何炳松赴渝参加全国教育善后复员会前的书面指示，1945 年 9 月 30 日。

请谈话会诸公商定并托沈炼之先生代行事项：（一）拟即组织迁校委员会，除三院三处主管人为当然委员外，每一学院各选代表一人共九人组织之，由沈先生召集之，必要时，得邀学生自治会代表二人列席会议；（二）稽核委员会应遵部令日期开会；（三）本人离校期间全校人事以不变动为原则；（四）本校向以中途不变动同人薪额为原则，如同人中有此项要求，请先生代为说明；（五）韩先生如有短期请假赴台工作，必要时训导长职务暂请陆伦章先生暂代，同时即请童伯璋先生以讲师资格兼代课外活动组主任职务；（六）关于商学院长问题，俟周宪文先生返校授课时，请谈话会诸公与之商定。

何炳松

34. 9. 30

沈炼之代校长同部分负责教职员谈话会，1946 年 3 月 15 日于校长室。出席者有：章洪楣、戚叔含、方岳、王书凯、陆伦章。

沈炼之报告事项：一、何校长三月一日致教育部代电稿；二、何校长致朱部长函；三、校长三月四日来函寄来迁校要项；四、因部款未到，向省银行透借五百万元经过；五、教育部电及本校建阳校舍迁移时准让与建阳师范，如有多余房屋亦可让与县中，希酌办具报；六、建阳县政府函为本校迁移时，所遗北童游校舍及不能随校迁沪之校具、图书，请赐拨惠赠县中。

（五）拟组织何校长长校十周年纪念会筹备委员会案

理由：查明年七月一日为本校校长何炳松先生任职十周年之期，本校虽有四十年之历史,校长任职十年者以何先生为第一人,国内各大学校长能任职十年者亦殊不多见。况何先生接事于校局兀臬之际,支撑于困难严重之时,经营擘划,艰苦卓绝,校誉日高。太平洋战争爆发后,尤能不避艰险,毅然内迁。上海大学不啻十数,而能完全内迁者,仅有本校;大学校长内来者,仅有何先生一人。是不特维本校弦诵于不辍,并能留天地正气于不坠,桃李满门庭,不愧树木雅化,弟子遍天下,宛然洙泗遗风。纪德纪功,自应铭于钟鼎;善颂善祷,是所望于同仁。

办法:由校务会议准定筹备委员五人或七人组织筹备委员会负责筹备事宜。会中分为二组:

(一)会务组——筹备举行纪念会时之仪式,布置游艺、招待等项(俟明年四五月间再行组织)。

(二)编辑组——筹备征集编辑纪念文字等项(目下即应开始发动)。拟编刊物两种:

(A)校刊特别纪念专号:“暨大十年”。刊登各方贺电、祝辞及纪念文字;

(B)纪念论文。征求校内外学者专家,撰著纯学术性论文若干篇,刊印专书,以资纪念,而垂永久。

提案人:方光焘、娄子明、周宪文、戚叔含、俞剑华、胡寄南、盛叙功、江之永。

附议人:卢怀道、王书凯、许杰。

三、关于东南联合大学

在暨南大学一九四二年度第一学期第一次纪念周上的讲话,1942年11月2日于建阳校部大礼堂。

关于东南联合大学的事情:教育部举办东南联合大学的用意,原是因为太平洋战争发生以后,为国家救护人才起见,特办一联合大学,以收容上海各公私大学内迁的员生。当时我在上海,蒙教育部委我兼任主任委员,主持其事。我因为才轻任重,主持两校精力实在不够,所以先后向教育部电请辞职至五六次之多,至今尚未获批准。后来浙东战争影响所及,联大员生由金华迁至江山,又迁浦城,最后才到达了建阳。本可以在最近期间正式成立,后以浙东战争关系,上海内迁的交通断绝,以致在上海的员生不能够继续迁入内地。因此,教育部来电令东南联合大学暂缓成立。一方面继续筹备,联大的学生暂入暨大借读,教员也并入暨大,同时,也承暨大同事的协助,无条件地加以接受。因此,自明日起,联大的学生就可以来暨大注册,教员也由暨大照聘。联大的学生以借读的名义入暨大上课,如果将来联大一旦成立,那么联大的学生仍旧可以回联大。我并希望暨大的同学对于联大的同学们,当作自己的兄弟姐妹一样看待,不分畛域,互相切磋,为我国抗战期中文化史上留一佳话。

在暨南大学一九四二年度第一学期第四次纪念周上的讲话,1942年11月23日于建阳校部大礼堂。

现在要向诸位报告的是关于东南联大成立的问题。我想这一问题不但在座的联大同学,就是本校同学亦都很关心的。东南联大必须早日成立,我以为有二三个理由:(一)可使上海各公私立专科以上学校的师生因内迁有所归宿,继续撤退不至徘徊海上,观望不前;(二)东南人士对于联大成立期望甚殷;(三)东南陷区,战区青年多一升学之地。故我于九月间即电部,请求成立。到本月中旬,才间接接到部电,有已令该校限期成立之语,不过正式公文至今尚未收到。

国立东南联大筹委会给教育部的呈文,民国三十二年七月卅一日。

会呈

案奉钧部三十二年六月二日高字第26247号内开:"案查该校归并结束一案,经呈奉行政院三十二年四月六日仁嘉字第七九四号指令开:'呈件均悉,案经提出第六〇六次院会通过。各大学之经费原则于省预算部分,自四月份改由国库直接支付,并补办追减手续。除分别电令浙川晋三省政府转饬各该大学办理移交,并自四月份起由国库直接支付，另由院代编追减概算暨分行外，仍仰将东南联大划拨暨南大学经费经过情形具报，此令’等因，奉此除咨达浙江省政府并令知英士大学及国立暨南大学外，合行检附东南联合大学归并结束办法一份，令仰遵照办理具报，此令”等因，并附国立东南联合大学归并结束办法一份，奉此。查奉颁办法，经已将联大所有各学院、科、班、教职、学生经费、校产等归并方法详载靡遗，并限联大尽于七月底将归并结束事宜办理完竣。遵已由本委员会依限造具各项移交表册，会同英大及暨大负责人员及钧部指派监盘人员郑贞文择于七月二十五日齐集本委员会礼堂，将各项表册印信、案卷、校产及图书物品等分别移交英大与暨大接收，随将文、理、商三学院及先修班归并暨大办理，法学院及艺术专修科归并英大办理，原有联大教职员则由两校选用。本委员会遂于七月三十一日宣告结束。除经费部分事实上不能遵限办结，经已电请展限两个月，理合检同各项移交表册，会同英大及暨大三方会衔，备文呈送，仰祈鉴核，附赐准予备案，分呈指令祇遵。又会呈系联大主持，合并陈明。

谨呈

教育部部长陈

计呈送分项移交表册清单一纸，表册三十二份。

国立东南联合大学筹备委员会主任委员　　何炳松

国立英士大学校长　　杜佐周

国立暨南大学校长　　何炳松

部分负责教学人员会议，1943年11月19日于校长公馆。出席者有：戚叔含、韩逋仙、周宪文、盛叙功、江之永、胡寄南、俞剑华。

决定事项：“东南联大学生及先修班学生自十二月份起一律改为贷金。”

（《何炳松纪念文集》，华东师范大学出版社，1990）

抗战时期就读“暨大”回忆

王文天

上海国立暨南大学，是一所华侨大学。本来学生多收华侨子弟，毕业生多返回海外各地，特别东南亚，从事工、商、文、教各行业。学生到南洋各地工作很是吃香，据那时建阳分校主任周宪文教授讲：“暨大商科、文、教学生到南洋各地服务，只要你到那里，随时都会被华侨巨子争相夺走。有个笑话，一个暨大商科毕业生，刚到南洋某埠，两只袖口便被华侨几个老板扯破，上不了街，只得匆忙驾车逃脱，回去换件衣服，才好上街。”这话虽有夸张，足见暨大声誉在南洋深远。

太平洋战争一起，日军进侵上海租界，暨大被迫全部迁到建阳。“暨大”迁阳，也有其历史原因。建阳是宋儒朱熹长期生活、讲学地，并创立影响深远的“考亭学派”，古有“南闽阙里”之称。暨大校长何炳松，为那时国内有名历史学家，当知其详。故在建阳校门，亲题木匾“文教溯南暨”高立门墙，意欲上溯宋代文教源流，由暨大承绪拓展到东南海内外。

开始暨大设立分校于建阳，时间在1941年夏秋间，分校主任周宪文，是当时知名经济学家。建阳分校初创，只统考招收新生200名，设有重庆、昆明、桂林、建阳、贵阳、赣州等六七个考区。建阳考区，范围很广，包括浙、赣、广东、福建等省考生，约200人。因是国立大学，本省公私立大学已经入学的一、二年级就读生也来赶考，我认识的私立协大及省医学院、福建法政等校就读已一二年的也还来考（竟然也还没有被录取）。我录取入学后，方知沪、杭等沦陷区还有一批跟随分校教职员移迁来阳入学的,他们以借读之名入学。建阳考区只录取四五十名。这时分校总揽全责的设分校主任一人,由教务长周宪文教授兼任,周一身兼主任、教务长,并商学院长、经济学教授、系主任,几乎一竿到底。周操上海、江苏口音,人高马大,平易近人,有学者风度。教务长下设注册课主任,由中文系主任许杰("五四"时老作家)兼。这时除商学院外,另设文学院(包括中文系、教育系、外文系、历史系)。该院中文教授许杰之外,尚有沪上名书画家俞剑华教授、英文教授谢震亚,据美国教授说,他的英文读音比外国人还准确。英文教授还有个福州人王书凯,曾在我市邵一中当过校长(1935年间),以后他爱人姚慈贞也到暨大当过英文讲师。我那时读教育系,没有系主任,后来总校撤到建阳,听说由杜佐周兼系主任,郑振铎兼文学院长。开初一年级新生读的都是基础课,几乎文科常不分系,集中一块上英文、国文课。中国通史由韩逋仙教,党义课由娄子明教。商学院设银行会计系、工商行政管理系、国际贸易系、经济系,这时商学院只知有周宪文教经济学,其余中文、英文连理学院也都由上列文学院教授兼。因一年级时读的专业课都未开课,《南洋概况》一科虽不计入学分,但各院学生都应必修,此课一年级时尚无教授执教,以后来了个老南洋通曾建平教授任教。他在南洋星系报纸中任主编多年。那时还开设了个理学院,上海总校听说是由总务长盛叙功兼,盛初时尚守在上海滩,故只由几个讲师主讲,后来请了一个姓尤的福建人教数理,原来想聘请原在师院任过数学系主任的王邦珍任教,后为师院聘去而作罢。理学院设数、理、化三系,理学院新生除国文、英文基础课一如其他两院要读外,还要上基础数学课。各院系的专业课,大都在二年级后继续开设,恰好这时上海总校一些教授为日军侵略形势所迫,逐渐迁移来阳。专业课开讲,图书仪器初时极为简单,一个40m^{2}房间尚且未排满,一年后逐渐充实了些。

学校训导长吴修未40—50岁,操苏沪口音,戴眼镜,身材高大,并未兼授课程,兼管学校总务及学生生活,天天找学生麻烦,打长鼻子乱嗅,一遇异味马上发"警报",通知他到办公室盘问审讯。同学通称

"电报"，因其□□似电报，其中似电报语言，简赅几句叫你到什么地方，何时去受讯。收到"电"召的人十有八九要挨克，甚至处分警告、记过，同学们均引此为戒。有次我同系李某惊呼我去领"电报"，我心上忐忑不安，思想我并未与人发生纠纷，叫我何为？既有召问，只得硬着头皮进那"阎王殿"。当我听说他要我问合作社熟人查查他新到几十箱煤油是否肯卖，因为学校照明全用煤油灯，上夜课用汽灯，那时建阳尚无电厂，学校储备煤油快要用完，他的耳朵好长，只一天功夫刚从上饶运到，就被他打听准，这才使我吐了口气。我要求请半天假去问，经我一查，煤油倒有，在解运中，给人做了手脚，每箱油都掺入半箱水。我不敢负这责任，只好将实情奉告，算算价钱太贵，也只好作罢。吴的另个监视学生办法，就是利用江浙流亡借读生少数人，□助学金的，为他做耳目，学生有关自发集会，或有怀疑的来访亲友，这些耳目神竟敢公开盘问，然后经他们向吴汇报点头后才行。除训导长直接监视学生外，以后派来一个姓张的军事教官，也负此使命。不过军人老粗，对学生不敢过分苛刻，他说过"我是'丘八'，学生是丘九，你们比我多了一丘"。不过以后江、浙外地学生太多，在一些进步师生鼓动下，也迭次闹起学潮与反动派斗争。故那时外间报纸有认为暨大是铁路东线（横贯全国的平汉、粤汉线）的"民主堡垒"。

教授中，我只听过周宪文、许杰教授讲课，觉得生动活泼。周上经济课，除商学院必修各系学生满坐于明伦堂大教室中，真有所谓坐无虚席外，其他各院学生，路过其前也驻足旁听。他有时讲起来，连课独讲，真是诲人不倦。其次许杰先生讲解基础国文课，他滔滔不绝，不是寻章逐句注释讲，而是用唯物主义分析文理的艺术性与思想性，他称之为文学价值与历史价值（或社会价值），并评量主题产生的历史背景，并以当时社会发展史观来衡量其现实意义。对课文原意是分段剖析，及对写作的主意。听了他一堂课，收获是很大的，难怪他在当时文学论界中颇获时誉。

建阳分校草创之初，只是采用建阳城郊童游的县孔庙为校舍。抗战初这里设过义教训练班，有建阳专区各县义教师资几百人集训于此,殿堂廊舍稍经修葺。暨大分校来时,该班已撤。暨大迁此,又重加修理,等到太平洋战争爆发,暨大总校及沪上其他院校迁设东南联大于此,暨大本部孔庙校舍周围又拓建了些平房,修新一些庙宇以充实日益增长的各院系班级使用,联大校址其后则听说分置在童游桥头沿溪庙宇旧屋。但因师资匮乏,有的学科还是并在暨大上课。这时师生的生活很艰苦的,不独吃的,住的也很艰苦,后期何炳松校长从沪迁来,也只得在离校不远的碎石街上另筑小小楼房居住。

尚幸,暨大打从设立分校,总校迁来,到抗战胜利前后,只五年光景(1941—1945)。一待胜利喜讯传来,他们就相率迁回上海原址。暨大的迁闽,不独为建阳社会市场缔造繁荣文化发展,更重要的为我闽北、甚至福建造就多少人才,这是至今还值得称道的。

(《建阳文史资料》,1992)

抗战时期暨南大学迁徙的艰难历程

张永春

自迁沪之日起,暨南大学主政者就一直筹划内迁事宜。1937年9月3日,何炳松呈文教育部,请求将暨大内迁,未得批准。后亲赴南京向当时的教育部长王世杰面陈一切,获准在江西择地办校。遂携大学秘书杜佐周前往南昌,在江西省政府的大力支持下,选定南昌附近西山万寿宫为大学校舍,奉新县赤田村张氏大厦为中学部校址,着手修缮,拟于1938年2月开学。11月设国立暨南大学南昌办事处于南昌清节堂街24号,并为沪上汇兑不通,请示政府所拨暨大经费改寄南昌办事处收转。11月27日,程瑞霖主持第九十五次行政会议,决定:①允许一部分学生于月考后径赴南昌,必须于12月底前到达;②教职员1938年2月1日前必须集中南昌,除因职务上关系外,后期者以自动解职论。

12月中旬,先期离沪的学生约60余人到达南昌,他们以暨南大学学生救亡团的名义一路上开展了大量的抗日救亡宣传工作。此时,战局突变,日军于13日攻占南京,并积极向长江上游推进,南昌作为内迁地点已不适用。何炳松遂于12月15日撤销南昌办事处,前往长沙向王世杰请示择地再迁办法,并在长沙商务印书馆内设临时通讯处以便接洽校务。教育部指示暨大继续在沪维持,1937年度下学期仍在上海开学,何炳松乃谕令到赣学生返沪复学或就地借读。暨大救亡团中有小部分同学不愿参加江西青年服务团的,即回上海复学,也有个别同学移往内地,大多数参加了服务团,开赴抗日第一线。1938年1月下旬,救亡团的组织取消。至此,暨大第一次内迁无果而终。

进入1939年,中日战争处于胶着状态,上海环境益发险恶,恐怖气氛笼罩孤岛。日伪组织图谋暨大日甚一日,威逼利诱,无所不用其极。先有黄雄略的被打、沈圣五的被狙,后有吴修的图绑未遂,金能襄、周光中的接到恐吓信,接着有少数职员学生受利诱变节。该年夏,全校师生亲眼目睹了一名台湾学生被日寇抓走:一天,全校正在举行期考的早晨,大家忽地听见尖锐而激厉的一长声呼救。在楼上的朝下一看,只见十几个持手枪的东洋倭寇,推打拖拉地将我们一位同学拽上汽车。这同学虽然极力抗拒,终于被关进汽车,呜的一声开走了。几百个人只好噤声地站着,看着汽车内的那位同学长坠两行热泪而去。这位同学名王五本,是侨居台湾的福建同胞。后来敌人的特务人员还到宿舍来过两次,取去王君的行李。

校方鉴于抗战军兴以后上海局势变幻无常,侨生来沪就学犹豫不前,致使学校侨生锐减,遂于1939年6月7日再次呈文教育部,请求在昆明近郊筹设分校,以便侨胞子弟返国就学,但教育部依旧指示在沪勉力维持。后闻侨生居昆明者众,一时苦无求学机会,为顾念侨生学业计,何炳松又于同年11月16日呈请暨大在滇设立分校,或先将中学部迁往昆明,以为暨大筹备分校之准备。但为国民政府教育部所拒,其复文曰:"……贵校附中仍宜留沪,不必迁往。各专科以上学校于战后迁滇者甚多,贵校亦不必在滇设立分校。"暨大第二次内迁之举又未能实现。

1940年3月30日,汪伪"南京国民政府"粉墨登场。伪政权成立后,即着手沦陷区文化教育机构的"接管"工作,暨南大学因其在海外侨胞中的巨大影响,又独处孤岛,故首当其冲。伪"南京国民政府"曾有接收暨大,将之改为第一个"南京的国立大学"的计划,后据说因时机不成熟而罢手。1940年12月1日,一批原暨大的学生职员在南京成立所谓的"国立暨南大学校友会",有会员56人,由原暨大教授樊仲云担任主席。1941年1月10日,该组织假"中日文化协会"举行第一次理监事联席会议,通过了3项以"接管"暨大为目的的决议:①收回南京校友会校产案;②收回真如校产案;③呈请"教育部"将暨大改组或重设。

暨南大学身处危局,于风雨飘摇中苦苦支撑。海内外众多暨大学子、各地暨大校友会、华侨团体为发展侨教、保全母校计,自抗战伊始,即迭次呈文民国教育部、侨务委员会、何炳松校长及各位校董,告知海外侨胞及各地同学一致主张,早日办理母校内迁事宜,发起了一场声势浩大的促使母校内迁的运动,至1940年底达到高潮。其眷顾母校、心系侨教之情,可感上苍。现举数端,略述如次:

(1)暨南大学重庆同学会。重庆同学会由吴国梁、陈骏等发起,于1936年8月1日成立,1938年秋出版会刊《南光》,至1940年冬,有会员200余人,汪竹一等为理监事。1940年冬,召开全体大会,议决推动母校内迁,并于次年初组建母校内迁协进委员会,着手内迁四川的准备。该会在给国民政府教育部和侨务委员会的呈文中列举了暨大应从速内迁的理由:

"窃自战局转移,国军西撤,沪滨久成孤岛,敌伪虎视眈眈,必欲谋我,尤以文化教育两界为第一对象,蹂躏摧残,诡计百出,游移者固易屈服,劲节者则遭戕害。环境恶劣,日甚一日。如欲教学两方各专心致力于讲授研求,实为事实所不可能,此本会所以主张母校内迁者一。爰我母校之设立,向以教育侨胞子弟为宗旨,故其性质为华侨之最高学府。抗战以还,我侨胞虽身处海外,但仍源源遣送子弟返国肄业,未尝以烽烟危乱而离弃祖邦,爱国爱校之热忱,中外共睹,因是学校地址必须可以确保安全,乃足以愈坚其信念,此本会所以主张母校内迁者二。且抗战建国为确定之国策,而建国程序中,尤以开发川康、建设西南为第一步基本工作,将来经营策划,所望于侨胞回国投资以利进行者,至为殷切。倘母校实行内迁,侨胞必有所感奋,而对国内建设之投资,自可踊跃,此本会所以主张母校内迁者三。"

1941年2月18日,重庆同学会成立母校内迁协进委员会,就内迁后校舍安排、经费等问题讨论议决。关于校舍,拟派人商租西南小学校舍并接洽商船学校原校址;关于搬迁经费,从募捐、请求教育部拨款及同学捐助三方入手,推专人分头进行。

(2)1940年12月4日,国立暨南大学旅森美兰、雪兰莪、彭亨同学代表傅文楷等呈文国民政府教育部,要求即刻将暨大内迁,文中称:"窃暨南学校自清季两江总督端方先生创办迄今,垂三十余年……负有传播祖国文化、培植华侨人才重大使命。……海外华侨学子望风向往,而归自南洋群岛者为数尤多。历年以来,毕业学子数以万计,遍返原侨居地服务,对于华侨社会经济文化贡献殊多。……沪战爆发,上海真如相继沦陷,校舍痛遭焚劫,学子被迫星散。沪上各大学感于环境恶劣,相率迁移。惟我暨大迄未闻有迁校计划,殊为憾事。夫暨大为华侨最高学府,国立文化机构,历史光荣,正气磅礴,理应早日迁后方,俾莘莘学子得受抗战之熏陶。何意迄今仍处于敌伪威胁之下,日受万恶势力之包围,因循苟安,毫无生气,致使海外学子裹足不前,华侨学府徒具虚名?非特有负我中央政府提倡侨教之至意,抑且大失数百万华侨父老之热望。"

(3)1940年底,国立暨南大学旅新加坡全体校友胡载坤等呈文民国教育部,请求政府"俯察侨情,严令暨大当局限期迁移后方,切实整顿,庶几华侨最高学府,幸免敌人汉奸之劫持;海外万千学子,得以弦诵勿辍,完成抗战大业”。

与此同时,李元信以国立暨南大学旅霹雳同学会筹备处名义致函侨务委员会,要求侨务委员会商请教育部令饬暨大内迁,内称“据报最近情形日趋险恶,敌伪加紧威胁,校名不能悬挂,课程多已变质,优良员工相继远离,所谓华侨学府,名不副实。请迅饬内迁,免受威胁,并扩充院系,以应需求”等语,殷殷之情,流于笔端。

(4)1940年12月11日,槟榔屿《光华日报》撰文曰,华侨教育急待发展,而暨南大学与华侨教育有最深切的关系,故华侨皆盼暨大能够迅速内迁西南,日渐扩充改进。文章还质问民国政府当局何以暨大内迁事迟迟不决:“抗战以来,各国立私立大学皆纷纷迁往后方,独暨南仍留上海,受敌奸摧残,致华侨子弟为之裹足,却又是华侨父老所一致惊异的事。”若说上海虽成孤岛,到底是我神圣国土,应有一座国立大学在那里和恶劣环境奋斗,以作对抗敌奸文化侵略的文化堡垒,那么,留在上海的该不是专为华侨而设的暨南,而应是其他国立大学。若说上海处于敌奸威胁之下,仅属暂时现象,失土终有光复之日,最后胜利又已日益迫近,暨南大学何不忍辱一下,以避迁移的麻烦与耗费,那么当知华侨父老平时就已不赞同暨南设在繁华的都市,因为华侨子弟是回国受教育的,在上海却极容易染受不良的习惯。甚至有的只学会了花钱的本领,学业则毫无进益。这固由于一些负笈学子的太不自爱,可这又怎能专责他们呢?教育当局是应该将他们安置在良好的环境里善为教导的呀!因此,即令抗战胜利,暨南也不宜再留在上海。竖横要迁移,何不赶早?若以华侨子弟不能吃苦,迁入内地有许多不便,上海租界才有现代的物质享受,那就根本不了解华侨父老的心理了。华侨学生是应受优待的,但过去的优待办法,却有些儿近乎溺爱,也可说是敷衍华侨,是应该加以改革的。事实上,近年凡是返国求学的华侨子弟,莫不奔赴西南西北的后方,他们并不想享乐,一心愿受大时代的洗礼呢!

1940年9月26日,教育部曾发函上海国立各高校,各拟内迁办法。具体到暨南大学,嘱令于闽浙川黔等省择一适当地点,将学校四年级及商学院各级学生迁往。但此时闽浙海路已被日军封锁,上海至越南交通不便,内迁之举一时难以实现。故何炳松会同上海各国立学校校长于 10 月 14 日致函教育部,陈述暂时无法内迁之由,得后者首肯。故教育部 1941 年 1 月 9 日在回复暨南大学重庆同学会有关促暨大内迁呈文的函件中称:"查此案本部前曾令饬暨南大学先将四年级学生及一部分教职员内迁,嗣据呈报,目前交通困难,难以实现,调经再令妥慎办理在案。"

迟至 1941 年夏,日本南侵之心日显,与美英等西方国家矛盾日甚一日。太平洋战争势不可免,到时,上海租界必不能保全。有鉴于此,教育部强令暨大即刻办理内迁,遂有周宪文、吴修赴闽筹设暨南大学建阳分校之举,以作他日全校内迁基础。建阳分校由周宪文任主任,中文系教授许杰兼任注册科主任,11 月正式开学,共招收文理商 3 院 9 系新生 240 人。至此,长达四年筹策内迁的计划终于得以实践。

(《百年暨南史》,暨南大学出版社,2006)

笔底奔涌救国志　书中澎湃抗战情

抗战时期暨南大学、福建协和大学闽北办学轶事

黄旭辉

1938 年以来,随着日军对闽浙沪三地的不断进攻侵占,三地高校被迫向闽北山区迁移。在闽北北部有上海暨南大学、浙江之江大学、

上海美专迁入;在南部有一批福州高校——福建协和大学、华南女子学院、福建省立师专、福建学院等迁入。这些高校分布在南平、建阳、邵武、浦城等地,使得闽北的高等教育水准登上了巅峰。

其间,为整合内迁东南各省的高校,当时的国民政府(重庆)教育部一度决定:在建阳依托暨南大学成立东南联大,接纳浙沪高校,与著名的西南联大呼应。但由于战事突变,大多大学无法成行,1943 年暑假,国民政府教育部撤销了这一决定。

在建阳市立医院门诊大楼前,大门右侧的一片绿地上,一块巨石掩映在几株铁树丛中,巨石正面刻字"国立暨南大学办学旧址",落款"暨南大学建阳时期校友会捐建",巨石放置的时间是"二〇〇六年夏重立"。1997 年 11 月,此地曾立过一块较小的纪念碑,2006 年夏,暨南大学建阳时期的校友会再度重立纪念碑。立碑地正是当年气势恢宏的建阳孔庙的旧址,也正是暨南大学从上海迁入的办学之地。

在邵武第四中学,一栋被师生称之为"协和楼"的大楼充满着沧桑韵味,邵武四中正是抗战时期从福州迁入的福建协和大学的办学之地,这是当年协和大学留下的唯一建筑遗迹。如今,在这所省级文明学校里,"协和"处处留痕——学校的校训是:协爱正德;教风是:协和笃教;学风是:协和乐学。2004 年学校还成立了"协和 · 爱心基金",用于资助贫困学生。

抗战时期,这两所国内知名大学从敌占区迁入闽北,是抗战时期闽北高等教育空前繁荣的一个剪影。战时涌入的一批高校给闽北社会发展注入一股新鲜空气。各大学扩招闽北考生,培养了一批本地人才,如暨南大学设立建阳考区,录取建阳考生近 10 名,而战前建阳只有 3 名大学生;各大学在当地开展科研,一批成果促进了经济发展,如协和大学发挥知名的农学院特长,在邵武设立实验农林场,仅 1939 年就为邵武引进波兰种猪等近 10 个外国新品种。

两所大学在闽北留下怎样足迹?我们把时光倒转至协和大学在邵武的八年(1938—1945)和暨南大学在建阳的五年(1941—1945)

时期。

学术群星耀闽北　留洋教授写新篇

1941 年 1 月，费尽周折，暨南大学从上海租界迁至建阳童游。

建阳童游镇孔庙成了暨南大学的主楼，大成殿被扩建为礼堂，明伦堂和东西庑改建成教室、办公室、宿舍，崇圣祠被改建为图书馆。围绕着孔庙中心，10 多座校舍、宿舍扩展开来，昔日高居殿堂的寂寞孔夫子，再一次面对众多学子，历史何等相似地实现了一次回归！

但强烈对比的是，在这个中国古建筑群里，汇聚着一大批留洋归来的学术精英，让我们来看一看暨大教授的强大阵容：

校长何炳松，美国哈佛大学毕业，我国近代著名史学家、教育家。

孙怀仁，著名经济学家，留学日本早稻田大学。

方光焘，语言学家，留学日、法，精通七国语言，暨大文学系主任。

潘天寿，著名国画家，后任国立艺专校长。

胡寄南，心理学家，曾任中央研究院心理所所长。

郑振铎，暨南大学文学院院长，著名翻译家。

许杰，中文系主任。五四时期著名作家，文学评论家。

……

在这些教授中，令许多当年暨大学生印象深刻的是曾赴德国深造，中国第一位翻译《资本论》，解放后曾任厦门大学校长的客座教授王亚南。1945 年冬，王亚南到建阳讲学三周，课题为“中国经济改造问题”，后来王亚南将这系列讲座整理为《中国经济原理》出版，成为王亚南早期一本颇为重要的学术著作。

已故的暨大（建阳时期）校友会会长范家震在其回忆录中写道：王亚南的课每天早晨七时开讲，讲课地点就在孔庙大殿改建的大礼堂。当时正值冬季，每天各个专业的暨大学子顶着寒冷从四方赶来，只要稍迟到一些便没有座位，有时迟来的同学只好坐在窗台上，背对着窗外的寒风听讲，三个星期的讲座每天都座无虚席。

在讲座里，王亚南用《资本论》中的理论剖析中国经济问题，在当时暨大学子中激发起了一股钻研《资本论》、研究经济救中国的思潮。

协和大学是当时在欧美具有一定知名度的教会大学,教授讲师阵容中也不乏学术精英。日前,记者在邵武市档案馆查找到一份协和大学创办的《协大周刊》1942 年合订本,该周刊记录了大量当时的校园新闻,在 9 月份的一期上,有一则文字,标题为:本学期教师资格统计表。清楚地写明教师总数 65 人,其中具有博士学位 11 人,硕士学位 18 人,研究员资格 5 人。其强大的教师素质可见一斑。其中最著名的当属两位后来成为中科院院士的中国鸟类学奠基人——郑作新和中国半导体材料奠基人——林兰英,他们都本科毕业于协和大学,并回校任教。

在邵武办学期间,郑作新的学术之路跃上新台阶。郑作新作为协和大学生物系主任对武夷山挂墩、大竹岚一带丰富的鸟类资源进行了三年调查研究,并于 1941 年写成《三年来野外鸟类观察报告》,这是我国第一篇关于鸟类种类及其生态的实地考察报告,中国的鸟类学研究也因此开始一步步填补空白。郑作新学术研究从闽北找到新起点,成了驰名世界的鸟类学家,1980 年成为中科院院士。

林兰英这位 1980 年成为中科院院士的莆田籍传奇女性,被誉为"中国太空材料之母"。1940 年毕业于在邵武办学的协和大学数理系,并留校任教,她的学术之路也启程于邵武小城,并最终登上了中国半导体研究的顶峰。

书生亦有豪情在　能文能武救危亡

暨南大学在建阳期间,学生运动风起云涌,爱国思想深入传播,当时被誉为"东南民主堡垒"。

暨大里社团达 25 个,刊物达 16 种,1945 年下半年,这 16 个刊物成立壁报联合会共同宣传进步思想。

暨大的剧社、歌咏团常到建阳城里公演,宣传抗日救亡。公演的剧目有《雷雨》《黄河大合唱》等。公演之日,常常有群众从建瓯、南平、邵武等地乘车赶来观看。有一次歌咏队开进建阳县政府,在政府大院里演唱《黄河大合唱》,抗议国民党右派,令他们无可奈何。

暨大学生还占领了建阳报纸《大潭报》作为舆论阵地,该报一度由工商管理系学子杨选堂任主编,其毕业后又由两位进步教授任正副总编,进步学生金尧如、许甫和任副刊编辑,大量刊发暨大太白文学社的抗日稿件。

暨大文学院长许杰是"五四"时期新文化运动一位干将,与鲁迅、茅盾过从甚密。任《前线日报》主编时,他组织学生撰写抗日文章,并将抗日言论汇集为《蚁蛭集》出版,反响巨大。

1944年4月12日,为响应当时政府提出"十万青年十万军"号召,组建远征军出国作战,暨大学生踊跃报名参军,魏伯雄、刘恩逋、熊琦、屠坤英、袁雅素、衬芝镇等6名学生投笔从戎。

无独有偶,在协和大学,也有3名协和学子响应"十万青年十万军"号召,加入远征军,到缅甸战区总部担任美军司令部翻译。

记者在邵武市档案馆的《协大周刊》1942年合订本里,查阅到许多协和大学师生踊跃开展抗战宣传的新闻。协大剧社的抗日话剧多次到邻省巡回演出,演出让他们声播华东,他们自编自导的10多出话剧,每逢演出都是观者如潮。在《协大周刊》1942年11月的一则标题为——庆祝元旦响应献机,其内容为:"本校将公演《雾重庆》的消息记载:本校决定公演宋之的作国防五幕剧《雾重庆》,查该剧曾先后在陪都及香港等地公演,反映战时流落后方男女大学生生活,描写大时代之变动,深受国人欢迎云。"这个在华东颇具知名度的剧社还参加驻邵武的国民党第三战区广播电台活动,播出了许多鼓舞士气的节目,其中一批精通日语的协大学子还精心制作日语节目开展对敌宣传,成为第三战区广播电台的一个亮点。

衣带渐宽求学路 知识报国志成城

暨南大学在建阳办学期间,建阳没有电厂,大部分的师生在茅草屋住宿和教学。暨南大学学生的晚自习时间,是在旧浆糊瓶自制的桐油灯下度过的。当时每个同学都会用浆糊瓶制作桐油灯,旧浆糊瓶一时还成了抢手货。

已故的暨南大学建阳校友会会长范家震在回忆录中写道:当时新建的宿舍都较简陋,大部分是毛竹骨架,芦席糊泥的墙壁,屋顶则以茅草覆盖,窗子则用毛边纸代替玻璃。学生睡的是双层木架床,几个人才一张桌,上铺学生在床头搁一块板便是桌子。夜间晚自习,工友就会每个宿舍发一竹筒桐油,如豆的灯火映在窗上,一片人影幢幢,但每个身影都在专心攻读或奋笔疾书。

正是在这种艰苦办学条件下,暨大在建阳时期毕业学生共5届,总计557人。

1942年,福建省运输公司由于汽油短缺,客货运陷入半瘫痪状态。协大化学系林一教授,带领学生夜以继日攻关,结合闽北资源特点,研制出以松香脂配合烧碱淬的汽油代用品,使战时福建省汽车运量跃居全国前列。

这是协和大学的师生们发挥科研方面优势,谱写了科技救国的篇章的一个精彩段落。

协和大学的农学系是学校当时的一个知名专业,协大师生发挥农学方面特长,研究成果大量转化到实践中,全面推进了邵武农业的发展。1937年下半年在邵武南关白诸桥头设立闽北农林试验场,八年间一批科研成果投入使用;协大园艺场还征集邵武农家种植蔬菜87个品种,并进行部分改良;在东门专家园试验地培植水蜜桃成功;协大农科畜牧组引进波兰亚猪、奴比亚及瑞士羊、荷兰牛及杂交牛、洛克红良种鸡等近10个国外优良品种。

记者在1942年的《协大周刊》中查阅到一则消息,标题为《游历五省考察农业 林成耀教授满载而归》,消息写道:本校农学系主任林成耀对水稻研究颇有收获,曾乘暑假之际,前往闽粤桂湘赣五省考察农业设施,林教授六月首途,八月返校,行程七千华里有余。考察农业机关与学校不少于二十余处,已编有五省旅行考察报告,不日即可发表云云。正是在这位林成耀教授领衔下,一大批高质量学术论文诞生,林成耀教授著有《邵武县稻产情形及改进意见》,徐绍华著有《邵武园艺场所栽培之蔬菜果树种类与品种名称》,翁绍尔著有《邵武茶业》。不少大学毕业论文都以邵武当地情况为研究对象,其中有《邵武制纸业》《邵武鲤鱼养殖研讨》《邵武土特产概况》等一批佳作。

(《闽北日报》2015年8月30日第3版)

复员回沪时期（1946.3—1951.6）

暨南大学

新校舍早已落成,约可容纳九百余人,校方规定每一宿舍须住十六人,而学生自治会以过于拥挤,要求每宿室只住十人,如果唯有复员生可住,新生则有望舍兴嗟也。

(《沪西》1946 年第 4 期)

论母校复员

钱 烨

一、怀母校

当"一·二八"的炮声过后,上海闸北、江湾、吴淞一带已经是一片瓦砾场。许多文化机关,在残暴的破坏底下只留给人们一个悲痛的回忆:东方图书馆剩下了一个没有生命的空壳;中国公学留下了残破的墙头;同济大学也挨受过敌人的炮火。远在真如的暨大,虽然也同样受到国际战争炮火的洗礼,损坏了一角,然而当远从广州迁回去的时候,还只要清除了第五宿舍的马粪,粉刷了敌人在壁上的涂污,便又依然汇合了南北东西的学子,继续它教育文化的任务。它是更加健壮起来，迅速的接受了上海这文化中心的风气的影响，而益加充实与发展。

母校——这华侨的学府，实在是不能离开这有着国际关系的上海的文化之挹注的。

当"一·二八"的敌骑奔逃以后，真如回复它宁静的环境，和国际无线电台的现代建筑遥相对峙的，是暨大的校舍。正当绿满江南的时候，环绕着莲韬馆的溪岸、杨柳桥边，烂开着鲜艳的桃花，而穿插着这绿阴桥畔的是偶然的书声人影。莲韬馆内的花架已成阴，不时留着漫步的人们。这一边致远堂前、足球场畔，爱跑爱跳的是永远在跑着跳着。江大足球盟主的光荣，至今怕还深印上海人的脑中。篮球五虎，又是和西青海贼争霸的虎队，体育的成就，是谁都知道。这是由于南国青年的体魄与气质，加上上海进步的多方面的刺激所影响得来的成果。

然而上海所遭逢的第二次的国际战争，又破坏了暨大的校舍与设备，想来真如经过这一回的大毁灭以后，暨大校区已不复当年风采了罢。母校的复员，不能不在废墟中另建一新面目了。

二、复员到什么地方

抗战中母校远迁福建建阳，因为交通不便，和大后方难得联系，所以就是其他大学纷纷按原定计划复员的时候，母校还是一个谜，因而引起许多传说与主张。大概潮籍人士主张迁汕头，福建人士主张迁厦门，中心是因为暨大是华侨学府，闽、粤华侨最多，尤以潮、汕、闽侯为最，所以主张迁汕厦。其实华侨最多的，不一定是潮、汕、闽侯，而华侨子弟的读书，又不一定需要回到家乡去，尤其是专科以上学校的学生，不必老让他守着家门读书，事实上他也不会老守着家门读书。他们的读书，必然是在国内外找寻合理想、有完善的设备、有优良的教授的大学去投考，这一原因，使暨大就是迁设他们的家乡，也不一定成为他们投考的对象。因为专上学生都有独立自主的能力，而华侨子弟更具有志在四方的本质，他们都愿走远一点去进大学，让他接受一些外地较高文化的影响。所以，因为暨大是华侨学府，便得迁到华侨的故乡去的理由是不甚充分的。

有些人主张让暨大跟着首都。就是国府在什么地方,她便迁到什么地方,理由是暨大同学在政治上甚少有很好的出路,甚少在政治上建立一个较有力量的系统,所以主张迁设首都所在地,接近中央政府,让同学加深对政府的关系,多点机会参加政治,藉此以逐渐打开暨大生在政治上的出路,并提高暨大及政治上的地位。话似乎说得强有理由,但我们要考虑,这是不是可以提高暨大的政治地位是一问题,暨大是不是用这关系才可以提高政治地位又一问题。反面,因为太近首都,让政治的作用随时而又直接地影响学校,使得大学的学术风气、学习环境,因此而受到影响。这恐怕都不是爱护暨大的人所希望的。

那么,暨大应该复员到什么地方去呢?我们主张:应该回到上海去。

大家都知道暨大是华侨学府,是培养华侨子弟、是作育侨务人才的专上学校,当然以发展华侨商业、提高华侨文化、巩固华侨在海外的地位为任务的。而上海是一个有国际性的都市,也是中国对外贸易的重心,而且又是太平洋沿岸有数的商港,它和世界各重要港口有直接的交通贸易关系,和南洋各地关系更为密切,一方面它又是中国内地物资输出的港口,因此,它在文化上也表现得集中而且优越,更带着浓厚的国际性质。所以,华侨子弟在上海所受的教育,一定是直接的侨务教育,它有着实际的环境去配合影响。它使得华侨子弟了解并体验到国际贸易的发展情况,它使得华侨子弟认识中国对外贸易的关系,它使得华侨子弟接受高度发展的国际文化交流的作用,这一切配合着中国自有的教育制度、宗旨,使华侨子弟成为健全的侨务拓荒者,然后侨务的任务才能达成。

因此,要使暨大成为真正的华侨教育的最高学府,是必需有上海这一个特殊环境的配合的。

还有,要使暨大养成良好的素质,建立更高的校誉,也得注意一些重要的因素。我们知道,一间专门以上的学校,需要的是有完善的设备,尤其是随时补充其设备;有优良的教授,尤得要吸收素质优良的学生,然后学校的发展才得到保证。反之便无法达到这一个企图的。而上海因为文化较集中,也较易吸收进步的文化,这是教授学者自然集中的地方,也是各方优秀青年所趋慕的地方,所以,为了暨大的前途,这一重关系,是需要我们校友细加考虑的。我们主张暨大必需迁回上海便是为此。

三、扩充我们的母校

就这样把残破零落的母校迁回去,便算了吗？这便能够负上侨教的任务吗？不是的！

为了暨大教育任务的特殊,我们主张除了为一般复员的大学所同样需要的建设之外,另外,还得要注意扩充几件重要的校政设施。

第一、增设侨务学系　过去暨大说是华侨学府,却是除了收容华侨子弟之外,对于侨教与发展侨务这一作用是向被忽略的。我们应该知道,收容华侨子弟不过是发展侨务的一方面,而加强侨务教育,充备侨务知识,才是主要的。过去母校虽然有南洋研究会的组织,但可惜注意的人不多,成就也很有限。我们认为应该增设侨务学系使成母校主要教育的一部分,以专门造就一些侨务的人才。至于侨务学系的内容,应包括海外史地的研究、华侨商业经营的资料与统计研究、资本帝国主义经营殖民地的政策、各地华侨生活状况的调查研究、各海外华侨集中地政府的法律措施、海外各民族活动情形、国际商业发展趋势、工商业管理的新发展。这些都为侨教所应包举的内容,而应专设学系作专门研究的。

第二、设南洋美洲史地室　在南洋美洲,我们华侨最多,对于侨胞集中地的史地背景,应有深刻了解。为了研究上的需要,我们应该搜罗南洋美洲重要港埠的史地资料,无论著述、图片、数学统计,兼容并包,以提供学生研究,并以供给各学术团体或中央对侨务研究的参考。

第三、增设外交领事系　领事与华侨有密切的关系,领事必须了解华侨生存背景、活动状况,不但为执行政府训令切实护侨而已。现在中央规定,只有中央政治学校得设领事系,我以为不如径设于华侨学府的暨大，使教育上收配合实效。如必需为政府政策的训练，则可于某一学年中规定附读中政学校，俾让其接受政府规定的教育。

第四、设华侨物产陈列馆　搜集华侨各种生产品，陈列于一现代化的陈列馆中，并配合以各产品经营概况及一切统计图表，此举可使同学了解华侨工商业情形，作研究改进的参考，并可以介绍华侨工商业的成绩，达到在国内市场协助推广的作用。

以上是管见所及，提供关于母校复员的设施上要改进的几点，而且这些意见是纯粹使母校成为一所完善的华侨最高学府，真正能够完成促进侨务发展的任务。这一个任务的促成，有待于我们暨大儿女的大声疾呼和彻底的协助和贡献的。

（《南光月刊》创刊号，1946）

为暨南母校迁址而发

苏民望

无论何种学校或教育机关，其兴办设立之初，必有其本身之目的、意义及方针存焉，断非绝无作用乱思胡举以为无的放矢者也，如海陆空军学校之设，乃欲保其国之安全、民族之长存。因无军事者才即无御侮拒敌之方，国防空虚，门户洞开，不待敌人谋我，而国家民族已危于累卵矣。

暨南学校之设，虽成立于清末，鼎盛于民初，完善于近来，然受抗战之影响，校址破坏，仪器消失，生员流离，校难成校，址更无址。在此支离破碎局面，临其进退维谷境势，学校当局固是痛心疾首，教育首脑尤为倍切关心，不曰复校即曰迁址。复校固是迫切，迁址尤属重要，校不复，学生即遭失学之苦，址不安，学校亦无寄托之基，是迁址复校俱须亟谋解决，不可迁延迟缓者也。

但暨南学校为政府作育华侨子弟而设，其意义之重、作用之大，不待智者而后知也，身为华侨子弟之吾辈，业作暨南学生之同学，亲受其训，直承其惠，复校迁址之事实有切肤之痛，若秦人之视越人漠不关心，噤若寒蝉，不出一声，不贡一谳，将来治丝益紊，每况愈下，更不为国所重，为世所轻矣。吾人今日寂然无闻，不能与各大学争一出人头地者，皆吾同学奋斗之无方、地位之低微，挈领之主人精神之涣散。吾人苟不痛定思痛，急起直追，以作亡羊补牢之功与见兔思犬之念，而收桑榆之效，即国家何须设此学校，世人亦不必多有吾辈。

政府设校之旨，既为培养华侨人才，沟通侨胞情趣，以为国家之助，免为异族之资。无如数十年来，一无所获，是非南辕北辙，心与愿违。其故何也？实乃设教之无方，校址之失宜耳。夫吾侨胞旅居异地，非身为人佣，即从事商贾，否亦经营实业，如矿山工厂等者。虽非专长，亦云经验，在于交通发达经济充斥之外国，更不患乎无此常识，所患者厥无政治学识，致无政治头脑。为政治环境产生物之人类，若无政治社会为之维系，无论国内海外，未有不受其淘汰迫压之痛苦者。过去本校之设，非师范即商科及经济，迄无政治、法律等科。是吾辈虽欲为国效劳，而无政治学识与经验，以致不为政府所用，世人所重，迫得重返家园，过其侨民生活。政府自是政府，侨民还是侨民，风牛马不相及矣，通力合作，内外一致云乎哉。

在此天竞物择之世，优胜劣败之秋，吾人不欲与世推处，固无论矣，否则迁校必属于首都政府所在地。因吾辈旅居异地，不习政治，不审国情，端赖政府之携提，当局之培育。若迁之福建鼓浪屿、广东之汕头、上海之真如，俱有政府侨民隔阂之患，大有背乎政府设校之至意，影响于暨南同学者至巨。吾人有此切肤之痛，应即挺身而出，誓死力争，迁址必以国府所在地之首都南京为宜。其理由有三：（一）金陵为六朝遗居之所，文化发祥之地，人才荟萃之区，吾人在彼实有熏陶之益；（二）国都所在政治重心，国计民生由其决，治乱兴亡从之定，有近水楼台之便，无望洋兴叹之苦，与其偏处僻壤，何啻天渊之别；（三）江宁为母校所在地，且为吾国文物之邦，风俗醇厚，礼义敦化。久居夷狄之人，得之孕育其间，能不收异曲同工之妙？有此至理，学校当局暨南同学不可以不明辨也。

（《南光月刊》创刊号，1946）

华侨的学府——暨南大学

老　凯

顾名思义，我们总可想见暨南大学是与国内其他几个国立大学微有不同，它充满了南洋的椰子气息，和涂抹着一层热带的太阳及植物的鲜绿颜色。

迁校前后

抗战以前，暨南在一般人的心目中，似乎只是以运动著名，它是“江大”篮足球的盟主，并且有选手参加世界运动会的光荣；实际上，很少人知道它的商学院是比任何大学都要办得出色些。迨抗战军兴，它从真茹迁入租界，这期间，郑振铎氏长文学院，所有海上名作家无不网罗毕致。太平洋战事发生后，它又迁到闽北的山城——建阳。那时，东南区虽也有厦门、中正、英士等大学与之“分庭抗礼”，惟在文学上仍推它为“盟主”。我们如读一读当时东南区的几家报纸刊物，那就几乎尽是暨大教授许杰、盛叙功、沈炼之和学生们所包办的。胜利降临，它便很快地回到上海,因真茹旧址被毁,只能分别在东体育会路、宝山路等处借用了几座校舍。这些校舍自不如真茹的富丽巍峨,然比起建阳的古寺,却另是一番景象了。

教授阵容

本来,暨南聘了王亚南、郭大力、郑振铎、李健吾、平心、马叙伦、周予同、周谷城等教授,集国内最有名的学者文人于一堂。不幸,史学家的何炳松校长遽然病逝,这些学者文人便都到别校执教去了,徒增添了学生的惋惜。现任校长是李寿雍,文学院长是刘大杰,法学院长是邹文海,理学院长是刘咸,商学院长是吴干。刘大杰是新月派的诗人,这名字尤其为我们所熟悉。各院的主科教授,也都是学术界的权威。值得提出的,有方光焘、沈炼之、周煦良、孙贵定、沈有乾、吴文祺、余楠秋、戴望舒、施蛰存、胡秋原。

自由主义的作风

同学方面,除了三分之一是无党无派的南国健儿——华侨子弟外,其余三分之二来自各省各县的学生,也是很纯正的。不过,他们都怀抱着一个共同的信念、共同的目标,即争取民主,追求真理。在迭次的民主运动或学生运动当中,如抗暴、吃光、抢救教育危机、抗议“五二〇”惨案……他们几乎都是最先挺身出来的。因此,暨南便有了“民主堡垒”之称,而遭受到反民主势力的惨酷的打击。可是,这一群有热血有正义感的青年,至今仍倔强地在笑着,在喊着:“跌倒了,爬起来,再前进!”暨南的传统是自由主义,但他们却绝对不是美国式的自由主义。他们对时代的动向,认识得非常清楚;虽然,他们常常遇到阻力,但阻力却挫损不了他们的坚强的意志与粗犷的生命力。

学术·社团·壁报

在建阳,暨南学生主办的学术团体竟多至五十余单位。就中最活跃的是学林社、太白文艺社、未明文艺社、时与空社及经济科学研究会等。到了上海,由于“壁联”的解体,旧的学术社团顿形减少,但新的学术社团又风起云涌地成立起来,如评论社、新评论社、虹社、人文社、剪贴壁报社,不一而足。校内各走廊的壁上,壁报遍布,琳琅满目。其最受人注意的,为《我们的评论》及《新评论》,此外,如《学林》《太白》《时与空》《剪贴》,以后中国文学研究会编的《笔林》,经济学会编的《新经济》,教育学会编的《铎声》,理科学会编的《科学》……都颇有可观。《虹》是专登诗与散文的水准较高的文艺刊,可惜只出了一期便夭折了。

院系与人数

暨南共有四个学院十四个学系及师范科、先修班。理商学院在东体育会路,即第一院;文法学院在宝山路,即第二院。文学院设中文、外文、史地、教育、新闻等学系,法学院设法律、政治、经济等学系,理学院设数理、化学、人类等学系,商学院设国际贸易、工商管理、会计银行等学系。另有师范科及先修班,是去年添设的。闻今年秋季可能恢复暨南附中,及扩大各院系规模。学生人数,据最近的统计,计约一千七百余人。除分住一、二两院外,另有青云路宿舍容纳新生。因宿舍的供不应求,现正计划利用漫长的暑假,在东体育会路建筑大批西式宿舍,下学期,所有学生将可集中一处,以免往返之劳。至于教授职员,暂时仍分住青云路及辣斐德路,由校车接送。

帆船的校徽

暨南的校徽上有一只帆船,这说明了暨南毕业的校友,大半远航到南洋及台湾,去发展新的事业。据说,这种帆船的校徽在南洋及台湾是相当吃香的。

到今年为止,暨南恰巧是四十整岁了。然而,它却不带一点中年人的颓废色彩,它仍不失当年的豪放与健康,特别在民主运动或学生运动的洪流里,它始终是一个勇敢的全能的游泳员。

(《学风》1947 年第 2 卷)

复员后的暨大

靳

暨大已有四十一年的校史,自真茹的校舍在抗战中受了敌人的炮火焚毁后,移入租界继续上课,一直支持到三十年十二月八日太平洋战事发生,不能再开学时,才迁到福建的建阳。暨大是在上海各国立学校中最后迁入内地的一个学校。直到三十四年敌人屈膝,无条件投降,四年之间,暨大始终未再离开建阳一步。三十五年五月全校奉命复员至上海,接收了宝山路日本第八小学和东体育会路日本女子职业学校两处的校舍后,即展开复员后的校务设施。

暨大在抗战期中只有三学院九学系(计文学院:中国文学系、外国语文学系、教育学系、历史地理学系;理学院:数理学系、化学系;商学院:会计银行学系、国际贸易学系、工商管理学系)。卅五年度起呈准教育部增办法学院,设法律学系、政治学系、经济学系,原有文学院增设新闻学系,理学院增设人类学系。现有文、理、法、商四学院,计十四学系,又附设先修班一班,共有学生一千六百五十八人,分东体育会路校舍为第一院,宝山路校舍为第二院。理商两学院及总办公处在第一院,文法两学院在第二院。因为院系扩充,学生人数增加,两处校舍不敷分配,而且上海并非暨大永久校址的所在地(奉教部复员令指定暂在上海开学,三年后再在南京建筑校舍为永久校址。现正呈请仍以上海真茹原有校址修建为永久校址),不便作久远的计划,因此,只可就现在两处校舍的空地建造男女学生临时宿舍十二幢。设备上既没有真茹校舍那么周全,而且小小的一间宿舍要安置六张叠床,住十二人呢。

暨大享有公费的学生有一千人左右,同时还有青年会、学生救济会在学校创设经济食堂,每人每月缴纳一万八千元,即可解决一个月的膳食。现经该会核准入经济食堂用膳者亦有三百四十五人,对目下经济穷困的学生总算有了一些物质上的帮助。

胜利后上海生活费用激涨不已,暨大本学期的收费却反较其他国立大学减低。每个学生仅缴纳学费五百元、讲义费三千元、实验费二千元、杂费四千元,总共不满万元。医药费、图书费、体育费和保证金一概免收。对于一部分侨生和清贫的学生还订有免缴各费的办法,因此亦可减轻大部分学生经济上的负担。

谈到学生的生活,在物质上的享受,虽然不及一般理想的愉快,但大部分学生是从内地复员来沪的,几年来经过艰苦生活的磨炼,随胜利踏入了大都会的上海,虽然生活艰窘,还能安之若素。而且把学术自由空气也带到了上海,这是值得我们报导和自傲的。

虽然上海是一个纸醉金迷的地方,但暨大的同学仍旧保持着以往的艰苦精神,无所沾染。

暨大的学生自治会纯粹是一个学生团体的综合组织,因为它是纯粹的学生团体的综合组织,所以它能够发挥很大的号召力量,这是与别校的自治会空泛的组织不同。暨大在建阳以及到上海后对于学生运动向来是不落人后,其原因就是自治会强固有力的号召,取得大多数同学的支持;另一方面,同学组织的学术团体将近百个,所有团体的力量都总汇成自治会的力量,所以能把握全体学生的领导权,在战时作救亡图存的工作,在平时作发扬正义的运动。

(《智慧》1947 年第 18 期)

复刊词

李寿雍

自复员以来,暨南大学始终在最困难的环境中,而个人承乏斯校,适逢此时,一年以来,虽经同仁艰苦努力,然距预期之理想与进度尚远。最感棘手的,自然是校舍奇少。因为所拨东体育会路和宝山路的两栋房屋,除三十几间教室、十间办公室,以及三间书库外,几可说一无所有。迭次力请的修建费,只能建几十栋极简陋的教师住宅和学生宿舍,平时我们一看到师生住处的拥挤和不敷,我们恒感到日夕不安,这种遭遇恐怕很少的国立大学是这样,但是:国家的财政,十分艰难,我们只有极度忍耐中,谋逐步的进展。

我们认为一所大学所必备的条件,至少有三项:第一是完备的图书仪器,第二是良好的师资,第三是良好的学风,再辅以恬静的生活环境。凡我们能力之所及,总是尽量向这几个目标努力。上年度曾分配三亿的经费,作扩充图书仪器之用,明知当时学校的财力,这是一种冒险的决定,但是我仍坚持了这种决定,可是暨大的仪器设备,依旧非常贫乏。抗战所加于暨大的损害,远超过其他大学,而以图书仪器为尤甚。白手成家,必须允许我们以相当时日。

学校的规模,从三院九系,扩至四院十七系及一组;师资方面,员额虽从一百余人增至二百余人,但仍较其他大学为少,可是国内知名之士,不弃庸陋,愿意共同来耕耘这块艰苦的园地,这使我们非常感激,使我们增加不少的勇气。我们希望暨大能在自由安定的环境中,培养成优良的学风,这有赖于我们全体同学自动的不断努力。我们恬静的教学环境势须待于永久校址的建树。我们准备在本年度,使本校的永久校址,奠其初基。

大家知道暨大对华侨教育负有特殊的使命,而暨大的南洋研究馆,对社会并不是一个生疏的机构。我们的志愿,希望这一个研究馆,能对南洋事业,有积极的贡献。最低限度,总希望我们研究的成绩,可以成为政府及各界对于南洋问题的重要参考材料。现在计划注重于各种资料的搜集,八年的战争,这一项工作几濒中断,复员伊始,又因员额校舍所限,未能积极进行。本学年决定加以整理,我们并期望爱护暨大的人士,在这方面能予以助力。

暨大校友,散布于南洋各地及国内者极多,他们对于母校均抱有最热烈的情绪。而国家社会对于暨大都有很深的期望,暨大决不是一所孤立无助的学校,这一点使我们对于学校前途抱有很大的信心。为完成华侨最高学府的使命,我们全体师生,必乐于加倍努力。

这个刊物的复活,是记录我们学校措施和动向,校内外人士藉此或可对暨大有较明确的了解,而最重要的,我们想以此记录来警惕我们自己,鞭策我们自己。

(《国立暨南大学校刊》1947 年复刊第 1 期)

学生宿舍定期兴建

本校去年复员回沪,真如校舍战时全部被毁,行政院所拨宝山路及东体育会路之校舍,勉敷教室及办公室之用,所有员生宿舍、图书馆、讲堂、饭厅、实验等设备,概付阙如。去年开学前,曾在青云路购地赶造教职员宿舍数十幢,一二两院各建学生宿舍六幢,房屋仍不敷分配,员生极为拥挤,迭次呈请教部增拨修建费,最近始拨到修建费十亿。经本校校务会议决定,先在第一院建学生宿舍三十二间,第二院建学生宿舍三十六间,预计可容五百余人,并由华盖建筑工程师绘图估价,九月二十八日登报招标,十月三日在本校第一院开标,到审计处代表姚鹤森君、本校长及本校全部建筑委员、暨各投标厂家代表约五十人,当即以最低标得标,建筑费用除水电设备费已达十九亿元。十六日合同订就,限八十日完工,至不敷之建筑费用,另行电部请拨。新宿舍完工后,青云路即可不住学生,原有一二两院之学生宿舍房间亦可减少二人。

(《国立暨南大学校刊》1947 年复刊第 1 期)

本校概况

一、沿　革

本校自创立迄今,已历四十一年,而大学成立,亦远二十载。初,光绪卅二年,两江总督端方自欧洲考察宪政返国,知华侨教育之不可缓,乃创设暨南学堂于南京。翌年,改办中学,迄辛亥革命停办。民国六年,北京教育部派黄炎培等规复暨南学校。七年春,学校组织成立,设师范、商业两科。十年秋,商科迁至上海,又与东南大学合设商科大学于上海,并规划建筑校舍于沪西真如。十一年,商科大学独立,女子部亦筹备成立。十二年,真如校舍完成,男子部悉行迁沪,女子部则仍留南京。十三年,江浙战起,商大三四年级停办,翌年春,战事既平,重行恢复,秋扩充商科大学为五学系,全校学生增至六百余人。

十六年夏，改组为国立暨南大学，分大学、中学、小学三部，南京女子部亦迁入真如本校。大学部商科改为商学院，除原有普通商业学系、工商管理学系、国外贸易学系、会计学系、银行学系五系，增设铁道管理学系。此外又增设中国语文、外国语文、教育心理、数理、法律、政治、生物、历史社会等八学系，规模较为宏大。十八年成立文、理、教育三学院，文学院分设中国语文、外国语文、政治经济、历史社会四学系，理学院分设数学、物理、生物三学系，教育学院分设教育、心理两学系及师资科。法学系则为独立学系，分设于上海。十九年增设法学院，除法学系外，政治经济学系改隶该院，另设外交领事专科。文学院将历史社会学系分为历史学、社会学两系。理学院增设化学系。至是大学制度渐臻完备。中小学部分，亦渐次扩充。全校学生增至一千六百余人。

二十一年春，"一·二八"战起，真如沦为战区。本校中学部假苏州工专开课，大学部则暂迁上海租界开学，留粤学生假中山大学、广州市立师范两校校舍受课。战事既定，而真如校舍，损坏特甚，经规划整理，至是年九月，沪粤苏三处学生迁回真如上课。复遵部令裁撤法学院，将政治经济学系改隶文学院，裁并教育学院为教育学系，隶文学院，而历史、社会两学系复并为历史社会学系。仪器标本，战时损失甚重，生物学系亦因以停办。商学院各系亦略有变更，设会计、银行、国外贸易、铁道管理四学系。二十二年秋，商学院恢复工商管理学系。文学院政治经济学系改隶教务处，历史社会学系改为历史地理学系。翌年九月，部令将铁道管理学系分期结束。二十四年秋，复遵令将会计、银行两系归并为会计银行学系。

二十六年秋，沪战爆发，真如沦陷，本校乃暂迁上海租界，维持开课。二十七年，并数学、物理两学系为数理学系。卅年秋，奉令于闽省建阳设置分校，以备内迁。冬，太平洋战起，日军侵入租界，遂积极进行内迁工作，翌年六月全部迁抵建阳，并将分校名义取消，而图书、仪器、档案，则因迁运困难，悉存上海。三十一年秋季开学后，东南联大学生三百余人，奉命入本校借读，因又临时暂设法学院及艺术专修科以资收容。三十二年夏,东南联大并入英士大学。本校在建阳期间,虽环境困难,然仍力谋进步,三十二年八月,学生人数已达千人以上。

三十四年八月,日本乞降,本校筹备复员,组织迁校筹备委员会。嗣又设上海办事处,主持其事。三十五年三月,本校在建提前结束,六月迁至上海。顾本校战时破坏奇重,真如校舍,十九焚毁,原存仪器,损失殆尽,图书亦太半散失,故复员以来,所遭遇之困难,迥非其他学校所可比拟。奉拨复员经费有限,一切遂不得不因陋就简。行政院所拨上海东体育会路及宝山路两处房屋,即今一二两院在地,局促狭隘,所有房屋亦仅勉敷教室及办公室之用。是时本校又奉准恢复法学院政治、经济、法律三系,另于文学院增设新闻学系,理学院增设人类学系,并设置先修班,筹备恢复附中,校舍问题,益形严重。十月增建学生宿舍于一二两院,购地于青云路,建筑教职员宿舍。又添购中西图书仪器三亿元。十一月部署略定,开学上课,复员工作初步告一段落。三十六年夏,教部先后核准本校历史地理、数理、会计银行三系,分为历史学系(隶文学院)、地理学系(隶理学院)、天文数学系、物理学系、会计学系、银行学系等六系,并于法律学系内分设行政法学组。现本校共设四学院十七学系一组,学生达千六百余人。今后如何确定永久地址,增建校舍,充实设备,发展华侨教育,均待积极筹划,更有赖于政府之扶植、侨胞暨社会人士之维护以及海内外校友之襄助也。

二、校　址

本校在暨南学校时代,校址设于南京薛家巷。民国十二年至十六年,先后迁来真如。真如校址,占地数百亩,校舍宽敞,抗战期间毁于敌焰。内迁闽北时,校址设于建阳文庙。三十五年春,本校筹备复员回沪,真如校舍既化为灰烬,而本校永久校址适奉令设于南京,四月间何前校长遂与交通部公路总局机械筑路第一工程总队订立借用真如校址及残存校舍合约,为期五年。一年以来,本校因迁京计划数年内无法实现,拟先就真如校址规划建筑校舍,徐图恢复,迭经呈请教育部转咨交通部饬该队提前交还,尚无结果。目前仍在继续进行交涉,本校校友亦在发动协助中。

本校现有校舍，分第一院、第二院及青云路教职员宿舍三部分。兹分述如次：

甲、第一院　在东体育会路三三〇号，系行政院所拨，为前日本第二女子高等学校，占地共二十八亩六分。原有楼房一大幢，现为本校总办公处、理商两学院教室、实验室、图书馆及礼堂。学生平房宿舍六幢，系上年十月建筑。新建学生宿舍楼房一幢，现甫开工，预计本年十二月底完成。

乙、第二院　在宝山路，系行政院所拨。为前日本第八国民小学。现前为本校及宝山小学所使用，占地共三十六亩八分，本校约占三分之二。原有楼房一大幢。本校使用三分之二，现为文法两学院办公处、教室、图书馆及礼堂。学生平房宿舍及新建学生楼房宿舍幢数与第一院同。

丙、青云路教职员宿舍　上年十月在青云路购地十亩四分，建筑教职员宿舍二十七幢，共六十四号。

三、历任校长

温秉忠先生(总理)	光绪三十二年至宣统三年
郑洪年先生(堂长)	光绪三十二年至三十四年
杨熙昌先生(堂长)	光绪三十四年至宣统三年
赵正平先生	民国七年春至九年夏
柯成懋先生	九年夏至十年秋
赵正平先生	十年秋至十四年秋
姜　琦先生	十四年秋至十六年夏
郑洪年先生	十六年夏至二十三年一月
沈鹏飞先生(代)	二十三年一月至二十四年七月
何炳松先生	二十四年七月至三十五年六月
现任校长李寿雍先生	三十五年六月起

四、行政组织

本校行政组织,依据教育部部令规定,设教务、训导、总务三处,分别置教务长、训导长、总务长,由教授兼任,主持各该处事宜。

教务处设注册、出版两级及图书馆,各组馆置主任一人,组员、馆员、雇员若干人。训导处设生活管理、课外活动、体育卫生三组,各组置主任一人,组员、雇员若干人,另置训导员、体育指导员、医士、护士若干人。总务处设文书、庶务、出纳三组,各组置主任一人,组员、雇员若干人。各组馆主任及其所属人员分别办理各组馆事务及其本位事宜。

校长室置秘书一人,秉承校长处理公文,承办人事。另设会计室,置会计主任一人,佐理员及雇员若干人,由主计处任命,受校长之监督,指导办理本校会计岁计事宜。

本校设有南洋研究馆,以为研究南洋问题之所,设主任一人,研究员、助理研究员、研究生及干事若干人。

除上述各处室负责处理经常行政工作外,另设各种会议,襄助校政。最要者为校务会议,由校长、各处长、各院长、各系主任、会计主任暨教授代表组织之,为推行校务之决定最高原则机构,并依法令之规定讨论审议本校一切重要事项。其余依部令设置者,有教务会议、教员升等审查委员会、训育委员会、公费审查委员会、奖学金审查委员会等。此外另设行政会议、聘任委员会、图书委员会、出版委员会、建筑委员会、教职员福利金管理委员会、财务委员会等,协助校长及各处处理各项事宜。

五、教职员人数(三十六年十月份)

本校现有专任教员一五二人,兼任教员二十五人,职员一百人,合计专任教职员二五三人,兼任教员二十七人。兹分别列表如下:

职别 部分	教员										合计	职员(专任)																			专任
	专任						兼任																								
	教授	副教授	讲师	助教	研究员	小计	教授	副教授	讲师	小计		校长	处长	秘书	主任	训导员	统计员	组(馆)员	佐理员	办事员	事务员	雇员	主任医师	医师	护士长	护士	仪器管理员	干事	研究生	小计	教职员
文学院	33	9	5	7		54	11		1	12	66																				54
理学院	22	1	5	12		40	2			2	42																3			3	43
法学院	17		1	4		22	9			9	31																				22
商学院	17		1	9		27	2	1	1	4	31																				27
不分院	5	1	3			9					9																				9
南洋研究馆					1	1					1																	1	2	3	4
校长室												1									1	2								4	4
教务处															2			21				6								29	29
训导处															2	8		5				3	1		1	2				22	22
总务处															2			20		1		1								24	24
会计室															1				4		2	1								8	8
其他																	1					6								7	7
合计	94	11	15	32	1	153	22	1	2	27		1			7	8	1	46	4	1	3	19	1		1	2	3	1	2	100	253
备注	1、内部聘教授由部支薪者一人　2、休假进修教授薪津照支者二人,支七成者一人。 3、教员兼职务者均列入教员数内。																														

六、各学院系及其主持人

（1）文学院——院长孙蜀丞先生，所属各系如次：

一、中国文学系	主任郝昺衡先生
一、外国语文学系	主任孙贵定先生
一、历史学系（一二年级）	主任孙蜀丞先生
（三四年级仍为史地学系）	
一、教育学系	主任张耀翔先生
一、新闻学系（一二年级）	主任詹文浒先生

（2）理学院——院长刘咸先生，所属各系如次：

一、天文数学系（一二年级）	主任潘　璞先生
一、物理学系（一二年级）	主任陆禹言先生
（上二系三四年级仍为数理学系）	
一、化学系	主任朱子清先生
一、人类学系（一二年级）	主任刘　咸先生
一、地理学系（一二年级）	主任王文元先生
（三四年级仍为史地学系）	

（3）法学院——院长邹文海先生，所属各系如次：

一、法律学系（附设行政法学组）	主任周　枏先生
一、政治学系	主任左潞生先生
一、经济学系	主任陈彪如先生

（4）商学院——院长吴干先生，各系如次：

一、会计银行学系（二三四年级）	主任吴　干先生
一、会计学系（一年级）	主任卢怀道先生
一、银行学系（一年级）	主任吴　干先生
（上二系二三四年级仍为会计银行学系）	
一、工商管理学系	主任许炳汉先生
一、国际贸易学系	主任杨尔埕先生（代）

七、图　书

民国七年,暨南学校规复,本校初有图书馆。待迁往真如以后,兴建馆舍,图书陆续增加,收藏渐富,至二十六年三月,藏书达六万余册。战时本校内迁,图书仪器留存上海。去年复员回沪,整理旧物,仪器全部损失,图书亦多残缺,而中文善本及西文书散失尤多,尚存三万四千余册,约当战前之半。在建阳时购置中西文图书六千余册,亦迁运来沪。在沪先后接收日本女子高等学校书籍七千余册,教部分配陈群藏书三万余册,美国赠送教科书杂志四百余册,日本岩波书店赠书二百余册,教育部驻沪文物分配委员会分配书籍三百册,合计接收书籍达四万余册。又添购中西文新书五千余册,杂志一百余种(已订未到西书杂志在外)。总计旧存暨接收新购之书达八万余册,杂志达三百余种。因一二两院校舍局促,书库及阅览室均嫌狭小,势须筹建图书馆,以利扩充。

本校图书统计表

来源	中文		日文	西文	杂志		合计
	平装	线装			中文	西文	
原存上海图书	一三六三〇册	一五四五六册		五八八〇册			三四九六六册
建阳迁沪书籍	三二三五册	二二四二册		九七二册			六四四九册
接收日本女子高等书籍			七四六二册				七四六二册
接收分配陈群藏书		三一八〇〇册					三一八〇〇册
美国赠送教科书杂志				二七四册		二二种	二七四册 二二种
教部驻沪文物分配委员会分配				三〇〇册			三〇〇册

(续表)

来源	中文		日文	西文	杂志		合计
	平装	线装			中文	西文	
日本岩波书店赠书			二〇六册				二〇六册
上海临大寄存书	一四六册	五一〇册	一七五册	一九册			八五〇册
在沪添购新书	四七一四册			六九六册	四九种	七九种	五四一〇册 一二八种
合计	二一七二五册	五〇〇〇八册	七八四三册	八一四一册	四九种	一〇一种	八七七一七册 一五〇种

八、经　费

本校三十六年度经常费,奉教育部三十年二月七日会字第六八一八号代电核定为一一五、二八〇、〇〇〇元。嗣因增加院系,奉教育部同年二月十七日会字第九四六九号代电追加八五、四四〇、〇〇〇元。同年六月二日教育部因物价膨胀,复以会字第三〇二一四号训令追加两倍半,计二八八、二〇〇、〇〇〇元。总计全年度经常费四八八、九二〇、〇〇〇元。惟上海物价波动与日俱增,每月全部经费仅敷水电支出。截至九月底止,经常费超支已近三亿元,均先后在临时费内暂行挪借。今后办公费用,除力求撙节外,仍须向教部请求追加,以利校务进行。

(《国立暨南大学校刊》1947 年复刊第 1 期)

本校三十六年度各种委员会委员名单

聘任委员会委员

李寿雍　邹文海　孙蜀丞　刘　咸　吴　干　张耀翔　朱子清　左潞生　许炳汉

训育委员会委员

李寿雍　谢兆熊　邹文海　陆铁乘　孙蜀丞　刘　咸　吴　干　刘大杰　沈炼之　王文元　潘　璞　朱子清　周　枬　左潞生　卢怀道　许炳汉

教育升等审查委员会委员

邹文海　孙蜀丞　刘　咸　吴　干　张耀翔　潘　璞　周　枬

公费审查委员会委员

李寿雍　谢兆熊　邹文海　陆铁乘　夏　修　沈炼之　潘　璞　周　枬　左潞生　沈筱宋

学生临时救济审查委员会委员

李寿雍　谢兆熊　邹文海　陆铁乘　夏　修　沈炼之　潘　璞　周　枬　左潞生　沈筱宋

奖学金审查委员会委员

李寿雍 谢兆熊 邹文海 陆铁乘 夏 修 沈炼之 潘 璞
周 枬 左潞生 沈筱宋

修建委员会委员

李寿雍 陆铁乘 夏 修 刘大杰 王文元 刘 咸 邹文海

（《国立暨南大学校刊》1947 年复刊第 2 期）

暨南大学创设人类学系

国立暨南大学复员返沪后，理学院院长一职即聘人类学专家刘咸（重熙）氏继任，并创设人类学系，内分文化及体质二组，教授已聘定吴定良开宥等。刘氏出自牛津大学 H. Balfour 教授之门，返国后历任山东大学教授，并主持中国科学社垂十余年，著作丰富。该系今后在刘氏主持之下，贡献必多云。

（《社会学讯》1947 年第 4 期）

暨大素描

践　民

我生活在暨南大学,终天所接触的是暨大里的“人”和“事”,我在这里所写的,不论是人物方面也好,活动方面也好,甚而至于政治活动也好,我都不想加丝毫的渲染,原因是在避免麻烦。

暨大战前真如旧址是已全部毁灭,现在校址是由敌伪时的两所机关房屋而改建,为房屋不敷应用,因而宿舍、教室以及办公室等都是东西分散,理商两院与总办公厅合设一处,称之为暨大第一院,文法两院并设一处,称之为暨大第二院。其他如教职员住宅和学生宿舍计分四处,但宿舍设置虽如此繁多,然而尚有少数同学无处安身,少数教职员自己租赁住宅,事实上的困难,学校当局虽是用尽苦心,一时也难以改善。复员后的暨大能有如此外观,确已费李新校长的一番苦心。

教授阵容虽不能说是怎么样的尽善尽美,事实上也可以说是“差强人意”了,在教育界卓具地位的也大有人在。去夏因人事的更动,少数未获聘请的旧教授,曾于报端大施责问,引起社会人士的注目,后经两方面坦白解释,误会才算是烟消云散。目下全校的职教人员,都能与李校长协力同心,共谋暨大前途发展。前任校长何炳松先生,虽是离开了人世,可是一班曾与共甘苦的同人,以及成千成百他一手教育成的学生,仍然是时时的怀念着他。良师是不会被同学忘记的,何师想是含笑于九泉。校外人看起来,觉得同学们太情感用事,其实是何师给予同学们的印象太深了。迎新而不忘故,念旧情殷,可以说是暨大同学的美德,一面永记何师不朽的规范,一面也能诚意接受李校长的指引。李校长在同学爱戴和热望的情绪下，图谋暨大的发展，定会有惊人的成绩。

暨大的生活，上至校长，下至工友，每一人都是过得非常的匆忙。校长因住居校外，到校办公，虽是乘坐专车，也要浪费很多的时间，他通常在一院办公。二院的校长室是等于虚设，偶尔也到各处看看，那不过是匆匆的走一趟罢了。院长以及各处的高级教员，他们是由校方特备的吉普车接送，匆匆忙忙的奔走于全校各处。教授是没有吉普车专一接送的，他们是大型的教授接送车，这班车是按规定时间开驶的，不管他担任的课程有多少，薪水有多少，每一位教职员（小职员），每日都要比照待遇再加上两小时的等车时间。“等车的钟点费，不知是几何？”少数教授为了等车的不耐烦，曾发问过这样开玩笑的疑问。学生赶钟点上课，全校仅有的两部交通车，每天是刻不停轮，司机连吃饭的时间都没有，车里总是挤得难以呼吸。宿舍里床靠桌子，桌子碰椅子，洗面台子上是前客让后客。无处不显出忙和挤的情形。工友们没有固定的宿舍，无论办公厅里，或是教室里食堂里，时常发现他们的临时床铺，每日搭架的麻烦又增加了他们的匆忙。同学们除了校内生活的紧张，有少数来自苏北解放区的同学，他们的费用，除了仅有五万元公费外，经济来源已早断绝，五万元的公费仅可维持三餐西贡米的蔬菜饭，零用钱是一文没有。于是不得不动动脑筋来想补救的办法，兼家庭教师者是大多数，每周花费五个或六个黄昏，可获十多万元的收入，数目虽小，可是鞋袜纸笔等小费有着落了。在各机关或私人企业里兼职者也很多。那是一班出卖全部光阴的牺牲者，每日非到差不可，大好学习的时光是全部抛弃了，学期终了所能混得的学分那也很少。此外少数在中学或小学兼课的人，承各该校当局者的原谅，给予他们很多方便的机会，缺课是较其他兼职者少。还有极少数已做了孩子父母的清寒同学，他们是比一班同学多负一层责任，孩子放在托儿所里，每月的费用还需十万元左右，实令人同情他们的负重，更令人钦佩他们的伟大。

在一般人的印象中，暨大是一个多事的学府。全武行是常常表演的,罢课好像是常事。在好些局外人的脑海中,都以为是“左倾”或者共产党的作祟,这是无根据的看法。暨大左右倾的分子不能说是没有,可是每次学潮的起因,却并不基于左方或右方,实在是完全基于民主思想的发动,争取言论思想的自由。民主高潮已发展的今日,最高学府当然是先锋队,何校长十年栽培的暨大,民主的嫩芽已早在内部萌发,刚开放的民主花苞,偶尔给他摧残或阻扰,自然是不能压制他的热情。由代表向校方接洽,发宣言向局外人士呼吁。为了工作的进行以及表示行动,不得不罢课,“为了工作的进行停课三日”的标语,在每次罢课前都可以看到。自莫洛托夫提出中国的问题后,各校的护权会如火如荼的成立,暨大的护权会业已成立,开会时同学无不意气激昂,主席大呼:“国民党是贪官污吏,惟有真正的民意,才可拥护国家的统一,保护国权完整。”散会时掌声如雷,民主的思想是已在暨大垫定下根深蒂固的基础。

某报曾载暨大有四五十小团体的组织,这是毋庸否认的事实。各系有各系的系友会,各地有各地的同乡会,各个人有母校的联谊会,还有各种学术研究的组织,四学院共计有多少系,全校同学共有多少不同的籍贯,加以统计就不难证明某报的采访无讹。今天这团体开会,明天那团体开会,天天会,日日会,确是事实。开会的结果,善终的居多,偶尔也有几次是不欢而散。我虽是承认各团体为争取民主而活动,是为联络感情、研究学术而组织,我却不能保证每一个人都是思想纯正的。同床异梦、途径各殊者也不能说没有,那就是政治思想的参差了。抗暴会是反对美军的暴行,也是为着国权的完整,可是这次莫洛托夫的提议,他们却一声不响,他们的眼睛好像只可察秋毫,而不能见舆薪。

壁报标语张贴之风很盛,壁报中纯文艺的很少,针对时局责骂政府的笔调大受欢迎。一梦醒来,那数丈广阔的民主墙上,几乎是无分寸的空地,对过书坊里的红绿纸也为之一空。人静的夜晚,在宿舍的门缝里,常常发现纸飞机降落,那是一份刚印出的快报或传单,如果你想见见这位纸飞机的驾驶员,却是很难。他投下这一批纸飞机,就很快的离开你的门口。同学称这类的工作者为“无名英雄”。在三八妇女节时,女同学贴出的妇女专号上,竟有无名英雄在一篇文章上满批放屁。女同学也不甘让人,于是皇皇通告,大兴问罪之师,“有种的应当站出来”,竟然在女同学的笔底下跑了出来。言论自由的争取,暨大女同学绝不逊男同学一分。

暨大几年埋伏在建阳,那里没有影戏院,没有舞厅,没有如上海这样的喧闹繁华,复员过来的同学,莫不感到现时环境的轻松和活跃。看电影跑舞厅当然不足为奇,奇怪的是一间拥有八张床铺的小房间居然也可以成为临时的舞厅,聊解饥渴。玩拍克牌是女生宿舍内唯一的消遣,常三五人围坐一张桌子,玩至更深不散。同室的人常为此场赌局,而不能按时入睡,迟至十时以外,那五点半钟所吞下的两碗糙米饭已消化待尽。这时馄饨担子适逢其会的挑进大门,牌桌上的人都要进一次夜餐,十二时更声开始,这一担馄饨也推销至尽。

提起暨大的敲更,确是一个“贼走关门”的趣事。原因是在一月前,女生宿舍失窃一次,学校当局始添寻夜更夫,目的在防火防贼,可是却引起一班多愁善感同学的烦恼。于是“满腹愁思入梦难,频数钟声到漏残”的一类句子,在黑板上或课桌上常常见到。学府里的更声似乎更富有诗意。

暨大的始创,海外侨胞入校者很多。至今暨大尚有南洋最高学府之称。所授课程除照部定外,加开南洋概况一科,为各院系必修课程,但是不算学分,于该课中可以获得南洋社会中流行的奇闻艳史以及侨胞的生活状况。华侨同学会组织较一切团体完备。侨胞进校手续校方是另有规定,较一班学生为优待。暨大历史悠久,所值得介绍,当然不止如此,我因认识他太浅,所以仅能作淡淡的素描耳。

(《前锋》1947 年第 1 期)

母校派员赴新加坡招考侨生

母校前经呈准教育部,派员前往新加坡招考南洋侨生,业志校刊。嗣以请购外汇、办理出国护照及新加坡入口许可证等筹备手续,辗转需时,不克即于成行。兹悉,上项筹备手续刻已办理就绪,并经母校第七次行政会议决定:"在本年六月八日以前,办理出发招考侨生人员,必须到达新加坡。"教授苏乾英、陈元柱将准备启程赴新云。

(《南光月刊》第1卷第2期,1948)

新建学生宿舍落成

母校一二两院新建学生宿舍两大幢,业经泰来公司建筑完成。前特登报招商投标装置水电设备,嗣经开标,由利众水电公司以最低价得标承办。顷两幢宿舍,建筑式样相同,一院宿舍为朝南二层楼西式楼房,东西开门。楼上下由东到西,均有走道一条,两端即为楼梯,楼下为宿舍出入之总门,房间分南北两排,玻璃窗格亦各南北分开,天花板及四壁粉刷,白皙照眼。地板、门窗、走道、楼梯,均用绛色油漆,光采焕然。楼上下东西适中房间,辟设盥洗室,装置水管,备各生盥洗。

砖墙外面,则用水泥垩平,坚实美观。房间轩敞,阳光空气,均极适合。每排九间,楼上下南北两排,计三十六间。宿舍东西两门及走道寝室盥洗室等,均装设电灯,堪称完善。二院宿舍则为朝东二层楼西式楼房,南北开门,走道分上下,房间为东西两排,楼梯亦装于走道之南北尽端。其余装备,均与一院宿舍相同云。

(《南光月刊》第1卷第2期,1948)

登记南京校产正与有关机构洽查

本校总务处派员在京办理中。

本校在京校产,前由本校总务处派员往南京审地政局查案登记,计战前登记有案产权确定者一处。战前虽经登记,产权尚未确定者一处。闻尚有一处,亦系本校地产,但地政局尚未查出原案,刻正与有关机关洽查云。

(《国立暨南大学校刊》1948年复刊第10期)

三十六年度第一学期应届毕业生名单

文学院　中文系:黄必珽　颜纯粹　谢振华　刘志恭

	外文系:	胡　铎	陈宗尧			
	史地系:	仇笑春	黄述文	王多祥	杨德基	
	教育系:	徐以东	许续铨	叶如兆	叶兆凤	陈岭南
		周启谦	陈润玉	张安祥	黄选卿	何承顺
法学院	政治系:	马孝聚	冯耀焜			
	经济系:	董运谋	王友竹			
理学院	化学系:	胡振亚	牟　宙	曹思启		
	数理系:	吴慕贤	廖　倬	陈洪燊	陈铭德	蒋宇庭
商学院	会银系:	何文彬	朱寿昌	王炳森	廖开贤	俞季平
		彭家珍	夏芝春	蔡肇瀚	任品三	
	国贸系:	金雄震	陈云翰	叶烈汉	李天雄	林永照
		郭　岳	吴苏颋			
	工管系:	徐可南	诸绍亮	万年康	林端贤	丁心如
		王世华	蔡美铮	乐学赓	郭　晖	蔡泽扬
		郑谦和	唐绍烈	王福明	徐则忠	王家藏
		黄席乾	黄达楷	郭明书		

国立暨南大学学生学则

第一章　入　学

第一条　本大学于学年开始时,招收一年级新生;经校务会议之决定,得招收二三年级转学生。新生、转学生之报考资格及新生之考试科目,依照教育部规定办理。转学生之编级试验科目,由本大学参照部颁必修课程订定之。

第二条　转学生在原校最后一年所修学程，至少须有四分之三学分及格，方准参加本校转学考试。

第三条　凡录取之新生或转学生，须依规定日期来校报到，参加口试及体格检查，合格后，向注册组缴齐证件，并向出纳组缴费，方可办理注册。

第四条　凡录取之转学生，在原校所习课程学分，由教务长及有关院长系主任，根据本大学课程标准审查核定之。

第五条　新生或转学生入学时，须填具入学志愿书，并呈缴保证人两人签名盖章之保证书。保证规则另定之。

第六条　新生或转学生入学后，其学籍经教育部批驳不准者，应即退学。

第七条　新生或转学生参加入学或编级试验，如有舞弊情事，入学后经查出证实者，立即开除学籍。

第八条　新生或转学生入学时，须按照本大学录取之院系入学。

第二章　注册及选课

第九条　每学期开始时，学生须于规定日期内亲自到校缴费注册。新生或转学生逾期不到者，取消其入学资格；旧生逾一周尚未注册又未请假者，以自动退学论。

第十条　学生每学期所修课程，除法令别有规定外，不得少于十二学分。一二三年级，不得超过二十一学分；四年级不得超过十七学分。

第十一条　全年学程仅修毕一学期者，不给学分。但经教务长、院长核定准予补修者，不在此限。

第十二条　学生每学期须照规定学程选课，并经系主任、院长、教务长签字认可后，方为有效。

第十三条　学生于上课后第二星期内，得改选学程，但须经系主任核准及注册登记。改选以一次为限，且不得超过各年级应修学分之总数。

第十四条　各系准开课程,如查有选修科目选读人数不满五人者,得停止开班。

第三章　试验及成绩

第十五条　学生成绩分操行成绩及学业成绩两项。操行成绩分超、优、中、可、劣五等,以可等为及格。学业成绩,以一百分为满分,六十分为及格。

第十六条　学生操行成绩不及格者,应令其退学。

第十七条　学生学业成绩,分学期成绩及毕业成绩两种。

第十八条　学期试验成绩,与平时成绩合并核计,作为学期成绩。学期试验,于每学期之末,定期举行之。

第十九条　学生习作、听讲笔录、读书札记、实验报告与临时试验等,须合并核计,作为平时成绩。前项临时试验,每学期内至少举行一次。

第二十条　各学期成绩、毕业论文成绩与毕业总考成绩,合并核计,作为毕业成绩。

第二十一条　应届毕业学生之毕业试验为最后一学期之学期考试及毕业总考。毕业总考,每系应考各该系各年级所习之主要专门科目三种。不及格者,不得毕业。学籍未经核定学生,不得参加毕业总考。

第二十二条　学生在一学期内,因请假缺课上课总时数三分之一者,不得参与学期试验,并不给学分。

学生在一学期内,无故旷课逾上课总时数五分之一者,不得参与学期试验,并不给学分。

第二十三条　学期试验,非有重大事故,不得请假,未请假者,不准补考。

第二十四条　学生学期成绩不及格科目之学分总数,不满该学期修习学分总数三分之一者,其不及格科目,在五十分以上者,得予补考一次。补考成绩及格者,概以六十分计算。

第二十五条　学生学期成绩不及格科目,不满五十分者,不得补考。凡属必修学程,应令重读。

必修科目二种以上,重读二次,仍不及格者,应令退学。

第二十六条　学生学期成绩不及格科目之学分数,达该学期修习学分总数三分之一以上者,不得补考。次学期修习学分,并应减少四分之一。

前项学生学期成绩不及格科目之学分数,仍达该学期修习学分总数三分之一者,应令退学。

第二十七条　学生学期成绩不及格科目之学分数,达该学期修习学分总数二分之一以上者,不得补考,应令退学。

第二十八条　毕业总考科目不及格者,得补考一次。仍不及格者,得参加下届毕业总考,但以一次为限。

第四章　缺　席

第二十九条　学生因病因事请假而缺席者,为缺课;不请假而缺席者,为旷课。旷课一小时,作缺课二小时计算,缺席并须扣分。其计算方法另订之。

第五章　转院转系

第三十条　学生因志趣或他种理由请求转院转系者,应于规定日期,向教务处申请登记,由转院系审查委员会核定之。转院转系审查委员会,由教务长会同各院主管院长、系主任组织之。

第三十一条　学生转院,限于第二年级开始以前,转系限于第三年级开始以前,均以一次为限。并须修满转入院系所规定之课程,方得毕业。

第三十二条　一年级入学新生,不得转院转系。职业学校毕业,升入本大学肄业,不得转院。师范生转入其他院系,应还所受全部公费待遇。未缴还者,不得转院转系。

第六章 休学、复学、退学及转学

第三十三条 学生因不得已事故，得陈述理由，请求休学，经核准后，得休学一学年。必要时，得请求延长。但休学时间，总共不得超过二年。其因病请求休学者，须有医生证明书。休学期满之学生，得请求复学。

第三十四条 学生有下列情事之一者，得令其休学，并通知其家长及保证人：

一、身患病症，经校医诊断，认为必须长期医治或长期隔离者；

二、训育委员会认为有令其休学之必要者。

第三十五条 休学生复学时，仍应在原肄业之院系及相衔接之年级肄业。其请求转院转系者，应按照转院转系之规定办理。

第三十六条 休学时学期成绩尚未结束者，复学时，应仍在原级肄业。

第三十七条 休学逾期之学生，请求复学时，应与转学生同受编级试验。但本大学不招收转学生时，不适用之。

第三十八条 学生因不得已事故，得陈述理由，请求退学，经本大学核准后，发给转学证明书或修业证明书。

第三十九条 学生有下列情事之一者，应勒令退学，并通知其家长及保证人：

一、入学或转学资格不合规定者；

二、操行成绩不及格，或违反校规，经训育委员会议决，令其退学者；

三、学期成绩过劣，如本学则第二十五、二十六、二十七各条之规定者。

依本条例一二两项，勒令退学之学生，不得发给转学证明书或修业证明书。但依三项规定，勒令退学者，得斟酌情形，发给转学证明书或修业证明书。

第四十条 学生因不得已事故，得陈述理由，请求转学他校，经本大学核准后，给予转学证明书。

第七章　特别生及旁听生

第四十一条　凡参加本大学一年级新生入学考试之华侨学生及边疆学生，考试成绩稍次，未达正式生录取标准者，得酌取为特别生。

第四十二条　华侨学生，系指华侨子弟，最近二年侨居国外，具有报考大学之资格，暨足资之证明华侨身份证件者。边疆学生，谓蒙古、西藏及其他语言文化具有特殊性质地方，而其家庭居住于原籍者。

第四十三条　特别生在第一学年内肄业成绩及格者，得呈请教育部，改为正式生。不及格者，得由校酌准留级，肄业一年，成绩仍不及格者，应令退学。由本大学发给成绩单及修业证明书。

第四十四条　特别生每学期所修学程，不得超过十五学分。国文及英文两科，必须选读。

第四十五条　凡参加大学一年级新生入学考试之华侨学生，考试成绩未达特别生录取标准者，得酌收为旁听生，旁听生无学籍。

第八章　毕业及学位

第四十六条　各院系学生修满四学年必须学程与规定学分总数，并须于第四学年提出毕业论文，经毕业审查委员会审查通过，参加毕业试验及格者，始得毕业。学生毕业论文规则另订之。

第四十七条　毕业试验，由毕业试验委员会主持之。委员会以校长、教务长、训导长、各学院院长及系主任为当然委员，校长为主席，并由校长聘请校内教授及校外专门学者为委员，呈部备案，派员监试。

第四十八条　学生毕业成绩及格后，本大学先行发给临时毕业证明书，候正式毕业证书呈部验印后，再行发给。

第四十九条　本大学各院系毕业生，依照学位授予法第三条之规定，授予学士学位。

第九章 附 则

第五十条 本学则如有未尽事宜,得提请校务会议修改之。

第五十一条 本学则经本大学校务会议通过后,由校长公布施行。

(《国立暨南大学校刊》1948 年复刊第 6 期)

暨南、海疆两校分收侨生

国内培植海外侨生之专科以上学校,现有两所,一为国立暨南大学,一为国立海疆学校。自本年度起,两校应招收百分之八十侨生,暨大专收高中毕业,海疆专收初中毕业。凡居留地使领馆证明之侨生,经审查合格免试入学。现设五年制师范、商业两专修科,师范生全公费待遇,商专加强技能训练。明定南洋史地为全校必修,华侨教育为师范科必修,南洋经济为商专必修。师范科下设国文、史地、教育三组,商专科下设会计银行、国际贸易二组。并重语文训练,以英法日□为第一外国语,修业至三年时,需参酌所修第一外国语,□设马来、暹罗、缅甸、老挝、高棉、朝鲜等地土用语一种,为第二外国语。马来、越南两种语文早经开课,其他土用语文教授征聘困难,经多方延揽,本学期起,增开暹文与缅文。

[《教育通讯》(汉口)1948 年复刊第 6 卷第 7 期]

三十六学年度第一学期在校学生人数统计表

三十六年十二月注册组调制

院系 \ 人数 \ 性别 \ 年级	一年级			二年级			三年级			四年级			总计		
	计	男	女	计	男	女	计	男	女	计	男	女	计	男	女
文学院共计	87	69	18	120	89	31	99	67	32	119	94	25	425	319	106
中国文学系	12	7	5	10	6	4	19	17	2	29	22	7	70	52	18
外国语文学系	23	21	2	28	21	7	22	15	7	13	10	3	86	67	19
历史学系	10	8	2	11	9	2	–	–	–	–	–	–	21	17	4
历史地理学系	–	–	–	–	–	–	14	10	4	25	19	6	39	29	10
教育学系	28	22	6	47	30	17	44	25	19	52	43	9	171	120	51
新闻学系	14	11	3	24	23	1	–	–	–	–	–	–	38	34	4
法学院共计	94	90	4	100	94	6	81	77	4	56	47	9	331	308	23
法律学系	36	35	1	33	32	1	21	18	3	13	10	3	103	95	8
政治学系	29	27	2	23	22	1	25	25	–	22	18	4	99	92	7
经济学系	29	28	1	44	40	4	35	34	1	21	19	2	129	121	8
理学院共计	47	44	3	36	32	4	39	37	2	37	35	2	159	148	11
化学系	20	19	1	18	15	3	26	24	2	20	19	1	84	77	7
天文数学系	1	1	–	–	–	–	–	–	–	–	–	–	1	1	–
物理学系	10	10	–	6	6	–	–	–	–	–	–	–	16	16	–
数理学系	–	–	–	–	–	–	13	13	–	17	16	1	30	29	1
人类学系	13	12	1	6	5	1	–	–	–	–	–	–	19	17	2
地理学系	3	2	1	6	6	–	–	–	–	–	–	–	9	8	1
商学院共计	83	73	10	137	117	20	118	104	14	136	122	14	474	416	58
会计学系	17	12	5	–	–	–	–	–	–	–	–	–	17	12	5
银行学系	9	8	1	–	–	–	–	–	–	–	–	–	9	8	1
会计银行学系	–	–	–	41	27	14	36	27	9	34	29	5	111	83	28
国际贸易学系	21	21	–	24	20	4	38	37	1	40	35	5	123	113	10
工商管理学系	36	32	4	72	70	2	44	40	4	62	58	4	214	200	14
总计	311	276	35	393	332	61	337	285	52	348	298	50	1389	1191	198

（《国立暨南大学校刊》1948 年复刊第 7 期）

三十六学年度第一学期在校学生籍贯调查统计表

三十六年十二月注册组调制

院别/性别/人数/省别	文学院			法学院			理学院			商学院			总计		
	计	男	女	计	男	女	计	男	女	计	男	女	计	男	女
江　苏	111	76	35	98	93	5	46	44	2	143	112	31	398	325	73
浙　江	103	77	26	90	82	8	50	48	2	101	92	9	344	299	45
福　建	90	64	26	32	32	–	25	23	2	98	89	9	245	208	37
江　西	29	29	–	18	17	1	8	7	1	56	54	2	111	107	4
广　东	25	19	6	20	20	–	11	10	1	23	22	1	79	71	8
安　徽	23	21	2	10	8	2	9	8	1	20	16	4	62	53	9
河　南	11	11	–	15	15	–	1	1	–	8	8	–	35	35	–
湖　南	9	7	2	8	7	1	1	–	1	6	5	1	24	19	5
上海市	8	6	2	7	6	1	2	2	–	3	3	–	20	17	3
湖　北	3	2	1	8	7	1	3	2	1	2	2	–	16	13	3
台　湾	1	1	–	9	9	–	–	–	–	4	4	–	14	14	–
南京市	2	–	2	6	4	2	–	–	–	–	–	–	8	4	4
山　东	3	2	1	1	–	1	–	–	–	1	1	–	5	3	2
甘　肃	1	1	–	1	1	–	1	1	–	2	2	–	5	5	–
陕　西	1	1	–	3	3	–	–	–	–	–	–	–	4	4	–
广　西	1	1	–	–	–	–	–	–	–	2	2	–	3	3	–
天津市	1	–	1	–	–	–	–	–	–	1	–	1	2	–	2
四　川	–	–	–	–	–	–	1	1	–	1	1	–	2	2	–
辽　宁	–	–	–	1	1	–	1	1	–	–	–	–	2	2	–
河　北	–	–	–	1	1	–	–	–	–	1	1	–	2	2	–
北平市	–	–	–	1	–	1	–	–	–	1	1	–	2	1	1
云　南	1	–	1	–	–	–	–	–	–	–	–	–	1	–	1
西　康	1	1	–	–	–	–	–	–	–	–	–	–	1	1	–
山　西	–	–	–	1	1	–	–	–	–	–	–	–	1	1	–
贵　州	–	–	–	1	1	–	–	–	–	–	–	–	1	1	–
汉口市	1	–	1	–	–	–	–	–	–	–	–	–	1	–	1
青岛市	–	–	–	–	–	–	–	–	–	1	1	–	1	1	–
总　计	425	319	106	331	308	23	159	148	11	474	416	58	1389	1191	198

（《国立暨南大学校刊》1948 年复刊第 7 期）

南洋各地校友会成立
均盼母校从速迁回真如

星加坡校友会　于去年春间恢复组织，并推选当地华侨领袖李光前先生为该会名誉会长，胡载坤为理事长，林邦彦为副理事长，戴始仲为总干事，郑心光、赵毅成、张曙明等为理事，傅文楷为监事长，胡秋甫、胡守愚、陈辅等为监事。该会每月举行理监事会一次，每半年举行全体大会一次。又该会为联络国内各地校友起见，乘戴始仲同学归国述职之便，特请代表该会，访问港粤京沪各地校友会云。

爪哇校友会　校友郑天成等，鉴于散在荷属东印度同学为数颇多，亟应从速组织校友会，以资联络，乃于去年夏间联络泗水、三宝垄各地同学，成立爪哇校友会，并发出宣言，唤起海外同学及侨胞协助母校发展，并希望母校从速迁回真如原址。该会通讯处，暂设爪哇巴城天声日报馆。

槟城、怡保、吉隆坡　据星加坡校友会初步调查结果，旅马来亚校友总数约有一千二百余名。战时在马来亚从事抗战，遭敌杀害者，达二十余名。星谢现有校友达三百余人。其他多分居槟城、怡保、吉隆坡等地。刻槟城、怡保两地已成立校友会，登记校友达一百余名。吉隆坡方面，校友人数较此两处为多。惟该地因政治派别复集，同学从事政治活动亦夥，故校友会之组织极为不易。盖一般校友深恐该会组织后将为党派利用作为政治工具云。

（《国立暨南大学校刊》1948 年复刊第 11 期）

本校三十六年度第二学期应届毕业生人数统计

院系别	人　数
文学院	98
中国文学系	25
外国语文系	9
史地学系	21
教育学系	43
法学院	50
法律学系	13
政治学系	18
经济学系	19
理学院	29
化学系	17
数理学系	12
商学院	100
会计银行学系	25
国际贸易学系	33
工商管理学系	42
总　　计	277

（《国立暨南大学校刊》1948 年复刊第 13 期）

三十六学年度第二学期全校注册学生人数统计表

三十七年三月注册组调制

院系 \ 人数 \ 性别 \ 年级	一年级			二年级			三年级			四年级			总计		
	计	男	女	计	男	女	计	男	女	计	男	女	计	男	女
文学院共计	85	67	18	113	86	27	83	50	33	118	95	23	399	298	101
中国文学系	11	6	5	9	5	4	16	14	3	28	21	7	64	46	18
外国语文学系	23	21	2	28	21	7	20	14	6	11	8	3	82	64	18
历史学系	9	7	2	11	9	2	–	–	–	–	–	–	20	16	4
历史地理学系	–	–	–	–	–	–	11	7	4	24	20	4	35	27	8
教育学系	28	22	6	41	28	13	36	15	21	55	46	9	160	111	49
新闻学系	14	11	3	24	23	1	–	–	–	–	–	–	38	34	4
法学院共计	82	80	2	107	101	6	73	70	3	58	50	8	320	301	19
法律学系	31	30	1	37	36	1	17	15	2	17	13	4	102	94	8
政治学系	27	26	1	24	23	1	23	23	0	20	17	3	94	89	5
经济学系	24	24	0	46	42	4	33	32	1	21	20	1	124	118	6
理学院共计	43	41	2	36	32	4	34	32	2	33	32	1	146	137	9
化学学系	18	18	0	19	16	3	24	22	2	18	17	1	79	73	6
天文数学学系	1	1	0	3	3	0	–	–	–	–	–	–	4	4	0
物理学系	9	9	0	6	6	0	–	–	–	–	–	–	15	15	0
数理学系	–	–	–	–	–	–	10	10	0	15	15	0	25	25	0
人类学系	13	12	1	5	4	1	–	–	–	–	–	–	18	16	2
地理学系	2	1	1	3	3	0	–	–	–	–	–	–	5	4	1
商学院共计	69	59	10	136	118	18	99	86	13	121	108	13	420	366	54
会计学系	14	9	5	2	2	0	–	–	–	–	–	–	11	6	5
银行学系	8	7	1	–	–	–	–	–	–	–	–	–	8	7	1
会计银行学系	–	–	–	39	26	13	31	23	8	39	33	6	99	72	27
国际贸易学系	18	18	0	25	22	3	33	32	1	38	32	6	114	105	9
工商管理学系	29	25	4	70	68	2	35	31	4	54	52	2	188	176	12
总计	279	247	32	392	337	55	289	238	51	330	285	45	1290	1102	183

(《国立暨南大学校刊》1948 年复刊第 15 期,表中数据有自相矛盾处)

三十六学年度第二学期在校学生籍贯调查统计表

三十七年三月注册组调制

院别 / 性别 / 人数 / 省市别	文学院			法学院			理学院			商学院			总计		
	计	男	女	计	男	女	计	男	女	计	男	女	计	男	女
江苏	109	75	34	93	89	4	44	42	2	133	103	30	379	309	70
浙江	92	68	24	89	82	7	45	43	2	94	86	8	320	279	41
福建	86	60	26	32	32	0	23	22	1	85	78	7	226	192	34
江西	26	26	0	19	18	1	8	7	1	47	45	2	100	96	4
广东	23	17	6	18	18	0	8	7	1	19	19	0	68	61	7
安徽	20	18	2	11	9	2	9	8	1	19	15	4	59	50	9
湖南	9	7	2	7	6	1	–	–	–	6	6	0	22	19	3
河南	11	11	0	14	14	0	1	1	0	7	7	0	33	33	0
上海市	8	6	2	7	6	1	2	2	0	3	3	0	20	17	3
湖北	3	2	1	7	6	1	2	2	0	2	2	0	14	12	2
台湾	1	1	0	9	9	0	–	–	–	2	2	0	12	12	0
南京市	2	1	1	4	4	0	–	–	–	1	0	1	7	5	2
甘肃	1	1	0	1	1	0	1	1	0	2	2	0	5	5	0
山东	3	2	1	1	0	1	–	–	–	–	–	–	4	2	2
陕西	1	1	0	3	3	0	–	–	–	–	–	–	4	4	0
汉口市	1	0	1	–	–	–	1	0	1	–	–	–	2	0	2
广西	1	1	0	–	–	–	–	–	–	1	0	1	2	1	1
辽宁	–	–	–	1	1	0	1	1	0	–	–	–	2	2	0
河北	–	–	–	1	1	0	–	–	–	1	1	0	2	2	0
北平市	–	–	–	1	0	1	–	–	–	1	1	0	2	1	1
云南	1	0	1	–	–	–	–	–	–	–	–	–	1	0	1
西康	1	1	0	–	–	–	–	–	–	–	–	–	1	1	0
贵州	–	–	–	1	1	0	–	–	–	–	–	–	1	1	0
山西	–	–	–	1	1	0	–	–	–	–	–	–	1	1	0
四川	–	–	–	–	–	–	1	1	0	–	–	–	1	1	0
天津市	–	–	–	–	–	–	–	–	–	1	0	1	1	0	1
青岛市	–	–	–	–	–	–	–	–	–	1	1	0	1	1	0
总计	399	298	101	340	301	19	146	137	9	425	371	54	1290	1107	183

(《国立暨南大学校刊》1948年复刊第15期,表中数据有自相矛盾处)

李校长在本校四十二周年校庆纪念会报告词

创校艰巨与复员后困难,赖各方协助,得获致今日之成果。淳朴自由学风之造成,是近一年来本校在安定中的进步现象。本校为南洋华侨最高学府,我们应共体时艰,竭尽心力,以求达成其任务。我们要以治学的方法,加强观察力与判断力,期于了解现实,应付现实,才能避免环境的诱惑,不负大学育才的本旨。希望毕业同学,勿忘修学,负责任事,改良风气,增进校誉;在校同学,珍惜本校历史,奋勉向学,保持优良学风,提高学术素养,创造未来之光荣。

诸位先生、诸位校友、诸位同学,今天是本校创立四十二周年及大学完成二十一周年校庆纪念,同时举行本届毕业典礼。这在本校复员来沪后,还算是第一次。在此国家艰难、本校几经挫折的时期,今天我们能够欢聚一堂,实可欣慰。

本校创立于光绪三十二年,原名暨南学堂,辛亥革命后,曾经中断过六年,到民国六年又重新规复起来。从民国十六年起才正式改组为国立暨南大学。今天我们有这样的成果,不得不感念本校历届的校长。自从本校创立到现在,毕业校友分布国内外的,已有数千人之多。尤其在南洋方面,对教育、文化、工商各方面都有很大的贡献。在此四十二年中,学校历经艰难,民国二十一年"一·二八"之役,以及民国二十六年的抗战,学校遭受损失尤巨,辗转播迁,颠连困苦,当时在校的各位先生,都尽了最大的努力!

自从复员以来，因真如校舍毁于敌人的炮火，图书仪器以及各种设备损失殆尽，政府配给房屋，又如此狭隘，实不敷具有十七个学系大学之应用。应付这种现实的困难，诸位可想象而知。

我们为谋学校前途的发展，对此形同新建之大学，不得不以最大之努力，来克服我们所遭遇的困难。幸赖各校友之协助，诸同仁之共同协力，和全校同学的勤恳向学，一年来得告安定，校风淳朴，在学术研究和学校建设各方面，都有显著的进步。值此国家多难之秋，确非易事。

大学是研究学术、培养各部门领导人才的机关，尤其本校是华侨最高学府，侨胞子弟不远数千里来归，所以本校造就人才，不但是要储为国用，对于南洋方面，还要肩起播扬文化、通商惠工更重大的使命。我们的责职如此重大，本人愿与各位先生、各位同学，共体时艰，竭尽心力，以达成此种任务。

于此，有须向诸同学特别提及者：大学既是研究高深学问、造成各部门领导人才的机构，我们同学，首须注意治学的方法。中国过去治学的方法，是博学、审问、慎思、明辨；近代研究学问的方法，是先有广大的学术基础，再作深入的研究，加上精审的观察，客观的判断，才能获正确的答案。这一点意见，我们希望同学能意会力行。

我们认为目前中国的大学，先需要有安定的环境，在安定环境里，才能充分发挥思想的自由；同时我们必须有学术的基础，才能有精审的观察力；有精审的观察力，才能有客观的判断；有客观的判断，才能产生正确的信念；这是思想自由的基础。况且国家和社会一切事态的构成，有着它的很复杂的因素，过去、现在和未来，内在的和外来的，这当中有种种因果关系。所以，我们如果没有学术的基础，就不能加强观察和判断的能力；没有判断和观察的能力，势必流于轻信盲动；这就失掉了大学育才的本旨。所以我希望各位同学，要下一番博学、审问、慎思、明辨的工夫，期能根据学术的见地，来观察判断，以了解现实，应付现实。当此全国动乱、社会基础不安之际，如果有以主观的粗浅见解来强诱我们大学学生接受，甚至别有用心，这实在是戕贼我们的思想自由。这不仅对国家对学校是一种损失,对同学本身,也有极大的害处。尤其是南洋同学,倘有这种遭遇,必使将来有志回国深造之士都裹足不前。影响所及,诚属难于补偿。所幸本校近一年来,各同学大都能体念及此,使学校能在安定中求进步,造成今日淳朴自由的学风。这是值得在本校校庆纪念会中,向各位告慰的。

本届毕业同学,计有二百六十余位,诸同学的职业问题,本人和诸位先生,都在尽力设法。但在目前政府裁员、事业紧缩、社会不景气中,各位毕业同学的工作问题,确是相当困难,不过本人自当尽最大努力,予以关切与注意。惟望毕业同学,离校之后,都能继续研究学术,切实负责做事,改良社会风气,以增进母校信誉!并望在校同学,珍惜本校四十二周年的历史,都能奋勉向学,保持优良学风,提高学术素养,以创造本校未来之光荣!最后,我们非常感谢各位先生的辛勤教学与各位校友的协助,造成这一年来的进步,奠立本校未来的基础。

(《国立暨南大学校刊》1948 年复刊第 17、18 期)

校史及概况

本校校史

清光绪三十二年,两江总督端方自欧洲考察宪政返国,知华侨教育之不可缓,乃创设暨南学堂于南京,委温秉忠为总理,郑洪年为堂长。翌年,改办中学,又翌年,郑堂长他调,由杨熙昌继任。辛亥革命,学堂停办。民国六年,前北京教育部派黄炎培等规复暨南学校。七年春,学校组织成立,委赵正平为校长,设师范、商业两科。八年,中学科正式成立,三年以上分设文理两科,商科设商业特科。九年夏,赵氏辞职,部委柯成懋继任。十年秋,柯成懋辞职,赵正平再任校长。是年商科迁至上海,又与东南大学合设商科大学于上海,并规划建筑新校舍于沪西真如。十一年,商科大学独立,女子部亦筹备成立。十二年,真如校舍完成,男子部悉行迁沪,女子部则仍留南京。十三年,江浙战起,商大三四年级暂行停办,十四年春,战事平息,商大恢复。秋,赵正平辞职,姜琦继任,扩充商科大学为五学系,全校学生增至六百余人。

十六年夏,姜琦辞职,郑洪年继任,改组为国立暨南大学,分大学、中学、小学三部,南京女子部亦并入真如本校。大学部商科改为商学院,除原有普通商业、工商管理、国外贸易、会计、银行五学系外,并添设交通管理学系。此外又增设中国语文、外国语文、教育心理、数理、法律、政治、生物、历史社会等八系,规模较为宏大。十七年,改政治学系为政治经济学系,改义务小学为实验小学,直属本校。十八年,除原有商学院外,增设文、理、教育三学院。文学院分设中国语文、外国语文、政治经济、历史社会四学系,理学院分设数学、物理、生物三学系,教育学院分设教育、心理两学系及师资科。法学系则为独立学系,分设于上海。至是,大学制度益臻完备。十九年,复增设法学院,除原有法学系仍设上海外,增设外交领事专科,并将政治经济系改隶该院。文学院将历史社会学系分为历史学系、社会学系两系。理学院增设化学系。中学部则高中有普通、商、农、师范四科,初中三级九班,实验小学七班,全校学生增至一千六百余人。

二十一年春,日军犯境,真如沦为战区,留校学生悉数迁往苏州。旋中学部假苏州工专开学,大学部则暂赁上海赫德路及新闸路洋房校舍开学,避难留粤学生亦假中大与广州市师两校校舍授课,三处学生共计达一千七百余人。战后真如校址损坏不堪,组织战后整理委员会,规划复兴。是年九月,沪、粤、苏三处学生迁回真如上课。复遵部令裁撤法学院,又将政治经济学系改隶文学院,裁并教育学院为教育学系,而历史、社会两学系复并为历史社会学系。仪器标本,战时损失甚重,生物学系亦因以停办。商学院各系亦略有变更,设会计、银行、国际贸易及铁道管理学系。二十二年秋,商学院恢复工商管理学系。

文学院政治经济学系改隶教务处,开始结束,不再招收新生。历史社会学系改为历史地理学系。二十三年一月,部派郑洪年校长赴南洋考察,委沈鹏飞代理校长。九月,部令将铁道管理系分期结束。二十四年七月,沈代校长辞职,部派何炳松继任校长。是年秋,遵令将会计、银行两学系归并为会计银行学系。二十五年二月起,增设中国现代问题讲座。五月,派员赴南洋各埠考察侨教状况,并访问侨生家属。六月十四日举行本校创校三十周年纪念会。秋,奉部令兼办侨民师资训练班。

二十六年秋,抗战军兴,本校因邻近火线,奉令暂迁上海租界,继续维持,借英界小沙渡路侨光中学开学。后又移于旧法界陶尔斐斯路四合里。继以法捕房不准在界内设立大学,复迁至康脑脱路。二十七年,并数学、物理两学系为数理学系。数年之中,均在恶劣环境中坚定信心,得维校务于不坠。三十年秋,奉令于闽北建阳设立分校,十月开始招收新生。开学未久,太平洋战起,日军侵入租界,乃于三十一年一月全部开始内迁至闽,六月,全部迁抵建阳,并取消分校名义,而图书、仪器、档案,则因迁运困难,悉存上海。三十一年秋季开学后,东南联大学生三百余人,奉令入本校借读,因又临时暂设法学院及艺术专修科,以资收容。三十二年夏,东南联大并入英士大学。本校在建阳期间,虽环境困难,然仍力谋进步。三十二年八月,学生人数已达千人以上。

三十四年四月,以胜利在望,组织复员设计委员会,拟定复员计划,作战后复员之准备。抗战胜利后,本校组织迁校计划委员会。何校长先行来沪,设上海办事处,主持迁校。时真如校舍荡然无存,迭与有关各方接洽,三十五年三月,奉行政院令划定东体育会路前日本女子高等学校、宝山路前日本第八国民小学为本校临时校址。是年五月,何氏奉令调长国立英士大学,李寿雍先生继长本校,六月本校全部由闽迁沪。时奉拨校舍仅敷教室及办公之用,乃于十月间赶建学生宿舍于一二两院,购地于青云路,建筑教职员宿舍二十七幢。十一月部署略定,开学上课。复员以前,本校原设三院九系及南洋研究馆,三十五年八月,恢复法学院法律、政治、经济三系,另于文学院增设新闻学系,理学院增设人类学系,并设置先修班。图书、仪器原存沪上者,损失甚重,复员之初,亦就学校财力所及,多所订购。三十六年二月,本校购买润德坊敌产楼房二十幢,以为教授宿舍。是年八月,史地系分为历史学系、地理学系,分隶文理两院,数理学系分为天文数学系、物理学系,会计银行学系分为会计学系、银行学系,并于法律学系内分设行政法学组,先修班则以校舍不敷,暂行停办。图书仪器,亦续有添置。十月兴建楼房、学生宿舍于一二两院,十二月竣工。三十七年五月,派员赴星加坡招考侨生。六月十四日,举行创校四十二周年、大学完成二十一周年纪念。现本校共有四院十七学系一组及南洋研究馆,教职员二百八十余人,学生一千三百余人。研究学术空气颇为浓厚,至于校舍之扩展,设备之充实,尚有待于努力也。

(《国立暨南大学校刊》1948 年复刊第 17、18 期)

小 统 计

根 昌

一、本校创立于清光绪三十二年即公元一九〇六年,当时校名称为暨南学堂,迄今已有四十二年历史。

二、本校自民国十六年起,始改组为国立暨南大学,至今已有二十一年。

三、本校历任总理、堂长、校长者,先后凡九人;其中曾再度回任者凡二人。

四、本校自民国八年起,方有毕业学生,至今共有毕业生二九届,总计三三一四人。

五、本校自民国十六年改组为国立暨南大学以来,迄今共有毕业生二一届,总计三〇九五人。

六、本校自民国十八年起,始有女生毕业,至今共有毕业生一九届,总计三五七人。

七、本校现有学生,共计一二九〇人,内有男生一一〇七人,女生一八三人。本校期应届毕业生,共计二六七人,内有男生二二六人,女生四一人。

八、本校现有教员一八〇人,职员一〇九人,合计共有教职员二八九人。

九、本校现有文、理、法、商四学院:文学院及理学院各分设五学系,法学院分设三学系及一组,商学院分设四学系。总计全校现有四学院一七学系及一组。

一〇、本校图书馆现藏有各类图书,总计八二八三二册。

(《国立暨南大学校刊》1948 年复刊第 17、18 期)

本校聘定卅七年度各种委员会委员

聘任委员会委员

校　　长:黄如今　张耀翔　孙蜀丞　刘　咸　朱子清　邹文海
　　左潞生　吴　干　周　枬

训育委员会委员

当然委员:校长　教务长　训导长　总务长　各院院长
委　　员:徐家骥　谢兆熊　王文元　潘　璞　朱子清　刘大杰
丘日庆　许炳汉

公费审查委员会委员

当然委员:校长　教务长　训导长　总务长　会计主任
委　　员:徐家骥　潘　璞　周　枏　沈筱宋

临时救济审查委员会委员

当然委员:校长　教务长　训导长　总务长　会计主任
委　　员:徐家骥　潘　璞　周　枏　沈筱宋

教员升等审查委员会委员

主任委员:教务长
委　　员:孙蜀丞　刘　咸　吴　干　张耀翔　潘　璞　周　枏

(《国立暨南大学校刊》1948 年复刊第 19 期)

解放前暨南大学发展史略

戴学稷

暨南大学是一所以招收华侨、港澳和台湾青年学生为主的多科性综合大学(现设有医学、经济两个学院,文、理科八个直属系)。她的历史可以追溯到二十世纪初。从她的前身暨南学堂算起,这所在国内外有着重要影响的华侨高等学府已经度过了四分之三世纪的漫长岁月了。同我们灾难深重的中华民族和亲爱的祖国一样,暨南在民主革命时期和社会主义革命时期,都曾遭到不少的灾难和挫折,她是在坎坷不平的道路上前进着的,她曾经三遭停办,四度大迁移,最后在广州重建。粉碎“四人帮”之后的1978年,这所曾经饮誉海内外的华侨学府,又以新的雄姿屹立于南海之滨,为伟大祖国的“四化”建设,为传播中华民族的文明以及沟通中外经济文化,增进中外友好关系而培养各方面的专门人才。

从暨南七十余年的发展历史来看,其中有很值得借鉴的经验教训。不论是早期在南京创办的暨南学堂、暨南学校,以后在上海真茹、在福建建阳和在上海市区的国立暨南大学,或者是解放后在广州重建后的暨南大学,她都是蜚声海内外、具有代表性的一所学校。“前事不忘,后事之师”,为了把暨南大学办好,培养更多高质量的各方面专门建设人才,有必要把往事回顾一番。在这里,我们根据解放前暨南的老师和校友提供的回忆录和调查资料,根据保存下来的暨南各时期的档案资料和有关文献记载,撰写这篇暨南大学发展史略,以便为以后编写一部反映历史全貌的暨南信史提供必要的可靠线索,希望能得到海内外暨南的校友和老师们的补充指正。

一

作为解放前由政府举办的华侨唯一的最高学府,暨南的诞生绝不是偶然的。

暨南大学的前身是暨南学堂,她是我国近代资产阶级民主革命高潮的产物,这所学堂于1906年(清朝光绪三十二年)创办于南京。① 当时清政府鉴于以孙中山为首的革命派在海外华侨中的影响日益深入人心,为了“系侨情”“弭隐患”②,批准由两江总督端方主持兴办了这个中国第一所的华侨学府。刚创办时,她还只是个补习学校,地址在南京薛家巷,主要任务是给华侨学生“补习国文、国语及各项科学”,准备一年以后“再行考验程度,查询志愿,分送各学堂肄业”。③ 这所学堂经过短期的筹办,于1907年春正式开学,到了第二年,由于侨生程度参差不齐,“遽欲分送宁中各学堂求一适合之学级盖不可得”,而且“风俗人情多未习惯”,“又恐因散处而有归思”,因而将原拟的补习学校性质改定为正规的中学,并附设高等小学。④ 当时所招收的学生多为十一二岁以上的华侨青少年,所学习的课程有:修身、国文、经学、算术、英文、历史、地理、理科、图画、乐歌、体操等科目。⑤

暨南的开办,获得海外华侨的热烈欢迎,侨生回国学习的逐年增多,学生人数由1907年春开办时的三十一人发展到1909年6月的一

---

① 关于暨南学堂创办的历史背景和具体情况,当另文专门论述,这里限于篇幅,不能详细介绍。

② 参看端方:《请饬维系侨情折》,光绪三十三年七月,《端忠敏公奏稿》卷九,页一至三。

③ 端方:《筹设暨南学堂片》,光绪三十三年四月,《端忠敏公奏稿》卷八,页十三至十四。

④ 端方:《暨南学堂办理情形折》,光绪三十四年五月,《端忠敏公奏稿》卷十二,页八至九。

⑤ 《江宁提学使呈报全属学堂一览表》,见《学部官报》七十一期,光绪卅四年十月十一日出版。转引自新加坡暨南校友会纪念专刊。

百六十七人,1909 年下半年和 1910 年又陆续增加不少,到 1911 年,除有一小部分经补习后转入陆军和其他种类学堂外,在校学生共有二百多人。[①] 当时的侨生大半来自荷属东印度尼西亚的爪哇、苏门答腊,小半来自英属新加坡、马来亚半岛的吉隆坡和槟榔屿等地。[②] 此外,在这几年里,还有一部分内地学生也被录取入校,分入各班,“俾华侨各生藉以练习官话”。[③]

辛亥革命一举推翻了清朝政府,在兵荒马乱中,暨南学堂停办。民国初年,由于袁世凯及其后继者北洋军阀政府的阻挠排斥,暨南无法复校,直至 1917 年(民国六年)11 月,在关心华侨教育的社会著名人士黄炎培、范源濂等人的呼吁奔走下,民国政府才批准复办,并定名为“国立暨南学校”。

暨南学校于 1918 年春成立,仍设在南京薛家巷旧址,为了适应海外华侨教育和商业的需要,重点设置师范和商业两科,当时校当局曾发函通告海外各地侨团,督促子弟归国就学,但因第一次世界大战炮火未停,侨生回来甚少,而大部分招收内地学生。第二年成立中学部,三年级以上分文、理两科,并附设商业特科。此后侨生回国学习的日渐增多。1921 年,商业特科迁上海,与东南大学合并成立商科大学,并规划在上海西北郊区的真如(当时写作真茹,今属上海嘉定)建设新校舍。1922 年,又在南京增设女子部,开始招收女学生。

1923 年,暨南的真如校舍建成,男生部由南京迁入真如新校,女生部仍留在南京。这时,华侨学生来源逐渐扩大,除南洋群岛英、荷属地外,泰国、菲律宾、印度半岛等地的侨生都络绎来校肄业。可是在军阀政府统治下,战乱频繁。1924 年江浙军阀混战和 1926 年北伐军兴,暨南学校教学两度受影响,不得不迁地授课和暂时停学。这时全校学生

---

① 梁德坤:《暨南大学历史沿革简介》(初稿),《梁德坤同志遗稿》,暨大东南亚研究所打印本 24 页。

② 参看陈育崧校友:《来远培材,声教南暨》一文。

③ 端方:《暨南学堂办理情形折》,光绪三十四年五月,《端忠敏公奏稿》卷十二,页九。

已增至五百余人。[①]

二

北伐战争以后，暨南得到较大的发展。

1927 年夏，暨南学校扩展为“国立暨南大学”，原暨南学堂第一任庶务长郑洪年被任命为暨南大学第一任校长。6 月 14 日，郑洪年开始就职视事，大学部正式诞生。从此，暨南开始以更大的规模和崭新的姿态步入新的阶段。以后即以这一天作为校庆纪念日，建校年份则自 1906 年筹办时算起。[②] 这一年，由郑洪年主持草拟的计划大纲里，暨南大学由三个部分鼎足而立：大学部、中学部和南洋美洲文化教育事业部[③]，企图以此体现暨南面向海外华侨的精神。此外还附设有小学部。这时南京的女生部亦迁来真如，实行男女同校。

新设置的暨南大学部最初是以商科为主的，即在原有的基础上，把商科大学改为商学院，设有六系，除原有的普通商业学系、工商管理系、国际贸易系、会计系、银行系外，更增设交通管理系；此外又新设置了中国语文、外国语文、教育心理、数理、法律、政治学、生物学、历史社会学等八个系。到 1929 年，除原有商学院外，增设文、理、教育三个学院。文学院设有中国语文、外国语文、政治经济、历史社会四系；理学院设有数学、物理、生物三系；教育学院设有教育、心理二系及师资科；法律系仍为独立学系。1930 年增设法学院，除原有的法律系外，增设外交领事专科，并将政治经济系并入该学院，共二系一科；文学院中将历史社会学系分为历史、社会二系；理学院增设化学系，这样，到 1930 年，暨大共拥有文、理、法、商、教育五个学院共二十个系科了。这时的中学部高中分设有普通、商、农、师范四科；初中三年级九个班，实验小

① 《国立暨南大学民三七级毕业纪念册 · 校史》。

② 《国立暨南大学校务会议第三次会议》（民国二十五年六月十二日校长何炳松报告，举行大学成立九周年暨大创校三十周年纪念会有关问题。原卷宗藏于上海市教育局档案室）。

③ 《一九二九年暨南年鉴》。

学七个班。全校大、中、小学生一千六百余人。

当时学校领导人重视环境之建设。暨大地处上海西郊之真如,四野空旷,空气清鲜,校址宽敞。自1927年起,每年春间,遍植花木数万株,"浓荫树下,莘莘学子,讴歌徘徊,琴韵书声,相间成趣",加以数年间多所设施,因而成为沪上著名之高等学府,暨南大学进入全盛时期。

不少校友认为,解放前,暨大最盛时期为二十世纪二十年代末至三十年代初的那几年,那时院系多,校内环境优良,著名教授多,学术和体育等各方面活动都很活跃,办得有声有色,在国内外产生了较大的影响。有的老同学回忆道:"当时学生中的学术团体如雨后春笋,较显著的有南风文社、孤帆文艺社与科哲学社等等,且在校内外编行刊物。"有的同志说,1927年至1933年是暨南发展最快、富有青春活力、朝气蓬勃的时期,并指出其特点为:(一)侨生最多;(二)学术研究气氛浓厚;(三)重视南洋问题的研究;(四)重视体育,足球、篮球、田径运动等均为华东各校之冠。① 现在马来西亚的老校友李福让先生也追忆说,当时,"设备日臻完善,规模大具,校誉远播……师资阵营鼎盛,东南亚及远至美国之华裔父老,仰慕暨南大学之盛名,凡遣其子女回中国升学者,莫不以进入暨南为荣。是以侨生人数大增,几占在校学生总数四分之三,蔚为华侨最高学府,亦为暨南之全盛时期"②。应该说,这些反映了这个时期广大校友的共同看法,是符合历史实际的。大学部的情况,如同上述已拥有文、理、法、商、教育五个学院二十个系科,而中学部也正处于鼎盛状况,"学生班次,凡二十有三,人数达八百名左右",其中"百分之九十以上为华侨子弟,其余少数内地学生,则不过教职员之子弟耳"③。

暨南之蓬勃发展,吸引了国民党政府之注意和各派系政治势力的

① 夏炎德校友(现任复旦大学经济系教授):《提供一些我所知道的过去暨大情况》;《梁德坤同志遗稿》打印本33页。

② 李福让校友:《校史》,《马来西亚校友会纪念专刊》。

③ 徐圃真:《我校之写真》,《暨中月刊》第五、六期合刊(1935年5月15日出版)1至2页。

争夺。1931年春,中国国民党中央执行委员会第一二六次常会决议,暨南大学设立董事会,由林森、孙科、陈立夫、孔祥熙、宋子文、马超俊、余井塘、吴铁城等一大批“党国要人”任常务理事和理事,美其名为“以期发扬侨教,完成三民主义化之华侨最高学府”①,实际上则是为了加强对暨大的控制与角逐。

1932年,“一·二八”淞沪抗战时,暨大真如校址沦为战区,学生分散到上海租界、苏州和广州三地,分数处授课,三地学生合共一千七百余人。战后,真如校舍损坏不堪,经整修后于是年九月复课。这时教育学院和法学院奉国民党政府教育部令撤销,留下文、理、商三个学院,各院系科略有调整。

从1934年至1937年七七全面抗战爆发前,暨大虽继续有所建树②,但国民派的派系斗争已进一步扩展到文教部门,高等教育在CC系控制下,当时校长“何炳松怕华侨学生难于驾驭,会闹事,故开始大收本地学生,而侨生的比重随之而逐年减少,侨校特点逐渐消失,学校的面貌亦与国内其他大学无异”③。中学部这时规模也显著缩小,学生人数减去三分之二矣。迄于今日,仅有初中三班,高中三班,师范三班,连同补习班共为十班,全体人数,不及三百。④ 较之前几年的八百人,实不可同日而语。

三

1937年夏,日本侵略军大举侵华,抗战全面爆发,“八一三”后,暨大真如校舍又一次陷于炮火纷飞的战场中,而不得不迁入上海租界。1940年底,上海环境日趋恶劣,于是派专人在福建建阳设立分校,第二年10月,招收文、理、商三院九系新生二百余人。这一年(1941)12月8日,太平洋战事发生,上海英法租界也为日军所占,借居上海租界内

---

① 《国立暨南大学一览》(1935年)。

② 参看《国立暨南大学民三七级毕业纪念册·校史》。

③ 《梁德坤同志遗稿》27页。

④ 徐圃真:《我校之写真》(1935年5月)。

的暨大师生，教学被迫停顿，而不得不于 1942 年夏全部迁闽，是年秋季，在福建西北部武夷山区建阳县童游镇的文庙正式开学。当时处于抗日战争最艰苦阶段，一切物质条件均极困难，学校规模较战前大为缩小，海外侨生经济来源被截断，侨生人数亦锐减，全校学生人数包括新旧学生和借读的东南联大的学生二百三十九人，总共一千零五人，在校教职员共计一百零七人。① 这时中小学部也都停办了。1943 年夏，东南联大并入浙江金华的英士大学，是年秋，加上新招的一批新同学，暨大学生总数增至千余人。但直至 1945 年 8 月抗战胜利，全校也只能维持文、理、商三个学院九个系和一个南洋研究馆的规模。

在建阳时期，虽然教学与生活条件都很艰苦，但暨大师生对祖国之命运、抗战之前途都十分关心，在认真学习之余，学生中各种学会的社团组织建立得很多，校园里壁报林立，学术空气相当浓厚，经常邀请校内外一些学者专家举办学术讲座，爱国与民主的思想经常占据主导地位。到了后期，为反对国民党反动政府的迫害，各学术团体联合起来，成立“壁报联合会”（简称“壁联”），进一步开展了争取民主、自由的斗争。

抗战胜利后，暨大筹划复员，但真如校舍已被战火摧毁殆尽，暨大“无家可归”。1946 年 3 月，由国民党政府行政院拨给上海虹口东体育会路前日本女子高等学校及宝山路前日本第八国民小学等二处作为暨大临时校舍。是年 6 月，暨大由建阳全部迁回上海。经过两年整顿，新建一些校舍，1946 年，在合并东南临时大学的基础上，恢复法学院法律、政治、经济三系，另于文学院增设新闻学系，理学院增设人类学系，并设置先修班，以后又数次调整，系科有所扩充。至 1948 年 6 月，全校共拥有文、理、法、商四个学院十七个系一个行政法学组及南洋研究馆（先修班因校舍不敷停办），教职员二百八十余人，学生一千

---

① 《何炳松校长报告记录》，1924 年 11 月 2 日，民国三十一年度第一学期（在建阳暨大）第一次纪念周上的讲话，原件存上海市教育局档案室。

三百余人,中外文图书约十万册。① 这时暨大学生构成主要为国内生,其间1946年曾有十余名台湾学生入校学习,侨生只占极少数,因这十多年来原已不多的侨生,战后绝大部分已返侨居地。

解放战争时期,随着形势的迅速发展,暨大是当时上海各高等院校反美蒋民主运动最活跃的学校之一,从抗议美军暴行,反内战、反饥饿、反迫害斗争,直到迎接中华人民共和国成立,暨大虽屡遭反动政府的摧残破坏,但在党的领导下,进步力量仍不断成长,在各次斗争中始终站在前列,因而被称为"东南民主堡垒"。这个时期暨大不仅培养了大批的建设人才,而且锻炼成长了大批的革命力量,为当时的解放战争和解放后的社会主义建设输送了数以千计的干部。

四

1949年5月25—27日,上海陆续解放,6月24日,上海市军管会在暨大师生员工的一致要求下,派员接管暨南大学。这时暨大有学生一千二百十一人,教职员工四百三十九人。② 8月3日,解放后的暨南大学校务委员会正式成立。8月20日,由上海市军事管制委员会主任陈毅、副主任粟裕签署发布教字第一号令,对暨大直接下达命令。命令全文如下:"查暨南大学原为便于海外侨胞子弟归国求学而设,向来富有爱国家爱自由之光荣传统,乃自该校被国民党匪帮控制以后,遂逐渐变为反动的教育机关,罔顾侨生利益,侨生所占比例乃逐年锐减,更豢养大批特务,尤以残害爱国学生及进步教授为能事。兹值上海解放近三阅月、全国解放胜利在望之际,为号召海外侨胞踊跃支援解放战争及热烈参加祖国建设起见,亟应恢复暨南大学教育侨胞子弟及培养华侨工作干部之原有宗旨,为此特命令文管会高等教育处即行将暨南大学恢复为华侨高等学府,以适应侨胞需要,所有该校原有各院系

① 《国立暨南大学民三七级毕业纪念册·校史》。

② 据《关于暨大调查概况及上海大专学校团体调查表》的数字统计(原件藏上海市教育局档案室)。

学生，凡符合上述宗旨而愿继续留校者，准予继续在该校攻读，其余属于文、法、商三院各系者，合并于复旦大学之同院系，属于理学院各系者，合并于交通大学之同院系。所有该校教职员工则一律在照顾生活并尽可能保持原职原薪的大原则下，由高等教育处分别予以妥善处理。关于暨南大学的教育规程另定，除分令文管会高等教育处外，合行令仰该校遵照办理为要！此令。”①

从上述命令看来，当时主要点系要求重建一所能“适应侨胞需要”，“恢复暨南大学教育侨胞子弟及培养华侨工作干部之原有宗旨”，“以号召海外侨胞踊跃支援解放战争及热烈参加祖国建设”，而不是就此停办，这是很明确的。为此，在东体育会路暨大校本部，留下以校务委员会副主任王延青同志为首的数十名教职员，准备尽快复办暨大。当时考虑暨大复办是要求在较短时间内加以实现的。

1951 年 6 月，王延青数人奉调进京，学校一部分档案随之北运，据云暨大将在北京复办。这时已临近全国院系大调整。由于种种原因，暨大复办的愿望暂时没有实现。一直到 1958 年，暨大才在广州重新建立，这所新暨大是在完全新的基础上，白手起家重新兴起来的。除有个别老暨大的教学行政人员（如注册组主任林光汉等）参加重建暨大的工作外，其余纯然是新的。尽管如此，她在性质上与暨大同是华侨高等学府这一点上则是完全一致的，在传统上也有着承先启后的不可分割的联系。

以上从暨南的创办到解放后暨大的重建和复办作了一个轮廓性的叙述，重点是介绍解放前暨南各个时期的兴建及其特点。我们可以看到，在这数十年间，虽然处在反动政府的统治下，由于暨南师生的共同努力，学校是办得很有成绩的，暨南在国内外是很有影响的，暨南的校友散布于国内外各地，在国内的多成为各个部门的重要骨干力量，为祖国的“四化”发挥出积极作用，因之在社会主义条件下，我们更有

① 原件为一整张的报纸竖写的布告，张贴后撕下来加以保存，藏于上海市教育局档案室。

理由和信心期望着今后的暨大为着我们伟大的祖国在培养建设人才和为促进中外文化交流上作出更大的贡献来。愿暨大的师生和校友同志们共同努力,以促进暨大为开创我国社会主义现代化的新局面而作出更大的成绩来!

(1982 年 7 月初稿,12 月修订于广州暨南大学)

(暨南大学华侨研究所编《华侨教育》,1983)

胜利前后在暨大

(节录)

一、复员至上海,派系斗争烈

自从对日抗战开始,陈、朱的派系斗争也开始。陈立夫一做了教育部长,一朝天子一朝臣,所有大学校长多换成 CC 人物;如今朱家骅出长了教育部,也自依法炮制,大学校长一样遭殃。抗战八年,何校长苦撑暨大,不为无功,正期复员到上海,可以重新振作一番。何期晴天霹雳,抗日一胜利,便被调去了英大,而暨大校长则改派了李寿雍。看何校长的约聘于我出任其训导长,犹欲委曲求全,应调到英大去,无如气愤成病,竟至一病呜呼。可谓何校长之死,乃死于派系斗争,而陈、朱二人实其刽子手。

且说李校长一到任,也对旧有教授大开杀戒。单是我们教育系,只留了我一人,其他教授一律解聘,几经交涉才以补发遣散费了事。我私自揣想,何以独受青睐?是不是全系解聘,表面上说不过去,要留我一人做做样子?抑或知道我是全系最受信仰的教授,不聘又不成?

再不然,就因复员到上海的学生,闽籍仍居大多数,要留我这一具有影响力的闽籍教授?

当时风声鹤唳,传闻学生蠢蠢欲动,所以李校长自到任以来,纪念周迄未敢开过,以免学生们有机可乘。而我们这些何校长旧人,个个成为可疑人物。但我是为教育而教育的,雅不欲卷入派系旋涡,为表明心迹,曾于除夕过年送个盆景给李校长做年礼,以安其心;果然李校长也派训导处两名职员前来拜年。临行,还说我们都是同志,望在训导上助李校长一臂。

二、住所自负责,租赁要金条

战时的教授宿舍,大学当局是负责的;但胜利复员到上海,就得各自想办法了。在大学还未复课之前,我与复员来沪的单身汉,都睡在教室内的"他她咪"(日人留下来的床褥),到了我的家眷来沪,就不得不另找房子。但租顶房子必须金条,我何来金条?有一日,正在街上彷徨,就遇到福建来的故交——福建《中央日报》的社长方言。他是戴笠的手下,正拥有几间接收过来的日本工厂。问知我在找房子,就把静安寺路的一间工厂门房楼上的厅房让给我。"助人为快乐之本",如不是过去在福建,我也让他的闽师驻城办事处借住,今日怎会投桃报李呢?

上课后不久,政府正在扫荡"左翼分子",七八名升学在暨大的前龙中毕业生狼狈地奔上我的住所来,要我暂时收容他们;我趁机规劝他们,说:"吴稚晖说得好,青年不左倾是傻子,为的青年都不满现实;但饭得多了,阅历也够了,自懂得立身处世求学革命的大道理。如继续左倾,那简直是疯子。"他们避了几天,就趁船回福建去了。

最有趣的,是忠实的校工殷伯康,从龙中至闽师,一路来都跟着我。后来夫妇在校门口开菜馆,颇有收入;我去了中山大学,就失去联络了。却不知胜利后复员到上海,他会从盐城来找我。一身新衣服,手携两只鸡,要孝敬故主。我留他吃午饭,他坚持不肯,笑嘻嘻地走了。真是古道热肠!我至今仍思念他。

又有福建财政厅长丘汉平伉俪,他们也复员到上海来,就在静安寺路购有小洋楼。青翠的草地,美丽的客厅,战后初见的日光灯,都十分稀奇;又从冰橱里捧出冰淇淋,尤其歆羡不已。当时私自揣想,不知将来何日才有此享受;如今身在南洋,却什么都有了!

三、复员安定后,上课又开始

复员后的暨大,已无法回去真茹,只好在上海东体育会路和宝山路,就接收的日本校舍暂时上课。大学本部设在东体育会路,为第一院,理、商两学院在焉;宝山路为第二院,住的是文、法两学院。校舍分散,战时师生的密切关系已无法恢复了!

我的功课,自在第二院。当时的教育系主任张耀翔,战时蛰居在上海,和平后才出来。他是个心理学家,包办一切心理学功课;而教育学课程,我开的也不少。计自到过暨大,已开了教育概论、国民教育、中等教育、教育行政、学校行政、普通教学法、各科教学法、教育学科教材及教法的研究、教育研究法及实验教育等。仍本教书、读书、著书的旧贯,与同学们相切磋。特别是搜集教育资料的方法,为同学们所仿效。上海多的是出版物,他们竞将报纸上、杂志上的教育论文和资料都剪贴分类,钉成一本本的专集,研究兴趣非常浓厚。

其中同学司琦,埋头研究,算是最有心得的一位。不论试卷或论文,都是高人一等,本来可以打一百的满分,只怕注册组的人怪我拍卖分数,便在实验教育的试卷上扣去字痞,给他九十九分。如今,他已毕业出洋,做过教育部的普通教育司副司长和政大、台大的教育学教授。其教书、读书、著书的作风,多少还留有我的影子。偶一谈及,常以九十九分的往事成为佳话。

四、教育三杂志,特约作撰述

抗战虽胜利,但社会与经济仍紊乱不堪;只有教育与文化却欣欣向荣,一切都在开步走了!当日最著名的三家教育书刊,如商务印书馆的《教育杂志》,中华书局的《中华教育界》,以及文化服务社的《教育通讯》,都在竞奇制胜,树立特别作风。而每期都有我的文章,特别是有关师范教育的改革、教育学科教学法的新论,乃至实验教育的介绍与评论,都引起读者的共鸣,时常写信来请教。

亦即以是之故,上述三大教育报刊都争先聘我为特约撰述。教育部之《训导月刊》,陈鹤琴之《活教育》,中山大学之《教育研究》,贵阳师范学院之《教育学术》,福建教育厅之《中等教育》,广西教育厅之《基础教育》,江苏教育厅之《江苏教育》,以及新加坡华校教师会之《新教育》等,也纷纷前来约稿。即一般刊物,如福建省政府之《新福建》《救侨月刊》,福建的《中央日报》,台湾的《新生报》,北平的《北方日报》,上海的《大众夜报》,乃至赣州的“建国文化社”、福州之“大同周刊社”,厦门之“中华出版社”等,也都来函征文,一时觉得应接不暇。

五、教育沪分会,研究也开始

教育团体在战后最先恢复活动的,应推“中国教育学会”。而上海分会的活跃,并不让于南京的总会。主持上海分会的,是大夏大学校长欧元怀;分会的成员,如暨大的张耀翔和我,大夏大学的邰爽秋、沈百英,幼专的陈鹤琴、张宗麟,上海师范的胡叔异,商务印书馆的朱经农、赵廷为,中华书局的舒新城、倪文宙,以及文化服务社的杜佐周等,济济多士,风义不凡。每季一聚叙,既可交相联谊,又可分组研究。我是受配于教育实验研究组的,自定研究专题,开会提出报告,并在杂志上发表。与一般社团之会而不议,议而不决,决而不行的,自是大异其趣。

当时教育部来函,要我为《中国教育年鉴》分撰其“教育实验”一目。商务印书馆之出版战后教育丛书,沈百英也要我编写《战后中国国民教育》一书,我就把国民教育的讲稿整理和补充,便交付其出版。

六、时局渐恶化,且向南洋行

毕竟好景不常,国家于八年全面抗战之余,又加上四年内乱,元气大伤。

好友李良荣,奉命出任福建省主席,过沪与友朋会谈,佥谓“闽人治闽"已成定局,端赖各方专才回闽协助。他要丘汉平出任财政厅长,也要我承乏教育厅长。我因眷眷于全国文化出版中心的上海,未敢冒然应命。

后来徐蚌会战已在酝酿,人心惶惶。菲律宾中正中学校长王泉笙与黄其华同来,要我出任其副校长。并一再声明:副校长其名,而校长是实,要我以过去办理闽师的精神,助其一臂。而我则以时局尚未十分恶化,未忍远离上海而去,婉谢其美意。

接下来,又有故友郭美丞领导的"印尼中华商联会"访问团过沪入京,也要我前往印尼,创办"印华高级商业学校"于椰加达;我也以同样理由,敬辞其不敏。直到该团团员吴扬明再度由厦来沪,洽购科学仪器,那时徐蚌会战已甚吃紧,上海也已动摇,吴君再三劝驾,只得应允。同时,暨大也奉命疏散,我才出顶房子,收回金条,举家飞回厦门。幸好那时厦门,尚十分安定。

(《教学著述六十年:王秀南教授八十回忆录》,1985)

母校校产概述

徐　通

逊清光绪三十二年,两江总督端方从欧洲考察宪政返回,就在南京创设暨南学堂。以后几经扩充,于民国十年秋,把商科迁到上海,规划筑校舍于沪西真茹。以后陆续扩充女生部,并且把中学部也并入了。二十六年秋沪战爆发,真茹沦陷,学校撤迁到建阳,一直到抗战胜利后回来,真茹校舍已给战火焚毁殆尽,恢复不易,便由行政院拨上海东体育会路和宝山路两处开课,以后便在上海略置产业。这里我以所见我闻,粗粗的报告一些大概情形,挂一漏万,自所不免。

一、南京部分

母校在光绪年间,创设在南京,校址坐落在南京市汉口路(原名薛家巷),占地三十七亩多些,系热心华侨教育人士所捐赠的。民国十六年,全校迁到上海真茹以后,那地就搁置不用,一任各机关学校团体借用。民国二十年,陆军大学迁到南京,便由该校借用,到民国二十四年五月间,母校将把附中迁到南京去,便向陆军大学办理交涉,立意收回,可是没有得到结果。旋即奉行政院指定教育部、南京市政府等有关机关会商决定,由前军政部征地四百亩(在江县政府所在地),并补偿款项以为交换。征地工作还没有来得及进行,抗战发生了,遂成了悬案。到民国三十四年胜利复员时,原校址又给前三民主义青年团中央团部接收去使用。母校因为前军政部征地和偿金的条件还没有履行,原址的产权仍旧还该是本校所有,于是便派员携带了有关地权证书文件到南京去,向南京市地政局申请登记。经过查阅地籍册上已有载明,土地面积一共是三十二亩八分三厘一毫,当时就填了申请书,备公函送经南京市地政局,取了收据来存案。

此外,母校在南京的校产,还有五处:

(一)坐落汉口路地产东北角的空地,计面积二亩三分七厘四毫四丝。

(二)坐落汉口路地产南部的房地,计面积一亩六分四厘一毫。地上建筑了平房四十多间,胜利后被难民们占用了。

(三)坐落黄泥岗地产,计面积七分七厘一毫,地上也有很多间的平房,后来经校务会议决议,交由南京校友借用保管。

(四)坐落金银街地产,计面积二分八厘。

以上四处,都经由母校在民国三十七年二月间,一并向南京市地政局申请登记,取了收据存卷备查,等公告期满了便可以处置。但等到要去处置的时候,解放军南下,已过了长江,又成悬案。

(五)坐落玄武湖五洲公园的地产,已经由南京校友会代为登记了,当时母校亦去函南京市地政局,请求将那地权证书直接寄到本校来保存。

二、句容部分

前华侨暨南垦牧公司总经理梁炳农先生,一向对华侨教育很是热心,鉴于母校没有适当的地方足以开辟农场作为农业教育的农事实验,乃于民国十八年间将坐落句容县下甸村马场凹地方一大段山地,计面积有一千亩,赠送给本校,当时便由对方议定了条件,订立了赠与的契约。只是原赠与人在契约里注明,只作农场之用,母校从没有办过农业院系,所以那一大片的山地久置未用。抗战胜利以后,学校当局曾经着手调查那片山地的情形,并且访问原赠与人,和他接洽,预备接收了来利用的。后来又解放军渡江,而无法继续进行求个解决。

三、沪西真茹部分

真茹火车站对面一大片广大的土地,便是民国九至十一年间陆续以每亩六十银洋的代价购置的。那便是民国十六年,学校从南京迁到真茹的校址,占地连真茹新村在内,土地面积有一百九十二亩(一说不止此数)。经过十年建筑,大教室、科学馆、致远堂、洪年图书馆、莲韬馆、尚节亭、中学部、闵庄、宿舍,巍峨庄严,校门还是民国二十五年才完成,一年不到遭遇了战乱,焚毁殆尽。抗战胜利后只留下硕果仅存的科学馆,不堪使用。且于三十五年四月间,何前校长立契借给了交通部公路总局机械筑路第一工程总队,期限是五年(民国四十年满期),借据上就载明了土地面积一百九十二亩字样,但是地契多张,相加起来,竟不足此数,想必散失了些。母校当局于上海复校,曾经派员向上海市地政局抄到了详细的地籍册,并且为便于向上海市地政局请求登记起见,曾设法调查实际面积,但又为战乱所阻,事情又只好搁置了。

四、上海市区部分

母校于抗战胜利以后,真茹复校困难,当奉行政院令拨上海市东体育会路和宝山路两处敌产学校作为校舍,学校便于民国三十五年奉令迁回上海。那两处房屋计估地七十余亩,其中九亩余原系敌产,经由中央信托局连同两处房屋一并估价,当时计价法币四十五亿余元,并由学校编具预算呈准转账承购存案。其余的基地,便是敌寇圈占的民产,应该由母校和各业主分别租购。

(一)在东体育会路三百三十号的房屋作为母校第一院。从前是日本第二女子高等学校,占地面积二十八亩六分。原有楼房一大幢,作为母校的总办公处、理商两学院教室、实验室、图书馆和礼堂。学生平房宿舍六幢,是三十五年十月建筑的,后来又新建了学生楼房一幢,楼上楼下共计有房屋三十六间。

(二)在宝山路的第二院,从前是日本第八国民小学,占地面积三十六亩八分,但是给宝山小学使用了三分之一,母校只占了约三分之二。原有楼房一大幢,作为文法两学院办公处、教室、图书馆和礼堂。学生平房宿舍也是六幢,同是三十五年十月建筑的,后来也新建了同样的三十六房间的楼房一幢。

(三)因为教职员之宿舍感到缺乏,遂于三十五年十月在闸北青云路购地十亩四分六厘二毫,建筑教职员宿舍,共计平房六十八幢,分配给教职员居住。

(四)三十六年二月,又向中央信托局价购坐落四川路底润德坊接收敌产的楼房二十幢,作为教职员宿舍,但当时原住户占住了不肯让,事实上陆续地接收了不足十幢,其余的一直没有解决,而价款确是付了的。

(五)同年又和同济大学、上海商学院、吴淞商船专科学校,联合呈准了购买平昌街敌侨房屋二百六十四栋,已经办妥了转账手续,但还没等和其他三校商定如何分配,该产全案被陷入铁幕了。

以上是母校校产的概况,凡我校友不可不知也。

(《新加坡校友会成立四十周年纪念特刊》,1988)

暨南年表

年 代	主持人	校 址	当时状况
一九〇七	庶务长:郑洪年	南京	暨南学堂创立于一九〇七年(光绪三十三年)正月,校址在江宁府城内薛家巷;职员:总理:田吴炤、温秉忠、左全孝;庶务长:郑洪年;会计、文案:陈廷俊;司事:叶崧;教员:清铨授国文、图画、算术,润年授国文、地理,王嘉曾授国文、历史、经学,王撰曾授乐歌、理科,关葆麟授英文,阎春和授体育,陈云藻授国文、修身;学科:有修身、国文、经学、算术、英文、图画、历史、地理、理科、乐歌、体操;学生人数:一级三十八名;经费:由江海关捐款五千两(录自光绪卅四年十月十一日出版的学部官报七十一期《江宁提学使呈报全属学堂一览表》)
一九〇八	郑洪年/杨熙昌	南京	一九〇八年(光绪卅四年)春,改办中学,郑氏他调,由杨熙昌任堂长,当时之江宁提学使李瑞清为督学(李氏字梅庵,别号清道人,系著名书法家)
一九〇九	堂长:杨熙昌	南京	一九〇九年(宣统元年)仍称暨南中学
一九一〇	堂长:杨熙昌	南京	一九一〇年(宣统二年)仍称暨南中学
一九一一			一九一一年(宣统三年,民国前一年,辛亥革命)暨南中学停办
一九一七			教部派黄炎培等规复暨南学校
一九一八	校长:赵正平	南京	是年春,学校组织成立,设师范、商业两科,委赵正平为校长

(续表)

年　代	主持人	校　址	当时状况
一九一九	校长:赵正平	南京	中学科正式成立,三年级以上分设文理两科,商科设商业特科
一九二〇	赵正平/柯成懋	南京	是年夏,赵正平辞职,柯成懋继任校长
一九二一	柯成懋/赵正平	南京/上海	是年秋,柯氏辞职,赵正平再任校长。商业特科迁至上海徐家汇,又与东南大学合设商科大学于上海,并规划新校舍于真茹
一九二二	赵正平	南京/上海	商科大学自行独立,聘高阳为主任,女子部亦筹备成立
一九二三	赵正平	南京/真茹	真茹校舍完竣,男子部悉行迁入,女子部则仍留南京
一九二四	赵正平	南京/真茹	江浙战争起,商大三四年级暂行停办
一九二五	赵正平/姜　琦	南京/真茹	是年春,战争平息,商大恢复。秋,赵正平辞职,姜琦接任,扩充商科大学为五学系,学生增至五百余人;第一届商科大学亦于是年举行毕业礼
一九二六	姜　琦	南京/真茹	
一九二七	姜　琦/郑洪年	南京/真茹	是年夏,姜琦辞职,郑洪年继任,改组为国立暨南大学;分大中小学三部,南京女子部亦并入真茹本校。原有大学部商科改为商学院,除原有普通商业学系、工商管理系、国外贸易系、会计系、银行系五系外,更增设交通管理系。此外又增设中国语文系、外国语文系、教育心理系、数理系、法律系、政治系、生物系、历史社会系等八系,规模较为宏大
一九二八	郑洪年	真茹	改义务小学为实验小学,直属于本校
一九二九	郑洪年	真茹/上海	原有商学院外,增设文、理、教育三院,计文学院设有中国语文、外国语文、政治经济、历史社会四系;理学院设有数学、物理、生物三系;教育学院设有教育、心理二系及师资科。法学系则成为独立学系,并为延聘教授便利计,分设于上海,至是大学制度益臻完备

(续表)

年代	主持人	校址	当时状况
一九三〇	郑洪年	真茹/上海	增设法学院,除原有法学系仍设上海外,增设外交领事专科,并将政治经济学系改隶该院;文学院将历史社会学系分为历史、社会二系;理学院增设化学系。中学部则高中有普通、商、农、师范四科,初中三级九班;实验小学七班;全校学生一千六百余人
一九三一	郑洪年	真茹	是年春,本校设置董事会,推林森、孙科、陈立夫、孔祥熙、宋子文、马超俊、余井塘、吴铁城、郑洪年、陈耀垣、萧佛成等十一人为董事,以期发扬侨教,完成三民主义化之华侨最高学府
一九三二	郑洪年	苏/沪/粤/真茹	是年春,日军犯境,校址沦为战区,留院学生悉数迁往苏州,中学部假苏州工专开学,大学部则暂租上海赫德路及新闸路洋房作为临时校舍开学,避难留粤学生亦假中山大学与广州市师两校校舍授课,三处学生共计一千七百余人。战后真茹校址损坏不堪,组织战后整理委员会,规划复兴。是年九月,沪、粤、苏三处学生迁回真茹上课,同时教育学院及法学院奉部令裁撤,留文、理、商三院。各院系亦略有变更。计文学院设中国语文系、外国语文系、政治经济系、历史社会系及教育系,理学院设数学系、物理系及化学系,商学院设会计系、银行系、国际贸易系及铁路管理系
一九三三	郑洪年	真茹	是年秋,商学院添设工商管理系。文学院政治经济系改隶教务处,办至现有学生毕业为止,历史社会系改为历史地理系

（续表）

年 代	主持人	校 址	当时状况
一九三四	沈鹏飞/何炳松	真茹	是年元月，部派郑洪年校长赴南洋考察，委沈鹏飞代理校长。九月部令将铁路管理系分期结束。同年七月沈校长辞职，部派何炳松先生继任，何校长以充实内容、提高学术研究空气为先务，乃极力网罗专家学者分主讲席，增购图书，添造校舍，故气象颇为蓬勃。是年秋，商学院会计、银行两系奉部令并为会计银行系
一九三五	何炳松	真茹	
一九三六	何炳松	真茹	是年春，增设中国现代问题讲座。五月派员赴南洋各埠考察侨教状况，并访问侨生家属。秋，奉部令兼办侨民师资训练班
一九三七 一九三八 一九三九 一九四〇	何炳松 何炳松 何炳松 何炳松	真茹/上海美界 上海法界 上海英界 上海英界	是年秋，全面抗战军兴，本校因邻近火线，奉令暂迁租界，继续维持，先借美租界小沙渡路侨光中学开学。后又移于旧法租界陶尔斐斯路四合里。继以法捕房不准在界内设立大学，复迁至康脑脱路，如是者三年，均在恶劣环境中坚定信心，得维校务于不堕，嗣以上海既成孤岛，教育堡垒终难支持，为准备内迁计，乃呈准教部设分院于福建
一九四一	何炳松	上海/建阳	是年夏，派商学院长周宪文、训导长吴修二先生前往筹备，设校址于闽北建阳之文庙。十月开始招收文、理、商三院九系新生二百余人，分校开学不久，太平洋战事以起，上海租界随之沦陷，乃积极内迁
一九四二 一九四三 一九四四	何炳松 何炳松 何炳松	建阳 建阳 建阳	是年六月全部迁闽，并呈准教部取消分校名义。本校改迁建阳，艰困益增，幸全校师生通力合作，一切难题，次第解决，学校声誉，赖以不堕

（续表）

年代	主持人	校址	当时状况
一九四五	何炳松	建阳	是年四月，以胜利在望，组织复员委员会，拟定复员计划，作战后复员之准备。抗战胜利后本校组织迁校计划委员会。何校长先行赴沪，设上海办事处，主持迁校，时真茹校舍荡然无存，迭与有关各方接洽
一九四六	何炳松/李寿雍	上海	是年三月，奉行政院令划定上海东体育会路前日本女子高等学校及宝山路前日本第八国民小学为本校临时校址。是年五月，何氏奉令调长国立英士大学，李寿雍先生继长本校。六月本校全部由闽迁沪，时奉□校舍仅敷教室及办公之用，乃于十月赶建学生宿舍于一、二两院，购地于青云路，建筑教职员宿舍二十七幢，十一月部署略定，开学上课。复员以前，本校原设三院九系及一南洋研究馆。是年八月，恢复法学院法律、政治、经济三系，另于文学院增设新闻学系，理学院增设人类学系，并设置先修班；图书仪器，原存沪上者损失甚重，复员之初，亦就学校财力所及，多方添购
一九四七	李寿雍	上海	是年二月购买润德坊敌产楼房廿幢，以为教授宿舍。八月史地学系分为二系，分隶文、理两院；数理学系分为天文数学系、物理学系；会计银行学系，分为会计、银行二系，并于法律系内分设行政法学组，先修班则以校舍不敷，暂行停办。图书仪器，亦续有添置。十月兴建楼房学生宿舍于一、二两院，十二月完成。当时全校共有四院十七系一组及一南洋研究馆。教职员二百八十余人，学生一千三百余人；中西图书十万册，学生研究学术空气浓厚

（续表）

年　代	主持人	校　址	当时状况
一九四八	李寿雍	上海	
一九四九	李寿雍	上海	一九四九年旋因政局转变而停办
一九六〇	陈序经	广州	在广州石牌重建新校复课，占地甚广，校舍规模宏大，学生多至数千人。据陈□泽同学所述，校长为陈序经先生

（《暨南校友会新会所落成暨新加坡开埠一百五十周年纪念特刊》，1970）